文史

2001 年第 1 輯

總第五十四輯

全國古籍出版規劃領導小組資助出版

中 華 書 局 編 輯 部 編

中 華 書 局 出 版

編委會名單

主編 宋一夫

編委（依姓氏筆畫排列）

田餘慶	任繼愈	安平秋	李學勤	李家浩	汪聖鐸
吳榮曾	吳樹平	宋一夫	季羨林	周紹良	金開誠
岳慶平	俞偉超	胡平生	徐蘋芳	袁行霈	陳金生
陳高華	陳祖武	陳鐵民	啓功	張岱年	張澤咸
張傳璽	費振剛	曹道衡	崔高維	董乃斌	裘錫圭
楊牧之	樓宇烈	寧可	閻步克	龔書鐸	

目　録

CONTENTS

《禹貢》上的二大問題

顧頡剛遺著

一、九　州

(1)"九州"説興起的時代背景

商朝以前各個部落獨立,商朝末年已有封建制度。周朝起於陝西,封建勢力達於今河南、河北、山西、湖北等省,那時候以"華夏"二字代表中原文化,而對居於中原以外或居於中原的土著就稱爲"蠻夷",所以"華夏"與"蠻夷"不是種族上的區別,而是文化上的區別。"蠻夷"雜居中原,與"華夏"之衝突自不可免,所以到春秋時代就有人提出"尊王攘夷"、"用夏變夷"的辦法,至戰國更講王政與武力兼用,而後可臻於統一之境。梁襄王問孟子:"天下惡乎定?"孟子對曰:"定於一。"(《孟子·梁惠王上》)孟子要梁襄王行王政,不要亂行戕殺,然後才可達到統一的目的。不過古代人觀念中的"中國",範圍甚小,要想統一它,是不難做到的。古人觀念中的"中國"就是"中央",而認爲"中央"以外的地方便是"四海",其範圍較"中央"要大得多了。齊桓公攻楚,楚王對曰:

　　君處北海,寡人處南海,唯是風馬牛不相及也,不虞君之涉吾地也。(《左傳》僖四

年）

楚王認爲齊在北海,楚在南海,那麼他觀念中的"中國"定是中原地方,"海"在古人腦子裡實有"邊界"之意,孟子對齊宣王曰:

> 海內之地,方千里者九,齊集有其一。(《孟子·梁惠王上》)

孟子認爲齊國也不過是"四海"之內的九分之一而已。"九"字本來是個虛數,春秋以來已爲人們所慣用,古人將數目字多者好以"三"稱,較多者好以"五"稱,最多者往往以"九"字形容,"九"含有神聖的意味。(見汪中《釋三九》)"九州"二字在當時已甚流行,照《說文》解釋"州"是水中之島,《詩經》首篇就有"關關雎鳩,在河之洲"一語,足見"州"或"洲"是水中可居之地。《禹貢》內冀州雖無明確的定界,但我們由其他八州的疆界,推定冀州是在兩河(東河、西河)之間。《禹貢》:

> "濟、河惟兗州"意即由濟水到大河為兗州地。
>
> "海、岱惟青州"意即從海到泰山為青州地。(今山東半島)
>
> "海、岱及淮惟徐州",意即東到海,西到泰山,南以淮水為界,便是徐州地方。
>
> "淮、海惟揚州",意即從海到淮河為揚州地。
>
> "荊及衡陽惟荊州",由荊山往南到衡陽為荊州地。
>
> "荊、河惟豫州",由荊山往北到黃河為豫州地。
>
> "華陽、黑水惟梁州",由華山往南到黑水為梁州地。
>
> "黑水、西河惟雍州",由黃河往西到黑水為雍州地。

"九州"之說,始於春秋,象徵當時人已有統一的思想,實際上那時候的徐州尚爲徐戎,揚州的越人尚斷髮文身,梁州(巴、蜀)亦尚爲蠻夷所據。而"九州"一說的實際實現,要等到戰國時代。

(2)與《禹貢》不同的三種"九州"説

"九州"的説法頗不一致,見之於載籍的,除《禹貢》外,尚有下面三種:

甲、《周官·職方》:

> 東南曰揚州,正南曰荊州,河南曰豫州,正東曰青州,河東曰兗州,正西曰雍州,東北
> 曰幽州,河內曰冀州,正北曰并州。

與《禹貢》九州不同者,係多出幽州和并州,而少了徐州與梁州,原來《職方》將徐州併入青州,梁州併入雍州,至幽、并二州乃是戰國時代新拓的疆土,幽字與燕字音很近,幽州即戰國燕國之地。《史記·匈奴傳》云:

> 趙武靈王……破林胡、樓煩。……置雲中、雁門、代郡,燕將秦開……襲破走東胡
> ……置上谷、漁陽、右北平、遼西、遼東郡。

代郡之地及於今綏遠;遼西、遼東乃今察哈爾、遼寧一帶;上谷、漁陽、右北平正是《職方》所云的"幽州"地,因爲趙武靈王所開拓的疆域很廣,所以《職方》上添了幽、并二州。《周官》一書問世較晚,約出於西漢末年(《逸周書》中亦有《職方》),所以其分州方法較《禹貢》複雜了點,或以河爲界,或以方位爲界。

乙、《爾雅・釋地》:

> 兩河間曰冀州,河南曰豫州,河西曰雝州,漢南曰荊州,江南曰揚州,濟、河間曰兗州,濟東曰徐州,燕曰幽州,齊曰營州。

此說與《禹貢》相較,只少了梁州,以《周官》已將梁州併入雝州。又"江"在《禹貢》內尚未列爲分界之指標,而《釋地》竟以"江"劃界,是其進步之處。《釋地》與《職方》相較,只少了并州。營州就是青州,以太公封於營丘,故改稱曰營州。後人或疑越海之地,即今朝鮮爲營州地,究否如此,尚未敢斷定。

丙、《呂氏春秋》有始覽:

> 河、漢之間爲豫州,周也;兩河之間爲冀州,晉也;河、濟之間爲兗州,衛也;東方爲青州,齊也;泗上爲徐州,魯也;東南爲揚州,越也;南方爲荊州,楚也;西方爲雍州,秦也;北方爲幽州,燕也。

豫州是春秋時的韓國地,冀州是趙、魏二國地,秦即《禹貢》的梁州,其與《禹貢》不同者,是多出一個幽州。

《禹貢》九州加上《職方》多出的二州,成爲十一州,再加上《釋地》多出的營州,便爲十二州,故後來又有十二州說。總上四種典籍,可以列爲下表:

書　名	州						名						經師所定年代
禹　貢	$冀_1$	$兗_2$	$青_3$	$徐_4$	$揚_5$	$荊_6$	$豫_7$	$梁_8$	$雍_9$				夏(《禹貢》)
職　方	$冀_8$	$兗_5$	$青_4$		$揚_1$	$荊_2$	$豫_3$		$雍_6$	$幽_7$	$并_9$		周(《周官》)
釋　地	$冀_1$	$兗_6$		$徐_7$	$揚_5$	$荊_4$	$豫_2$		$雝_3$	$幽_8$		$營_9$	商(《爾雅》郭注:此蓋商也)
呂　覽	$冀_2$	$兗_3$	$青_4$	$徐_5$	$揚_6$	$荊_7$	$豫_1$		$雍_8$	$幽_9$			
總　計	冀	兗	青	徐	揚	荊	豫	梁	雍	幽	并	營	虞

(3)《堯典》十二州說與漢武帝十三州之設置

夏以前的區域劃分法如何,迄不得而知,只是《堯典》上有:

> 肇十有二州,

> 封十二山,咨十二牧

等語。《堯典》爲舜攝政時所寫成,時堯尚未死,後人持此爲據,遂綜合《禹貢》、《職方》、《釋地》、《呂覽》九州說合爲十二州,僞孔《傳》謂:

肇始也,禹治水之後,舜分冀州爲幽州、并州,分青州爲營州,始置十二州。

《經典釋文》謂:

> 十有二州,謂冀、兗、青、徐、荆、揚、豫、梁、雍、并、幽、營也。

恰與上表總計數吻合。其實是不可靠的。《堯典》云:

> 詢于四岳,咨十有二牧,命九官,帝曰:"咨汝二十二人。"

四岳十二牧爲外官,九官爲内官(即中央官),合起來應該爲二十五人,何以帝曰稱爲二十二人? 原來漢初的人受了十二州説的影響,把《堯典》改了,牧本是外官,按照《禹貢》九州説,應當祇有九牧,那麼與四岳、九官合起來,不恰是二十二人?

秦漢以降,土地面積日增,神聖的"九"字已不够形容最多的數目故不得不將尺度放寬,《漢書·地理志》云:

> 漢武攘却胡越,開地斥境,南置交阯,北置朔方之州,兼徐、梁、幽、并夏、周之制,改雍曰涼,改梁曰益。凡十三部,置刺史。

朔方與交阯二地從《禹貢》上找不見,到漢武帝時已經增闢了,西漢時,中央有三輔(京兆尹、左馮翊、右扶風),外州有冀、兗、青、徐、揚、荆、豫、幽、并、涼、益、朔方、交阯十三州,這是先受了十二州説的影響,而後有設置十三州的事實。

何以漢武帝置州爲十三,而《堯典》上却列爲十二,這有經典上的根據,《左傳》哀公七年傳:

> 周之王也,制禮上物不過十二,以爲天之大數也。

足證先有十二州的學説,然後有十三州的事實。

(4)《禹貢》與《山海經》

《禹貢》之寫成,當在《山海經》以後,所以《禹貢》作者有很多地方是根據於《山海經》的。《禹貢》:

> 華陽、黑水惟梁州,黑水、西河惟雍州,⋯⋯導黑水至於三危,入於南海。

三危是今敦煌,《堯典》上亦有"竄三苗於三危"的話,按中國地理形勢,由河西走廊往南全爲高峻的大山,如從敦煌導黑水南下直注入南海是根本不可能的,《山海經》作者錯誤的假設,并未爲《禹貢》作者所考證出來。不過《禹貢》的作者也并不完全盲從,對於《山海經》已有很多懷疑的地方,下面各節可仔細加以比較:

《海内西經》:

> 昆侖之墟,⋯⋯赤水出東南隅,以行其東北,西南流,注南海。河水出東北隅,以行其北,西南又入渤海,又出海外,即西而北,入禹所導積石山。
>
> 洋水、黑水出西北隅以東,東行,又東北,南入海(洋水即漢水)。
>
> 弱水、青水出西南隅,以東,又北,又西南。

《大荒北經》：

> 西北海外，黑水之北，有人有翼，名曰苗民。

《禹貢·導水》：

> 導河積石，至於龍門……
>
> 嶓冢導漾，東流為漢……
>
> 導弱水，至於合黎，餘波入於流沙。
>
> 導黑水，至於三危，入於南海。

以《禹貢》內容與《山海經》逐條比較，我們可發覺《禹貢》的作者已進步得多了，《禹貢》作者對《山海經》發生諸多懷疑，因之，將不可信的部分，已經刪去不少。《禹貢》作者已有科學家的精神，然而時代的限制，使他沒辦法更接近科學一點，所以《禹貢》的內容，仍承襲《山海經》的一部份錯誤的說法。

二、五　服

(1)五服說的範圍

五服與九州為兩個分劃地方的制度，九州係就山川形勢來分，五服係就帝都遠近來分。前者是自然的，後者是封建的。《禹貢》：

> 五百里甸服：百里賦納總，二百里納銍，三百里秸服，四百里粟，五百里米。

甸服是王畿地方，一面五百里，兩面則為一千里，故《詩經》有"邦畿千里"一語。百里，二百里，三百里的人民除納賦外，更要服兵役，故云"服"。四百里至五百里之間的人民只須納糧就行了，用不着再供勞役，是含有安撫邊民之意，此為王的國家。

> 五百里侯服：百里采，二百里男邦，三百里諸侯。

采與男邦均由諸侯所封。這是諸侯的國家。

> 五百里綏服：三百里揆文教，二百里奮武威。

綏服乃含有"安定"與"懷柔"之意，其地是國防重地，必要時得用武力鎮攝。

> 五百里要服：三百里夷，二百里蔡。

要服之地，已較荒遠，用以流放罪犯。（蔡，流放也）

> 五百里荒服：三百里蠻，二百里流。

荒服之地更遙遠，也用以流放罪犯。

九州之說是象徵一種統一制，其產生應該在秦、漢以前；而五服說是一種封建制，是先有事實而後有學說的，所以應該是秦、漢以後的事。

《禮記·王制篇》的作者獨步《禹貢》,故云:

自恒山至於南河,千里而近,自南河至於江,千里而近,自江至於衡山,千里而遥。

自東河至於東海,千里而遥,自東河至於西河,千里而近,自西河至於流沙,千里而遥。

西不盡流沙,南不盡衡山,東不盡東海,北不盡恒山,凡四海之内,斷長補短,方三千里。

依照上説可畫成下圖:

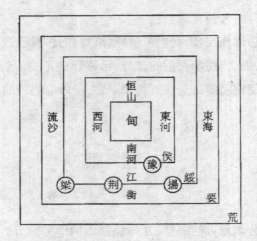

按圖則梁、荆、揚等州已屬於綏服與要服之間;又如圖北邊地何以出了九州之外? 這是因五服以冀州爲甸服,而不以豫州爲甸服;又因《禹貢》内講貢道,政府所收到的貢物,大半來自冀州,且堯都平陽,舜都蒲城,禹都安邑,概屬冀州,可見冀州的物産很豐富,所以堯、舜、禹都奠都於其境内。然從田賦一項看,五服與九州又發生衝突,兹先列出《禹貢》田賦表:

州	雍	梁	豫	荆	揚	徐	青	兖	冀
田	上上	下上	中上	下中	下下	上中	上下	中下	中中
賦	中下	下中三錯	錯上中	上下	上上錯	中中	中上	貞	上上錯

按上圖冀州之田中中,何以賦反爲上上? 而雍州之田上上,何以賦又爲中下? 這個地方初看起來似與五服説大相矛盾,其實不然,我以爲下面這個道理可以解釋得通。但無甚證據。冀州土地雖少,而人口衆多,耕田的人力加强,收獲自然豐盛,故其賦爲上上;而雍州地多人少,耕地面積并不廣,故其賦爲中下。商鞅欲致秦於富强。曾徙三晉人士入秦開墾,大概是爲增加政府税收。

五服的侯國人民何以對天子無賦? 這是因五服爲一種封建制度,侯國的人民將賦直接送於侯,而不送於天子。五服的制度爲五千,故《益稷》云:

禹曰……予惟荒度土功,弼成五服,至於五千,州十有二師。外薄四海,咸建五長。

所以五服的面積是：

> 甸　一,〇〇〇,〇〇〇方里
>
> 侯　三,〇〇〇,〇〇〇方里
>
> 綏　五,〇〇〇,〇〇〇方里
>
> 要　七,〇〇〇,〇〇〇方里
>
> 荒　九,〇〇〇,〇〇〇方里

合計五服的面積共二五,〇〇〇,〇〇〇方里,而九州的面積僅及五服的甸、侯、綏三區,(九州的面積共九,〇〇〇,〇〇〇方里)。這是二者不同的一點。

(2)五服説的本源及其演變

五服的思想是出於經典的,《國語·周語》:

> 夫先王之制:邦內甸服,邦外侯服,侯衛賓服,蠻夷要服,戎狄荒服。甸服者祭,侯服者祀,賓服者享,要服者貢,荒服者王。日祭,月享,歲貢,終王。

五服對於各屬發生經濟關係,越近中央者貢越多,越遠者貢越少。

《禹貢》內"甸"在"侯"之前,而《尚書》其他篇內將"甸"放在"侯"之後,《尚書·康誥》:

> 侯甸男邦采衛。

《酒誥》:

> 越在外服,侯、甸、男、衛邦伯;越在內服,百僚庶尹。

《召誥》:

> 周公乃朝用書,命庶殷侯、甸、男、邦伯。

《顧命》:

> 庶邦侯、甸、男、衛。

這個道理無論如何解釋不通,直到民國十八年在河南洛陽發現一鼎,對於上文才尋得解釋,下面便是該鼎上的記述:

《矢令方彝》:

> 佲命舍三事令,眔卿事寮,眔諸尹,眔里君,眔百工;眔諸侯。侯甸男,舍四方令。

原來"舍三事令"是王朝之事,"舍四方令"是諸侯之事。上文"侯甸男"應讀作"侯、侯甸男",因爲男是附屬於諸侯的。侯、侯甸男、采衛三者的關係如下表所示:

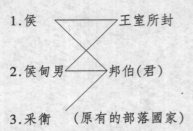

1. 侯　　　　　　　王室所封

2. 侯甸男　　　　邦伯(君)

3. 采衛　　(原有的部落國家)

侯是由王室所封,甸男與采衛係由侯所封,因此,其首領稱爲"邦伯"。伯者,有長或君之意。采衛實在是原有的部落國家,由下文可資證明:

《國語·鄭語》:

妘姓:(祝融八姓)鄔、鄶、路、偪陽,曹姓:鄒、莒,皆為采衛,或在王室,或在夷、狄,莫之數也。

明白了侯甸男、采衛間的關係,則"甸侯"與"侯甸"的疑難,自可解釋通了。

其實作《禹貢》的人害事尚小,作《周官》的人害事真大,《周官·職方氏》謂:

方千里曰王畿,其外方五百里曰侯服,又其外方五百里曰甸服,又其外方五百里曰男服,又其外方五百里曰采服,又其外方五百里曰衛服,又其外方五百里曰蠻服,又其外方五百里曰夷服,又其外方五百里曰鎮服,又其外方五百里曰藩服。

《禹貢》:

五百里甸服,……五百里侯服,……二百里男邦,……綏服……奮武衛,……要服……三百里夷,……荒服……三百里蠻。

《禹貢》的"甸服"就是《周官》的"王畿",《禹貢》的"侯服"與《周官》同,《禹貢》的"男邦"就是《周官》的"男服",《禹貢》"奮武衛"的衛,就是《周官》的"衛服",《禹貢》的"夷"與"蠻"在《周官》內恰爲之倒置,而《周官》的鎮、藩二服爲《禹貢》所無,其實《周官》的許多假設,都是毫無根據的。

《周官·大司馬》與《周官·大行人》有着兩段同樣無根據的記載,《周官·大司馬》:

方千里曰國畿,其外方五百里曰侯畿,又其外方五百里曰甸畿,又其外方五百里曰男畿,又其外方五百里曰采畿,又其外方五百里曰衛畿,又其外方五百里曰蠻畿,又其外方五百里曰夷畿,又其外方五百里曰鎮畿,又其外方五百里曰藩畿。

《周官·大行人》:

邦畿方千里,其外方五百里謂之侯服,……又其外方五百里謂之服,……又其外方五百里謂之男服,……又其外方五百里謂之采服,……又其外方五百里謂之衛服,……又其外方五百里謂之要服,……九州之外謂之藩服。

後段本着前段,只是將文字玩弄了一下,實際毫無所憑,可是經師們一方面要維持《禹貢》的信用，一方面又要維持《周官》的信用，故不得不想出一個變通的辦法，《皋陶謨》馬融註云：

> 面五千里，為方萬里。

這是強《禹貢》爲《周官》之說法，另一方面則有強《周官》爲《禹貢》之說者，鄭玄註云：

> 輔五服而成之，至於面各方五千里，四面相距為方萬里。

鄭樵《六經奧論》云：

> 《禹》之五服各五百里，自其一面數之。《職方》九服各五百里，自其兩面數之，則《周》之侯甸即《禹》之侯服，《周》之男采即《禹》之綏服，《周》之衛、蠻即《禹》之要服，《周》之夷、鎮即《禹》之荒服。

但遺漏了周之蕃服，依然不能自圓其說。

　　總上所論，可知九州說是先由學說而進入事實的，它是順應自然形勢的，也是合理的；五服說是先有事實而後有學說的，由事實勉強演爲學說，就有點太不高明，太呆板。

　　(3)五服與三服

　　漢武帝開拓疆域，中國土地面積突然增大，《漢書·地理志》云：

> 漢興……地東西九千三百二里，南北萬三千三百六十八里……漢極盛矣。

因爲人們受地理背景的影響，便將漢制移前，把《禹貢》删改了，關於侯甸男的記載，亦見於《史記·秦始皇本紀》：

> 昔者五帝地方千里，其外侯服、夷服，或朝或否，天子不能制。

千里正是王畿，其餘侯服夷服，隻字未變，應注意的是這并非五服，而是三服。又經典中不受漢代地理背景影響的，有下面兩種記載：

　　《禮記·王制》：

> 千里之內曰甸，千里之外曰采，曰流。

依然是三服。與上文相呼應。

　　《周書·王會》：

> 方千里之內為比服，方二千里之內為要服，方三千里之內為荒服。

"比"是"近"之意"比服"當然是王畿所在地，要服之範圍在這裏似乎說得太小，荒服仍然爲流放犯人的邊遠之區，但無論如何，是三服而非五服，那麼與《禹貢》的總面積相較，恰恰吻合？足證五服是漢以後的人更改的，而一般經學家們爲這一問題絞盡腦汁，結果還是沒有將其始末發掘出來，經學家們實在可憐！

　　後記：

　　此文為一九四八年顧頡剛先生在蘭州大學講學時的《蘭大講學筆記》中的一篇，為同學

魏郁所記録。關於魏郁,在這本草訂的筆記封面上,顧先生有以下的題記:

　　　魏郁同志於一九四九年蘭州解放前被國民黨特務所活埋,以其為共産黨員也。遺
　稿零落,僅祇此約卅紙,保存此册中耳,傷哉! 頡剛記。

魏郁的記録稿實共"五十紙","卅"為筆誤。此文十六紙;另一篇《〈堯典〉内的二大問題》亦為
魏郁所記,三十四紙,以後仍在本刊發表。此二文均為聽講記録,未經顧先生親自審定,容或
有誤。整理時,我除對引文的錯漏核對原書改正外,并對記録的明顯筆誤和脱缺,作了一些
補正。

王煦華 2001 年 2 月 3 日

"三閭大夫"考

——兼論楚國公族的興衰

李　零

一

　　屈原是辭賦之宗,歷史名人,學者考其生平,照例都會講到他在楚懷王手下擔任的兩個官職:左徒和三閭大夫。這兩個官職是什麼樣的官,大家很想知道。但可惜的是,學者挖空心思,做種種推測,原始材料却只有四條。它們是:

　　(1)《史記·屈原賈生列傳》:"屈原者,名平,楚之同姓也。爲楚懷王左徒。博聞彊志,明於治亂,嫻於辭令。入則與王圖議國事,以出號令;出則接遇賓客,應對諸侯。王甚任之。"

　　(2)《史記·屈原賈生列傳》:"屈原至於江濱,被髮行吟澤畔。顏色憔悴,形容枯槁。漁父見而問之曰:'子非三閭大夫歟?何故至於此?'"

　　(3)《楚辭·離騷》王逸序:"《離騷經》者,屈原之所作也。屈原與楚同姓,仕於懷王,爲三閭大夫。三閭之職,掌王族三姓,曰昭、屈、景。屈原序其譜屬,率其賢良,以厲國士。入則與王圖議政事,決定嫌疑;出則監察群下,應對諸侯。"

　　(4)《楚辭·漁父》:"屈原既放,遊於江潭,行吟澤畔,顏色憔悴,形容枯槁。漁父見而問之曰:'子非三閭大夫與?何故至於斯?'"

　　上述材料,第一條提到"左徒"。"左徒"是什麼官,原文無解。司馬遷只説,屈原居此官時,"博聞彊志,明於治亂,嫻於辭令。入則與王圖議國事,以出號令;出則接遇賓客,應對諸侯",如此而已。張守節《史記正義》説"蓋今左右拾遺之類",①大概就是從這幾句話得出的印象。但他的話,前面加了"蓋"字,看來只是推測之辭,並沒有真實根據。現在,從古文字材料看,學者有一種新的考慮,它也許與楚官中的"登徒"(見《戰國策·齊策三》和宋玉《登徒子好色賦》)有關。因爲根據曾侯乙墓的遣册,楚國的"登徒"原來是分爲"左登徒"和"右登徒"("登"字,簡文是從止從升),"左徒"也可能是"左登徒"的省稱。②雖然我們並不知道"左徒"的具體職掌是什麼,③但可以大致估計,它是個比令尹、司馬低,但也不是太低的官職,因爲《史記·楚世家》説楚考烈王"以左徒爲令尹,封以吳,號春申君",黃歇從"左徒"可以直接升任

"令尹",說明這個官階並不是太低。

　　第二條,來源是第四條,内容大同小異。由此,我們可以知道,屈原被放之前,他的最後官職是"三閭大夫"。

　　第三條,有些話與第一條相似,如"屈原與楚同姓,……入則與王圖議政事,決定嫌疑;出則監察群下,應對諸侯",不同點是把"左徒"換成了"三閭大夫"。所以有些學者認爲,"三閭大夫"和"左徒"可能是同一職官,或者是"左徒"的屬官。④關於"三閭大夫",王逸的解釋是,"三閭之職,掌王族三姓,曰昭、屈、景。屈原序其譜屬,率其賢良,以厲國士",是以此官爲管理公族,掌其世系的官員,職能與東周流行的"宗伯"、"宗人"、"宗老"、"公族"(或"公族大夫")一類職官相似。⑤由於春秋時代,屈氏擔任最多的官職是莫敖,歷代楚王的莫敖往往都是由屈氏父子相襲〔案:莫敖在戰國文獻中也極爲常見,出土的曾、楚等國文字是作"莫囂"〕,有些學者還認爲,它大概就是楚官中的"莫敖"。⑥但由於我們在古文字材料中還没有足够的綫索,對這些説法,現在我們還不能做明確的判斷。

　　在上述問題不能解決之前,這裏我們只着重討論一下"三閭大夫"。

二

　　"三閭大夫","閭"是"閭巷"之"閭",本義是里巷的大門,但在古書中也被用來代指居民所在的地區和編制單位,大小並無一定;⑦"三閭"者,從王逸的説法推斷,大概是指楚國貴族有昭、屈、景三氏,他們於郢都之内各有居住區,每個區以所在街門爲別,呼爲"昭閭"、"屈閭"和"景閭"。1965—1966 年湖北望山 2 號楚墓出土過帶烙印的棺具。⑧外棺上的印文是作"於王既正"或

圖一　望山 2 號墓棺室上的烙印
1.於王既正;2.邵呂竹于。

"既正於王"(圖一),當是表示這些木材已被王室征用("正"當讀爲"征"),⑨或者表示此棺已經王室檢驗,證明是合格品("正"有考定之義)。中棺上的印文是作"邵呂竹于"或"邵呂竽"("邵呂"也可能是合寫,猶如西周金文把"文王"寫成"玟","武王"寫成"珷"),⑩我們懷疑,"邵呂"也許就是昭氏居住的"昭閭"("邵"即楚文字中"昭氏"之"昭"的本來寫法,下文還要討論),"竹于"(或"竽")則是制棺工匠的私名,印文是以所居閭名加私名的形式爲記,情況同於

戰國工匠題銘的一般格式。類似情況也見於齊國。如齊都臨淄出土的陶文,它們也往往是以閭里之名加工匠的私名,而且其中一種,是在里名之上冠以"高閭"("閭"字或從膚,或從足)之名(圖二)。⑪"高閭",也見於馬王堆帛書《戰國縱橫家書·蘇秦謂齊王章(一)》,學者以爲是齊都臨淄的城門。⑫但我們懷疑,"高閭"也可能是齊國貴族高氏的居住區。齊都之內,除此之外,可能還有"國閭"、"陳閭"、"鮑閭"等其他閭名,只不過現在還没有發現,或者因爲不當制陶作坊所在,所以在陶文中看不見。

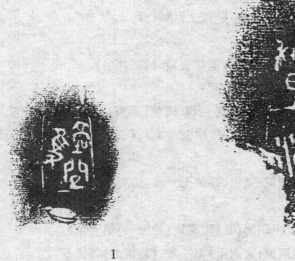

1   2

圖二　齊國陶文
1.高閭椹里曰潮;2.高閭隻。

"昭"、"屈"、"景"三族,都是楚國王族的分支。戰國時期的楚國名臣和高官,很多都是出自這三族。例如:

(一)昭。

(1)昭奚恤。楚宣王令尹(見《戰國策·楚策一》第三至九章、第十二章、《韓非子·内儲説下》等古書,亦稱"昭子")。⑬

(2)昭魚(或作"昭獻","魚"或"漁",古或從盧從魚從攴,與"獻"字形相近)。楚懷王令尹(見《戰國策·東周策》第六章、《楚策四》第三章、《魏策二》第十四章、《韓策一》第九、第十二章、《韓策二》第二章)。

(3)昭揚(或作"昭陽")。先後任楚懷王司馬和令尹(見《戰國策·秦策一》第十三章、《齊策一》第五章、《齊策二》第四章、《楚策一》第二章、《楚策三》第七章、《韓策二》第五章,亦稱

“昭子”）。

（4）昭雎,楚懷王臣（見《戰國策·楚策一》第十九章、《楚策二》第二至四章、《楚策三》第五章）。案:鮑本作“昭過”,《漢書·古今人表》有“昭廷”,梁玉繩《古今人表考》云:“案《國策》楚昭氏顯著頗多,獨未聞廷。疑即懷王之良臣昭過也。”

（5）昭蓋。楚懷王臣（見《戰國策·楚策四》第七章）。

（6）昭蔺。楚懷王臣（見《戰國策·東周策》第二十七章）。

（7）昭應。楚懷王臣（見《戰國策·西周策》第四章、《趙策四》第十六章）。

（8）昭鼠。楚懷王宛公（見《戰國策·楚策二》第三章）。

（9）昭常。楚頃襄王司馬（見《戰國策·楚策二》第八章）。

（二）屈。

（1）屈宜臼。楚威王臣（見《史記》的《六國年表》和《韓世家》）。

（2）屈原。楚懷王左徒、三閭大夫（見上節）。

（3）屈蓋（亦作“屈匄”）。楚懷王大將軍（見《戰國策·秦策二》第十四章、《史記》的《秦本紀》、《六國年表》、《楚世家》、《韓世家》、《田敬仲完世家》、《張儀列傳》、《樗里子甘茂列傳》、《屈原賈生列傳》）。

（4）屈署。楚懷王臣（見《戰國策·楚策四》第七章）。

（三）景。

（1）景舍。楚宣王將,疑是宣王司馬（見《戰國策·楚策一》第五章）。

（2）景翠。楚懷王將（見《戰國策·東周策》第二章、《楚策二》第二章）。

（3）景鯉。楚懷王將（見《戰國策·秦策四》第六、七章、《齊策三》第一章、《楚策二》第二、第八章、《韓策一》第二十章、《韓策二》第十九章）。

（4）景陽。楚頃襄王將（見《戰國策·燕策三》第一章）。

（5）景差。楚頃襄王臣,著名辭賦家（見《史記·屈原賈生列傳》）。案:《漢書·古今人表》作“景瑳”。

其情況就像春秋時期的楚國官員很多都是出自“鬬”、“成”、“屈”、“蒍”四族,他們應是當時的大族。

三

“昭”、“屈”、“景”三族的來源是什麽? 這個問題,過去不太清楚,或者也可以說,只有一個族的來源,即屈氏本身,我們知道;其他兩族,大家不知道。現在有古文字的線索,整個情況纔真相大白。下請分別述之：

（一）昭。昭氏的來源，過去不清楚，現在知道是楚昭王的後代。因爲從出土文字材料看，楚昭王的"昭"（如邵王之諻鼎、簋中的"昭"，圖三）和楚姓氏的"昭"（如包山楚簡人名中的"昭"，圖五：1），⑭它們的寫法一樣，都是寫成"邵"。古文字中的楚姓"邵"就是古書中的楚姓"昭"，這點很清楚。例如上文提到的"昭揚"或"昭陽"，他曾在楚懷王六年（前 323）大敗晋軍於襄陵。此事是楚國歷史上的大事。1957 年安徽壽縣出土的鄂君啓節就是用這件大事來紀年，叫"大司馬邵陽敗晋師於襄陵之歲"（圖四：1）。⑮包山楚簡的文書部分也有同樣的紀年（圖四：2）。⑯它們記載的這位大司馬就都是寫成"邵陽"（"陽"字原從邑旁）。可見楚昭氏的"昭"本來是寫成"邵"。特別是還有一條材料，恐怕更關鍵。這就是包山 2 號墓的墓

圖三　邵王之諻鼎

1　　　　2
圖四　大司馬邵陽敗晋師於襄陵之歲（1 見鄂君啓節，2 見包山楚簡）

主，我們從該墓的占卜竹簡看，他的官職是懷王左尹，名字叫"邵佗"（前？—前 316 年）（圖五：1），也是以"邵"爲氏。⑰此人與屈原同時，生前患有重病，爲了祈求康復，曾反復占卜，反復祭禱。祭禱對象有神也有人。"人"是什麼呢？是他的始祖"邵王"和冠以"文"字（對已故先人的尊稱）的四世祖考："坪夜君"、"郚公子春"、"司馬子音"和"蔡公子家"（"家"字原從爪旁）（圖五：2）。⑱整理者在注釋中指出，"邵王，楚昭王，公元前 515—公元前 489 年在位。先秦時期有以王號爲後代之氏的習慣，昭王應是邵（昭）佗這一支的始祖"。⑲這是非常過硬的證據。

（二）屈。是楚武王之後，這點比較清楚。但我們希望知道的是，爲什麼從春秋到戰國，

它一直都是顯族。春秋時期的楚公族,重要性最大是"鬬"、"成"、"屈"、"蒍"。[20]當時的王朝大臣,除王族之外,主要都是由這四族的顯貴來擔任。鬬氏和成氏(成氏是鬬氏的別族)是若敖(熊儀,前790—前764年)之後。1990年河南淅川和尚嶺楚墓曾出土過一件"克黃之升"鼎(圖六),[21]克黃見《左傳》宣公四年,爲楚莊王箴尹,就是鬬氏家族的成員,[22]但他的氏名在器銘中並未出現。包山楚簡有"鬬"氏(圖七),也許就是鬬氏的本來寫法。[23]屈氏是武王(前740—前690年)之後,這一氏名在出土文字中有不少發現

圖六　"克黃之升"鼎

(圖八)。[24]蒍氏(《左傳》或作"蔿"),[25]舊說是盆冒(前757—前741年)之後,現在看來,也許是熊嚴(前847—前838年)四子中的第三個兒子,即叔熊(或叔堪)的後代。[26]河南淅川下寺、和尚嶺和徐家嶺的楚墓就是這一氏族的墓地。其中包括康王令尹蒍子馮和其配偶的墓(下寺三組墓)。[27]這一氏名有三種寫法,一種從邑從正反雙虎(圖九:1),疑與"蔿"相當;一種從邑從蒍,疑與"蒍"相當(圖九:2);一種從邑從化,則可能是第二種寫法的別體(圖九:3、4)。銘文也叫"楚叔之孫"。[28]這四

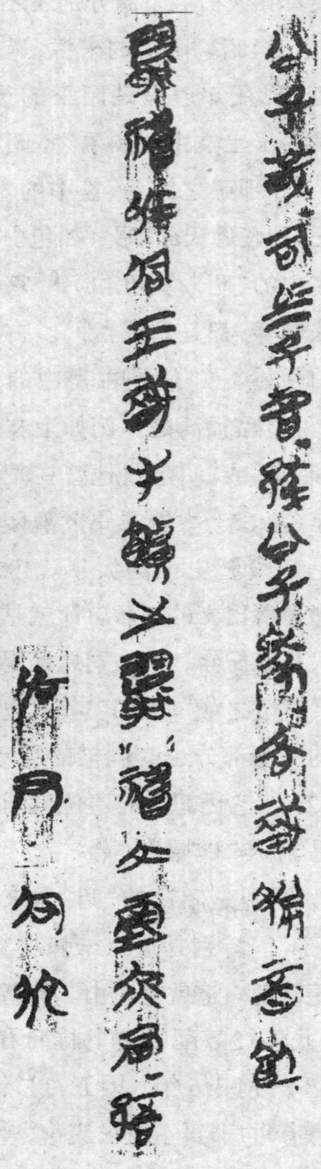

圖五　包山楚簡:
1、左尹卲㪣;2、罷禱於卲王,戠牛饋之。罷禱文坪夜君、邵公子春、司馬子音、蔡公子㒸,各戠豢酒飤。

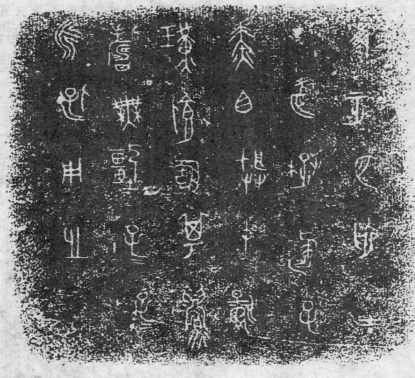

圖八　屈子赤角瑚

圖七　包山楚簡中的屈氏

1　　　2

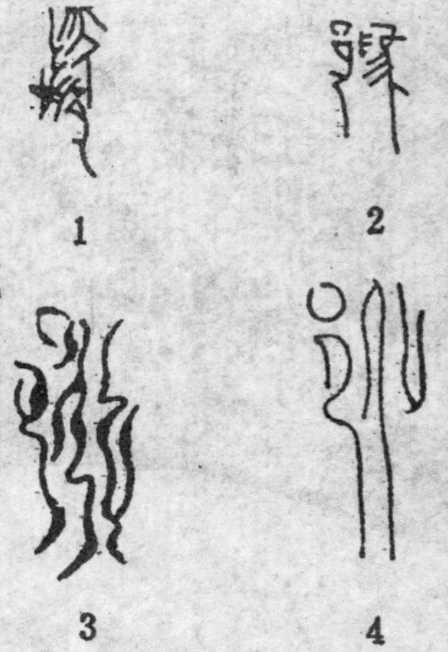

3　　　4

圖九　蒍氏的三種寫法

族當中,鬬、成、蒍三族,資格比屈氏老,地位比屈氏高,但爲什麼到了戰國時期,維持大族地位不衰只有屈氏,這是耐人尋味的事情。

(三)景。景氏的來源,過去也不清楚。因爲如果說它是出自王族,楚國並沒有一個楚景王,如果說它是某個著名大夫的後代,好像也沒有線索。現在借助古文字材料,我們才終於明白,它就是楚文字常見的姓氏"競"字。競氏在包山楚簡和楚國銅器、楚國璽印中都有發現,[29]過去,我們以爲它就是《姓苑》等書中的竟氏。[30]許全勝先生在考釋包山楚簡中的競氏時,也是這麼看。但值得注意的是,除去這一解釋,他還有另一種考慮,"復疑競氏即文獻之景氏"。㉛現在看來,他的後一種考慮纔是正確的。因爲我們已經知道:(1)楚平王的諡名本來是作"競平",(2)"競平"的"競"字,根據諡法命名和文字通假的慣例,正好應該讀爲"景"。其證據是,1973 年湖北當陽趙家湖楚城遺址 1 號臺基出土過

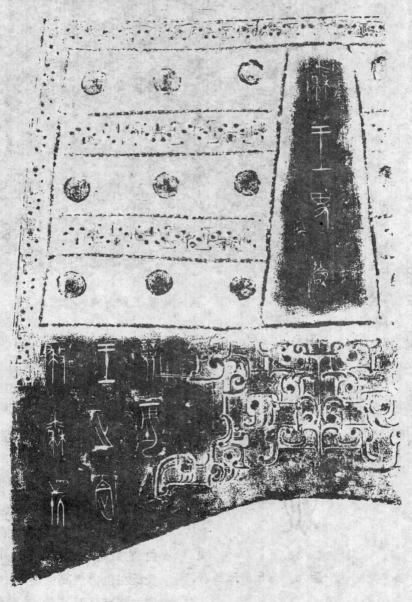

圖一〇　"秦王卑命"鐘

一件青銅甬鐘,銘文作:“秦王卑命,競(景)平王之定救秦戎”(圖一〇)。[32]這件銅器應是一組編鐘中的一件,如何斷讀和考定其時代,學界曾有爭論。但現在根據新出楚簡,我們可以確認,銘文中的“競(景)平王”就是古書中的楚平王。平王稱爲“競平王”,其實是用“雙字謚”,情況同於楚惠王之稱“獻惠王”,簡王之稱“簡大王”、聲王之稱“聖(聲)起(桓)王”,襄王之稱“頃襄王”,考王之稱“考烈王”。[33]由此,我們纔終於明白,楚文字中的“競”氏,其實也就是古書中的“景”氏。它的來源是楚平王謚號中的“景”字。昭氏和景氏都是來自春秋晚期的楚王,而且是名聲不佳的楚王。他們的後代爲什麼在戰國時期最顯赫,這也是耐人尋味的事情。

四

上文所述昭、屈、景三族,“屈”是老牌貴族,早在春秋時期就很顯赫,與“昭”、“景”不同;“昭”、“景”是新興貴族,它們的出現比較晚,立族當在戰國初年。楚國貴族很多,但到戰國時期,爲什麼只有這三族最得勢,原因可能很複雜。現在我們的考慮還很不成熟,這裏只能講點粗淺的體會。

(一)我們先談屈氏。

上面我們已經説過,春秋時期,楚公族之大首推鬭、成、屈、蔿。這四族的命運是,春秋早期和中期(若敖至康王),鬭、成最顯赫,當時王朝大臣多出二族。但莊王九年(前605),楚“滅若敖氏之族”(《左傳》宣公四年),首先衰落的正是鬭氏和成氏。[34]比起鬭氏和成氏,春秋早中期,蔿氏的地位要差一點,但也很重要,他們在王朝任高官的也不少,僅次於鬭氏(比如莊王時的名相蔿敖〈即孫叔敖〉就是出自這一族)。特別是鬭氏和成氏衰落後,楚國一度由王族專政,而由蔿氏和屈氏輔之,蔿氏的地位更有所提高。[35]楚共王時,王朝大臣多出王族,康王初年也是如此。康王九年(前551),王殺令尹子南,剪除王族中的權貴,起用蔿子馮任令尹,蔿氏(蓮氏)纔代替鬭氏,成爲王族之外最大的貴族。整個春秋時代,屈氏的地位比鬭、成、蔿要低,他們的成員,只有屈建當過令尹,其他多是擔任莫敖。[36]但四族之中,到戰國時期還能維持大族地位而不衰,只有屈氏。屈氏的碩果僅存、後來居上,當與其他三族過早消耗於權力角逐,而屈氏始終不是鬭爭焦點有關。[37]

(二)我們再講一下昭氏和景氏。

戰國時期的昭氏和景氏,它們是來自春秋晚期的楚昭王和楚平王。平王和昭王是父子關係。他們在楚史上的角色很有意思。披讀楚史,我們不難發現,其公族興廢每與國家災難有關。昭、景二族的出現也是如此。我們考慮,它們當是昭、惠復國的產物。此外,屈氏在這兩次危機中的角色也值得注意,它在戰國時期的地位可能也與這類事件有關。

　　首先,我們應當注意的是,楚史春秋段是分為前後兩截,前一截,即春秋早期和中期(從
若敖到莊王),楚啓濮伐隨,兼併各國(申、呂、息、鄧等國),與晉爭雄,問鼎中原,一直是處於
上升的勢頭,鬭、成與有力焉。莊王九年,若敖之滅,導致王族勢力的上升。表面上看,這是
王室得到加強,但實際上卻是楚勢由盛轉衰的開始。

　　其次,我們應當注意的是,春秋晚期,楚國多難,禍亂是起於共王。共王以來,令尹、司馬
多為王子(為氏、屈氏只起輔助作用)。當時"王族多寵",是大問題(《左傳》襄公二十一年載
楚申叔豫語,謂"國多寵而王弱")。所謂"王族多寵",第一是王多寵子,而莫嫡是立,有繼承
危機;第二是幼子即位,而王叔干政,又有篡弒之虞;第三是王族多畜私臣,"無禄而多馬"
(《左傳》襄公二十二年),也對國家構成威脅(這類問題一直到吳起變法前還是如此)。比如
共王五子(即後來的康王昭、靈王圍、訾敖比〈子干〉、令尹子晳和平王居〈原名棄疾〉),他們都
是庶子,由誰繼承王位,是靠埋璧為卜,導致五子爭位。其先立者為康王。康王初年,三易令
尹(子囊、子庚、子南),都是出自王族,新王受王叔控制,很不自由。康王九年,王殺令尹子
南,導致為氏出山,情況才有所緩和,但王族專政的局面並未打破。^㊳康王死,其子麇(郟敖)
是被令尹子圍即後來的靈王殺害。靈王立,其子禄又被另外三位王叔(子比、棄疾和子晳)殺
害。靈王自己也死於流亡。當時人叫"松柏之下,其草不殖"(《左傳》襄公二十九年載鄭行人
子羽語)。靈王卒,子比為王(初王),子晳為令尹,棄疾為司馬。三位王子爭政的結果是,棄
疾獲得勝利,是為楚平王。平王在五子中年齡最小,當時人説"羋姓有亂,必季實立,楚之常
也"(《左傳》昭公十三年載晉叔向語)。^㊴這也是屬於後來居上,和屈氏有相同之處。

　　最後,我們應當注意的是,春秋晚期的國際形勢是,晉、楚對抗,各有與國:吳通上國,與
晉為親(晉、吳為同姓);與楚娶二嬴(共王夫人和平王的夫人都是秦女),^㊵與秦為姻(秦、楚
都是被中原諸夏"夷狄視之"的大國)。故楚臣之叛,必投吳、晉(如申公巫臣、伍子胥、太宰
嚭、太子建);^㊶昭王復國,也是賴秦之助。^㊷

　　這是平王即位的背景。

　　平王這個人,史家都認為很壞,但他的運氣卻並不壞。他不但以陰謀詭計得繼大統,幹
盡壞事竟以壽終,讓逃亡在外的伍子胥氣得不得了;而且死後也若有神助,雖以暴虐荒淫,陷
楚國於災難,但他的兒孫(楚昭王和楚惠王)還是得以重振楚國,再續楚祀。司馬遷説康王
"四子皆絶無後,唯獨棄疾後立,為平王,竟續楚祀,如其神符"(《史記·楚世家》),就是講這種
戲劇性。不僅如此,有趣的是,楚國的命運還竟然是繫於一女子之身。楚平王為太子建取婦
於秦,見女好而自娶之,舍太子建不立,而立秦女所生子為昭王,這是後來幾件大事的伏筆。
它既是伍子胥搬吳兵入郢的禍因(導致太子建的老師伍奢被殺和伍子胥出逃),也是申包胥
乞秦師復楚的福源(因為昭王的媽媽是秦女)。就連惠王時有名的"白公之亂"和葉公子高的

救亡圖存,遠因也在於太子建之廢,白公勝要爲他的父親(故太子建)報仇雪恥。這兩次的復國,對楚國影響很大:昭王所"復"是平王的"國",惠王所"復"是昭王的"國"。我們相信,昭、景二族的崛起必與之有關。

最後,我們應該指出的是,在上面提到的楚國鐘銘中,我們發現的並不只是楚平王的諡號,而是秦國救楚的大事。我們推測,該器當是昭王或昭王以後,楚王室爲了紀念楚國的復國而做。[43]作器者在銘文中把秦之救楚歸因於平王與秦國聯姻,這點很重要,因爲如果他們是惠王以後或昭王以後的楚人,他們在復國之後能够想到的是什麽呢?恐怕只能是感謝惠王以前的昭王,昭王以前的平王(感謝他從秦國娶來了一個既給他們帶來災禍又給他們帶來福氣的漂亮女人)。我想這也許就是"昭"、"景"二族在戰國時期成爲大族的原因吧?

2000 年 7 月 26 日寫於北京薊門里寓所

【補記】戰國楚貴族,還有出自悼王的一支,也有一定重要性。如《戰國策》等書中的"淖滑"和"淖齒",望山 1 號墓的墓主"悼固",包山楚簡的"大司馬悼骨"(學者考爲"淖滑"),它們就是出自楚悼王。悼王時有吳起變法,這一支的來源也耐人尋味。

① 參看:左言東《先秦職官表》,商務印書館,1994 年,335—336 頁,這是以"左徒"爲諫官。案:楚官有"箴尹"或"鍼尹",《呂氏春秋·務躬》高誘注以爲是諫臣,這可能是從"箴"有箴誠之義推測。該官見於曾、楚文字,"箴"字的寫法是從糸從戠字的古體(參看:拙作《讀〈楚系簡帛文字編〉》,收入中國文物研究所編《出土文獻研究》第五集,科學出版社,1999 年,139—162 頁,補記的第(62)條),職掌不詳,未必與"左徒"有關。
② 參看:湯炳正《"左徒"與"登徒"》,《中華文史論叢》1981 年第 3 輯,119—126 頁;湖北省博物館《曾侯乙墓》,文物出版社,1989 年,上册,526 頁,注 220。
③ 楚官,文官之長曰令尹,最尊,略如相邦,下分左、右尹;武官之長曰司馬,次之,略如大將軍,下分左、右司馬。令尹、司馬之外,地位最高是莫敖,可能略如宗伯。楚有太宰、司徒,但司工曰工尹,司寇曰司敗。此外,它還有名目繁多的各種"尹"(包括屬於府官系統的各種"尹"),以及屬於地方官的縣公和縣尹。這是它的基本情况。現在我們還並不知道"登徒"是屬於哪一系統的官員(與司徒有關?與登人有關?),但可以肯定,它是中央政府的官員。湯炳正《"左徒"與"登徒"》認爲,"登徒"是在楚王左右,"博聞彊志"、"嫻於辭令",兼管内政、外交的近臣,與"上官"同屬大夫一級。
④ 參看:《先秦職官表》,409 頁。案:左氏引姜亮夫《屈原賦校注》,謂左徒或即三閭大夫之主官,而三閭大夫爲其從屬,並疑左徒即莫敖,比於後世秩宗、宗正,是合莫敖、左徒和三閭大夫爲同一種職官。
⑤ 參看:《先秦職官表》,57、84、94—95、162、174—175、231、239、255、257、297、318、338、351 頁。
⑥ 參看:同上,409 頁。
⑦ 在《周禮》一書中,"閭"是屬於六鄉之制中"州"以下的編制單位,而有別於六遂和都鄙,不是以"縣"爲統屬。包山楚簡中的居民,凡屬前者,例作"某某(貴族名或官員名)之州人某(私名)",似是聚族而居或人身依附的關係;凡屬後者,例作"某縣某里之某(私名)"(簡文楚縣多是直呼其名,沒有"縣"字),則是分地而治,純以地緣關係隸屬於"縣"。
⑧ 湖北省文物考古研究所《江陵望山沙塚楚墓》,文物出版社,1996 年,117 頁。
⑨ 參看:裘錫圭《戰國文字釋讀二則》,收入吉林大學古文字研究室編《于省吾教授百年誕辰紀年文集》,1996 年,154—158 頁。案:古書所説"征"有多種含義,一種是大府之征,主要是征自農民,供軍國之用(養軍隊、官吏和刑徒);一種是少府之征,則征自山林川澤、道路關卡和王所控制的工商業,供國君之用。這兩種"征"都不一定是以貨幣的形式,而經常是以實物和力役的形式(參看:《孟子·盡心下》:"有布縷之征,粟米之征,力役之征。")。

楚征木材，可參看包山楚簡簡 140 的正、背，字亦作"政"。木材之征，估計應是實物之征。裘文説"既征"是表示"已經在王那裏征過税"，好像説買木材的人已經向王交納了商品税，似可商榷。

⑩　參看：陳振裕《江陵望山一、二號墓所出楚簡概述》，收入湖北省文物考古研究所、北京大學中文系編《望山楚簡》，中華書局，1995 年，3—11 頁。考釋見該文第 7 頁。

⑪　見李零考釋的《新編全本季木藏陶》，中華書局，1998 年，46—49 頁。

⑫　帛書説"臣以車百五十乘入齊，賈逆於高闒，身御臣以入"，見馬王堆漢墓帛書整理小組編《馬王堆漢墓帛書》〔叁〕，文物出版社，1983 年，37 頁。該書〔注一四〕説"高闒應是齊都臨淄的城門"。

⑬　這裏引用的《戰國策》，其國别、章次是用姚宏本，下同。

⑭　邵王之䛫鼎、簋，見中國社會科學院考古研究所《殷周金文集成》，第 4 册，文物出版社，1986 年，2288；第 6 册，文物出版社，1988 年，3634、3635。包山楚簡中的人名，見湖北省荆沙鐵路考古隊《包山楚簡》，文物出版社，1991 年。案：關於包山楚簡中的邵氏，可參看：許全勝《包山楚簡姓氏譜》，北京大學考古系碩士研究生學位論文，1997 年 5 月，33 頁。據許譜，包山楚簡以"邵"爲氏者凡 10 人，見《包山楚簡》簡 15、15 反、16、95、103、115、116、125、150、176、181、193—194、205—207、218、220、221、223、249。此外，邵氏還見於楚湙陵公戈（《殷周金文集成》，第 17 册，1992 年，11358）、楚鄂君啓節（《殷周金文集成》，第 18 册，1994 年，12110—12113）和楚鉨印（《古鉨彙編》，文物出版社，1981 年，2551、2552、3486）等。

⑮　見注⑪引楚鄂君啓節。

⑯　《包山楚簡》，簡 103、115。

⑰　《包山楚簡》，簡 207、218、220、221、223、249。

⑱　《包山楚簡》，簡 200、203、205、214、240。案：簡文第"邵王"是和"文坪夜君、郚公子春、司馬子音、蔡公子家"分叙，前者用牛饋享，後者用豕（彖）饋享，似有區别。過去，我們曾以簡文所述爲連續的五代，但楚昭王與懷王之間有惠、簡、聲、悼、肅、宣、威七王，加上這七個王，一共有九個王，如果只排進五代，每一代的時間太長。我們懷疑，昭王與坪夜君之間還應隔有三四代，即約與惠、簡、聲三王相當；簡文"坪夜君"，從年代考慮似即楚悼王時的坪夜君，他很可能就是新蔡葛陵楚墓的墓主（在該墓占卜簡中，被祭禱的祖考是止於聲王，並且出土骨器上有昭氏之銘）；郚公子春、司馬子音、蔡公子家，則約活動於肅、威、宣三王時，其情況略同於史墻盤。史墻盤講史墻的世系，有"高祖"、"烈祖"、"乙祖"、"亞祖祖辛"和"文考乙公"，過去多以爲是連續的五代，但羅泰（Lothar von Falkenhausen）教授指出，史墻的直系祖考是"亞祖"（折）和"乙公"（豐），他們連墻、癲爲四代，才是莊白器群的真正器主，窖藏應是癲的後代祭祀其前面四代的器物。參看：羅泰《有關西周晚期禮制改革及莊白微氏青銅器年代的新假設：從世系銘文説起》，收入臧振華編《中國考古學與歷史學之整合研究》，中央研究院歷史語言研究所，1997 年，651—676 頁。

⑲　《包山楚簡》，53 頁，注（360）。

⑳　清陳厚耀《春秋氏族譜》卷下述楚公族有"鬭"、"成"、"屈"、"蒍"、"熊"、"陽"、"申叔"、"申"、"伍"、"潘"、"沈"、"觀"、"伯"等族，顧棟高《春秋大事表》卷十二下《春秋列國卿大夫世系表》的楚表也有"鬭"、"成"、"蒍"、"屈"、"陽"、"襄"、"申"、"潘"、"伍"等族。這些氏族，照説當以熊氏最古老，"熊"即古文字中的"酓"，是楚王族所出，但陳書所列以熊爲氏者卻既非王族，也非楚國的重要公族，顧表去而不數是對的；陽氏和襄氏雖然是從王族分化，但陽氏是穆王（前 625—前 614 年）之子王子揚的後代，襄氏是莊王（前 613—前 591 年）之子王子貞的後代，它們分出的年代都比較晚，重要性也比較差；而"申叔"、"申"、"伍"、"潘"、"沈"、"觀"、"伯"等族，則或以封邑爲氏，或不詳所出，都是某些大臣的後代，它們也不能同"鬭"、"成"、"屈"、"蒍"相比。陳譜和顧表把這四族列在最前面，這是很有道理的。

㉑　曹桂岑《河南淅川和尚嶺、徐家嶺楚墓發掘記》，《文物天地》1992 年 6 期，10—12 頁。

㉒　據《左傳》宣公四年，克黄是成王令尹鬭穀於菟（字子文）的子孫。

㉓　《包山楚簡》簡 61："九月辛酉之日，新大廄陰漸受期：十月辛未之日，不行伐（代）陽廄尹郙之人或戟於長沙公之軍。登門有敗。疋（胥）越。"簡文中的或戟，注（105）：説或，讀如鬭。"滕壬生先生以爲是人名（見所著《楚系簡帛文字編》，湖北教育出版社，1995 年，877 頁）。

㉔　參看：許全勝《包山楚簡姓氏譜》。據許譜，包山楚簡以"屈"爲氏者凡 11 人，見《包山楚簡》，簡 7、62、67、87、121、130、157、169、176、190、223。此外，屈氏還見於楚屈子赤目瑚（《殷周金文集成》，第 9 册，1988 年，4612）、楚燕客銅量（《殷周金文集成》，第 16 册，1994 年，10373）、王鐘戈（《殷周金文集成》，第 17 册，11393）和楚鉨印（《古鉨彙編》，3599）等。

㉕　《左傳》的這兩種寫法是以"蒍子馮"爲分界線。他本人是兩種寫法都有，前之者作"蒍"，後之者作"蓮"。

㉖　據《國語·鄭語》和《史記·楚世家》，熊嚴四子爲伯霜、仲雪、叔熊（或叔堪）、季紃（或徇）。熊嚴卒，伯霜立。伯霜

卒,三子爭位,仲雪死,叔熊亡,避難於濮。最後繼位的是季紃。叔熊是楚叔氏,即楚爲氏的來源(疑"叔熊"、"叔堪"本作"叔酓")。參看:李零《楚國族源、世系的文字學證明》,《文物》1992年2期,47—54,轉90頁。

㉗ 河南省文物研究所等《淅川下寺春秋楚墓》,文物出版社,1991年;曹桂岑《河南淅川和尚嶺、徐家嶺楚墓發掘記》;李零《再論淅川下寺楚墓》,《文物》1996年1期,47—60頁;李零《化子瑚與淅川楚墓》,《文物天地》1993年6期,29—31頁。

㉘ 同注24引李零文。案:《文物》1996年1期,49頁:圖一:排印有誤,圖一:1的第一字應刪去,圖一:3應同4。

㉙ 參看:許全勝《包山楚簡姓氏譜》。據許譜,包山楚簡以"競"爲氏者凡11人,見《包山楚簡》,簡68、81、90、110、118、121—123、131、155、163、180、187。此外,競氏還見於楚燕客銅量(《殷周金文集成》,第16册,10373)、楚襄成公戟(《考古》1995年1期,75—77頁)、楚璽印(《古璽彙編》,0275、3130—3132)等。

㉚ 李零《楚燕客銅量銘文補釋》,《江漢考古》1988年4期,102—103頁。

㉛ 許全勝《包山楚簡姓氏譜》,31頁。

㉜ 《殷周金文集成》,第1册,1984年,37。

㉝ 李零《楚景平王與古多字諡》,《傳統文化與現代化》1996年6期,23—27頁。

㉞ 但楚滅若敖氏之後,鬬縠於菟的後裔,仍有人在王朝擔任要職,如鬬韋龜(鬬縠於菟的玄孫)、成熊(成虎)事靈王(《左傳》昭公四、十二、十三年);鬬成然(韋龜子,也叫蔓成然,字子旗)事平王,爲令尹(《左傳》昭公十四年);鬬辛(成然子)事平、昭二王爲鄖公(《左傳》昭公十三、十四、十九年、定公四年和五年);鬬巢(鬬辛弟)、鬬懷(鬬辛弟)隨昭王出亡,有功(《左傳》昭公四年、定公五年)。此外,《國語·楚語下》還有鬬且,事楚昭王。

㉟ 如爲子馮(或薳子馮)、薳掩事康王,爲令尹司馬(《左傳》襄公十八、二十一、二十二、二十四、二十五年、昭公元年);薳罷(子蕩)、薳越、薳啓彊事靈王,爲令尹、司馬和太宰(《左傳》襄公二十三、二十四、二十七、三十年、昭公元、四、五至七年)。此外,靈、平之際的楚臣還有薳射、薳洩、薳居、薳固等人(《左傳》昭公五、六、十三、二十一至二十二、二十五年、定公五年、哀公十八年)。

㊱ 如武王時的屈瑕(《左傳》桓公十一至十三年)、屈重(《左傳》莊公四年)、康王時的屈到(屈蕩《見《左傳》宣公十二年,非下屈蕩》子,《左傳》襄公十五年)、屈建(屈到子,《左傳》襄公二十二、二十五、二十九、昭公二十年)、屈蕩(非上屈蕩,《左傳》襄公十五、二十五年)、靈王時的屈申(屈蕩子,《左傳》昭公四、五年)、屈生(屈建子,《左傳》昭公五年),他們都擔任過莫敖。

㊲ 鬬氏的後裔,即所謂"若敖之餘"(《左傳》昭公十二年),有人在靈、平之際仍任要職,但遭排斥打擊,如靈王奪鬬韋龜、鬬成然田邑,殺成熊(導致鬬氏參加"三王子四族之亂");平王殺鬬成然。爲氏在康王時很有勢力,但康王死後,也受排斥打擊,如郟敖元年,王子圍爲令尹,爲掩爲大司馬;次年,圍殺掩而取其室(《左傳》襄公三十年);即位後又奪薳居田(導致薳氏參加"三王子四族之亂")。

㊳ 下寺三組墓是康王令尹爲子馮及其配偶的墓,墓中除子馮自己的銅器,還出有加刻子馮銘文的王子午升和王孫誥鐘,以及刮去銘文的若干銅器。我們懷疑,這些銅器可能是因子南、子午等族遭受打擊,被康王沒收,送給子馮(刮去銘文的銅器可能是子南一族的銅器)。參看:李零《再論淅川下寺楚墓》。

㊴ 這是楚國的成説。如《左傳》文公元年載令尹子上語,謂"楚國之舉,恒在少者",是同樣的意思。這類例子見於楚史,年代最早當推熊嚴四子爭政,繼位者爲季紃一事。

㊵ 楚懷王和頃襄王也都娶婦於秦,見《史記·楚世家》(楚懷王二十四年,頃襄王七年)。

㊶ 《左傳》襄公二十六年載宋向戌語有"楚材晋用"之説,所舉人物有析公、雍子、申公巫臣(屈巫,字子靈)、鬬伯棼(苗賁皇)。

㊷ 楚莊王也曾"乞旅於秦",見《左傳》襄公十一年。

㊸ 李零《楚景平王與古多字諡》,見注㉝。

《宋書》時誤補校（一）

牛繼清　張林祥

中華書局點校本《宋書》在校勘時誤方面做出了很大成績。但由於種種原因，仍有相當部分沒有校出，或校記有誤。現就薄力所及，補校如下（依中華書局 1962 年版陳垣《二十史朔閏表》定朔。點校本卷數及頁碼隨引文標出）：

1.〔武帝永初三年〕冬十一月戊午，有星孛于營室。十二月庚戌，魏軍克滑臺。（卷四頁64）

按十二月己巳朔，無庚戌。《南史》卷一《宋本紀上》同誤。《魏書》卷三《太宗紀》作"十有一月，泰平王親統六軍出鎮塞上，安定王彌與北新公安同居守。丙午，曲赦司州殊死己下。劉義符東郡太守王景度棄滑臺走。詔成皋侯元苟兒爲兗州刺史，鎮滑臺"云云。《資治通鑑》卷一一九宋紀一從《魏紀》作"十一月……庚戌，奚斤等急攻滑臺，拔之。"十一月庚子朔，丙午七日，庚戌十一日，戊午十九日，則此"庚戌"當在上文"戊午"之前，"十二月"衍。

2.〔少帝景平元年〕夏四月，檀道濟北征，次臨朐，焚虜攻具。乙未，魏軍克虎牢，執司州刺史毛德祖以歸。（卷四頁64）

按此年魏軍破虎牢事，《魏書》卷三《太宗紀》作"閏〔四〕月己未，……虎牢潰，獲劉義符冠軍將軍、司州刺史，觀陽伯毛德祖"等。《南史》卷一《宋本紀上》、《北史》卷一《魏本紀一》、《資治通鑑》卷一一九宋紀一並作閏四月己未。《通鑑》載此事自北魏奚斤、公孫表合攻虎牢始至虎牢破潰，全程甚詳，當是。《宋書》誤"己未"爲"乙未"，又脫閏。

3.〔文帝元嘉十六年〕秋八月庚子，立第四皇子鑠爲南平王。

閏月乙未，鎮軍將軍、豫州刺史長沙王義欣薨。戊戌，復分豫州之淮南爲南豫州。癸卯，以左衛將軍劉遵考爲豫州刺史。戊申，以湘州刺史始興王濬爲南豫州刺史，武陵王駿爲湘州刺史。（卷五頁86）

按承上文則閏八月，然而宋是年閏九月，即閏八月亦當壬戌朔，無乙未、戊戌、癸卯、戊申四日。閏九月壬辰朔，乙未四日，戊戌七日，癸卯十二日，戊申十七日。此"閏""月"間當脫一"九"字。

4.〔元嘉二十二年〕二月辛巳，以侍中王僧朗爲湘州刺史。甲戌，立第八皇子禕爲東海王，第九皇子昶爲義陽王。（卷五頁93）

按是月辛酉朔，"辛巳"（二十一日）不當在"甲戌"（十四日）前，失序。"甲戌"《南史》卷二《宋本紀中》、《資治通鑑》卷一二四宋紀六皆同。

"天棐忱"辨析

徐 難 于

《尚書》有"天棐忱""天畏棐忱""若天棐忱"等類同的、反映西周天命觀的句式。對這類句式中的"棐"字,自《爾雅》、《説文》釋"輔"以來,遂形成傳統的訓解觀點。清人俞樾、孫詒讓則力主"棐"當釋爲"匪"。此後,學界關于"天棐忱"的解釋就隨之形成截然不同的兩説,或解爲"天不可信",或釋爲"天輔誠信"。如此相左的解釋,顯然會導致對西周天命觀的理解分歧。故正確訓解"天棐忱"之類句式,對西周意識形態的研究將大有裨益。

一 歷代注家釋"天棐忱"之檢討

有學者認爲"棐"是"匪"字的"晚周之變體"①,即晚周以前,"棐"本作"匪"。果真如此,《尚書》中的"棐"就只能以"匪"之義訓解,而"匪"字與"輔"無涉。因此,弄清"棐"之本義及引申義,當有助正確理解"天棐忱"。"棐"訓爲"輔",本于《爾雅》。《爾雅·釋詁》謂:"棐,俌也"。《説文·木部》曰:"棐,輔也,從木,非聲",而"俌輔音義皆同"②。《爾雅》、《説文》的訓釋基本相同,均未涉"棐"之本義。或許秦漢人已不清楚"棐"字本義,亦就無法闡明"棐"釋"輔"之所以。以後歷代注家釋"棐",既承前人之説,又試圖探究其本義。宋人徐鍇認爲:"棐,輔也。輔即弓檠也,故從木"③。即徐氏認爲,"棐"是"弓檠"類器物之名稱。清儒段玉裁亦謂:"棐,蓋弓檠之類"④。《荀子·性惡》篇稱弓檠之輔助器爲"㮎檠",《管子·輕重甲》則稱其爲"棐檠"。桂馥認爲"棐"之"輔"義與"㮎檠"、"棐檠"有關⑤。唐蘭在前人的基礎上,聯繫《番生簋》、《毛公鼎》等銘文中的"金簟弼",從考古、音韵、訓詁等角度,條分縷析,認爲弼(弼)本爲縛在馳弓上的輔助器之名稱,"戰國時,弼又音轉爲棐或㮎,……棐或㮎就是《説文》的棐字"⑥。因制器原料不同,以及字音的時代和地域變遷,弼變爲棐實屬自然。從字音上看,上古無唇齒音,棐音"匪"(幫紐微韵)或"斐"(滂紐微韵)⑦,弼(并紐物韵)或音"弗"(滂紐物韵)⑧,弼、棐或同紐,或旁紐,二者乃一聲之轉。從字形上看,弼、棐作爲形聲字,其從"丙"⑨、從"木",僅僅反映不同時代或地域制器原料的差異而已。這就從語源學的角度證明,棐并不是匪字在晚周的變體,其本爲弓弩輔助器名稱,引申爲"輔佑"、"輔助"之義。雖然

“輔”爲粜字最直接的引申義,但尚不能據此認爲“粜忱”即“輔忱”。因爲在古時,粜與匪、非可通假,故粜字又可釋爲“不”。學界對“天粜忱”的理解分歧正由此而生。

漢唐時期,經學家釋“粜忱”爲“輔忱”。漢哀帝元壽元年(前2),前丞相孔光上奏,引用《尚書·大誥》的“天粜諶(忱)辭”,解釋爲“言有誠道,天輔之也”[⑩]。東漢應邵在《風俗通義·十反》中引《尚書·康誥》的“天威(畏)粜誠(忱)”,釋曰:“言天德輔誠也”[⑪]。可見兩漢時期,釋“粜忱”爲“輔忱”乃普遍狀況。顔師古注《漢書》,凡涉“粜忱”皆釋爲“輔誠”[⑫]。孔穎達《尚書正義》亦作類似訓釋。

然而,漢唐以來的上述傳統訓解,在考據學盛行的清代受到挑戰。有學者釋“粜忱”爲“非忱”或“匪忱”,其中以俞樾、孫詒讓爲代表。銅器銘文中,尚不見粜字。現存先秦典籍中,作爲“輔”義之粜,僅見于《尚書》。《爾雅》、《説文》釋“粜”爲“輔”,以及兩漢流行的釋“粜忱”爲“輔忱”,其主要依據當本《尚書》。俞、孫二人將《尚書》中的“粜忱”皆訓解爲“匪忱”,應當有充分根據論證《爾雅》、《説文》之誤,以及兩漢流行的有關訓解之不確。

俞氏認爲“經凡言粜忱者,并當讀爲非”,其論據有三:第一,“古粜、匪字通。《漢書·地理志》録《禹貢》文,凡‘貢匪’之‘匪’,皆作粜”。第二,“假粜爲非,猶假匪爲非也。《吕刑》‘明明粜常’,枚傳亦以爲‘輔行常法’,然《墨子·尚賢》篇作“明明不常”。第三,“《君奭》篇‘天難諶’,《漢書·王莽傳》引作‘天應粜忱’”,“此可見凡言‘粜忱’者,猶言‘非忱’也”[⑬]。俞氏理由之一,只能證明粜字可釋爲“匪”,并不能證明粜字只能釋爲“匪”,因先秦、兩漢文獻中,訓粜爲“輔”的也不少,正如上文所涉那樣。其理由之二,將枚傳訓解之誤無憑無據地推而廣之,未必妥當。其理由之三,將“天難諶”與“天應粜忱”對應,以證“粜”即“非”。顯然,俞氏是將“難”作“非”。難的“不易”之義與非字義近。儘管上古字多通假,却不曾見“難”與“非”通假之例。故將“難”釋爲“非”,未免牽强。聯繫《漢書·王莽傳》、《翟方進傳》的有關記載,將“難”作爲“非”就更顯抵牾。王莽居攝前夕,大肆利用讖諱渲染“居攝乃天意所在”。群臣則秉承莽意,上書太后,聲稱“周公權而居攝,則周道成,王室安;不居攝,則恐周墜失天命”,緊接着引《尚書》曰:“我嗣事子孫,大不克恭上下,遏失前人光,在家不知天命不易,天應粜諶,乃亡墜命”,最後請太后允準居攝,以“奉順皇天之心”[⑭]。奏折中,上文稱居攝與天命墜失息息相關,下文則謂居攝乃順天之舉,如果將其中的“天應粜諶”訓解爲否定天命的“天應非諶”,與上下文的扞格則顯而易見。顔師古注“天應粜諶”條曰:“言我恐後嗣子孫大不能恭承天地,絶失先王光大之道,不知受命之難,天所應輔唯在有誠,所以亡失其命”。顔師古之注與奏折文意貫通,當是妥貼的。“天應粜諶”釋爲“天應輔誠”不僅合文理,而且與歷史實際也相符。王莽居攝踐祚後,爲穩定政局,依《周書》作《大誥》,《尚書·大誥》中的“天粜忱辭”、“越天粜忱”,《莽誥》徑直爲“天輔忱辭”、“粵天輔忱”[⑮]。王莽居攝前後的一系列活動,有兩點至爲明顯:其一,大肆渲染其"居攝"乃天意所在;其二,以"誠"自居,作爲獲天佑助的依據。王莽居攝前,群臣引經據典爲其居攝吶喊:"天應輔諶",居攝後,王莽引《書》自命"天輔忱"。前後呼應緊密,唯其如此,才顯示出王莽的良苦政治用心。這一角度,正是"天應棐諶"當釋爲"天應輔誠"的歷史依據。至于漢代人爲何將"天難諶"作"天應棐諶",下文將涉及。

孫詒讓認爲"此經棐字并當爲匪字之假借,孔讀如字,訓爲輔,并誤。'天棐忱'猶《大雅·蕩》云:'天生蒸民,其命匪諶',《説文·心部》引《詩》作'忱'。……下文云'越天棐忱',《康誥》云"天畏棐忱",《君奭》云'若天棐忱',義并同"⑯。儘管與俞樾一樣,孫氏否定"棐忱"之傳統訓釋的理由似乎也并不充分,然而從者甚衆,皆視其爲不易之説。于省吾在《尚書新證》中,曾數次引用孫氏的觀點,并認爲"孫詒讓以《詩》'其命匪諶'證《大誥》'天棐忱辭',則棐之即匪無疑矣"⑰。王國維視其爲"《詩》、《書》本文比校知之者"的典範⑱。郭沫若、陳夢家等皆贊同孫氏的觀點⑲。上述學界大家力主《尚書》之"棐"當釋爲"匪",于是,許多人將《君奭》的"天不可信"、《詩》、《書》中的"天難諶"、"天命靡常"與"天棐忱"聯繫起來,作爲周人懷疑、否定天命的依據。郭旭東認爲周人"首先感到天命并不可靠,'天命靡常'、'惟命不于常',進而認識到天命不可信,'天棐忱','天不可信'"⑳。劉起釪認爲周人"强調天命不常,因而就以爲天命不可信"㉑。楊向奎對此説更是推崇備至,認爲"宗周對于上帝的信仰有所動搖,天不可信而尚德的思潮,成爲當時的主流,這是郭沫若先生在研究中國天道觀之進展時的創見"㉒。釋"棐忱"爲"匪忱"的觀點雖然甚爲流行,然而將此訓解置于西周天命觀體系中,置于《詩》、《書》的有關篇章中,此説實難成立。

二　西周天命觀

西周思想文化,直接承傳殷商文化而來。商朝有效統治來自于鬼神與人事并重的歷史事實,爲周人提供了寶貴的歷史經驗,影響了西周統治者的思維定式與統治方式㉓。因此,周人既注重人事,又不曾動搖對天命的崇信,從而形成融"有命自天"、"天命靡常"、"保天之命"等宗教思想與"敬德"、"保民"等人文觀念爲一體的天命觀。

周人認爲,對人類社會而言,上天具有至高無上的絶對權威。這一絶對權威集中表現爲上天操縱天下興衰,國興由天佑,國亡乃天罰。不僅武王伐紂克商是"恭行天之罰"㉔,而且"天乃大命文王,殪戎殷,誕受天命,越厥邦厥民"㉕,即文王時期,上天就已經賦予了討伐商紂王,取代其統治的大命。整個《尚書》的《周書》部分,凡涉"商亡"、"周興",無不歸結爲天意。這種天命決定論思想,也彌漫在《詩經》的《雅》、《頌》中。據下引銘文,則可見"天佑"、"天罰"觀,終周之世不曾動搖。

西周初期

《天亡殷》:丕顯考文王,事喜上帝。文王德在上,丕顯王作眚,丕肆王作庸,丕克迄卒王祀。

《何尊》:肆文王受茲大命。唯武王既克大邑商,則廷告于天曰:"余其宅茲中國,自之刈民"。

西周中期

《大盂鼎》:丕顯文王,受天佑大命。在武王嗣文作邦,闢厥匿,匍有四方,畯正其民。……故天翼臨子,法保先生,□有四方。

《班簋》:三年静東國,亡不成尤,天畏否畁屯陟。公告厥事于上:"惟民亡徔在彝,忐(昧)天命,故亡"。

西周晚期

《毛公鼎》:丕顯文武,皇天弘厭厥德,配我有周。膺受大命,率懷不廷方,亡不閈于文武耿光。唯天將集厥命,……肆皇天亡斁,臨保我有周,丕鞏先王配命。

《宗周鐘》:惟皇上帝百神保余小子,朕猷又成亡競。我惟司配皇天。

上舉銘文證明,對周人而言,"有命自天"、"受命而王"、"天定成敗"的思想是根深蒂固的。既然國之興亡由天定,國之大事也就必稟告上天。武王克商後,即稟告天:欲遷居中國,以治民人;毛公則以伐東國亂戎獲捷之事告天[26]。周人認爲順天者昌,逆天者亡,不僅周興、商亡如此,東國亂戎亦因"勿忘天命"而亡。上天的絕對權威,當在上舉銘文中得到充分展現。

在堅信天命的同時,周人也異常清醒地意識到"天命靡常"。《書》稱"惟命不于常"[27],《詩》謂"天命靡常"[28]。"天命不常"的思想當濫觴于殷商時期。經歷過夏、商王朝的更替、商王朝內部各種力量此消彼長、頻繁征戰勝負難定等人世滄桑,商人便逐漸形成"帝命"非一成不變的思考。甲骨文中習見卜問上帝是否"佑"殷人、商王,說明殷人已有上帝可能保佑自己、也可能不保佑的觀念。《墨子·非樂上》引《湯之官刑》說:"上帝弗常,九有以亡,上帝不順,降之百殫",即上帝的佑助并非恒常不變。周人以蕞爾小國取代大邑商的歷史變遷,無疑會強化周人對固有"帝命可移"觀的認識。周人這種蘊含歷史經驗教訓的認識,不僅集中表現爲"惟命不于常"、"天命靡常"等命題,而且《詩》、《書》、銘文中,凡涉"天保"、"永命",皆不斷重復着"天命無常"的思想。被周人不斷重復、刻意强調的"天命無常",是否表示周人對天命的迷茫與懷疑?周人一面處處宣揚"有命自天"、"天命而王",一面又不斷重復懷疑天命的"天命無常",這豈不造成統治思想的矛盾與混亂?認爲"天命靡常"就是反映周人覺得"天命不可靠"的一些學者,爲了調合這一矛盾,便聲稱:"凡是極端尊崇天的說話是對待着殷人或殷的舊時的屬國說的,而有懷疑天的說話是周人對着自己說的"[29]。李向平撰文直接援引了這一觀點[30],白壽彝主編的《中國通史》也持類似看法[31]。然而,通檢《詩》、《書》、銘文,即可見此論與史實顯然不符。其實,周人反復強調的"天命靡常"這一命題,并不表示周人對天命的迷茫與懷疑,它反映的是周人自我惕懼"天命轉移",不可消極恃命的思想。周人既尊崇天命,又不消極恃命,這種積極天命觀的形成,不僅基于夏商周三代更替的歷史教訓,而且尚有其他歷史經驗可鑒。周統治者曾諄諄告誡殷多士:殷先哲王"自成湯至于帝乙,罔不明德恤祀"[32],也教育周人說:"殷先哲王迪畏天顯小民,經德秉哲"[33]。即周初統治者認爲,商朝的英君賢王,皆并重神鬼與人事。在人們對自然界及人類社會的認識極其有限的背景下,殷人對所崇拜的神祇產生的凝斂、戒懼、慎緊心態,有利于維護社會秩序與堅定信念[34]。所以殷人敬事鬼神并不等于愚昧地盲從鬼神和消極地恃命。敬事鬼神與慎務天下同樣體現了憂患意識下的務實精神,二者并重才使王朝的統治有效地運轉。與此相反的歷史教訓,是商紂既不敬事鬼神,又不慎務天下。商紂王"不肯事上帝鬼神"[35],"昏棄厥肆祀弗答"[36]并非基于對上帝、鬼神虛妄性的認識,而是自恃"我生不有命在天"[37],即受"命已定"、"命可恃"思想的支配。正由于有恃無恐,商紂才既不事上帝鬼神,又不慎務天下,以至最終斷送有商國運。正反兩方面的歷史經驗表明,敬事神鬼與重人事非但不矛盾,而且兩者有着緊密的内在聯繫。由崇拜上帝鬼神而產生的凝斂、慎懼,是人們行爲有序化的内動力。既然歷史經驗證明鬼神與人事并重是王朝有效統治的保證,周人有必要將敬鬼神、重人事二者割裂,以懷疑"天命"爲重人事的前提嗎?周人一旦滋生"天不可信"等疑天思想,就不會虔誠地祈求永命,更不會痴心地探索怎樣永命。

即尊崇天命,又意識到天命并非永恒不移,由此而產生對"天命無常"的惕懼,祈求與永保"天命"便成爲周人始終傾心關注的問題。周人探索怎樣永命,同樣有豐富的歷史經驗可鑒。周人認爲,有作爲的殷商先哲王,"罔不明德慎罰"[38],"罔不明德恤祀"[39],故殷商能"代夏做民主"[40],能"多歷年所"[41]。從反面看,夏商墜失天命,皆因"不敬厥德"[42],而且,"惟天不畀不明厥德,凡四方小大邦喪,罔非有辭于罰"[43]。四方大小邦國皆喪德而亡,觸目驚心;"殷鑒不遠",足以爲訓。周人遂提出"王其德之,用祈天永命"[44]的命題。爲了"永命"這一終極目的,必須"敬德"。《詩》稱:"世德作求,永言配命"[45]。《書》謂:"克堪用德,惟典天神"[46],"王敬所作,不可不敬德"[47]。銘文曰:"惟敬德,亡逌違"[48],"敬離德經,……畏天威"[49]。總之,周人不厭其詳地反復強調敬德、明德、秉德、用德。"德"的内容頗豐,從周統治者的角度講,其涉及人們修身、治國的行爲準則,而"保民"則是德的主要體現。"皇天既付中國民越厥疆土于先王,肆王惟德用,和懌先后迷民,用懌先王受命,……欲至于萬年,惟王子子孫孫永保民"[50]。既只有明德保民,才能不負皇天所望,從而永保皇天所賜疆土與民人。

　　周人既尊崇天命，又意識到"天命靡常"，由此産生唯恐天命墜失的自我惕懼。正是這種自我惕懼促使周人探索"永命"的條件和手段。伴隨這種探尋，周人將"敬德保民"的人文思想作爲"永命"的條件融匯于天命觀中。"敬德保民"是維持正常統治秩序的必要條件，周人視"天命"爲這一必要條件的理論依據。而人們對上天的敬畏，則推動人們將這一必要條件積極付諸實踐。這正是西周天命觀的積極意義和生命力所在。

三、"天棐忱"解

　　闡明西周天命觀的實際，爲合理解釋"天棐忱"提供了必要的歷史依據。然而，要尋求正確的解釋，還必須將前文所涉的"其命匪諶"、"天難諶"、"天不可信"作一番剖析。

　　孫詒讓認爲《大雅·蕩》的"其命匪諶"是指"天命無常不可信"[51]。據孫氏所解，此句直譯當爲"天命不可信"。但聯繫《蕩》的上下文，此解并不準確。

　　《蕩》曰：蕩蕩上帝，下民之辟。疾威上帝，其命多辟？天生烝民，其命匪諶？靡不有初，鮮克有終。

　　"其命匪諶"，《説文·心部》作"天命匪忱"。《説文·言部》段注曰："諶、忱義同音近，古通用"。《爾雅·釋詁》曰："諶，信也，誠也"。這兩句詩的大意是：疾施其威的上帝，他的本性多邪僻？上天降生衆民，他的命令不真誠？衆民皆能善始，却少有善終者。上述怨天之辭是否可作爲周人疑天的依據？回答是否定的。因《蕩》的以下幾章有"天不湎爾以酒"、"匪上帝不時"的結論，即作者認爲"天不曾以酒迷醉你"、"并非上帝不是"，種種無德之擧、善始而不能善終，皆在"人爲"。通觀《蕩》全文，并未蘊含懷疑天命的思想。其首章的怨天之辭，當屬反詰修辭，和下文的"匪上帝不時"呼應，以增强"唯人道不善"的説服力。

　　"天難諶"這一句式，兩見于現存西周文獻，《大雅·大明》作"天難忱斯"，《尚書·君奭》作"天難諶"。今人對此句式的訓釋基本上大同小異。或釋爲"天意莫測難相信"[52]，或解爲"天難于信賴"[53]。孤立地看這一句式，以上訓釋似無不當。但將該句式置于上下文中，并聯繫西周天命觀的實際，則此類訓解既有悖西周天命觀，于文意亦抵牾難安。

　　《大明》以"文武有顯赫之德，故天命文武"爲主題。圍繞這一主題，《大明》開篇即曰：

　　　　明明在下，赫赫在上。天難忱斯，不易爲王！天位殷適，使不挾四方。

　　聯繫以下章節所闡述的文武"以德受命"，這裏的"明明在下，赫赫在上"，顯然是指文武有明德于天下，有赫赫的顯應在天上。原本居于帝位的殷王嫡子，上帝却使其政令不達于四方。由此詩人感嘆"做君王不易"。類似感嘆也見于《大雅·文王》、《尚書·君奭》。

　　《大雅·文王》：無念爾祖，聿修厥德？永言配命，自求多福。殷之未喪師，克配上帝。宜鑒于殷,駿命不易!

《君奭》:天降喪于殷,殷既墜厥命,我有周既受。……我後嗣子孫,大弗克恭上下,遏佚前人光,在家不知天命不易,天難諶,乃其墜命。

由上引材料可見,周人往往是鑒于殷商興亡而深感“天命無常”。基于“天命無常”的感觸,周人才有“保持天命不易”、“君王難做”的慨嘆。然而,深感“天命無常”、“保命不易”的周人,并没由此感到天命“莫測”與“迷茫”。正如前所述,對周人而言,天命的轉移并非隨意而無序,天命轉移是以“敬德”與否爲據。上引《文王》、《大明》、《君奭》等篇章,無不貫穿這一認識。既然如此,“天難諶”之義,就不是“上天難以信賴”,當是“上天難以取信”。所謂“天難諶”、“天命不易”即是指“獲上天信賴,保持天命并非易事”。之所以上天難于取信,在周人看來,至少有兩點:無德不能取信于上帝;有德與否,“天察甚明”。德與取信上帝,前文多有涉及;“天監”、“天臨”也是《詩》、《書》常涉的觀念。《周頌·敬之》則直接表達了“天察”與“取信上天”的關係。《敬之》曰:“敬之,敬之,天維顯思,命不易哉!”既必須慎之又慎,因天察甚明,承受天命不易!“受命不易”與“上天明察”對應,所表達的,當是“上天明察而取信艱難”之義。前文所涉西漢時,人們將“天難諶”表述爲“天應棐忱”;當是基于“上天難取信”、“唯有誠信才能取信于上天,獲其輔佑”的理解。

“以天不可信”僅見于《尚書·君奭》篇。該篇謂:“又曰:‘天不可信’,我道惟寧王德延,天不庸釋于文王受命”。孫星衍釋“天不可信”曰:“言天命靡常不可信也”[54]。孫氏之說頗具代表性,凡持“周人懷疑天命”觀點的學者,皆如此理解。然而,僅就上引材料而論,既言“天命不可信”,同時又强調“發揚光大文王之德以保天命”,豈不矛盾?而且通觀全文,“天命有德”、“天命德延”的思想至爲明確,絕無將德與天命分離的傾向。“天不可信”訓解爲懷疑、否定上天的“天命不可信”,的確與文意扞格。春秋時期,人們對天命的尊崇有所削弱,也僅僅萌生出“天道遠,人道邇”[55]之類觀念,尚不見明確地懷疑、否定上天的“天不可信”之論,更何況尊天氣息濃鬱的西周。這或許可從兩周天命觀發展的角度佐證,《君奭》的“天不可信”,表達的并非懷疑天命的信息。“天不可信”當釋爲“上天不可取信”。上文講“天難以取信,保持天命不易”,緊接着,即以反詰語氣提出“上天不可取信”? 這一反詰語句顯然針對“天難以取信”而發。既然“天難以取信,保持天命不易”,是否就意味着“上天不可以取信”?周公以“發揚光大文王之德以確保天命”,做出了“上天可以取信”和“以德取信”的回答。

“天棐忱”類句式有以下四見。

《大誥》:肆予大化誘我友邦君,天棐忱辭,其考我民,予曷其不于前寧人圖功攸終? 天亦惟用勤毖我民,若有疾,予曷敢不于前寧人攸受休畢?

亦惟十人迪知上帝命。越天棐忱,爾時罔敢易法,矧今天降戾于周邦。惟大艱人,誕鄰胥伐于厥室,爾亦不知天命不易!

《康誥》:敬哉! 天畏棐忱,民情大可見。小人難保,往盡乃心,無康好逸豫,乃其乂民。

《君奭》:天降喪于殷,殷既墜厥命,我有周既受。我不敢知曰厥基永孚于休,若天棐忱;我亦不敢知曰其終出于不祥。

若將以上"棐"字釋爲"非"或"匪","天棐忱"即爲"天不可信"。但是,據前所述,可知此訓釋與西周天命觀不符;而據以下分析,則可見此解與文意不合。

周初王朝平定管蔡武庚之叛,《大誥》即爲出師前發布的誥命。武王克殷兩年後即病逝。是時政局尚未穩定,武王一死,更使形勢急轉直下。武庚驟然率領不甘失敗的殷遺民,勾結周室內部管蔡二叔發動叛亂,給新生的周政權帶來嚴重威脅。成王欲武力平叛以扭轉危局,但統治集團內部意見極不統一,平叛阻力甚大。出師前夕,成王發佈《大誥》,從不同角度力陳平叛之必要,而"平叛乃天意"是貫穿全文的主綫。"其考我民"條,"辭"爲語助詞。義同"斯"。此條材料意爲:上天輔佑誠信,通過民衆考察我(是否誠信),我爲什麼不去完成祖宗所圖謀之功業? 上天也因此勤以民事敦促我,就像欲去掉自身疾病那樣急切,我怎敢不致力于祖宗受之于天的神聖安民事業?

武王克商後,封康叔于殷地,以治殷民。《康誥》便是康叔赴任前,武王對康叔的訓誡之詞⑤。"明德慎罰"是《康誥》的中心議題。圍繞此中心,武王聲稱,上帝非常滿意文王實施以"明德慎罰"爲要務的德政,因此讓文王取代殷商膺受天命;并指出"明德慎罰"的目的在于治民、安民。"民情大可見"條意爲:務必小心慎謹! 上天威嚴,他輔助誠信,(誠信與否)民情會清楚地反映出來。安民并非易事,到那裏,務必盡心竭力,不可貪圖安逸享受。唯其如此,才能治好民人。

《詩》、《書》涉及"天降大命"、"天佑下民",相應屢言"天臨"、"天監"。這表明,周人認爲上天要通過監察、督考來決定是否"降命"與"佑助"。上析兩條材料,則有一共同點,即強調上天通過民意、民情考察人君,以定是否"天輔"。主張"周人疑天"者,對上引兩條材料,恰恰做出相反的解釋。諸如,"這裏是説天命無常,我必須考之于民始可信"⑤。"不可信于天之威,惟可見于民之安"⑧。凡這類解釋,至爲明顯地是將上天與民事割裂,以周人懷疑上天、不信天威爲重民的前提。如此解釋,破綻至少有三:其一,據《詩》、《書》、銘文屢言的"畏天威"、"天降威"、"永念天威"等,僅見周人對"天威"的敬畏,不曾見周人"疑天威";其二,"疑天"與上文所涉《大誥》、《康誥》宗旨相違;其三,在周人天命觀中,上天與民事是密不可分的。從正面講,周人強調:"惠于萬民,柔遠能邇,肆克友于皇天"⑤,"宜民宜人,受禄于天"⑥,即周人認爲,只有惠民、安民,才能副天心、受天命。從反面看,周統治者認爲商紂"昏虐百姓,奉天之命。上帝弗顯,乃命朕文考曰:'殪商之多罪紂'"⑥。"殷墜命,惟殷邊侯甸,越殷正百辟肆于酒,故喪師"[52]。由此可見,周人異常清醒地意識到統治者荒淫亂政、殘害小民,便會失民心,墜天命。類似思想也見于《多方》、《多士》等篇章。民心背向決定天命墜失與否,這已成爲令周人高度重視的史鑒。正因如此,周人遂形成"上帝明察,以民心、民意爲據"的觀念。這種觀念不僅反映在"其考我民"、"民情大可見"之類記載中,爬梳其他文獻,也可得見。在已佚失的《泰誓》中,周人強調"天視自我民視,天聽自我民聽"[53]。成書于春秋戰國時期,保存了不少西周原始材料的《皋陶謨》亦謂:"天聰明,自我民聰明"。上述材料足以表明,"上天通過民衆監察人君"實乃周人一貫思想,那種割裂上天與民事、民心的觀念者不屬周人。

《大誥》的"越天秉忱"條,"越"爲句首語詞,"天秉忱"與上文同解。該條材料強調:翼佐周的十賢臣知天命所在。天輔誠信,你們(叛亂者)不敢改變這一法則,況且上天已降不可改易之命于周。并譴責王室成員勾結殷人叛亂者"不知天命不可改易"!

《君奭》篇是周公對召公的誥辭。周公以殷商興亡爲鑒戒,強調守業艱難,希望召公與自己精誠團結,和衷共濟治理有周,以永保天命。要正確理解《君奭》的"若天秉忱",首先必須理解"我不敢知曰"這一句式的特殊性,此句式譯爲"我不敢知道"、"我不敢說",似乎皆欠妥。鄭玄、孔穎達等認爲,此"我不敢知曰"與《召誥》的"我不敢知曰"相同,意爲:我不敢獨知,你也是知道的。[54]從語言環境看,《召誥》、《君奭》的"我不敢知曰"皆置于例舉殷商"始善終亂"之鑒中。這種特殊修法的意義在于,講話人以委婉之語提醒聽話對方高度重視大家都熟知的"殷鑒"。"若天秉忱"條的大意爲:天降喪亡之大禍于殷,殷已墜失天命,我有周則承受了天命。你我都知道,殷商開始尚能長時期地符于天降之休美,順天輔誠;我們也都知道,其最終却没能永命。在下文,周公則具體叙述了成湯、帝乙等殷先哲王怎樣以德配天而"多歷年所"、獲天"純佑",以及商紂棄德滅天威而招致敗亡。并且強調"永念(殷鑒),則有固命"。若將此"天秉忱"訓爲疑天,或否定天的"天不可信",于文意抵牾顯而易見。

《書》屢言"天秉忱",所謂"忱",究竟何指?上文將"忱"訓解爲"誠"或"信",《爾雅》、《説文》則將"允"、"孚"做類同"忱"的訓釋。"誠信"觀作爲有豐富內涵的倫理範疇出現,是在春秋時期,而"誠信"觀的萌芽則在西周。《書·洛誥》曰:"作周,恭先,……作周,孚先",即營建周邦,以恭敬爲先導,以誠信爲先導。《小雅》的《湛露》、《采芑》篇,皆視"允"爲"君子"的美德。《大雅·下武》盛贊周統治者"成王之孚,下土之式",即周統治者具備了王者之誠信,爲天下所效法。可見對于周統治者而言,"誠信"是與"恭敬"同等重要的觀念。如此重要的觀念,其內涵是什麼?《康誥》謂:"無作怨,勿用非謀、非彝,蔽時忱",即不作怨于民,不用無善之謀、不常之法,以免蔽塞此誠心。從正面講,安民、順民,用善謀,行常法,即爲有"忱"。《下武》則將"世德作求,永言配命"視爲"王者之孚"。《周易·益卦》曰:"有孚惠心,……有孚惠我德",王引之釋之曰:"有孚惠心者,言我信于民,順之心也;有孚惠我德者,言民信于我,順我之德"⑥。綜觀上引材料,可見西周"誠信"觀主要指誠實的内在精神和與之相應的行爲規範。以至誠之心,將行爲納入德的範疇,上合天心,下順民意,即爲"忱"。西周、春秋的"誠信"觀所強調的基本點皆爲"誠實"。但西周"忱"所涉行爲規範則比後世寬泛,一般而言,凡上副天心,下順民意之舉皆可謂"忱";春秋"誠信"觀要求的行爲規範主要表現爲"心口一致"、"言行一致"⑥。西周"忱"觀念内涵的寬泛性,當屬觀念形態萌芽期的一般特徵。由於西周"忱"觀念内涵的寬泛性,所以在某種程度上,"秉忱"可視爲"輔德"的同義語。

綜上所述,周人并重天命與人事,形成融"有命自天"、"天命靡常"、"保天之命"等宗教思想與"敬德"、"保民"等人文觀念爲一體的天命觀。在這一思想體系中,任何割裂上天與人事的觀點皆無立足之地。釋"天秉忱"、"天難諶"爲懷疑,或否定上天的"天不可信"、"天難以信賴",既有悖西周天命觀的實際,且與文章顯然不符。然而,這種不確訓解却頗爲流行。究其原委,雖有種種,而不顧歷史實際與篇章文意,孤立地訓解"章句",則當是最主要的原因。

①⑱⑱ 《雙劍誃尚書新證》卷二"我西土秉祖"、"天畏棐忱"條。
②④ 《説文·弓部》、《木部》段注。
③ 徐鍇《説文繫傳》卷十一。
⑤ 參見桂馥《説文義證》卷十七。
⑥ 唐蘭:《弓形器(銅弓秘)用途考》,載《考古》,1973 年第 3 期。
⑦ 上古"秉"可假借爲"匪"、"斐"。《春秋》文公十三年,"鄭伯會公于棐",杜預注:"棐,芳味切,又非尾切"。《經典釋文》卷七《尚書音義》云:"棐,音匪,又芳鬼反。"據李珍華、周長楫《漢字古今音表》(中華書局,1993 年),杜氏、陸氏關于"棐"的注音相同,如正文括號内注音。
⑧ 《毛公鼎》的"簟弻魚葡",《小雅·采芑》作"簟茀魚服"。據此,知"弻"也讀"茀"。
⑨ 唐蘭在《弓形器用途考》中認爲弻字"從丙弓聲"。
⑩ 《漢書》卷八十一《孔光傳》。
⑪ 《廣雅疏證》卷五引。
⑫ 參見《漢書》卷八十一《孔光傳》、卷八十四《翟方進傳》。
⑬ 俞樾:《君經平議·六》。
⑭⑮ 《漢書》卷九十九《王莽傳》、卷八十四《翟方進傳》。
⑯⑤ 孫詒讓:《尚書駢枝》。
⑰ 王國維:《觀堂集林》卷二《與友人論〈詩〉、〈書〉中成語書二》。
⑲ 參見《郭沫若全集·歷史編》第一卷,《先秦天道觀之進展》;陳夢家:《尚書通論》216 頁,商務印書館,1957 年。
⑳ 郭旭東:《試論〈尚書·周書〉中的"殷鑒"思想》,載《史學月刊》1996 年第 6 期。
㉑㊼ 劉起釪:《古史續辨》386 頁,中國社會科學出版社,1991 年。
㉒ 楊向奎:《宗周社會與禮樂文明》(修訂本)201 頁,人民出版社,1997 年。
㉓㉞ 參見拙作:《試論殷商宗教觀的理性色彩》,載《先秦史與巴蜀文化論集》,歷史教學社,1995 年。
㉔㊻ 《尚書·牧誓》。
㉕㊸ 《尚書·康誥》。
㉖ 參見李學勤:《班簋續考》,載《古文字研究》第十三輯。
㉘ 《詩·大雅·文王》。
㉙ 郭沫若:《先秦天道觀之進展》。
㉚ 參見李向平:《古中國天帝、天命崇拜本質新探》,載《世界宗教研究》1993 年第 2 期。
㉛㊿ 參見白壽彝主編:《中國通史》第三卷 336、337 頁,上海人民出版社,1994 年。
㉜㉟㊽ 《尚書·多士》。

㉝ 《尚書·酒誥》。

㉟ 《墨子·非命上》引《尚書·泰誓》。

㊲ 《尚書·西伯戡黎》。

㊳㊵㊻ 《尚書·多方》。

㊶ 《尚書·君奭》。

㊷㊹㊼ 《尚書·召誥》。

㊺ 《詩·大雅·下武》。

㊽ 《班簋》。

㊾62 《大盂鼎》。

㊿ 《尚書·梓材》。

52 袁愈荽、唐莫堯:《詩經全譯》390 頁,貴州人民出版社,1981 年。

54 孫星衍:《尚書今古文注疏》卷二十一《周書十三》。

55 《左傳》昭公十八年。

56 參見蔣善國:《尚書綜述》241 頁,上海古籍出版社,1988 年。

59 《大克鼎》。

60 《詩·大雅·假樂》。

61 《逸周書·商誓》。"奉天之命",黃懷信《逸周書校補注譯》曰:"〔奉〕'韋'字之誤,與'違'同。"

63 《孟子·萬章上》引。

64 參見孔穎達《尚書正義》、孫星衍《尚書今古文注疏》引鄭注。

65 王引之:《經義述聞》第一,"有孚惠心"條。

66 參見拙作:《試論春秋時期的信觀念》,載《中國史研究》,1995 年第 4 期。

《宋書》時誤補校(二)

牛繼清　張林祥

5.〔元嘉二十六年〕二月己亥,車駕陸道幸丹徒,謁京陵。

三月丁巳,詔曰:"朕違北京,二十餘載,雖云密邇,瞻塗莫從。……其大赦天下。復丹徒縣僑舊今歲租布之半。行所經縣,蠲田租之半。二千石官長並勤勞王務,宜有沾錫。登城三戰及大將戰亡墜没之家,老病單弱者,普加瞻邮。遣使巡行百姓,問所疾苦。孤老、鰥寡、六疾不能自存者,人賜穀五斛。"遣使祭晋故司空忠肅公何無忌之墓。乙丑,申南北沛下邳三郡復。(卷五頁 97)

按三月丁卯朔,無丁巳、乙丑二日。"校勘記"云:"四月丙申朔,二十二日丁巳,三十日乙丑。"而同書卷十五《禮志二》曰:"二十六年二月己亥,上東巡。辛丑,幸京城。辛亥,謁二陵。丁巳,會舊京故老萬餘人,往還饗勞、孤疾勤勞之家、咸蒙邮賚,發赦令、蠲徭役。"正與《文帝紀》"丁巳詔"内容合。可見丁巳、乙丑當係二月,二月丁酉朔,己亥三日,丁巳二十一日,乙丑二十九日。《文帝紀》"三月"爲衍文,校記誤。"丁巳"《南史》卷二《宋本紀中》、《通鑑》卷一二五宋紀七亦誤。吳玉貴《資治通鑑疑年録》(中國社會科學出版社 1994 年版)從《宋書》及《南史》"校勘記"作四月,誤。

6.〔元嘉二十八年〕五月乙酉,亡命司馬順則自號齊王,據梁鄒城。丁巳,婆皇國,戊戌,河南王,並遣使獻方物。己巳,驃騎將軍江夏王義恭領南兖州刺史。戊申,以尚書左僕射何尚之爲尚書令。太子詹事徐湛之爲尚書僕射、護軍將軍。壬子,以後將軍隨王誕爲安南將軍、廣州刺史。(卷五頁 100)

按五月甲申朔,乙酉二日,無丁巳,戊戌十五日,無己巳,戊申二十五日,壬子二十九日。"校勘記"唯云"丁巳日支當有誤",不及己巳。以上下文日干支推之,己巳當爲"乙巳"之誤,"乙""己"形似,乙巳二十二日,合序。《通鑑》卷一二六宋紀八亦誤,《疑年録》改。

7.〔元嘉二十九年〕二月庚申,虜帥拓跋燾死。(卷五頁 101)

按北魏太武帝拓跋燾之死,《魏書》卷四《世祖紀下》、《北史》卷二《魏本紀第二》均作"三月甲寅",三月己卯朔,無甲寅。即有甲寅,亦與後文"三月辛卯,上尊謚曰太武皇帝,於雲中金陵,廟號世祖"于理、于例、于序皆不合。《資治通鑑》卷一二六宋紀八作"二月甲寅",二月庚戌朔,甲寅五日,當是。《魏書》、《北史》誤"二月"爲"三月"。《宋書》此"二月庚申"不知何據? 或疑庚申(十一日)凶訊始至建康,史官繫日有誤。

8.〔元嘉二十九年二月〕戊午,立第十二皇子休仁爲建安王。(卷五頁 101)

"校勘記"云:"各本並作'庚午',據《南史》改。按是月庚戌朔,無庚午。初九日戊午。"按是月庚午二十一日,不得云無。《資治通鑑》卷一二六宋紀八亦爲"庚午",吳玉貴《疑年録》云:"唯'庚午'、'戊午'當有一誤,此姑存疑。"然《宋書》此條上文爲"二月庚申,虜帥拓跋燾死",庚申十一日,如作"戊午"則失序。似應以"庚午"爲確,"校勘記"誤,標點本改之無理。

《春秋左傳注》辨正十二則

陳 恩 林

楊伯峻先生的《春秋左傳注》(中華書局一九九〇年修訂本)是一部總結古今左氏注疏學的力作。注文廣征經、史、子、集各部著作數百種,兼采今人及近代考古學、文字學研究成果,僅就資料豐富這一項而言,就已超越了自漢迄清的一切左氏注疏學著作。加上楊先生心思縝密,考證精核,所以是書一問世,即在學術界產生了很大影響,現已成爲研究中國古代文、史、哲學者案頭必備之書。

但是,像世界上任何事物都不能完美無缺一樣,楊注也不無可商之處。當然,這些可商之處比起楊先生的煌煌成就來說,只不過是大醇小疵,絲毫不影響楊注在《左傳》研究史上的地位。下面即對幾個具體問題提點不同意見,以辨正之。不當之處,敬祈批評。

一

《左傳》隱公五年載鄭伐宋,云:

> 伐宋,入其郛,以報東門之役。宋人使來告命。公聞其入郛也,將救之,問於使者曰:"師何及?"對曰:"未及國。"公怒,乃止。

楊注"未及國"之"國"字云"國即郛内。《周禮·鄉大夫》鄭《注》云"'國中,城郭中也。'"鄭注所謂"國中,城郭中也",僅是國概念内涵之一種,楊注在這裏拿來解"未及國"之"國",是不確的。

此處之"國",應是與野對立而言的國。周代國、野分制,其制以郊爲界,郊以内爲國,郊以外爲野。郊以内之人稱國人,郊以外之人稱野人。《爾雅·釋地》云:"邑外謂之郊,郊外謂之牧,牧外謂之野,野外謂之林,林外謂之坰。"《詩·魯頌·駉》毛傳云:"邑外曰郊,郊外曰野,野外曰林,林外曰坰。"兩文之差,僅在《爾雅》多一句"郊外爲牧"。而據《國語·周語》曰:"國有郊牧"。《周禮·地官·載師》曰:"牧田任遠郊之地。"知牧也爲郊之一部,是遠郊。清儒焦循曾釋周代"國"這一概念的内涵云:"蓋合天下言之,則每一封爲一國。而就一國言之,則郊以内爲國,外爲野。就郊以内言之,又城内爲國,城外爲野。蓋單舉之則相統,并舉之則各屬也。"①可見周代一個"國"字的概念，竟有"一封"、"郊以內"、"城內"三種意義。鄭注《周禮·鄉大夫》定國、野賦税之別，云"國中，城郭中也"是對的。因爲周代國、野之制，又曰鄉、遂之制。鄉即郊以內之國，遂即郊外之野。"鄉大夫"的職能僅僅是掌管鄉內即國郊以內的事務。而就"郊以內言之，又城內爲國，城外爲野"。故鄭注《鄉大夫》的"國中"爲"城郭中"是對的。但鄭注不足以證明宋使所言的"未及國"之"國"亦爲"城郭中也"。

因爲，宋使所言的"未及國"是就整個宋國説的，其涵義當如焦循所云："就一國言之，則郊以內爲國，郊以外爲野"。鄭軍已攻入宋都的外城，且爲魯君所聞。但當魯君詢問時，宋使回答説鄭軍尚未進入宋國國郊以內。魯君感到自己受了欺騙，方怒而辭宋使説："君命寡人同恤社稷之難，今問諸使者，曰'師未及國'，非寡人之所敢知也。"若此"國"解爲"城郭內"，是鄭軍雖未入城，但已兵臨城下，魯君怎麼會遷怒宋使之辭而不發兵相救呢？

至於宋使爲何對魯君説鄭軍"未及國"？還是杜預注的對，是"忿公知而故問，責窮辭"。

二

《左傳》莊公四年載：

楚武王荆尸，授師孑焉，以伐隨。

楊注據于豪亮《秦簡日書記時記月諸問題》一文云："刑夷即荆尸"，秦之正月，楚曰"刑夷"。從而釋"楚武王荆尸授師孑焉"作一句，爲"楚武王正月授予軍隊以戟也。"但楊注又頗爲猶豫，補充説："疑此'荆尸'當作動詞，指軍事。"楊注之疑是對的。僅據《日書》，"刑夷"就有"刑尸"、"刑屎"、"晉屍"等多種寫法。所以，從古代文字通假的角度講，"刑夷"雖可釋作"荆尸"，但不必就是"荆尸"。于豪亮先生所釋自然不失爲一説，卻也并不就是定論。

《左傳》明言："楚武王荆尸"在"四年春，王三月"。《左傳》昭公十七年説："火出，于夏爲三月，于商爲四月，于周爲五月。"王三月即周三月，于夏正應爲一月。秦行顓頊曆，顓頊曆接近夏曆，但楚曆則與夏曆不同。有的專家認爲楚"夏屍"之月爲孟春，八月爲孟夏，如此則"刑尸"雖爲秦正月，但卻是楚十二月②。

再説，《日書》所載爲："(秦)正月楚刑夷日七夕九"，而《左傳》所載爲："楚武王荆尸"。兩相比較，可以發現，《日書》記月僅係一個"楚"字，曰"楚刑夷"，并無楚王諡號；而《左傳》記事則有楚武王之諡。依先秦文獻通例，紀年可用王公諡號，但記月則從無用王公之諡號者。所以《左傳》"楚武王荆尸"一語，不可能是楚的記月之辭。就楚簡而論，也還未有發現用楚王諡號記月者。

杜預注這段文字説："尸，陳也。荆，亦楚也。更爲陳兵之法也。"是有根據的。《左傳》宣公十二年亦云："楚荊尸而舉，商、農、工、賈不敗其業，而卒乘輯睦，事不奸矣。"杜預注："荊，楚也。尸，陳也。楚武王始更爲此陳法，遂以爲名也。"日本學者竹添光鴻云："征伐之事，四者皆不與焉，故曰不敗其業。"③也説"荊尸"是"征伐之事"，而且説楚雖有征伐之事，但商、農、工、賈不敗其業。若云"荊尸"爲正月，説"楚正月而舉，商、農、工、賈不敗其業"，則於理有欠圓通。再説"刑夷"也不是楚的正月，而是楚的十二月。

對於楚的"荊尸之陳"，當時晉國的上軍帥士會在《左傳》中有很好的解釋："軍行：右轅、左追蓐，前茅慮無，中權，後勁。"這正是一個行軍中劃分軍隊爲"右、左、前、中、後"五部分的五陣式。士會的這個解釋是在論述楚國政治、軍事與立刑行政的大局時説的。他講楚國的軍政大勢，正從"楚荊尸而舉"談起，中間説到"軍行，右轅、左追蓐"的五陣式，最後落脚到"百官象物而動，軍政不戒而備，能用典矣"。首尾一致，一氣呵成。士會所説楚軍所用之"典"，指的就是楚武王的"荊尸之陳"。所以，杜預注"荊尸"爲軍陣之説，是確不可移的。楊注據于豪亮説謂"荊尸"爲楚"正月"云云，則不可取。

三

《左傳》莊公二十八年説晉獻公：

> 又娶二女於戎，大戎狐姬生重耳，小戎子生夷吾。

楊注："《晉世家》云：'重耳母，翟之狐氏女也；夷吾母，重耳母女弟也。'則大戎狐姬與小戎子爲姐妹，小戎子蓋以娣爲媵者也。"楊注所據爲《晉世家》，而《世家》文與《左氏》文有異。《左氏》明言戎爲二個：一個大戎，一個小戎；大戎姬姓，小戎子姓。《世家》誤會爲一，是不可據的。

楊注又據周代存在的媵妾制，解小戎子爲"以娣爲媵者也"。此説亦不通，若小戎子爲狐姬之娣，《傳文》當云"大戎狐姬，其娣戎子"。或同《左傳》僖公十七年云：齊桓公夫人有"長衛姬，少衛姬"，當云"大狐姬，少狐姬"。此類例證於《左傳》中還有數例，如莊公二十八年有："驪戎男女以驪姬，歸，生奚齊，其娣生卓子。"文公七年載魯大夫公孫敖"娶于莒，曰戴己，生文伯，其娣聲己生惠叔"。哀公十一年載衛大夫大叔疾"娶于宋子朝，其娣嬖。"皆不再言其娣之姓。而此處明言大戎狐姬，小戎子，顯然是一個姬姓戎，一個子姓戎，兩種戎族。故楊注不確。

楊注所據《晉世家》之誤，還有兩個證據：其一，《左氏傳》昭公十三年載晉大夫叔向曰："我先君文公，狐季姬之子也。"依先秦時稱謂，稱兄弟、姊妹次第爲伯（孟）、仲、叔、季。季爲子女的最後一名，俗云"老兒子"、"老姑娘"。叔向是春秋中葉晉國卿大夫中最博學的一位，他既然稱重耳之母爲"狐季姬"，就説明狐姬是"老姑娘"，怎麽還會有"狐姬之娣"呢？其二，依先秦男女稱謂的慣例，男子稱氏，女子稱姓。女子所以稱姓，原因雖然很多，但主要是周代的同姓不婚制造成的。女子稱姓的事例，於《左傳》比比皆是，如隱公元年之孟子、仲子、聲子，上文所舉的驪姬、戴嬀、戴己、聲己等等。而此處《傳》文云："大戎狐姬，小戎子。"姬、子亦當爲戎女之姓。故杜預注："大戎，唐叔子孫別在戎狄者。小戎，允姓之戎；子，女也。"別二戎爲二姓是對的。但説"允姓之戎"，則不對。清代學者顧炎武《左傳杜解補正》卷一引明代陸粲説，云："據傳允姓之戎居於瓜州，自惠公始誘以來，則此非允姓，別一戎，而子則其姓爾。"④此説較長。吳榮曾先生在《周代鄰近于燕的子姓邦國》一文也認爲"小戎"是"別一戎而子其姓也"，"小戎子"是子姓戎人之女⑤。這些論斷，都是對的。

四

《左傳》莊公二十八年載楚伐鄭：

> 子元、鬬御彊、鬬梧、耿之不比爲旆，鬬班、王孫游、王孫喜殿。衆車入自純門，及逵市。縣門不發。楚言而出。子元曰："鄭有人焉。"諸侯救鄭。楚師夜遁。

楊注"楚言而出"云："楚子元等既入城，見其縣門不發，復操楚語退出。所以楚言者，明楚不中計。杜《注》謂鄭出兵而效楚言，誤。"

其實，杜注不誤。杜注云："鄭示楚以閑暇，故不閉城門，出兵而效楚言，故子元畏之不敢進也。"杜注代表了漢、魏《左氏傳》學者的傳統看法，如無其它確切反證，應該受到尊重。鄭所以示楚以閑暇，是因爲看準了楚令尹子元發動是役目的在於"媚文夫人"，是"項莊舞劍，意在沛公"，不是來爭城奪地，拼死厮殺的。

楊注將"縣門不發"看作是鄭的"誘敵之空城計"，將"楚言而出"看作是"楚人復操楚語而出"，又將子元曰"鄭有人焉"看作是"楚言之内容"，并説所以"楚言"者，明楚不中計。這種理解甚感不暢。因爲，若子元言即爲"楚言"，那麽前邊加上一句"楚言而出"，豈非語義重復？若説加上"楚言"方顯出是楚不中計，那麽子元一句"鄭有人焉"，難道不能證明"楚不中計"嗎？更何況，楚人自然講楚國方言，《左傳》何必特別標出"楚言"二字？所以，對於傳文的理解，應以杜注爲長。

清代在《左氏》學上一向以反對杜注相標榜，但在這句注文上則尊重杜注。梁履繩《左通補釋》云："純門，鄭外郭門也。逵市，郭内道上市。縣門，施于内城門。鄭示楚以閑暇，故不閉城門。"⑥毛奇齡《春秋毛氏傳》更直言："鄭人效楚言以示整暇。"贊成杜注對"縣門不發。楚言而出"⑦的解釋，顯然，梁、毛二氏都是對的。

五

《左傳》僖公五年載晉獻公伐虢曰：

八月甲午，晉侯圍上陽。問於卜偃曰："吾其濟乎？"對曰："克之。"公曰："何時？"對曰："童謠云：'丙之晨，龍尾伏辰；均服振振，取虢之旂。鶉之賁賁，天策焞焞，火中成軍，虢公其奔。'其九月、十月之交乎！丙子旦，日在尾，月在策，鶉火中，必是時也。"

對這段文字中的"天策焞焞"一句，楊注云："天策即傅説星。焞音暾，焞焞，無光耀貌，以其近日也。"楊此注從杜注而來。杜注云："天策，傅説星也。時近日，星微焞焞無光耀也。"《國語·晉語二》載："鶉之賁賁，天策焞焞"，韋昭注亦云："天策，尾上一星名曰天策，一名傅説。"清儒惠棟、焦循等亦從杜預、韋昭之注。但焦循雖贊成杜注解"天策爲傅説星"，卻反對杜氏所説"焞焞"爲"微，無光耀也"之説，云："此時日月會于尾。尾星伏不見，則尾上之星亦伏不見。故天策以近日之故，不見星而見日之明。《説文》：'焞，明也。'《九歌·東君篇》：'暾暾將出兮東方。'王逸注：'謂日始出東方，其容暾暾而盛也。焞焞即暾暾，謂日光出於天策星之間而盛，非謂天策星近日而微。焞焞屬日，不屬星，杜以爲無光耀，非是。星無光耀，而日出則焞焞。天策焞焞，言於策所在之處，日光焞焞也。'"⑧焦説雖甚辯，但《傳》文明言"日在尾，月在策"，指明日不在月所在之天策，所以"天策所在之處"，不會"日光焞焞也"。

清儒沈欽韓則不從衆説，注"天策焞焞"云："《晉書·天文志》王良五星在奎北，居河中，前一星曰策星。王良之御策也，主天子之僕。《星經》'策星西八壁半度，去北辰四十二度。'又云：'傅説一星在尾後，傅説主章祝，巫官也。'傳所云天策者，蓋策星也。《傳》云：'日在尾，月在策，日東月西，明策星在西方。'杜預云天策傅説星，疏謂《天官書》之文。考《天官書》無此文也。《宋史·天文志》云：'《左氏傳》天策焞焞即傅説星也'，乃是襲杜預之謬説，不足爲據。"⑨沈氏獨具慧眼，其説不可易移。我們試依沈氏説，畫一簡要的天文示意圖，即可説明問題。其圖如下：

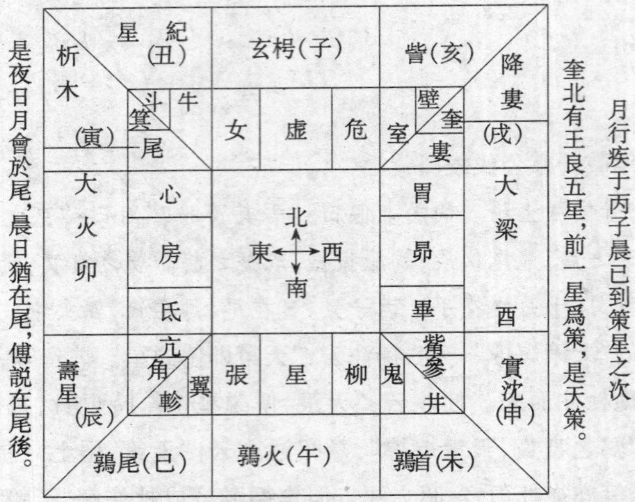

是夜，日月會于尾。晨日猶在尾，傅說在尾後。而月行疾，于丙子晨已到策星之次。此策爲奎北王良五星之前一星，是天策。

日人竹添光鴻《左氏會箋》也據《晋書·天文志》與《星經》，采沈氏說，指出："《傳》所云天策者，策星也。下云：'日在尾，月在策。'日東月西，明策星在西方矣。策星之微，猶虢之熸也。杜預云天策傅說星，謬。"晋用夏正，夏正十月相當於今天公曆十一月，是時王良五星之策星恰在北半球的南北中軸綫上，較之尾宿則在西方。

楊氏在注"丙子旦，日在尾，月在策，鶉火中，必是時也"時云："是夜日月合朔於尾星，而月行較快，故旦而過在天策。"是已經認識到日東月西的事實，但因執迷於杜氏天策爲傅說星之說，故最終未能認識月既然已到西方，其策星便不可能是尾後之傅說星，故此天策必爲奎北王良五星中之策星無疑。

六

《左傳》閔公二年云：

晋侯使大子申生伐東山皋落氏。……大子帥師，公衣之偏衣，佩之金玦。……先丹木曰："是服也，狂夫阻之。曰'盡敵而反'，敵可盡乎？雖盡敵，猶有內讒，不如違之。"

杜預注"偏衣"與"阻"字云"偏衣，左右異色，其半似公服。……阻，疑也，言雖狂夫猶知有疑"。楊伯峻先生注"偏衣"與杜注不異，而於"阻"字則更正杜注曰："《晋語一》云：'且是衣也，狂夫阻之衣也。'《爾雅·釋詁》：'阻，難也。'狂夫阻之，謂狂夫亦難穿之。"以"難"字取代了杜預釋"阻爲疑"的"疑"字。

楊先生于"阻"字之注不但糾正了杜注，也糾正了漢魏以來服虔、韋昭等許多學者的説法，云："章炳麟則謂服虔、韋昭以《周禮·夏官》之方相氏當之。然方相氏蒙玄衣朱裳，不著偏衣，故知章説非。阻之猶言著之，説詳《左傳讀》。韋昭讀阻爲詛，亦不可信。于鬯《香草校書》謂'是服也狂'爲句，'夫阻之曰'連讀，晋侯以偏衣服太子時而詛之也。'盡敵而反'即其詛辭云云，尤爲臆説。"

楊先生對服虔、韋昭、章炳麟、于鬯諸家説的糾正無疑是正確的。但其對于杜注的更正，我們則不能苟同。北京師範大學劉家和教授在講論《左傳》時，曾以此句爲例講清儒反杜注之失，説"杜預釋：'阻，疑也。'是對的。"并引王念孫《廣雅疏證》爲據："《廣雅·釋詁》云：'猜、阻，疑也。'閔二年《左傳》'是服也，狂夫阻之。'杜注：'阻，疑也。'"[⑩]劉先生之説證成杜預此注爲《左氏》"阻"字的確解。

楊伯峻先生引《爾雅》釋"阻爲難"固然不錯，但用來解"狂夫阻之"，云"狂夫亦難穿之"，終覺不順。狂夫，是精神病患者，是失去行爲判斷力的人，他所難穿的衣服不必是"偏衣"，可以是任何一種衣。杜注説"狂夫猶知有疑"，是説一個精神病患者都知此"偏衣"有疑，何況是正常的人？此説更貼近實際，也很生動形象。所以杜注較楊注優長。

七

《左傳》僖公八年春：

> 晋里克帥師，梁由靡御，虢射爲右，以敗狄于采桑。梁由靡曰："狄無恥，從之，必大克。"里克曰："懼之而已，無速衆狄。"虢射曰："期年狄必至，示之弱矣。"
>
> 夏，狄伐晋，報采桑之役也。復期月。

對采桑之役，楊注云："以下文'狄伐晋，報采桑之役也。復期月'觀之，杜注謂此乃補叙去年之事，是也"。説明楊氏此注是從杜注的，都認爲里克伐狄一事發生在去年，此是追述去年之事。對于"復期月"楊注："期月即期年，此互文爲義。"

但是，《史記·晋世家》與《十二諸侯年表》則謂晋伐狄與狄伐晋的采桑之役乃同年内發生的事。如《晋世家》云："〔獻公〕二十五年，晋伐翟，翟以重耳故，亦擊晋於齧桑，晋兵解而去。"裴駰《集解》云："《左傳》作'采桑'，服虔曰'翟地'。"司馬遷得窺"石室金匱之書"，裴駰爲劉宋史學大家，其説是有根據的。

考楊、杜二氏注，判斷晋伐狄爲去年之事的根據僅爲"復期月"三個字。他們解"復期月"爲一年，狄既以今夏伐晋，是晋應于去年伐狄。但是，對于"期月"二字，古人是有不同解釋的。一是與"期年"互文，表示一年之期。而另一義則爲"匝一月"，僅表示一個月而已。如

《禮記·中庸》:"知擇乎中庸,而不能期月守也。"鄭玄注:"謂擇中庸而爲之亦不能久行,言其實愚又無恒。"鄭玄雖没明言"期月"的具體時間是一年或一月,但從他認爲"期月"是"不能久"來看,不可能是一年。故孔穎達疏:"期月,匝一月也。"朱熹《四書章句》亦云:"期月,匝月也。"《説文·禾部》:"稘,復其時也。"段注:"言匝也。十二月匝爲期年,《中庸》一月匝爲期月。《左傳》旦至旦亦爲期。今皆假期爲之。期行而稘而廢矣。"段説至確。

俞樾《茶香室經説》、竹添光鴻《左氏會箋》皆云:"傳文承八年春盟於洮之下,則此役必在二、三月間也。"很有見地,可爲《史記·晋世家》與《十二諸侯年表》的佐證。竹添又云:"復期月,復者反也,歸也。言晋人自采桑歸僅期月耳,而狄師已至矣。"[⑪]應是對的。

從上可見,《左氏》"期月"之確解,應爲匝一月,而非一年。杜注、楊注皆有誤。

八

《左傳》僖公五年載宫之奇諫虞公曰:

> 虢,虞之表也;虢亡,虞必從之。晋不可啓,寇不可翫。一之謂甚,其可再乎? 諺所謂"輔車相依,唇亡齒寒"者,其虞、虢之謂也。

楊注"輔車相依"云:"輔,車之一物","大車載物必用輔支持,故輔與車有相依之關係。"楊注是從王引之《經義述聞》"輔車相依"條而來的[⑫]。鑒於王引之的崇高學術地位,其解幾乎已經成爲學術界的定論。

但是,王、楊所釋之"輔",是大車載物兩旁用的夾板,這種夾板是可以棄而不用的。《詩·小雅·正月》云:"其車既載,乃棄爾輔。"是其證。而《左傳》宫之奇所言之"輔"是與"車"相連不可分離的,猶如唇與齒的相依關係。所以王、楊之解存在問題,即把本不可分割的事物分割開來了,并且把"輔"只限定于載物的大車的圈子中。

杜注"輔車相依"云:"輔,頰輔;車,牙車。"將"輔車"解成人的兩頰與牙床的關係。杜注源于服注。服虔解"輔車"云:"輔,上頷車也,與牙相依。"從杜、服注可以看出,兩人又有不同:服以"輔車"爲"上頷車",即"牙床"與"牙"的關係,而杜則將"輔車"看作是"兩頰"與"牙車"的關係。杜説顯然是受到《詩》以"輔"爲車夾板的影響。

東漢另一經古文學大師許慎《説文·車部》釋"輔"字云:"輔,《春秋傳》曰:'輔車相依',從車甫聲,人頰車也。"也認爲"輔車"講的是頤頰與牙床的關係。雖然段玉裁批評"人頰車"一段與"上文意不相應",是"淺人妄增"的,但并無根據。劉熙《釋名》卷二云:"頤,或曰輔車,其骨强可以輔持其口,或謂牙車,牙所載也。"

漢晋以來諸儒異口同聲,皆釋"輔車"爲"人頰車",是發人深省的。

因此,我們認爲,考察"輔車相依"的真正涵義,應當從先秦車制的結構上去尋找答案。《詩》雖有關于"輔"的記載,但《詩》之"輔"與車可離可棄,與《左傳》所云"輔車相依"截然不同,并非唇齒之關係。

就先秦車制而言,其不可或缺的構件中,唯有組成車輪的牙、轂、輻三部分中有"輻"字。此"輻"字應與《左傳》的"輔"字相通。

輻,是支撐車輪的條,内湊于轂,外入于車牙。《周禮·考工記·輪人》云:"輻也者,以爲直指也。"《説文》云:"輻,輪轑也。""轑,車蓋弓也。從車尞聲,一曰輻也。"[13]輻一端粗,曰"股"鑲入牙中;一端稍細,曰"骹",插入轂中。《老子》云:"三十輻共一轂,當其無,有車之用也。"[14]《考工記》與《老子》説清了輻爲車條及其與牙及轂的關係。

轂爲車輪中間的中空圓木,輻湊其表,軸貫其中。轂内端可以貫軸的大孔曰"賢",外端出軸的小孔曰"軹"。

牙即車牙,是車輪接地的外圈。《周禮·考工記》曰:"牙也者,以爲固抱輪也。"《説文》云:"牙,壯齒也,象上下相錯之形。"[15]段注:"壯齒者,齒之大者也。統言之,皆稱齒、稱牙。析言之,則前當唇者稱齒,後在輔車者稱牙。"它由數段柔曲之木合抱構成,也稱輮、輞。它通過輻與轂緊密相聯組成堅固的車輪。

如圖所示:

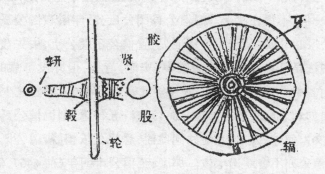

由先秦車制看《左傳》所云"輔車相依"一句,應指車輪之輻與車牙的關係:車牙含車輻,車輻鑲入牙中。車牙爲輻之表,車輻爲牙之骨架,兩者互相依存,缺一不可,是唇齒之關係。所以,《左氏》用車牙與車輻的關係比喻虞、虢的利害關係,云"虢,虞之表也;虢亡,虞必從之。"

由先秦車制還可以看出,東漢服虔以"輔"爲"上頷車,與牙相依",是正確的。"上頷車"即以上下牙床爲輔,牙鑲入其中,牙與牙床的相依關係恰似輻與牙的關係。其它學者如許慎、杜預、劉熙、段玉裁等雖然也看到了輔與車如牙與牙齦的相依關係,但釋"輔"爲"頰",以爲輔車如人的兩頰與牙的關係,則仍未擺脫《詩》"輔"字的影響,就不確切了。

九

《春秋》僖公十四年載:

　　　　夏六月,季姬及鄫子遇于防。

楊伯峻注:"季姬,杜氏《世族譜》以爲莊公女,據《公羊》家言,則以爲僖公女。以《傳》文'來寧'觀之,當是僖公女,蓋歸寧父母。"

楊氏此注有誤,季姬非僖公女,而應是莊公女,杜預《世族譜》的説法,是正確的。

據《左氏傳》,莊公生于魯桓公六年(前 706),卒于莊公三十二年(前 662),享年四十四歲。莊公二十四年(前 670)娶夫人哀姜,其妹叔姜爲媵,叔姜生閔公。至莊公三十二年去世,閔公至多八歲。二年以後,閔公被殺,年齡不超過十歲。閔公死,僖公繼位。關於僖公身份,歷來有兩説。其一,據《史記·魯世家》,僖公爲閔公之弟。《世家》曰:"慶父使卜齮襲殺湣公于武闈。季友聞之,自陳與湣公弟申如邾,請魯求内之。魯人欲誅慶父。慶父恐,奔莒。于是季友奉子申入,立之,是爲釐公。釐公亦莊公少子。"僖公即爲莊公少子,年齡當較閔公還小。其二,《漢書·五行志中》載,魯文公時祭祀宗廟,"登公于湣公上,逆祀也。釐雖湣之庶兄,嘗爲湣臣,臣子一例,不得在湣上。"説僖公爲閔公庶兄,年齡較閔公爲長。何休從其説,其注《公羊》"躋僖公"曰:"緣僖公于閔公爲庶兄,置僖公于閔公上,失先後之義。"比較史、漢兩説,當以《史記》説法爲可靠。《漢書》説雖與《史記》有異,但并没可靠的證據。問題還在于,楊伯峻先生于兩説中也采《史記》説,謂"《魯世家》云'名申,莊公之少子',又云'季友聞之,自陳與湣公弟申如邾',則閔公之弟也。而《漢書·五行志》則以僖公爲閔之庶兄,説家亦皆因之,陸德明《釋文》,何休《公羊》及疏并同此説,恐誤。"依楊説,僖公既爲閔公之弟,閔公死時,年方十歲,則僖公亦不會超過十歲。那麼,至僖公十四年(前 646),僖公最大不過二十四歲而已。一個二十四歲的國君,怎麼會有早已出嫁的女兒來歸寧?周代的婚齡,據《周禮·地官·媒氏》説是"男三十而娶,女二十而嫁"。天子、諸侯爲早生後代,有特殊規定,《左傳》襄公九年説:"國君十五而生子,冠而生子,禮也。"依《左氏》説,僖公十五歲結婚生子,其女最大也不超過九歲,何況季姬又是小女兒。據《禮記》、《穀梁傳》,周代女子"十有五年而笄,二十而嫁",即便季姬至而笄之年(即許嫁之年)即出嫁,也要十五歲,一個年紀僅僅九歲的小女孩是不能出嫁的。所以,季姬不可能是僖公女,只能如杜氏《世族譜》所説,是莊公女。她"來寧",説明莊公當時雖已去世,但其母尚在。僅據"來寧"二字即判斷季姬爲僖公女,是失誤的。

十

《春秋》僖公十五年：

　　九月，己卯晦，震夷伯之廟。

楊注："震，雷電擊之也。夷伯，據《傳》，當是展氏之祖。杜《注》謂夷爲謚，伯爲字，或然。但不知夷伯何名，爲何公之大夫。夷伯之廟當爲展氏祖廟。"

楊氏此注有誤，夷伯非展氏祖，而爲當時展氏的祖父。杜注云："夷伯，魯大夫展氏之祖父。夷謚，伯字。震者，雷電擊之。大夫即卒，書字。"是符合實際的。楊注謂夷伯爲展氏之祖，杜注謂夷伯爲展氏之祖父，雖只一字之差，但卻差之千里。楊謂"展氏之祖"者，蓋展氏開宗之祖也；杜謂"展氏之祖父"者，蓋當時展氏之祖父也。孔穎達疏："知此夷伯，展氏之祖父也。大夫之謚多連字稱之。不知夷伯其名爲何，又不知今之展氏其人是誰，故漫言祖父耳。"也是對的。

楊注"夷伯"爲"展氏之祖"所以有誤，是因爲《左傳》于"展氏之祖"有清楚的記載。《左傳》隱公八年曰："無駭卒，羽父請謚與族。公問族于衆仲。衆仲對曰：'天子建德，因生以賜姓，胙之土而命之氏。諸侯以字爲謚，因以爲族。官有世功，則有官族。邑亦如之。'公命以字爲展氏。"杜預注："諸侯之子稱公子，公子之子稱公孫"，"公孫之子以王父字爲氏，無駭，公子展之孫也，故爲展氏。"這說明"展氏之祖"是公子展。

春秋時，公孫之子以王父字爲氏是一通例。當時，社會上實行宗法制度，凡不能繼承王位、君位的王子、公子，受封爲卿大夫以後，都要自立一宗。他們因在政治身份上有別于繼承王位、君位的兄弟，所以又稱"別子"。《禮記·大傳》說："別子爲祖"，指的就是他們，說他們是一個家族的開宗之祖。別子因自身是公子，其子是公孫，所以在公子、公孫這二代，由于與公室關係密切，還繫以一個"公"字，表示還沒有獨立的氏族。但到公孫之子時，因爲血親關係上去公室已遠，所以開始與公室分開，自立一家，即以王父字爲氏，自成一個氏族。這也就是"別子爲祖"的真正意義。其後，"繼別爲宗，繼禰者爲小宗"，即產生繼承別子的大宗與繼承大宗以外諸子的小宗。如魯三桓，慶父、叔牙、季友，皆桓公之子，莊公之弟，其孫輩即以孟孫（慶父爲長）、叔孫（叔牙）、季孫（季友）爲氏。鄭穆公有八子爲卿：子良、子游、子國、子罕、子駟、子印、子豐、子孔，子孔因罪被殺，俗稱七穆。後鄭又立子孔之子公孫洩，其孫輩即以良氏、游氏、國氏、罕氏、駟氏、印氏、豐氏、孔氏爲家族之稱。

當然，我們知道，楊注是反對公孫之子以王父字爲氏之說的。他于《左傳》隱公八年注說："杜云以王父字爲氏，蓋本《公羊傳》之說。明傅遜則以'展'爲無駭本人之字。以文義觀

之,傅遜之説較可信。"竹添光鴻《左氏會箋》也從傅遜之説。那麼,依楊氏注,展氏即從無駭
得氏,無駭當然就是展氏之祖了。但是,他在本段的注文中又否定了自己的看法,説:"夷伯
廟,高士奇《〈左傳〉紀事本末》疑爲無駭之廟,無據。"在隱公八年,楊注支持傅遜説,以無駭爲
展氏之祖;在僖公十五年,楊注又説以無駭爲展氏之祖無據,豈不自陷于矛盾之中。

　　事實上,杜注是對的,展氏之祖是無駭祖父公子展,而雷電所擊之"夷伯廟",是當時展氏
的"祖父廟"。祖父廟雖然也稱"祖廟",但它與作爲遠祖的"祖廟"是有區别的,是一名而兩
義。《禮記·王制》講周代卿大夫廟制説:"一昭一穆,與太祖之廟而三。"太祖廟雖然也稱"祖
廟",但這個"祖"指的不是祖父,而是其家族的開宗之祖,也就是宗法制度中所説的别子,太
祖廟一般也稱"祧廟"。昭、穆廟又稱二親廟,昭爲祖父廟,稱"祖廟";穆爲父親廟,稱"禰廟"。
二親廟是變化的,這一代的"禰廟",就是下一代的"祖廟";而這一代的"祖廟",到下一代就毁
了,其廟主則遷入"祧廟"之中。而作爲開宗之祖的"祖廟",即"祧廟",則是不毁的,是與這一
家族共始終的。

　　明確了"祖廟"的這兩重意義,我們就可以判斷:"夷伯之廟"并不是展氏家族始祖公子展
之廟,也不是無駭廟,而如杜預所説它只是當時展氏家族二親廟之一的"祖父廟也"。

十一

《左傳》僖公二十八年:

　　　　子玉使鬬勃請戰,曰:"請與君之士戲,君馮軾而觀之,得臣與寓目焉。"晋侯使欒枝
　　對曰:"寡君聞命矣。楚君之惠,未之敢忘,是以在此。爲大夫退,其敢當君乎? 既不獲
　　命矣,敢煩大夫,謂二三子:'戒爾車乘,敬爾君事,詰朝將見。'"

　　楊注"爲大夫退,其敢當君乎"一句曰:"爲同謂,以爲楚軍已退也。其同豈。因子玉是
臣,晋文是君,臣不敢與君抗,君退,臣亦當退,故謂大夫退也。"這種注法與上下文義不協,迂
曲難通。若直譯出來就是:"(我們)以爲大夫已經退兵了,(大夫)居然没退,竟敢對抗我君!"
這是公開譴責楚軍。

　　但從上下文看,此句無譴責楚軍之意。其上文爲"楚君之惠,未之敢忘,是以在此",表明晋
文公知恩圖報,實踐了當年在楚對成王許下的"晋、楚治兵,遇于中原,其辟君三舍"的諾言。
"爲大夫退,其敢當君乎",是説爲楚大夫尚且退三舍,更豈敢與楚君對抗! 表明晋國的軍事行
動是處處站在理上的,用行動顯現出晋"君退",楚"臣犯",則"曲在彼(楚)矣"。從而激勵士氣。

　　所以,對"爲大夫退,其敢當君乎"一句,竹添光鴻釋爲:"言爲大夫且退,況敢當楚之君
乎?"[16]最爲簡捷明快,深得《左氏》之旨。這裏的"爲"字,不是"謂",而是"給",是表示行爲對

象之義。

十二

《左傳》莊公二十八年載：

秋，子元以車六百乘伐鄭，入于桔柣之門。子元、鬭御彊、鬭梧、耿之不比為旆，鬭班、王孫游、王孫喜殿。衆車入自純門，及逵市。

楊注："子元、鬭御彊、鬭梧、耿之不比為旆"云："旆，前軍也。詳僖二十八年《傳》《注》。"

《左傳》僖公二十八年載："狐毛設二旆而退之。"楊注首先引劉書年《劉貴陽經説》曰："設二旆，設前軍之兩隊也。莊二十八年《傳》'楚子元、鬭御彊、鬭梧、耿之不比為旆，鬭班、王孫游、王孫喜殿'，旆、殿對文，而曰為旆，是旆必前軍。楚前軍名旆，晋制亦然。哀二年《傳》晋趙鞅禦鄭師於戚，陽虎曰：'吾軍少，以兵車之旆與罕、駟兵車先陳。'《注》'旆，先驅車也。以先驅車益其軍以示衆。'蓋以兵車之先驅者為一軍，故云兵車之旆，是晋前軍名旆之確證。又襄十八年《傳》，晋伐齊，'左實右偽以旆先，輿曳柴而從之'，此旆亦是前軍。張衡《東京賦》'殿未出乎城闕，旆已返乎郊畛'，薛綜注：'旆，前軍；殿，後軍'，本《左氏》也。所以名旆者，以其載旆也。"接着楊注又云："旆本旌旗之旒，旌旗之有旒（飄帶）者曰旆。互詳昭十三年《傳》'建而不旆'注。劉説是，杜《注》以旆為大旗，誤。"

詳考《左氏》傳文，我們認為杜注不誤，而是楊注、劉氏經説有誤。他們的錯誤有以下幾點。

其一、旆為旌旗中的一種，先驅軍所以稱"旆"，蓋因為它建旆而居前，并非所有先驅軍皆稱"旆"。《左傳》莊二十八年杜《注》："子元與三子特造旆以居前也。廣充幅、長尋曰旐，繼旐曰旆也。"杜預用子元"造旆以居前"為文，是相當準確的。子元為楚令尹，是楚國伐鄭大軍的統帥。他"造旆居前"，表示是親自統帥前軍。對于旆與前軍的關係，竹添光鴻《左氏會箋》有很好的説明："旆與殿對，軍行建旆居前，故稱先驅為旆。為旆，為先驅也。旆即旐也。"這就是説，前軍本稱先驅，旆則為旗幟之名。但因先驅軍要載旆，所以先驅軍又往往以"旆"為代稱。但是，以"旆"稱先驅是有條件的，并不是所有前軍一律稱"旆"。這類事例于《左傳》即有多見。如宣公十二年講楚行軍部次即為："右轅、左追蓐、前茅、中權、後勁。"這五部分顯然是楚的右、左、前、中、後五軍。其前軍稱"前茅"，而不稱"旆"。同年載楚令尹孫叔敖命楚軍"南轅、反旆"。杜《注》："旆，軍前大旗。大旗亦反其向。"大旆反向，後隊變前隊，説明楚軍中有旆，但并不以"旆"名前軍。襄公十八年載齊伐晋，"齊侯登巫山以望晋師，晋人使司馬斥山澤之險，雖所不至，必旆而疏陳之。"杜《注》："建旌旗以為陳，示衆。"傳文明言"雖所不至，必旆而疏陳之，"是説凡晋兵力未到之處,也設置稀疏的旗陣以爲疑兵。此"斾"無疑是大旗而非前軍。至于晋人又"使乘車者左實右僞以斾先,輿曳柴而從之"。杜《注》云:"僞以衣物爲人形也。建斾以先驅也。"也是說晋人派部分戰車建斾以爲先驅,并以僞人、輿曳柴之舉動驚嚇齊師。并非說斾即前軍。若斾爲前軍,何必言"斾先"兩字?"先"字豈非贅語。襄公二十三年載齊伐衛,齊軍出動陣勢爲:"先驅、申驅、中軍、啓(左軍)、胠(右軍)、大殿。"此六軍中"先驅、申驅"是前軍與次前軍,亦不稱"斾"。昭公元年,晋荀吳率軍與狄人作戰,改車兵陣式爲步兵陣式,其車兵陣式爲"兩、伍、專、參、偏";其步兵陣式爲"前、後、右角、左角、前拒",直稱前軍爲"前拒",亦不曰"斾"。所以,劉貴陽說:"楚前軍名斾,晋制亦然"云云,是不準確的,不可作爲定制看待。

　　《左傳》所云:"狐毛設二斾而退之。"杜《注》:"斾,大旗也。又建二斾而退,使若大將稍卻。"竹添光鴻進一步說:"于是,狐毛設二斾,爲上軍將、佐并退,以誘子西。"[17]至確。在古代軍事活動中,將帥皆有自己的戰旗。《詩·商頌·長發》云:"武王載斾,有虔秉鉞。"商湯所載之斾,即商湯戰旗。此斾決不代表商湯爲前軍,也不是商湯又作一隊。從《左傳》看,鄭莊公之戰旗曰"蝥弧"[18],齊景公之戰旗曰"靈姑銔"[19],晋大夫趙簡子之旗曰"蠭旗"[20]。齊魯乾時之役,秦子、梁子以魯莊公旗避于下道而被俘[21];衛懿公與狄人戰而敗,因爲不去其戰旗,所以被狄所識而俘殺[22]。劉貴陽說狐毛"設二斾"是"設前軍之二隊",實誤。因爲晋上軍本就分爲二部,狐毛、狐偃各率一部,值此大敵當前之際,何必再設"二隊",以分散兵力?爲附會劉貴陽說,楊注將"設二斾,而退之"分開解讀,云"設二斾"是晋上軍再作前軍二隊;"而退之",是楚右師潰退。此說更捍格難通。因爲:一則,對付楚右師的是晋下軍,并非狐毛兄弟所率之上軍;二則,《傳》于上文已明言"楚右師潰",怎能又說楚右師退?何況"潰"是大崩,是軍隊潰不成軍,何能又"退之"?三則《傳》文上言"狐毛設二斾而退之",以示晋上軍將佐俱佯退,隨後下文便說"楚左師馳之",是楚子西果然中計,率左師來追擊,于是落入圈套,受到晋中軍截擊,晋上軍夾擊而大敗。所以,楊注說而退之是"楚右師退"云云,是講不通的。

　　其二、楊注把"斾"與"斿"混而爲一,說:"斾本旌旗之斿,旌旗之有斿(飄帶)者爲斾。"也是錯誤的。先秦旗幟上的斾與斿是完全不同的二種事物。

　　關于斿,于《說文·认部》凡三見:一曰:"认,旌旗之游。"二曰:"㫍,旌旗之流也。"三曰:"游,旌旗之流也。"并沒有說斾爲旌旗之斿。鄭玄《周禮·巾車》注:"太常,九旗之畫日月者。正幅爲縿,斿(與游、流同,皆斿字)則屬焉。"郭璞《爾雅·釋天》注:"縿,衆斿所著。"都是對的。"縿"是旗身,是旗的核心部分,故曰"正幅"。上面可畫日月、交龍、熊虎、龜蛇、鳥隼等圖形。斿是縿的綴屬部分。斿非一個而是若干個,其數字的多寡表示旗主人身份的貴賤等級。據《周禮·巾車》,王與諸侯、卿大夫之旗斿、各依爵秩高低,分別爲十二斿、九斿、七斿、五斿、四斿、三斿、二斿、一斿等。《國語·齊語》載葵丘會上,周天子使宰孔賜命齊桓公,"賞服大輅,龍旗九斿。""九斿"就是與齊桓公作爲諸侯伯身份相符的斿數。據考古資料,斿即可爲縿的附綴,也可以直繫于旗杆上。如《斿婦黼鼎》之斿爲"ᚺ"形,即是直接繫于杆上的斿。

關于斾,《説文·㫃》曰:"斾,繼旐之旗也。"《爾雅·釋天》曰:"緇廣充幅,長尋曰旐,繼旐曰斾。"郭璞注:"帛續旐末爲燕尾者。"旐是古代旗幟之一種。"繼旐爲斾",就是接繼旐旗縿後的帛,其帛爲燕尾之形。何休《公羊傳》宣公十二年注:"緇廣充幅,長尋曰旐。繼旐燕尾者曰斾。"《詩·小雅·六月》:"織文鳥章,白斾央央。"白即帛。毛傳:"白斾,繼旐者也。"但此旗非旐;據《周禮·司常》"鳥隼爲旟,龜蛇爲旐",此繪"鳥章"之旗應爲旟,故鄭箋云:"鳥章,鳥隼之文章。"可見接斾的旗也并非只有旐一種。事實上,太常、龍旗、旟等皆可繫斾。

斾雖然也接于縿末,但與斿不同,它只有一個,而且爲燕尾之形。它是軍旗的標志,只在軍事活動中使用。如《左傳》中斾字凡十見,皆與軍事活動有關。斾作爲軍旗的一個組成部分,它可以隨時從旗上取下或佩上。從它可隨時佩上、取下來看,它也可以直繫于旗杆上,不必都接在縿後。《左傳》昭公十三年,諸侯會于平丘,晋治兵邾南,"建而不斾。"杜注:"建立旌旗,不曳其斾。"《左傳》又曰:"壬申,復斾之,諸侯畏之。"杜注:"軍將戰則斾,故曳斾以恐之。"是對的。唯杜注也以斾爲斿,則不確。以斾爲斿之誤,始于《詩》毛傳。《詩·小雅·出車》:"設此旐矣,建彼旄矣。彼旟旐斯,胡不斾斾。"意思是説大軍出征,已建起旟、旐之旗,爲什麼還不佩上示戰之斾?但毛傳云:"斾斾,垂斿貌。"于是使人誤以爲斾即斿。其實斿屬旗的構成部分,是不能隨意取下的。據《周禮·巾車》旟旗七斿、旐旗四斿,即建其旗,其斿自垂垂,怎能説尚未垂斿?所以此斾不可作斿字講。後人以斾爲斿者,皆從毛傳之誤。

斾與斿的不同,以圖形表示,自會一目了然,如下圖:

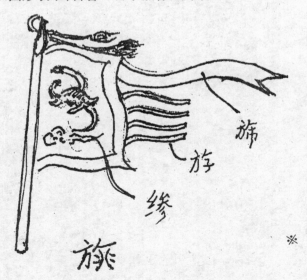

① 　孫詒讓《周禮正義·太宰》疏引。

② 　陳偉《包山楚簡初探》第一章第一節,武漢大學出版社,1996 年 8 月。

③ 　竹添光鴻《左氏會箋》宣公十二年。

④ 　《清經解》卷一。

⑤ 　吳榮曾《先秦兩漢史研究》論文集《周代鄰近於燕的子姓邦國》,中華書局,1996 年。

⑥ 　《清經解續編》卷二七二。

⑦ 　《清經解》卷一三一。

⑧ 　焦循《春秋左傳補疏》卷二,《清經解》卷一一六〇。

⑨ 　沈欽韓《左傳補注》卷三,《清經解》卷五八七〇。

⑩⑯⑰　竹添光鴻《左氏會箋》僖公二十八年。

⑪ 　1994 年劉家和先生在北京師範大學舉辦的"中國先秦史與先秦文化高級研討班"上的講座。

⑫ 　見王引之《經義述聞》卷十七。

⑬ 　見《說文》卷十四《車部》。

⑭ 　見《老子》十一章。

⑮ 　見《說文》卷二《牙部》。

⑱ 　見《左傳》隱公十一年。

⑲ 　見《左傳》昭公十年。

⑳ 　見《左傳》哀公二年。

㉑ 　見《左傳》莊公九年。

㉒ 　見《左傳》閔公二年。

帶※的圖參見楊英傑《戰車與車戰》第 12 頁、162 頁,東北師範大學出版社,1986 年。

讀《左傳》的擇日曆忌

劉　瑛

　　擇日曆忌是講選擇時日吉凶、歲月禁忌的數術,通曉此類數術的人古代稱爲"日者",《史記》有《日者列傳》。彙編各種禁忌的書,叫"日書"。史傳涉及此類書籍,也有"陰陽"、"五行"、"時令"、"月令"、"日禁"、"曆書"、"曆注"、"曆忌"等不同叫法,流行於民間又稱選擇通書、黃曆。擇日曆忌在漢代尤其盛行,《論衡·譏日篇》說:"世俗既信歲時而又信日,舉事若病死災患,大則謂之犯觸歲月,小則謂之不避日禁。"此篇還引述了《葬曆》,就是專門講卜葬擇日的曆書,據記載,在唐以前,僅這類書就多達一百二十種。①這種數術延續性也很强,甚至一直到近代,傳統都未曾中斷,可謂淵源久遠,長盛不衰。

　　關於這種數術的起源,《日者列傳》於漢以前無所記述,又因爲此術"齊、楚異法,書亡罕記"(《日者列傳》索隱述贊),其源流難以詳考。傳世文獻最早的記載,一般多認爲是《墨子》。《墨子·貴義》云:"墨子北之齊,遇日者,日者曰:'帝以今日殺黑龍於北方,而先生之色黑,不可以北。……'"學者以此證明日者之術在戰國時當已存在。②

　　近來再檢文獻,我們發現,在《左傳》中已有關於這種數術的記載,其中包括:歲月日時禁忌,如歸行的時日禁忌、晦日作戰的禁忌、歷史人物(或傳説人物)死日的禁忌;擇日占卜,主要是以占星術擇日。《左傳》的擇日曆忌,不論是禁忌的内容或語句形式,都不難在出土的戰國末期及秦代的日書中發現相似之處。看來,擇日之術的起源問題,還值得進一步討論。本文試以《左傳》的材料爲依據,結合戰國末期和秦代的九店楚簡的日書部分、③睡虎地秦簡《日書》,④對春秋時期擇日曆忌的基本情況作一初步探討。

一、日者之説的由來

日者之説最早來自天子諸侯制定頒佈曆法的官學,⑤《左傳》桓公十七年:

　　冬十月朔,日有食之。不書日,官失之也。天子有日官,諸侯有日御。日官居卿以底日,禮也。日御不失日,以授百官於朝。

杜預注云:"日官、日御,典曆數者。日官,天子掌曆者,不在六卿之數,而位從卿,故言居卿也。厎,平也,謂平曆數。"由此可知,"日官"、"日御"分別是天子、諸侯掌曆法之官。日官不在六卿之列,但尊同六卿。孔穎達《正義》云:"《周禮》太史'掌正歲年以序事,頒告朔於邦國',然則天子掌曆者,謂太史也。太史,下大夫,非卿,故不在六卿之數。傳言居卿,則是尊之若卿,故知非卿而位從卿,故言居卿也。平曆數者,謂掌作曆數,平其遲速,而頒於邦國也。晦朔張望交會有期,日月五星行道有度,曆而數之,故曰曆數也。"《周禮·春官·太史》鄭玄注云:"太史,日官也",則日官亦可稱爲太史。

太史本屬下大夫之列,地位不高,但職責卻非常重要。在古人看來,推時正歲、頒曆告朔是關乎時政民生的大事,"時以作事,事以厚生,生民之道於是乎在矣"(《左傳》文公六年),故因其職而位尊。

早期的史官,既記録歷史,又掌天文曆法、蓍龜占卜,在《左傳》中,講擇日曆忌的多是卜、史之官,如晉卜偃、鄭裨竈及周史萇弘都掌占卜而兼擇日(詳下)。其後日者專司占候時日,不掌天官之職,但仍須精通天文曆法。《日者列傳》記司馬季主與弟子三四人"辯天地之道,日月之運,陰陽吉凶之本",又爲宋忠、賈誼語"天地之終始,日月星辰之紀,差次仁義之際,列吉凶之符",說明在漢代,以"日月之運"、"日月星辰之紀"究吉凶之本,仍是日者必備的看家本領。戰國秦代的日書常以星象配合方位、四時、干支推算時日吉凶,如睡虎地秦簡《日書》"玄戈"、"歲"、"星"等篇,雖然《日書》的星象與實際星象並不發生任何關係,但非熟習曆法天文者不能任之。因此,從知識背景來看,日官、日御是日者的前身,日者原出自史官系統,與史官本是一家,所以後世講擇日曆忌的圖書,有的還冠以"太史"之名,如《隋志》子部五行家有《太史百忌曆圖》、《太史百忌》,應是這一傳統的遺緒。[⑥]

二、歲月日的禁忌

《左傳》所講的歲月日禁忌有以下内容:

(一)歸行的禁忌

《左傳》莊公十六年:

> 鄭伯治與於雍糾之亂者,九月,殺公子閼,刖彊鉏。公父定叔出奔衛。三年而復之,曰:"不可使共叔無後於鄭。"使以十月入,曰:"良月也,就盈數焉。"

莊公十六年,鄭伯允許出奔衛國的公父定叔回國,並讓他在十月進入鄭國,因爲十月是"良月也,就盈數焉",就是說"十"是盈數,故十月爲吉月。當時人有以盈數爲吉的觀念,《左傳》閔公元年,賜畢萬以魏,卜偃曰:"畢萬之後必大。萬,盈數也。"

歲月日時的禁忌在古人看來十分重要,古人舉事往往遵照時日宜忌。《論衡·辨祟篇》

説：“起功、移徙、祭祀、行作、入官、嫁娶，不避歲月，觸鬼逢神，忌時相害。”可見時日禁忌涉及人們日常生活的各個方面。出行和出行回歸的宜忌是歲月日時禁忌中很重要的内容。歸行的時日禁忌，又稱爲“歸忌”。《辨祟篇》云：“途上之暴屍，未必出以往亡；室中之柩殯，未必還以歸忌。”批評了當時人迷信往亡歸忌的風俗，但也由此反映出人們對此項禁忌的重視。

　　《後漢書·郭躬列傳》稱桓帝時，汝南陳伯敬“行路聞凶便解駕留止，還觸歸忌則寄宿鄉亭”，李賢注引《陰陽書·曆法》云：“歸忌日，四孟在丑，四仲在寅，四季在子。其日不可遠行、歸家及徙也。”講的是四時中每一個月的歸忌日。⑦《史記·天官書》還記有所謂“歸邪”星，這是一種瑞星，“如星非星，如雲非雲，命曰歸邪。歸邪出，必有歸國者。”歸行的吉凶甚至由天星所主。

　　睡虎地秦簡《日書》甲種有《到室》（簡 107 背—112 背、簡 127—128 背）、《歸行》（簡 131—135 正），還歸也叫“到室”或“入室”，講的都是還歸的宜忌；乙種有《行者》（簡 140）、《入官》（簡 141），也是講入室之宜忌日。

　　如秦簡《日書》甲種《行篇》列舉十二月之某日爲出行、歸還之忌日，見簡 109 背—110 背：“正月乙丑、二月丙寅、三月甲子、四月乙丑、五月丙寅、六月甲子、七月乙丑、八月丙寅、九月甲子、十月乙丑、十一月丙寅、十二月甲子以行，從遠行歸，是謂出亡歸死之日也。”⑧

　　上述《日書》的《行篇》以“日”爲禁忌，比之《左傳》以“月”爲禁忌，要細密得多，但兩者以時爲忌的性質是相同的，只是時間單位的長短不同而已。

　　古時出行不易，道路艱難，又常遇鬼怪之事，所以行者在遠行時要舉行“祖道”的儀式，以乞求出行的安全。祖，是祭祀道神，即向道神乞求出行的平安。這種祭祀也叫“軷祭”。《詩·大雅·烝民》云：“仲山甫出祖”，鄭玄箋：“祖者，將行犯軷之祭也。”《大雅·韓奕》云：“韓侯出祖，出宿于屠”，是說韓侯覲見周王返國時舉行祖祭。《左傳》昭公七年魯昭公將適楚，夢襄公爲之舉行祖祭。古人舉行喪葬儀式時也要設“祖奠”，《禮記·檀弓》記載曾子在衛國弔喪，主人設祖奠，鄭玄注：“祖，謂移柩車去載處爲行始也”，即將葬而爲柩車始出行設奠。“祖道”、“祖奠”都表明古人對始行意義的重視。

　　睡虎地秦簡《日書》稱“祖道”爲“行祠”，《日書》甲種有《行祠》（簡 78—79：貳），乙種有《行祠》（簡 144）、《行行祠》（簡 145、146）、《□祠》（簡 147），是與歸行擇日有關的禱祠。從上述典籍中，無法得知祖道儀式究竟有什麼内容，《日書》的《行行祠》記載整個儀式的過程，使我們得以窺知與這種祭祀有關的一些具體情況，其文如下：

　　　　行行祠，行祠，東行南〈南行〉，祠道左；西北行，祠道右。其謞（號）曰大常行，合三土皇，耐爲四席。席叕（餟）其後，亦席三叕（餟）。其祝曰：“毋（無）王事，唯福是司，勉飲食，多投福。”

　　簡文是説假如祭祀者要向東或向南行,則祭祀道左邊的行神;要向西或向北行,則祭祀道右邊的行神。祭祀的對象是"大常行"和"三土皇"。祝辭是希望在出行時没有惡事發生,降福於祭祀者。這雖然是秦代的祭祀,但也有助於我們瞭解這種禱祠儀式。

　　出行、還歸這一類禁忌的内容不外是選擇歸來的時日或方向。雖然歸行擇日在後代漸趨複雜,但依據的觀念是一致的,仍然來自古人對始行的原始禁忌。

　　(二)晦日作戰的禁忌

　　《左傳》成公十六年:

　　　　六月,晋、楚遇于鄢陵。……甲午晦,楚晨壓晋軍而陳。……郤至曰:"楚有六間,不可失也。其二卿相惡,王卒以舊,鄭陳而不整,蠻軍而不陳,陳不違晦,在陳而囂,合而加囂。各顧其後,莫有鬥心;舊不必良,以犯天忌,我必克之。"

成公十六年五月甲午晦(案:五月三十日),晋楚鄢陵之戰前,郤至分析楚軍有六條弱點,即"六間",其中的一條是"陳不違晦"。這一日是甲午晦,是本月的月終日,楚軍逼近晋軍擺開陣勢,這是楚軍違犯"天忌",因爲"晦,月終,陰之極也,故兵家以爲忌"(杜預注),所以楚軍有可乘之隙。

　　《左傳》中也有戰例是利用晦日避戰的禁忌,予敵軍以出其不意的打擊。昭公二十三年七月,"戊辰晦(案:二十九日),吳、楚戰于雞父",吳軍是想乘楚軍晦日忌戰而未設備的機會,擊其不意,最終吳軍獲勝。吳故意違背兵忌在晦日出戰,看似不重禁忌,但恰恰反映了當時人對晦日禁忌的重視和利用。

　　這種禁忌也爲後世兵家所重。《後漢書·鄧禹傳》:"癸亥日,王匡等以六甲窮日不出。禹因得更理兵勒衆。是月晦及六甲窮日,皆忌出兵也。"王先謙《後漢書集解》引周壽昌曰:"六甲以甲子始周行一币,至癸亥止,故謂爲窮日。"⑨六甲窮日是六十甲子循環一周的最後一日,與月晦日一樣,都是時日循環的終結,均不利於作戰。

　　以月晦日、六甲窮日爲兵忌應與兵陰陽思想有關。《漢志·兵書略》兵陰陽類序云:"陰陽者,順時而發",而"日爲陽精,月爲陰精。兵尚殺害,陰之道也,行兵貴月盛之時,晦是月終,陰之盡也,故兵家以晦爲忌,不用晦日陳兵也"(《左傳》成公十六年孔穎達正義)。《隋志·子部》兵家類有《太公書禁忌立成集》二卷(已佚),《通志·藝文略》著錄於兵陰陽家。

　　以月晦日作爲忌日也是後來的日書時日禁忌的一種。睡虎地秦簡《日書》甲種簡 155 背排列每月的朔望弦晦之忌云:"墨(晦)日,利壞垣、徹屋,出寄者,毋歌。"但秦簡《日書》晦日禁忌與軍事無關。⑩

　　(三)歷史人物或傳説人物死日的禁忌

　　《左傳》昭公九年:

晋荀盈如齊逆女，還，六月，卒于戲陽。殯於絳，未葬。晋侯飲酒，樂。膳宰屠蒯趨入，請佐公使尊，許之。而遂酌以飲工，曰："女為君耳，將司聰也。辰在子、卯，謂之疾日，君徹宴樂，學人舍業，為疾故也。君之卿佐，是謂股肱。股肱或虧，何痛如之？女弗聞而樂，是不聰也。"

傳文記屠蒯批評樂工的話（其實是勸諫晋侯的話），意思是說，荀盈之喪，應當取消宴樂。因爲荀盈是晋之重臣，他的死，其痛疾要超過一般的"疾日"。一般的"疾日"是指辰在子、卯。

子爲甲子日，是商紂滅亡之日，見於：

(1)《漢書·律曆志》引《武成》："粵若來三月，即死霸，粵五日甲子，咸劉商王紂"；

(2)今本《尚書·武成》："甲子昧爽，受率其旅若林，會於牧野。罔有敵于我師，前徒倒戈，功於後以北，血流漂杵"；

(3)《逸周書·世俘解》："時甲子夕，商王紂取天智玉琰及庶玉環身以自焚。"

《呂氏春秋》的《首時》和《貴因》篇、《史記·殷本紀》等也有記載。

卯爲乙卯日，是夏桀滅亡之日，《詩·商頌·長發》云："韋顧既伐，昆吾夏桀"，鄭玄箋："昆吾、夏桀則同時誅也"，言昆吾與桀同時而死。《左傳》昭公十八年："二月乙卯，周毛得殺毛伯過，而代之。萇弘曰：'毛得必亡。是昆吾稔之日也。'"可見昆吾之死與夏桀之死同日，知夏桀被誅也在乙卯。

古人認爲，夏桀與商紂的死亡是由於遭到天譴，因此國君應以子、卯日爲忌日，不舉吉事，以示戒懼。《禮記·檀弓》也載有此事："知悼子卒，未葬，平公飲酒，師曠、李調侍，鼓鐘。"杜蕢（案：即屠蒯）曰："子、卯不樂。知悼子在堂，斯其爲子卯也，大矣。"《玉藻》還講了在子、卯日，國君所要遵守的自行貶損的禮節，謂："子、卯，稷食菜羹"，鄭玄注："稷食菜羹，忌日貶也。"稷食是以稷穀爲飯，菜羹是以菜爲羹。"子、卯忌日貶損，所以致戒懼之意，稷食則無黍，菜羹而不殺也"。[11]說明在當時，子、卯日已成爲國君帶頭遵守貶損禮節的固定忌日。

《儀禮·士喪禮》也講了子、卯日的避忌："朝夕哭，不辟子卯"，鄭玄注："子、卯，桀、紂亡日，凶事不辟，吉事闕焉"，所謂"吉事闕焉"，就是《檀弓》所說的"子、卯不樂"。

當時人不但以歷史人物的死日爲忌，而且也以父母的亡日爲忌日，不舉宴樂而憂傷悽愴，以示終身思念父母。《禮記·檀弓》謂："君子有終身之憂，而無一日之患。故忌日不樂"，《祭義》謂："君子有終身之喪，忌日之謂也。忌日不用，非不祥也"，這裏的忌日不樂是因親喪舉哀，並非此日爲不祥之日。因而有所謂私忌，即私家忌日。《左傳》昭公三年："五月，叔弓如滕，葬滕成公，子服椒爲介。及郊，遇懿伯之忌，敬子不入。惠伯曰：'公事有公利，無私忌。椒請先入。'乃先受館。敬子從之。"懿伯是子服椒（惠伯）的叔父，敬子即叔弓。子服椒作爲叔弓的助手，出使滕國，正遇其叔父懿伯的忌日，叔弓爲尊重子服椒，準備當日不進入滕國

（入國則受郊勞、授館之禮,與忌日不舉吉禮相違）。但子服椒不以私忌廢公事,仍然進入滕國。

　　子、卯之忌日與父母之忌日同名而異義,但都説明古人特重先人死日,或以爲戒懼,或以爲懷念。

三、擇日占卜

　　《左傳》的擇日占卜有以下内容:

　　(一)占星擇日

　　1.《左傳》僖公五年

　　　　八月甲午,晋侯圍上陽。問於卜偃曰:"吾其濟乎?"對曰:"克之。"公曰:"何時?"對曰:"童謡云:'丙之晨,龍尾伏辰;均服振振,取虢之旂。鶉之賁賁,天策焞焞,火中成軍,虢公其奔。'其九月、十月之交乎! 丙子旦,日在尾,月在策,鶉火中,必是時也。"

　　這一則占卜,是以占星來擇日。卜偃以星象推時日,預言晋取虢之日,是在這一年的九、十月交會的朔日,即十月初一丙子日。[12]他根據的是童謡所説的星象:"龍"即尾宿,爲蒼龍七宿之第六宿;"辰"爲日月交會處,尾宿伏於辰,即日行在尾宿,其光爲日所奪,伏而不見;"鶉",據《爾雅·釋天》,柳宿又名鶉火,爲朱雀七宿之第三宿;"天策"即傅説星,"傅説之星在尾之末,合朔在尾,故其星近日"(見孔疏);"火中",即鶉火出現於南方。十月丙子日上述天象出現,是夜日月合朔於尾,而月行較快,故旦而過在天策,此時鶉火正當南方,正是童謡預示的晋滅虢之時。

　　2.《左傳》昭公十年:

　　　　十年春王正月,有星出於婺女。鄭禆竈言於子産曰:"七月戊子,晋君將死。今兹歲在顓頊之虚,姜氏、任氏實守其地,居其維首,而有妖星焉,告邑姜也。邑姜,晋之姚也。天以七紀,戊子逢公以登,星斯於是乎出,吾是以譏之。"[13]

　　這則占卜也是以實際星象觀察推算時日吉凶。妖星又稱客星,無論新星或變星,都不是正常天象,古人以之爲妖星。這一年歲星旅于玄枵之次(顓頊之虚謂玄枵),玄枵之次有女、虚、危三宿,婺女宿(即女宿)正當玄枵的首位,而從中出現了妖星。禆竈推理的步驟是:(1)妖星上一次出現時,是戊子日,歲星不在齊之分野,居住齊地的殷諸侯逢公死亡;(2)妖星這一次出現,當是晋侯受其咎,因爲婺女宿所對分野是齊國,此時歲星位于此宿(古人認爲,歲星所在之野,國受其佑,五谷豐昌,見《淮南子·天文訓》),故齊國無恙,妖星又一次出現在婺女宿是在警告邑姜(古人認爲婺女是已嫁之女),邑姜又是晋國的先姚,所以這一次晋君將有災禍;(3)二十八宿布於四方,每方各七宿,所以説"天以七紀",正月戊子出現妖星,到七月戊子日將爲害,晋君將死於七月戊子。

上述兩例占卜擇日都是根據實際觀察到的星象來進行的,説明早期擇日術與占星術有密切關係。這兩次占卜所觀察的天象包括日、月、二十八宿(尾宿、柳宿、女宿)以及歲星、妖星的活動,卜偃、裨竈都精於天文星算,熟知歷史掌故,故占星推時日,見象論吉凶,不但要觀察在什麽位置出現了何種星象,也要注意星象出現的時間,並與歷史上的人事禍福對照,判斷現時的吉凶,不同於後世用現成的日書占斷。

古人長期以來就有記録星象與人事吉凶對應關係的傳統。《左傳》昭公十年孔穎達《正義》云:"逄公死日,星出婺女,當時猶有書記,故裨竈知之。"昭公八年,晋國的史趙追述顓頊之卒,曰:"歲在鶉火,是以卒滅",孔穎達疏:"顓頊崩年,歲星在鶉火之次,于時猶有書專言之,故史趙得而知也。"逄公、顓頊屬古史傳説人物,其時是否確有其事,實難究詰,但仍然可以説明從很早就有"天人相感"事件的記録。《國語》記載,晋文公入國前夕,晋史董因回顧了晋文公爲公子時,因驪姬之亂出亡的那一年,歲星在大辰(即大火星),而回歸晋國之年,歲星也在大辰,晋的始祖唐叔也是歲星在大辰那年受封的(《晋語四》),這是上天的歷數,是晋國的吉兆。以上都是史官回溯歷史,參於現世,以星象來預卜吉凶。

(二)"以日同爲占"

《左傳》昭公十八年:

> 十八年春王二月乙卯,周毛得殺毛伯過,而代之。萇弘曰:"毛得必亡。是昆吾稔之日也,侈故之以。而毛得以濟侈於王都,不亡,何待?"

昭公十八年二月乙卯,毛得殺毛伯過,萇弘預言毛得必死,因爲昆吾死於這一天。昆吾是傳説的祝融八姓之一,《國語·鄭語》"昆吾爲夏伯矣",韋昭注"昆吾,祝融之孫,陸終第一子";《吕氏春秋·君守》"昆吾作陶",亦即此人。杜預注:"(昆吾)以乙卯日與桀同誅。"

據《左傳》,昆吾與夏桀同死於乙卯之日。記載此事的還有:

(1)《詩·商頌·長發》:"韋顧既伐,昆吾夏桀";

(2)《尚書·湯誓》孔疏引皇甫謐云:"左氏以爲昆吾與桀同以乙卯日亡,韋顧亦爾",又云:"明昆吾亦來安邑,欲以衛桀,故同日亡";

(3)《續漢書·郡國志》一注"安邑"下引《帝王世紀》云:"縣西有鳴條陌,湯代桀,戰昆吾亭。《左傳》,昆吾與桀同日亡"。

乙卯日爲昆吾與夏桀被誅之日,並可參見《左傳》昭公九年乙卯爲夏桀亡日的記載。

以往,對前舉昭公十年以及此年的占卜,屬於數術占卜中的哪一類,没有明確的看法。顧炎武《日知録》卷四"以日同爲占"説:"裨竈以逄公卒於戊子日,而謂今七月戊子,晋君將死;萇弘以昆吾乙丑日亡,而謂毛得殺毛伯而代之是乙卯日,以卜其亡。此以日之同於古人者爲占,又是一法。"⑭

顧炎武所説的"以日同爲占",即是擇日占卜。他雖然没有指出這種占卜所屬的數術類别,但"以日同爲占",卻正道出了擇日占卜的推理原理,即以"日之同於古人"爲占。"戊子逢公以登"、"昆吾稔之日",都是歷史人物或傳説人物死亡的重大忌日,這一日不避禁忌,必生不祥。

"戊子逢公以登"、"昆吾稔之日"這類語句與江陵九店楚簡日書部分、睡虎地秦簡《日書》的有些語句很相似,當是一種卜法。

九店楚簡日書部分同類的語句有:

簡 38、39 下"凡五卯,不可以作大事,帝以命益濟禹之火"。⑮

睡虎地秦簡《日書》同類的語句有:

(1)甲種,簡 27 正貳"五丑不可以巫,啻(帝)以殺巫減(咸)";

(2)甲種簡 128 正"赤啻(帝)恒以開臨下民而降其殃";

(3)甲種簡 2 背:壹"癸丑、戊午、己未,禹以取塗山之女日也。不棄,必以子死";

(4)甲種簡 155 正"戊申、己酉,牽牛以取織女,不果,三棄";

(5)甲種簡 3 背:壹"戊申、己酉,牽牛以取織女而不果,不出三年歲,棄若亡";

(6)乙種簡 136"赤啻"(帝)臨日"。

《左傳》的記載證明,春秋以來的擇日術,已習用歷史人物(夏桀、商紂)及傳説人物(昆吾、逢公)之名於時日宜忌。後代的日書繼承了春秋擇日術的術語形式,也使用類似的語句,這種語句固定下來以後,就具有相當的持續性和穩定性。

這些事件發生的日期,有的是信史,如商紂死日,可以由史書記載及 1976 年陝西臨潼出土的記武王伐紂的利簋(現藏臨潼縣博物館)銘文得到證明。有的可能根據的是古史傳説(帝殺巫咸、禹之離日、赤帝臨日),甚至是神話故事(牽牛娶織女),但不論是哪種情況,都説明古人長久以來就注意記録並總結這類歷史事件,以爲事關天意,上至王侯,下至庶衆,均應以此爲戒。人們在這一天舉事都應有所忌諱,以避凶趨吉。經過歷代相傳,逐漸成爲一種禁忌傳統,大事件發生的這一天也成爲固定的忌日。由《禮記》的記載可知,在忌日的貶損禮節甚至作爲禮儀制度固定下來,是君王所必須遵守的,時日禁忌之俗的影響由此可知。

四、從《左傳》看擇日曆忌的起源

《左傳》擇日曆忌的記載早於《墨子》,是研究擇日曆忌起源的重要依據。

　　關於這種數術的起源，學者認爲，擇日曆忌與式法有關，是從式法派生的。式占是用一種模擬天道運行的工具，選擇時日吉凶。擇日之術與式法的區別是，擇日曆忌之書是把各種舉事宜忌按曆日排列，開卷即得，吉凶立現，不必假乎式占。⑯我們說，從《左傳》的情況來看，早期的日者來自掌管天文曆法的日官（即史官），春秋時期的擇日曆忌似與曆法、星算關係更爲密切，是結合推曆占星進行的；戰國秦以來的擇日曆忌，不必借助於占卜，查閱日書就能自行擇日，其占法似受式法的影響更大。

　　首先，各類禁忌以時日排列，最重的是“時”，依賴的是曆法，時日禁忌當是隨曆法俱來。殷商時已使用干支記日法，最初較爲固定的宜忌日即以干支繫之，如殷周時人鑄銅器多在“丁亥”日，王國維說：“古人鑄器多用丁亥，諸鍾銘皆其證也。”⑰以後又有學者推演其說，岑仲勉先生舉兩周金文所見丁亥六十九例，論之最詳。⑱“丁亥”是當日民俗所重之宜忌日無疑。又如“甲子”日，本是周人相信的吉日。周宣王的大臣兮甲，字伯吉父，“甲者月之始，故其字曰伯吉父，吉有始義。”⑲所以周武王選定與商紂決戰的日期是甲子。《論衡·譏日》說：“王者以甲子之日舉事，民亦用之”。後因商紂敗於此日，遂演變爲忌日。

　　至少在西周時，人們按十天干的奇偶分甲、丙、戊、庚、壬爲剛日，乙、丁、己、辛、癸爲柔日，剛日、柔日舉事各有宜忌，即《禮記》所說的“外事以剛日，內事以柔日”（見《曲禮上》）。“事”指祭祀、喪葬、田獵、出兵等軍國大事。田獵、出兵等爲外事，宜於在剛日舉行；冠、昏、喪、祭禮等爲內事，⑳宜於在柔日舉行。《詩經·小雅·吉日》有：“吉日維戊，既伯且禱”、“吉日庚午，既差我馬”，前一句是說祭馬祖應在“戊”日舉行；後一句是說在“庚午”日擇馬之強者，爲王田獵之用。又《春秋經》所記葬日皆爲柔日，只有宣公八年、定公十五年兩年例外。㉑

　　上述宜忌日是隨事而擇，屬於“剛日”的“戊”、“庚午”，還不能說就是固定的吉日。從《左傳》來看，至少在春秋末期，繫以干支的夏桀、昆吾、商紂的死日已經成爲固定的忌日。以古史人物施於時日宜忌的形式被固定下來後，成爲擇日術語的一種形式。

　　其次，《左傳》推斷時日吉凶，靠的是把觀察到的星象與以往吉凶應驗的記錄相互參照，擇日和占星是連在一起的。而從出土的戰國和秦代的日書來看，這一時期的日書常用各種星象排列時日宜忌，但這種排列，並非本於實際星象，如睡虎地秦簡《日書》有按歲煞所在定各月的方向吉凶（見甲種簡64—67正），有講二十八宿所主的吉凶（見甲種簡68—75正：壹），歲煞、二十八宿只是用作排列時日宜忌，與它們在天空中的實際位置沒有任何關係。有學者指出，根據對《日書》的綜合研究，《日書》中的星宿大多不能以實星（即天文學所說的星）視之，相反只能將它們視爲虛星。㉒

　　這一時期的日書，還往往以星象配合十二月、十二支、四時、四方、五行講吉凶，這種占法與式占的占卜形式很相似。式的占法與曆法星算有關，但已經脫離了實際的天象觀察和曆術推步。它的發達是在戰國之際,其原因在於天文學的空前發達。㉓擇日術的背景也是天文學,在原理上與式法原有相通之處,本易於模仿。擇日術模仿式法的目的,是想使它的占法同式法一樣,可以在一個封閉的系統内操作,使占卜更有規則可循,這與戰國時期各類數術規範化的趨勢也是一致的。

秦簡《日書》"玄戈"篇(甲種簡 47—58 正:壹)由十二星宿配十二月擇日,學者總結"玄戈"篇占法時説:"除本篇外,這樣的配合還見於漢代的式盤(如漢汝陰侯墓出土的式盤),在本篇和式盤的占卜中,十二星宿似乎不起任何作用,十二星宿與十二月只是一種搭配關係,就像十二支配十二月的關係一樣。至於這種關係的來源,很可能是古代觀象授時記載的遺留。"㉔我們説,玄戈篇和式盤有這種關係,是因爲式法和擇日占卜的根子都是星占,它們的占法都模倣星占,所以它們的搭配關係才會有相通之處。

五、結 語

通過上述分析,《左傳》擇日曆忌的基本情況可概括爲:

1. 禁忌的内容

禁忌的内容有歸行的禁忌、作戰的禁忌、先人死日的禁忌。

2. 禁忌的形式

禁忌的主要形式有月忌(莊公十六年)、晦日之忌(成公十六年)、日忌(昭公九年、十年、十八年)。

3. 忌日的記日方法

忌日或純用地支,如商紂亡日爲子,夏桀亡日爲卯;或繫以干支,如逢公亡日爲戊子,昆吾亡日爲乙卯。這種方法也是後世日書的主要記日方法。

4. 擇日占卜的原理

擇日占卜的原理是"以日同爲占",逢公死日即晉君死日,昆吾亡日亦毛得亡日。

《左傳》的材料畢竟有限,我們目前只能根據上述片斷的記載,對春秋時期擇日曆忌的情況做一些推測,但這些記載仍然透露出一些重要的信息,並可由此覘知擇日曆忌在春秋戰國之際的演變:

1. 擇日術的出現,以往的估計是至少在戰國時期,我們可以補充説,由《左傳》的材料證明,在春秋末年,擇日之術已經開始活躍。它源於占星術,以後才從占星術中獨立出來。

2. 春秋時的擇日占卜主要由典守星曆的卜、史官主持,擇日曆忌也多與軍國政事、君臣生死命運有關,而後代擇日禁忌的内容更廣泛。

　　3.《左傳》講時日禁忌的語句與睡虎地秦簡《日書》等後世的日書語句相似,如“辰在子、卯謂之疾日”、“戊子逢公以登”、“昆吾稔之日”。這種形式的語句在後代的日書中一直反復使用,成爲固定的格式保持不變,這顯然是後代日書對早期占卜術語形式的繼承。

　　4.《左傳》擇日占卜的形式比較簡單,主要是靠時日類比法,沒有後代擇日術那樣細密複雜,它的推理本於實際的星象觀察。後來的擇日術和式占一樣,多在虛擬的星象對應系統中操作。

　　時日禁忌當隨曆法而起,並從避凶趨吉的古老禁忌心理發展而來。王充痛貶春秋時人委心篤信卜葬擇日時說:“衰世好信禁,不肖君好求福。春秋之時,可謂衰矣!隱、哀之間,不肖甚矣!”(《論衡·譏日》)春秋衰世,日禁之俗更盛,可見其由來亦久。擇日占卜的傳統來自官學,本由史官執掌,仰觀日月星辰,詳按史傳載籍,發佈時日吉凶預報,本是史官所專擅。戰國秦代以降,擇日術模仿式法,占法趨於規範,查閱日書代替了深奧的占星推曆。後世人事愈密,禁忌愈繁,戰國秦漢以後的日書包羅雜陳,排列複雜,但所宜所忌,開卷即知,擇日曆忌遂得以大興。

　　【補記】承李零先生告,在最近召開的“新出簡帛國際學術研討會”(達園賓館,2000 年 8 月 19—22 日)上,他曾就新發表的馬王堆帛書《式法》發表意見。他指出,在《中國方術考》一書中,他曾特別强調選擇是從式法派生和與式法匹配,但現在看來,這種看法是有一定問題的。因爲這一印象只能反映戰國秦漢的情況,而不能反映更早的情況。事實上,我們從《左傳》等書的記載看,在式法出現之前,很可能已有一種早期選擇的存在;這種早期選擇也許更多依賴於星曆的推算或經驗的總結,而不一定依賴式法。

①　新、舊《唐書·呂才傳》引《葬篇》。
②　李學勤《睡虎地秦簡〈日書〉與楚、秦社會》,《李學勤集》,黑龍江教育出版社,1989 年,285 頁。
③　湖北省文物考古研究所《江陵九店東周墓》,科學出版社,1995 年,附錄二:李家浩《江陵九店五十六號墓竹簡釋文》。
④　睡虎地秦墓竹簡整理小組《睡虎地秦墓竹簡》,文物出版社,1990 年。
⑤⑥　李零《中國方術考》,東方出版社,2000 年,178 頁。
⑦　王先謙《後漢書集解》,中華書局,1991 年,542 頁。《陰陽書·曆法》講的就是這類禁忌的具體時日:四孟是孟春、孟夏、孟秋、孟冬,即一月、四月、七月、十月,這四個月的丑日是忌日;四仲是仲春、仲夏、仲秋、仲冬,即二月、五月、八月、十一月,這四個月的寅日是忌日:四季是季春、季夏、季秋、季冬,即三月、六月、九月、十二月,這四個月的忌日是子日。
⑧　《日書》的歸忌日,與上引《陰陽書·曆法》的歸忌日的具體時日是一致的。李賢注所據至少可以上溯到秦簡《日書》。參看劉樂賢《睡虎地秦簡日書研究》,288 頁,臺北:文津出版社,1994 年。
⑨　《後漢書集解》,3 頁。
⑩　後世的選擇通書也有講晦日宜忌的內容,如《協紀辨方書》卷十云:“(晦日)止不忌祭祀、解除、沐浴、整容、剃頭、整手足甲、補垣塞穴、掃舍宇、修飾垣墻、平治道途、破屋壞垣、伐木,餘事皆忌。”

⑪　孫希旦《禮記集解》,中華書局,1998 年,782 頁。

⑫　《左傳》此用晋曆。晋用夏正,晋之十月,當周正之十二月。

⑬　譏同卟,《説文》:"卟,卜以問疑也,從口、卜。讀與稽同。"

⑭　顧炎武《日知録》,岳麓書社,1996 年,154 頁。

⑮　釋文據李零《讀九店楚簡》,《考古學報》1999 年第 2 期,145 頁。

⑯　《中國方術考》,43 頁。

⑰　王國維《齊國差跋》,《觀堂集林》卷 18,《王國維遺書》第 2 册,上海書店出版社,1984 年影印,315 頁。

⑱　岑仲勉《周金文所見之吉凶宜忌日》,見《兩周文史論叢》,商務印書館,1958 年,157—168 頁。

⑲　王國維《兮甲盤跋》,《觀堂别集》卷 2,《王國維遺書》第 3 册,102—105 頁。

⑳　就祭禮而言,祭外神亦稱外事,祭内神亦稱内事,如《曲禮下》所云:"踐祚,臨祭祀,内事曰'孝王某',外事曰'嗣王某'。"

㉑　《春秋》宣公八年:"冬十月己丑,葬我小君敬嬴,雨,不克葬。庚寅,日中而克葬";定公十五年:"九月丁巳,葬我君定公,雨,不克葬。戊午,日下昃,乃克葬",顧炎武解釋爲:"己丑、丁巳,所卜之日也,遲而至於明日者,事之變也,非用剛日也。"《日知録》卷四,138 頁。

㉒　《睡虎地秦簡日書研究》,102—103 頁。

㉓　參看《中國方術考》,40—42、89—176 頁。

㉔　《睡虎地秦簡日書研究》,82 頁。

神話傳説與古代南方民族關係新解(下)

吴 永 章

九、蚘民國

"蚘民國",係指水蠱産地之一支南方溪峒族羣。

古籍關於"蚘"之載豐夥,但有"蚘民之國"之名者,則僅見于《山海經·大荒南經》。其中云:

> 有蚘山者,有蚘民之國,桑姓,食黍,射蚘是食。有人方扞弓射黄蛇,名曰蚘人。

綜合諸記載,所謂"蚘",又名"短狐"或"射工"。其形,屬甲類,長三四寸,無目而利耳,一説似鱉,一説如鳴蜩。口中有横物角弩,聞人聲,則"以氣爲矢"射人,或説"含沙射人"。人或人影被擊中,則發病甚或致死。

究其實,所謂"蚘",即《周禮·秋官·蟈氏》中之"水蠱",係指"蚘"(通"蜮")、"罡"等水中害蟲。故古籍亦稱:蚘,"其實水蟲也"①,"視其形蟲也"②,"今俗謂之溪毒"③。明人李時珍《本草綱目》劃入"溪鬼蟲"一類。在古代中原人目中,蠻荒之地,可怖可駭。其對人體之最大威脅,一是所謂"瘴氣",一是所謂"溪毒",吸其氣飲其水皆會令人發病,重者則一命嗚呼。如,《漢書·賈捐之傳》載:駱越之地,"霧露氣濕,多毒草蟲蛇水土之害。"《漢書·嚴助傳》則稱:"南方暑濕,近夏瘴熱,暴露水居,蝮蛇蠚生,疾癘多作。""蚘"之説,即在如此地理歷史環境中形成。

在古人目中,蚘,此種有毒之水或水中害蟲,乃造成人類疾疫與死亡之重要因素之一,可謂談"蠱"色變。晋·葛洪《抱朴子·登涉》載:

> 中人身者即發瘡,中影者亦病。而不即發瘡,不曉治之者煞人。其病似大傷寒,不十日皆死。

晋·干寶《搜神記》則載:"所中者,則身體筋急,頭痛發熱,劇者至死。"换言之,被蚘射中後,會出現發瘡、頭痛發熱、抽筋等症。迄清初,屈大均《廣東新語》卷二四對"水蠱"之毒曾作較明確之記叙:

> 粤西有三江,而左江之水尤毒。其源自交趾而來,皆蚺蛇、孔雀之糞所漬,夏間尤忌

之，流至端州始平淡，然五六月西水漲溢，往往令人腹疾。又恩平水中多蚯蚓屯結，每水
一升，可得蚯蚓數十許，色黄濁，飲之立蠱。又羅旁之水，多有桐木葉、木犀花葉浸其中，
飲之亦輒脹滿以死。是皆水之蠱，不因人力者也。

按：此處所言"蚯蚓"，當係指形類蚯蚓之水蛭類。顯然，屈大均較之前人已有頗大進步。他
把"水蠱"，主要歸之於飲用受污染之水所致；亦有因飲入水中害蟲而致蠱者。他已揚棄玄乎
其玄之"蜮"害説。

　　蜮及相伴之蜮民國之地望，當在江南或嶺南。《楚辭·大招》："魂乎無南，蜮傷躬只。"洪
興祖補注："江東江南有蟲名短狐。"又，《漢書·五行志下之上》載：

　　　　蜮生南越。越地多婦人，男女同川，淫女為主，亂氣所生，故聖人名之曰蜮。

可見，蜮或蜮民國處南方，歷來無歧議。

　　尚需進一步指出者，蜮產南方山溪中。《楚辭·大招》洪興祖釋云：短狐，"溪毒，……在山
源溪水中"；晋·張華《博物志·異蟲》則有"江南山溪中水射工"之句。故史書往往將"溪
蠻"④、"西南溪峒諸蠻"⑤作為其代稱。

　　結論：蜮民國屬南方溪峒族群。

十、炎人國

　　先秦時期，在楚國南部以遠，有"炎人國"。因楚之南地處炎熱之域，故疑炎人國因此而
得名。一説"炎"或作"啖"，故"炎人國"即"啖人國"，亦可通。該族群最主要特徵為行二次葬
習。始記其事者，為《墨子·節葬下》：

　　　　楚之南，有炎人國者。其親戚死，朽其肉而棄之，然後埋其骨，乃成為孝子。

按：墨子為戰國初人，據考《節葬》篇係墨子與其弟子相互問答記録。可見，中土之人對炎人
國及其俗了解之早。《列子·湯問》續記此事。列子雖為戰國時鄭人，但《列子》一書并未忠實
反映先秦思想原貌，夾雜漢晋間事頗夥，故其時代較晚。此外，晋人張華《博物志》卷二亦有
載。但後兩書所記，除個别文字外，幾乎全同《墨子》，其源不言而喻。

　　先秦炎人國俗，可從隋代荆州蠻、唐代五溪蠻、宋代溪蠻等葬俗中得到印證。而且，這些
"蠻"人之居地，與"楚之南"之方位亦吻合。

　　《隋書·地理志下》記荆州"蠻左"之"拾骨"俗，極為值得注意。因其記述，不僅年代較早，
且内容詳贍。從而，有助對炎人國俗之全面而具體之瞭解。其中云：

　　　　其死喪之紀，雖無被髮袒踊，亦知號叫哭泣。始死，即出屍於中庭，不留室内。斂
畢，送至山中，以十三年為限，先擇吉日，改入小棺，謂之拾骨。拾骨必須女壻，蠻重女

婿,故以委之。拾骨者,除肉取骨,棄小取大。當葬之夕,女婿或三數十人,集會於宗長之宅,著芒心接䍦,名曰茅綏。各執長竿,長一丈許,上三四尺許,猶帶枝葉。其行伍前却,皆有節奏,歌吟叫呼,亦有章曲。傳云盤瓠初死,置之於樹,乃以竹木刺而下之,故相承至今,以為風俗。隱諱其事,謂之刺北斗。既葬設祭,則親疎咸哭,哭畢,家人既至,但歡飲而歸,無復祭哭也。

按:盤瓠蠻,屬今苗瑶系統之先民。從中可見:盤瓠蠻喪葬之事延續時間甚長。從初葬至"拾葬",中間隔離有達十三年之久者,只有經二次葬後,喪葬活動始告終。二次葬即"拾骨"較之初葬,儀式更爲繁縟與隆重。此外,該傳還記及"左人"之不同葬俗:"亦有于村側瘞之,待二三十喪,總葬石窟。"此石窟之葬,亦屬二次葬之一種表現形式。

唐·張鷟《朝野僉載》卷二載:

> 五溪蠻,父母死,於村外攔其尸,三年而葬,打鼓路歌,親屬飲宴,舞戲一月餘日,盡産為棺,於臨江高山半肋鑿龕以葬之。山上懸下柩,彌高者以為至孝,即終身不復祀祭。

按:攔尸村外三年,其時肉已朽,故亦是拾骨而葬。宋·朱輔《溪蠻叢笑》則載:

> 死者諸子,照水內,一人背屍以箭射地,箭落處定穴。穴中藉以木,貧則已,富者不問歲月,釀酒屠牛,呼團洞,發骨而出,易以小函。或枷崖屋,或掛大木,風霜剝落,皆置不問,名葬堂。

以上記載表明:隋代"左人"之"總葬石窟",唐代"五溪蠻"之于"臨江高山半肋鑿龕"而葬,宋代"溪蠻"之以小函"葬堂",是一脈相承。此種二次葬之特點爲,均取岩葬形式。其族屬亦相類,應是今苗瑶系統先民之葬俗。

總之,楚之南炎人國二次葬俗之特點是:人死埋葬後,經若干時間,待肉腐後,拾骨重葬。此俗之緣起,殆與原始民族之宗教信仰有關。他們以爲:只有照此辦理,死者靈魂才能超度,"乃爲孝子";甚至將骨盒置於高山之中,"彌高者以爲至孝"。

十一、啖人國

先秦時,楚之南,有"啖人國",因食長子而得名。此即東漢以後之烏滸蠻。烏滸蠻,又名烏蠻,在今廣西橫縣東六十里鬱江中有烏蠻灘。

首記"啖人國"俗者,當推《墨子·魯問》:

> 楚之南,有啖人之國者。其國之長子生,則解而食之,謂之宜弟。美則以遺其君,君喜則賞其父。豈不惡俗哉。

其後,《後漢書·南蠻西南夷列傳》則載:交趾之西,有噉人國,生首子輒解而食之,謂之宜弟。味旨,則以遺其君,君喜而賞其父。取妻美,則讓其兄。今烏滸人是也。

"噉人國",又有作"較沭國"者。始記其事者,亦是《墨子》。該書《節葬下》篇載:

> 昔者越之東,有較沭之國者。其長子生,則解而食之,謂之宜弟。其大父死,負其大母而棄之,曰鬼妻不可與共處。

襲此說者,有《列子·湯問》、《博物志·異俗》等。但《博物志》之不同處是改"大母"爲"母"。因"較沭"二字,各本寫法不一,其義亦不可解;且較沭之國在越東之說,亦乏證據。但所記內容,則與噉人國相符。故筆者將此二者合併,斷爲噉人國俗。

噉人國俗,可歸納爲四:

一是"宜弟"俗。爲何要把長子殺掉,且殺長子後輒有利於幼子?其因應從社會根源中探尋。從民族學角度而言,在具有較濃重之原始婚姻遺習之社會中,女子在婚前,并不要求保守貞操。只有在出嫁後或正式定居夫家後,私通纔被視爲非法。如,清·陸祚蕃《粵西偶記》"俍人"條下載:女子行婚禮後,

> 旋回母家,不與丈夫相見,另招男子曰野郎,即與父母同居,覺有妊,乃密告其夫作欄,遂棄野郎而歸夫家,偕老焉。

清·趙翼《簷曝雜記》卷四云"苗倮陋習":

> 爲女時無所禁;既嫁,則其夫防察甚嚴,不許有所私云。

如此做之結果,對於長子,不僅爲父者難于分辨是否爲己出,甚或爲母者亦無法弄清其父爲何許人,因爲此子往往"是一個偶然生的孩子"[6]。對此,以夫權爲中心之社會,爲確保男方世系之純潔性,爲確保財產權不致旁落他姓,在繼承權上重弟重幼之思想與行爲輒應運而生。此係噉人國不惜采取極端殘酷手段對待"長子"、"首子",以確保其弟繼承權之緣由所在。此即"宜弟"說之實質。

無獨有偶,在北方羌胡中亦行"殺首子"俗。據《漢書·元后傳》載:漢成帝無子,權臣王鳳欲將嫁過人之妾妹張美人納入后宮,京兆尹王章反對至烈。其理由是:

> 且羌胡尚殺首子以盪腸正世,況於天子而近已出之女也!

換言之,羌胡之所以殺首子,是因妻子初來所生之子或是雜種,故需血洗而正世系。此係對"宜弟"俗之最好詮釋。

據傳,行"宜弟"俗之"噉人國"歷史,還可往上溯。《逸周書·王會》:商湯時,正南方族群有:"甌、鄧、桂國、損子、產里、百濮、九菌。"[7] 所謂"損子",即殺子之意。倘依此記載,則可曰:春秋戰國之"噉人國",即商代之"損子國"。以備一說。

此俗,不僅源遠,而且流長。據明人鄺露《赤雅》稱:東漢以後,噉人國之後裔,"散處山

谷,其風不改。"

　　二是"取妻美,則讓其兄"俗。此爲妻兄弟婚遺習之一種表現形式。在母系氏族社會中,實行族外群婚制。按照此制,本氏族之兄弟與結爲通婚集團之對方氏族之姊妹爲婚,將其作爲共同之妻子;而對方氏族之兄弟則與本氏族之姊妹爲婚,成爲其共同丈夫。此種兄弟共妻制在南方諸族中,并不乏見。如,宋·洪邁《容齋四筆》卷十六:渠陽(今湖南靖縣)蠻俗,"凡婚姻,兄死弟繼"。在漢民族偏僻之地,迄至清代仍存此風。據清·趙翼《簷曝雜記》卷四,"甘省陋俗"條載:

　　　　有兄弟數人合娶一妻者,或輪夕而宿,或白晝有事,輒懸一裙於房門,則知回避。生子則長者與兄,以次及諸弟云。

總之,無論弟讓妻與兄,或兄死妻嫂,或兄弟合娶一妻,雖形式微異,但均屬族外群婚制孑遺之範疇。可彼此參證。

　　三是食人俗。其實,"啖人國"不僅對族內長子"解而食之";而且,還把敵對之族外人作爲獵物。此從其後裔烏滸蠻俗中可見。據漢·楊孚《異物志》載:烏滸人"族類同姓,有爲人所殺,則居處,伺殺主,不問是與非,遇人便殺,以爲肉食也。"此類食人慘劇,在生產力極端低下條件下,在寰球各地之原始民族中均曾發生。摩爾根寫道:吃人之風在整個蒙昧階段普遍流行。此風仍殘存在美洲土著當中。"不過,這種風氣已經不再普遍流行了。這一點,有力地說明了食物不斷增加對於改善人類生活狀況起很大的作用。"⑧當人類有充足食物後,食人風輒停息。

　　四是棄老俗。據上引文獻,雖有"棄大母(指祖母)"或"棄母"之不同記載,但遺棄喪偶老婦人則無別。不可否認,此俗之形成與原始信仰有關,所謂"鬼妻不可與共處"即是。但歸根結底,還是由生產力狀況所決定。在人類早期階段,由于人們艱于維持生計,勢必將完全喪失勞動能力而又要消耗生活資料之老人視爲一種重負與累贅。可以說,食人俗與棄老俗係一個問題之兩個方面,即是生產力極端低下之孿生產物。

十二、交趾民

　　交趾,又作"交阯",阯爲趾之假字,亦有作"南交"者,意爲中國南部之交趾,可作地名、國名及族群名。其地指嶺南一帶。

　　主要記載有,《尚書·堯典》:

　　　　申命羲叔宅南交。

《墨子·節用中》:

　　　古者,堯治天下,南撫交阯,北降幽都,東西至日所出入,莫不賓服。

《韓非子·十過》:

　　　昔者,堯有天下,其地南至交阯,北至幽都,東西至日月之所出入者,莫不賓服。

《吕氏春秋·慎行論·求人》:

　　　〔禹〕南至交阯,孫樸續樠之國。

《淮南子·主術》:

　　　昔者神農之治天下也,……其地南至交阯,北至幽都,東至暘谷,西至三危,莫不聽
　　從。

《淮南子·脩務》則載:

　　　〔堯時,〕北撫幽都,南道交趾。

《史記·五帝本紀》:

　　　〔堯〕申命羲叔,居南交。

　　　〔舜命禹,〕定九州,各以其職來貢,不失厥宜,方五千里,至于荒服,南撫交趾。

劉向《說苑》:

　　　禹陂九澤,通九道,定九州,至于荒服,南撫交趾。

此外,《尸子》、漢·賈誼《新語·修政語上》也有堯時南撫交阯之說。以上記載表明:早在堯舜禹傳說時期,已與交阯發生聯繫。其時為荒服之地,交點貢物,輒屬傾慕、臣服之意。此種關係,極為松弛。至于《淮南子·主術》上溯至神農,則不足論,因為同書"脩務"篇亦稱堯時始"南道交趾",可證其說之混亂。可以肯定者,春秋戰國時期,中國之人已對交阯有某種程度之瞭解。

　　交趾民,又作"交脛民"、"交股民"。如,《山海經·海外南經》:

　　　交脛國在其東,其為人交脛。一曰在穿匈東。

吴人《外國圖》曰:

　　　交脛民,長四尺。⑨

又,《淮南子·墜形》在列舉南方族群時,提及"交股民"。竊以為:交脛民、交股民與交趾民,皆指南方同一族群,名異而實同。理由有二:一是地望同;一是指足部不同位置。趾指腳趾,脛指小腿,股指大腿。但此三個稱謂中,祇有"交趾"一詞能準確反映該族群之體質特徵,故後來交脛、交股兩詞均被自然揚棄。至於有作"交頸"者,郭璞釋為"其為人交頸而行也"。此乃郭璞想當然而誤導後人之又一例證。其實,"頸"乃"脛"之形近而訛,毋庸贅言。

　　交趾民何以得名?其說有四:唐·陸法言《廣韻》引晉·劉欣期《交州記》卷一載:

　　　交趾之人,出南定縣,足骨無節,身無毛,卧者更扶始得起。

像此種違背人類生理現象之謬説，可置而不論。又，唐‧孔穎達疏《禮記‧王制》：

> 蠻卧時，頭向外，而足在内而相交，故云交趾。

顯然，各族之人之卧姿不會有大異。此説流於牽强。此外，尚有兩説，則有可取之處。一是《後漢書‧南蠻西南夷傳》載：

> 其俗男女同川而浴，故曰交阯。

意爲：因男女同在河裏游泳引起脚趾相交相碰而得名。此説，能從殊俗角度分析，有新意，但揆諸事理，亦未必善。一是南北朝人顧野王《輿地志》所云：

> 交趾，其夷足大指開，析兩足并立，指則相交。

竊以爲，此説庶乎可信。由於當時嶺南社會經濟發展滯後，物質生活較貧困，加之天氣酷熱，人們多赤足而行。故中原人總把“跣足”視爲“蠻”俗重要特徵。由於無鞋束縛，脚之發展處於自然狀態，加之經常翻山越嶺，造成脚掌較寬厚、脚趾較鬆開以及兩脚大拇指較易相交之體質特徵。筆者身爲東粤之人，此説與筆者所親歷所目睹事物正相合。

　　交阯民俗，見諸史籍者，主要有三：一是處於僻地之人，尚存茹毛飲血之生食遺習。據《禮記‧王制》載：“南方曰蠻，雕題交趾，有不火食者矣。”此俗，在清代高山族、黎族中仍可見。如，郁永和《采硫日記》卷下載：臺灣番人，“山中多麋鹿，射得輒飲其血，肉之生熟不甚較，果腹而已”。道光《瓊州府志》卷二十載：生黎，“穴居鮮食”。按：“鮮食”，即生食。

　　一是某些地區尚未進入農業時代，以從事漁獵與採集經濟爲主。《水經注》卷三七《葉榆河》：“《周禮》南八蠻雕題交阯，有不粒食者焉。”顯然，此材料，係據上述“不火食”之載演變而來。既然尚未推廣烹飪之法，其經濟當未進入栽培作物之階段。意爲其民尚未知“播種五穀”[10]，“食五穀”[11]。

　　一是上述“男女同川而浴”之習。嶺南百越族群行此俗。此俗，令中原人士少見多怪。究其因：南方爲多川之區，且氣候炎熱；南方諸族婦女，不受“男女之大防”之封建倫理道德觀之制約。

　　交阯，自漢而後，始作州郡名。漢武帝元鼎六年置交阯刺史部，轄今兩廣及越南境；下屬交阯郡，治龍編（今越南河内），轄今越南北部境。總之，傳説時代中之“南交”、“交阯”，泛稱五嶺以南一帶地，并非專指漢以後之交阯郡而言。故清人孫貽讓以爲先秦諸子中所載之交阯，“即今越南國”[12]，顯然失之偏頗。

十三、反舌民

　　因地理、歷史、人文之差異，致成南北語言睽隔。此係古籍名整個民族或其某一族屬爲

"反舌民"之來由。主要記載有：

《山海經》曰：

> 反舌國，其人反舌。⑬

《呂氏春秋·仲春紀·功名》：

> 善為君者，蠻夷反舌殊俗異習皆服之，德厚也。

《淮南子·墜形》：

> 〔自西南至東南方，有〕反舌民。

所謂"蠻夷反舌"，係泛指南方諸族；而"反舌國"，則專指某一南方族羣。

古人以為"舌"為人體發聲工具，人之語言不同是因舌異所致。故舌又可引伸為語言。先秦時，將"舌人"定為負責翻譯戎狄之言之官名，即本此意。如，《國語·周語中》載：

> 〔戎、狄，〕適來班貢，不俟馨香嘉味，故坐諸門外，而使舌人體委與之。

韋昭注：

> 舌人，能達異方之志，象胥之官。

據此，可論定："反舌"，即語言不同之謂也。前人亦有持此論者，漢人高誘即如是說：

> 夷狄言語與中國相反，因謂"反舌"。

> 反舌民，語不可知而自相曉。……南方之國民也。⑭

換言之，南方少數民族有獨立之語言體系，華夏人雖不懂，而其族屬內部則可互相溝通。

前人亦有誤釋"反舌"之義者。高誘曾加收錄，以備一說。其中云："一說南方有反舌國，舌本在前，末倒向喉。"像此類違反生理常識之謬說，對今人而言，可一笑置之而毋庸評說。

反舌國，又作"歧舌國"。據《山海經·海外南經》載：

> 歧舌國在其東，一曰在不死民東。

按：歧，一作枝。枝與支，古字相通。又，支與反，字形相近。可證，支舌即反舌，從反舌訛變而來。

往昔，除用"反舌"形容南方少數民族語言獨特外，還有"南音"、"鴂舌"、"鳥語"、"侏離"、"蠻語"諸說，可謂名異而實同。

"南音"。據《左傳》成公九年載：

> 〔晉侯問楚俘鍾儀，〕問之曰："南冠而縶者，誰也？"……使與之琴，操南音。

按：杜預注：南冠，楚冠；南音，楚聲。楚為南國，又屬"蠻夷"之邦。以地域言，稱楚冠為"南冠"，楚聲為"南音"，可謂毫無民族歧見。此亦表明，春秋時楚人之國力與文化之盛，已與中原大國不分軒輊，故《左傳》作者不以蠻夷遇之。又，據《呂氏春秋·季夏紀·音初》載：

> 禹行功，見塗山之女，禹未之遇，而巡省南土。塗山氏之女乃令其妾候禹於塗山之

陽，歌曰候人兮猗。實始作爲南音。

按：塗山，在九江，近當塗。塗山氏之女"始作爲南音"之載表明：長江流域與黃河流域之音有別，自古而然。

"鴂舌"，始作俑者爲戰國時人孟軻。據《孟子・滕文公上》載孟子曰：

> 今也南蠻鴂舌之人，非先王道，子倍子之師而學之，亦異於曾子矣。吾聞出於幽谷遷於喬木者，未聞下喬木而入於幽谷者。魯頌曰："戎狄是膺，荆舒是懲。"周公方且膺之，子是之學，亦爲不善變矣。

此處"南蠻鴂舌之人"，乃指楚人許行。在孟子心目中，對於不能操正音之蠻夷戎狄，是只堪膺懲而斷不可學者，其民族偏見，可謂根深蒂固。按：鴂鳥，爲伯勞鳥。"鴂舌"，形容"南蠻"語言類伯勞鳴聲不中聽。

"鳥語"。從諸子著作起，不乏將南方民族之語用此貶稱者，當係從"鴂舌"一詞演化而來。

"侏離"。《後漢書・南蠻列傳》稱：盤瓠諸子"語言侏離"。李賢注："侏離，蠻夷語聲也。"此從後世"盤瓠種"人有獨自語言中，可證實。

"蠻語"。據南朝宋・劉義慶《世説新語》載：

> 郝隆爲桓公南蠻參軍。三月三日作詩，不能者罰酒。隆攬筆作一句云："娵隅躍清池。"桓曰："娵隅是何物？"答曰："蠻名魚娵隅。"桓曰："作詩何以作蠻語。"隆曰："千里投公，始得蠻府參軍，那得不作蠻語。"⑮

按：東晉時，桓溫曾任荆州刺史、領護南蠻校尉（治今湖北江陵）。此"蠻語"，指是時"荆州蠻"人之語言。

尚需指出者，"反舌"一詞之由來，疑與"鳥語"緊密相連。據《藝文類聚》卷九二，"反舌"條徵引：

> 《禮記》曰："仲月之月，反舌無聲。"《左傳》曰："郯子云，少暐祝鳩氏，司徒也。"《易緯通卦》曰："百舌者，反舌鳥也，能反覆其口，隨百鳥之音。"《風土記》曰："祝鳩，反舌也。"《春秋保乾》曰："江充之害，其萌反舌鳥入殿。"

可見，古人或以"祝鳩"（即鵓鳩）爲反舌鳥，或以"百舌"（一種候鳥）爲反舌鳥，其説雖不一，但以"反舌"命鳥名則無疑。作者由此推論：似始以"反舌"名鳥，後以"反舌"言人。

十四、狼脒國

狼脒國，古代嶺南之一支越人族群。

東漢·楊孚《異物志》首記其事：

　　狼䐒國，男無衣服，女橫布帷。出與漢人交易，不以畫市，暮夜會，俱以鼻臭金，則知好惡。

要言之，其俗有三：

一是以衣飾言，"男無衣服，女橫布帷。"因南方天氣酷熱，且經濟發展滯後，故素有"南國之人，祝髮而裸"之說。而所謂"橫布"，即橫布一二幅而爲裙，此爲古代越人婦女之常服，亦即"統裙"之源。

一是有夜市之俗。此爲嶺南民族地區之一景。如，清·張泓《滇南新語》載：

　　嶺南有鬼市，在殘漏之前，劍川有夜市，在禁鼓初動之後。……土著皆夷……曰黃昏後，百貨乃集，村人蟻赴，手燃松節曰明子，高低遠近，如螢如磷，負女携男，趨市買賣，多席地群飲和歌跳舞，酗鬥其常。而藉此以爲桑間濮上，則夷習之陋惡也已甚。屆二鼓，始扶醉漸散者半。

入夜後，夷人點燃火把，紛紛趨赴墟場，邊交易，邊飲酒，邊歌舞。從中不難想象"不以畫市，暮夜會"之緣由與盛況，亦可見南方夜市來源有自。

一是以金銀爲通貨。古越人素重金銀。晋·裴淵《廣州記》有俚僚"豪富子女以金銀爲大釵"之載，可證。而且，有以金銀作貨幣流通之俗。如，《隋書·食貨志》載：

　　梁初，唯京師及三吳、荆、郢、江、湘、梁、益用錢，其餘州郡，則雜以穀帛交易，交、廣之域，全以金銀爲貨。

按：梁朝時，交州治今越南河內，廣州治今地。可見，嶺南用金銀交易風之熾。既用貴金屬爲貨幣，輒出現辨別真僞與成色之問題。所謂用鼻子可嗅出其好惡是假，憑感觀與經驗鑒別其價值則爲真。

總之，從習俗言，可定狼䐒國爲古越人一支無疑。又，左思《吳都賦》將"烏滸狼䐒"[16]相提並論。亦可證其族屬相類，地望相鄰。故作者定狼䐒爲今壯族之一支先民。明清時，將分佈于廣西左右江流域土官統治之壯族稱爲狼人，而其與狼䐒人之地域及族屬均接近，故疑其間或有聯繫，備考。

十五、鮫　人

在南海地區居住着以採珠爲業之一支古代越人，名曰鮫人。其後裔，竊以爲係嶺南蜑人。所謂"鮫人"，當因其在水中如魚得水而名。

據晋·張華《博物志》卷二，"異人"條載：

南海外有鮫人，水居如魚，不廢織績，其眼能泣珠。

梁·任昉《述異記》卷下所載小異處，首句作"南海中有鮫人室"。此外，《洞冥記》卷二，晉·干寶《搜神記》卷十二亦有載。

除志異小説外，文學作品中亦有言及鮫人者。如，魏·曹子建《七啓》中有"戲鮫人"之句。晉·左思《吳都賦》咏道：

窮陸飲水，極沈水居。泉室潛室而卷綃，淵客慷慨而泣珠。開北戶以向日，齊南冥於幽都。

劉淵林注曰：

水居，鮫人水底居也。俗傳鮫人從水中出，曾寄寓人家，積日賣綃。綃者，竹孚俞也。鮫人臨去，從主人索器，泣而出珠滿盤，以與主人。[17]

晉·木華《海賦》：

天寶水怪，鮫人之室。[18]

上述記載，值得注意之處有三：一是鮫人居於嶺南近海之地。即"南海外"、"日北人南"、"冥都"之謂。一是鮫人善於水上生活。所謂"水居如魚"、"從水中出"、"淵客"，均可證。一是以採珠爲業。泣而眼能出珠是虛，入水能採珠則爲實。

據此可以推斷：鮫人，爲嶺南採珠人，即後世所名之"蜑"人。此從大量史籍中，可印證。

嶺南歷代均以珠寶著稱當世。西漢時，粵地，多珠璣，"中國往商賈者多取富焉"[19]。東漢時，"南海多珍，財産易積"[20]。孫吳時，嶺南"賓帶殊習，寶玩所生"[21]。孫吳多以貢賦形式加以徵取，對合浦之珠"所調猥多，限每不充"[22]；并以"明珠"向魏國進貢[23]。

既産珠，輒有以採珠爲生之特殊職業階層。如，《後漢書·孟嘗傳》載：東漢時，合浦郡，"郡不産穀實，而海出珠寶，與交阯比境，常通商販，貿糴糧食"。至兩晉時，陶璜上言："合浦郡土地磽確，無有田農，百姓唯以採珠爲業，商賈去來，以珠貿米。……今請上珠三分輸二，次者輸一，粗者蠲除。"及唐代，《舊唐書·地理志》則載："合浦郡有珠母灣，爲郡人採珠之所。"從中可見：一、史書中"唯以採珠爲業"之人之聚居地，當在盛産明珠之合浦郡。合浦郡，三國時名"珠官縣"，唐代名"珠池縣"，均係以珠名地之證。既然明珠"出合浦"[24]，亦當出鮫人。二、明珠雖係無價之寶，採珠人卻極爲貧困。因其所採之珠，被封建統治者無償且無限徵調。即使在晉代上交額加以減免時，其數仍佔上珠比例之三分二。餘下者，又經商人一層尅剥。因郡不産糧，要以珠易糧爲生，其處境之艱辛不言而喻。

後世，採珠之人被稱作蜑人。據宋·范成大《桂海虞衡志·志蠻》載：

〔蜑〕海上水居蠻也。以舟楫爲家。採海物爲生，且生食之。入水能視。合浦珠池蚌蛤，惟蜑能没水採取。旁人以繩繫其腰，繩動摇則引而上。先煮毲衲極熱，出水急覆

之,不然寒栗而死。或遇大魚蛟黿諸海怪,為鬐鬣所觸,往往潰腹折支,人見血一縷浮水
面,知蜑死矣。

此材料之重要意義有二:一是首次翔實記述蜑人採珠之驚險過程。向世人昭示:明珠非哭泣
而來,而是以生命搏鬥換取;付出非淚而係血。一是其後有關蜑人記載,多本此。此外,宋·
周去非《嶺外代答》卷三載"欽州之蜑":

　　　以舟為室,視水如陸,浮生江海者,蜑也。

按:欽州,與合浦所在之廉州相連,均屬當時廣南西路之沿海地區;此一帶海域,名"珠母海",
即產明珠之海。所謂"以舟爲室",即係小說中之南海"鮫人室"。還有,元·陶宗儀《南村輟耕
錄》卷十,"烏蜑戶"條載:

　　　廣海採珠之人,懸絙於腰,沉入海中,良久得珠,撼其絙,舶上人絜出之,葬於黿鼉蛟
　　　龍之腹者,比比有焉。有司名曰"烏蜑戶"。

此種從鮫人傳下之原始没水採珠法,明初始改以鐵耙撈蚌,入清後纔改用拖網取蚌法。據陸
谷《菽園雜記》載:

　　　珠池居海中,蜑人没而得蚌剖珠。蓋蜑丁皆居海船中,採珠以船環池,以石懸大絙,
　　　別以小繩繫諸蜑腰,没水取珠,氣迫則撼繩動,舶人覺,乃絞取,人緣大絙上。前志所載
　　　如此。明永樂初,尚没水取,人多葬鯊腹,或繩繫手足存耳。因議以鐵耙取之,所得尚
　　　少。最後得今法,木柱板口,兩角墜石,用本地山麻繩作兜,如囊狀,繩繫船兩旁,惟乘風
　　　行舟,兜重則蚌滿,取珠無逾此矣。

拖網取蚌法影響深遠:一是因溺水與鯊魚襲擊造成之非正常死亡事故大爲減少;一是珠之產
量大爲提高。隨着没水取蚌法之廢止,鮫人纔從真正意義上不成其爲"鮫人"。

　　關於鮫人之經濟生活,除採珠外,還有"不廢織績"。在生產力低下之條件下,鮫人除以
珠易米爲生外,尚需自己紡織以解決穿衣問題。此與當時以種田爲業之農民無異。故此處
所要弄清者已非要不要而是如何"織績"之問題。古代嶺南民族紡織業之突顯特點是:絲織
品極罕,素有"蠻夷不蠶"之說,故多以植物纖維爲紡織品原料。誠如容觀夐先生所云:宋代
前之兩廣蠻夷,"不但利用木棉、麻類織布,而且廣泛地利用芭蕉、葛藤、古終(綠)藤、竹子(員
當)以及勾芒木等加工'織以爲布'。"[26]鮫人亦無例外。上述鮫人"積日賣綃。綃者,竹孚俞
也"之說,聯繫晉·裴淵《廣州記》蠻夷"皮員當竹,……織以爲布"之載,推定鮫人善以竹、藤之
類織布,當與歷史事實相符。

十六、雕題國

　　古代百越之民有紋身習，故史稱其所屬族群爲"雕題國"。主要記載有：《山海經·海內南經》記鬱水南有"雕題國"。按：鬱水，即今廣東之西江，流入南海。此外，《禮記·王制》卷十二有"南方曰蠻，雕題交趾"之載；題爲戰國楚人屈原所作之《楚辭·招魂》有南方"雕題黑齒"之句。上述諸記載表明：先秦時已有一支南方蠻人名"雕題"之説。

　　雕題，亦有寫作"雕踶"者。參見漢·班固《白虎通·禮樂》卷一。所謂"雕題"，意爲用丹青刻劃其"額"。但所謂"額"，決不可望文生義，僅按字面理解爲額頭，而應擴及面頰及身肌。對此，歷代注家已言明。如上引《禮記·王制》漢·鄭玄注："雕文，謂刻其肌。"唐·孔穎達疏："非惟雕額，亦紋身也。故仲雍居吳、越，《左傳》云：'斷髮文身。'"

　　關於雕題之載，最爲明瞭者當推東漢·楊孚《異物志》。其詞云：

　　　　雕題國，畫其面及身，刻其肌而青之。或若錦衣，或若魚鱗。[26]

既言明雕題之部位爲面與身；又描繪文身形狀如錦衣、魚鱗。

　　傳説中之雕題民，仍過着較爲原始之生活。一是"不火食"，尚未知烹飪之法。一是"常食贏蜂"[27]。早期，沿海居民以水産爲重要食物來源。嶺南地區，大量發現新石器時代之貝丘遺址，即係其時其地居民生活之真實反映。

　　雕題之俗，可從各種不同種姓之古越人中得到印證。

　　據《漢書·地理志下》載："粤地"之人，"文身斷髮"。此處所指粤（同越）地之人，班固已言明包括從會稽至南海諸郡之越人。《漢書·嚴助傳》又載："越方外之地，劗髮文身之民也。"此話係淮南王安上書漢武帝，不要出兵干預閩越與南越之間糾紛時所説，故此處之"越"，是包括閩越與南越在內之泛指。

　　據《墨子·公孟》載："越王勾踐，剪髮文身。"此係專指越王勾踐之越而言，即是漢代之東越地區。又，據《戰國策·趙策二》載："被髮文身，錯臂左衽，甌越之民也。"按，此甌越指浙江省甌江之地，亦屬東越地區。

　　據《史記·吳太伯世家》載："太伯、仲雍二人，乃奔荆蠻，文身斷髮，示不可用。"更把文身之地，由越擴及吳，囊括整個東部地區。據《淮南子·原道》載："九疑之南，……人民劗髮文身。"按，九疑，山名，又名蒼梧山，在今湖南寧遠。九疑之南，意爲嶺南，即漢代之南越地。

　　總之，史書記載至爲明確，無論是整個東、南部越族，或是東越，或是閩越，或是南越，均曾流行文身即雕題之習。

　　雕題俗，還可從古代越人後裔，即黎、高山、傣諸族中，再次得到印證。

黎族。名曰:"綉面"。始記其事者爲宋·范成大《桂海虞衡志》:

〔黎人,〕女年將及笄,置酒會親屬,女伴自施針筆,揑爲極細蟲蛾花卉,而以淡粟紋
遍其餘地,謂之綉面。㉘

又,明·張燮《東西洋考》卷五,記東蕃俗,"手足則刺紋爲華美"。按:此處之東夷、東蕃皆係指
今臺灣高山族。

傣族。唐人樊綽《蠻書》卷四載:

〔永昌、開南有綉脚蠻和綉面蠻,〕綉脚蠻,則于踝上腓下,周匝刻其膚爲文彩。……
綉面蠻,初生後出月,以針刺面上,以青黛涂之,如綉狀。

按,唐之"綉脚蠻"、"綉面蠻",皆爲今傣族。

黎、高山、傣諸族之文身俗,長期流傳未絕,從而爲"雕題"說提供活證據。

十七、離耳國與儋耳國

離耳國與儋耳國,均係指今海南黎族先民。

"離耳國"。據《山海經·海內南經》卷五載:鬱水南與雕題國相鄰有"離耳國"。晋·郭璞
注離耳國:

鎪離其耳,分令下垂以爲飾,即儋耳也。在朱崖海水中。

如前述,鬱水,即珠江之西江,流入南海,故郭璞稱:離耳,即儋耳,在朱崖(今海南)海水中。
可謂言之有據。

"儋耳國"。史有南儋耳與北儋耳之分。據《山海經·大荒北經》卷十二載:在北海之渚
中,有任姓"儋耳之國"。此爲北儋耳,非本書論列範圍。至于南儋耳,詳記其事者,當推東漢
楊孚《異物志》:

儋耳,南方夷,生則鎪其頭皮尾相連,并鎪其耳匡,爲數行,與頰相連,狀如鷄腹,下
垂肩上。食藷,紡織爲業。㉙

又,《漢書·武帝紀》師古注,《後漢書·明帝紀》李賢注,所引《異物志》文,與此文大意相同。但
"鷄腹"均作"鷄腸",可證"腹"乃"腸"之訛。

東漢後,獨尊儋耳爲南方夷說,北海堵中之儋耳國已不再提及。

儋耳,亦有寫作"耽耳"㉚、"聸耳"㉛、"擔耳"㉜者。關於儋耳之得名,有兩說:

一主與紋面俗有關。上述《異物志》即持是說。其意見是:從面頰連至耳匡再垂肩上,均
刻劃數行如鷄腸狀彎曲之花紋。此說并非虛構,因後世黎俗之綉面文式,確有兩頰連耳匡下
垂至頸項及肩胸者。

另一説,則主與耳飾有關。如,《後漢書・南蠻西南夷傳》載:"珠崖、儋耳二郡在海洲上,東西千里,南北五百里。其渠帥貴長耳,皆穿而縋之,垂肩三寸。"意爲:儋耳之俗,以耳長爲貴,故在耳下端穿洞,飾上墜物使之下垂至近肩,故名儋耳。此説,與後世黎俗相契。如,清・屈大均《廣東新語》卷七載:黎婦,"椎髻大釵,釵上加銅環,耳墜垂肩"。調查材料亦證實:海南樂東等地黎族婦女,有戴既大又重之多個耳環以致把耳朵拉長者。揆諸事理,作者以爲此説更善。

至于《異物志》所載儋耳之經濟生活,亦長期傳世。

"食藷"俗。古代黎族農業尚不發達,故以薯芋一類雜糧爲主食。即使是貶在海南之宋人蘇東坡亦以"日啖薯芋"[33]度日。

"紡織爲業"俗。早在宋代,海南黎族之棉紡技術,已臻高水平。首記其事者,爲宋・范成大《桂海虞衡志・志器》:

> 黎幕。出海南黎峒。黎人得中國錦彩,拆取色絲,間木棉挑織而成。每以四幅聯成一幕。

> 黎單。亦黎人所織。青紅間道,木綿布也。桂林人悉買以爲臥具。

又,宋末元初之松江道烏泥涇(今屬上海地區)人黃道婆,曾在崖州(今海南三亞)居住四十載,返故里後,傳授黎人之"錯紗、配色、綜綫、挈花"[34]等紡織技術,推動大陸地區棉紡業發展。此係黎人曾對我國紡織業作過突出貢獻之有力例證。

綜上所述,儋耳係指海南黎族先民無疑。儋耳,本爲"夷"名,漢武帝始置儋耳郡,則演變成地名。

十八、落頭民

"落頭民",後稱"飛頭獠",是南方溪峒地區之僚人族屬。此傳説,始見于魏晉,出現較遲。因當時社會盛行清談與志怪小説,故此傳説從出現之日起輒具有情節極爲荒誕離奇之特點,令人莫辨迷津。此傳説在形成發展過程中,以晉、唐時期所起作用最爲突出。下面依序加以剖析,以還其真面目。

一、魏晉六朝時期。據晉・張華《博物志・異蟲》卷三載:

> 南方有落頭蟲,其頭能飛。其種人常有所祭祀號曰蟲落,故因取之焉。以其飛因晚便去,以耳爲翼,將曉還,復著體,吳人往往得此人也。

晉・干寶《搜神記》卷十二:

> 秦時,南方有落頭民,其頭能飛。其種人部有祭祀,號曰"蟲落",故因取名焉。吳

時,將軍朱桓得一婢㉟,每夜臥後,頭輒飛去,或從狗竇,或從天窗中出入,以耳為翼。將
曉復還。數數如此,傍人怪之。夜中照視,唯有身無頭。其體微冷,氣息裁屬。乃蒙之
以被。至曉頭還,礙被,不得安,兩三度墮地,噫咤甚愁,體氣甚急,狀若將死。乃去被,
頭復起,傅頸。有頃和平。桓以為大怪,畏不敢畜,乃放遣之。既而詳之,乃知天性也。
時南征大將,亦往往得之。又嘗有覆以銅盤者,頭不得進,遂死。

晋·王子年《拾遺記》:

　　　漢武帝時,因墀國使言,南方有解形之民,能先使頭飛南海,左手飛東海,右手飛西
澤,至暮,頭還肩上,兩手遇疾風,飄于海水外。

上述三部代表作表明,此期之傳說,尚處雛型階段。其主要表現有二:一是《博物志》中歸入
"異蟲"類,稱作"落頭蟲"或"種人",蟲耶人耶? 文中自相矛盾,是傳說原始性之表露。一是
兩說并存。《搜神記》係在《博物志》基礎上發展而來,此說構成後世"飛頭獠"說之基礎;而
《拾遺記》之"解形民"說,則在日後被遺忘。

　　二、唐朝以後時期。唐代,以段成式《酉陽雜俎·境異》所記最富代表性:

　　　嶺南溪洞中,往往有飛頭者,故有"飛頭獠子"之號。頭將飛一日前,頸有痕,匝項如
紅縷,妻子遂看守之。其人及夜,狀如病,頭忽生翼,脫身而去,乃于岸泥尋蟹蚓之類食
之,夜曉飛還,如夢覺,其腹實矣。

又云:

　　　梵僧菩薩勝又言,闍婆國中有飛頭者,其人目無瞳子,聚落時有一人據。

段書意義在於:一是將"落頭民"與"飛頭獠"聯繫起來,并言明其地在"嶺南溪洞中"。一是始
載海外飛頭人"目無瞳子"之說。一是對後世影響深遠,歷宋、元、明、清諸朝,有關"飛頭獠"
之說,無不本自此書。

　　此前,落頭民事迹僅限載於志怪與雜錄一類小說部;至宋人歐陽修撰《新唐書》,則堂而
皇之將其納入正史軌迹中。該書卷二二二下《南平獠》載:

　　　有飛頭獠者,頭欲飛,周項有痕如縷,妻子共守之,及夜如病,頭忽亡,比旦還。

按:"南平獠",屬古僚人一支。唐時分佈於今川南與黔、桂一帶,東距智州(今廣西玉林),南
屬渝州(今四川巴縣),西距南州(今四川綦江),北達涪州(今四川涪陵)。《新唐書》除將"飛
頭獠"定位為"南平獠"屬外,其内容本身了無新意。全未脫《酉陽雜俎》窠臼。但此說一經登
上正史大雅之堂,其身價倍增,致其後廣為流佈。

　　宋·范成大《桂海虞衡志》載:

　　　舊傳獠有飛頭、鑿齒、鼻飲、白衫、花面、赤褌之屬二十一種。今右江西南一帶甚多,
殆百餘種。㊱

范文只據民俗事象劃分僚人種類，將"飛頭"列爲其中之一，并未隨意發揮，嚴謹態度值得稱道。

元·汪大淵《島夷志略·賓童龍》則對海外飛頭人有所演繹，值得關注。其中云：

> 其尸頭蠻女子，害人甚于占城，故民多廟事而血祭之。蠻亦父母胎生，與女子不異，特眼中無瞳人，遇夜則飛頭食人糞尖。頭飛去，若人以紙或布掩其頸，則頭歸不接而死。凡人居地大便後，必用水净浣，否則蠻食其糞，即逐臭與人同睡，倘有所犯，則腸肚皆為所食，精神為所奪而死矣。

明·魏濬《嶠南瑣記》卷下，將嶺南與海外二飛頭之内容，聚於一處：

> 飛頭獠，頭將飛一日前，項有痕匝如紅縷，及夜，狀如病，頭忽飛去，于泥中尋蟹蚓之類食之。將曉，飛還如夢，覺其腹實矣。又云，飛去時以耳為翼。一曰占城有尸頭蠻，本婦人，但目無瞳子為異耳。好食小兒糞，遭其食者，兒必死。或有頭飛去，家人以被覆之，頭回不得合，墜于地，氣充充欲絶，去被，頭自地起頸上，合之即活。

明末鄺露《赤雅》所記，雖無多少發明，但渠稱爲親歷目睹，增添傳説之神奇性。其中云：

> 飛頭獠，頭將飛先一日，頸有痕匝如紅綫，及夜，狀如病，頭忽飛去，須臾飛還，其腹自實，其覺如夢，雖獠不知也。予嘗入石袍山澗中，偶見二頭，一食蟹，一食蚓，見人驚飛，食蚓者尚含蚓而飛，蚓長尺許，雙耳習習，如飛鳥之使翼也。獠俗賤之，不與婚娶，欲絶其類。予按占城有尸頭蠻，本婦人，目無瞳子，飛頭食童子糞，糞盡，童子輒死，婦目益明，堪與此獠為婚，一笑。

此外，宋人李石《博物志》卷十，清初顧炎武《天下郡國利病書·廣東》亦有載，啻屬抄録性質，故不贅。

換言之，落頭民之傳説，自唐以後分派爲二葉：一爲嶺南"溪洞飛頭獠"或"南平獠"，該獠之頭夜間會飛出尋蟲食，飽後天曉回還復舊；一爲海外"尸頭蠻"，多以婦人爲之，其人目無瞳子，若飛頭食人糞便，可致糞者死命。

予以爲："落頭民"或"飛頭獠"，係據南方民族之異俗塑造而成。其源有二：

一是與僚人獵首祭有關。始記其事者，爲北齊《魏書·獠傳》：

> 其俗畏鬼神，尤尚淫祀。所殺之人，羡胡髻者，必剥其面皮，籠之以竹，及燥，號之曰鬼。鼓舞祀之，以求福利。

其後，歷唐迄清，紀録不絶，但皆無出此之右者。

顯然，所謂"飛頭獠"，係因僚人有獵首俗而得名，只是將主客位顛倒易位而已。原來，并非僚人之頭會飛，而是僚人要飛取他人首級以供祭祀用。對此，早期記述所留痕迹，至爲明顯。上述《博物志》云："南方有落頭蟲，其頭能飛。其種人常有所祭祀號曰蟲落，故因取之焉。"要之,即是取人頭以祭祀之意。

獵首祭,是爲舉行宗教儀式而血祭之俗,在世界各地之原始民族中均有流行。在吾國古代,除獠人外,與獠人族屬相類之烏滸人、侗族、高山族等亦曾行此俗。總之,飛頭獠之傳説,正是獠人曾行獵首俗之一種扭曲反映。

因落頭民傳説,至爲玄虛,故後人難解其意。唯有劉錫蕃先生提出:飛頭獠,實係獠人之一種,披髮如飛而已。此雖不失爲一種大膽假設,但落頭、飛頭均指頭顱落地,用披髮如飛之形加以比附,終覺牽强,故私意以爲還是以獵首俗釋爲妥切。

一是與嶺南直至南海外地區盛行巫蠱俗有關。此在後期傳説中,其烙印尤爲明顯。所謂尸頭蠻食人糞後,該人"則腸肚皆爲所食,精神爲所奪而死",即是指放蠱巫術而言。因南方民族地區之人極懼爲蠱者,故"獠俗賤之,不與婚娶,欲絶其類",甚至有將其殘酷處死之舉。在海南黎區,女人爲蠱者名曰"禁母",俗謂禁母之靈魂不安,凡碰上其游魂者則要生病倒霉[37]。可證:落頭民之傳説,亦具有濃重巫蠱色彩。

十九、焦僥民

在我國古代南方,有身材矮小之族群,名曰"焦僥"、"僬僥"或"周饒"。有學者以爲,此不同之稱謂,皆係"'侏儒'之聲轉"[38]。

古籍對此記載頗夥。如,《國語·魯語下》載仲尼曰:

焦僥氏長三尺,短之至也。

《山海經·海外南經》:

周饒國在其東,其爲人短小,冠帶。一曰焦僥國在三首東。

《山海經·大荒南經》:

有小人,名曰焦僥之國,幾姓,嘉谷是食。

《列子·湯問》:

從中州以東四十萬里,得僬僥國,人長一尺五寸。

《後漢書·南蠻西南夷列傳》:

永初元年(107),徼外僬僥種夷陸類等三千餘口舉種内附,獻象牙、水牛、封牛。

三國吳人《外國圖》:

僬僥民善没游,善捕鷔鳥……去九疑三萬里。

從啖水南曰僬僥,其人長尺六寸。……不衣而野宿。

魏晋·皇甫謐《帝王世紀》:

堯時,僬僥氏來貢没羽。㊲

綜上所載,可得下述結論:

一、此族群因體質特徵矮小而得名。所謂"長三尺"、"長尺六寸"、"長一尺五寸",均係形容量詞而非實指,故無須計較。

二、從時代言。據傳,從堯時至六朝均有僬僥存在。無疑,先秦時已有僬僥傳説。

三、從地望言,衆説不一。《山海涇》與《外國圖》主嶺南即九疑以南説;《後漢書》則言明爲永昌"徼外僬僥"夷,據此,韋昭注《國語·魯語下》定爲"西南夷之別也";《列子》則云在"中州以東"。可證,焦僥在南方、西南方、東方説均有。

四、社會狀況,有所反映。已從事農業生産,"嘉穀是食"即是;在沿海地區,則漁獵業仍居重要地位,"善没游,善捕鷲鳥"可證;氣候炎熱,盛産没羽、象牙諸異物;生活頗爲原始,故有"不衣而野宿"之載。

從六朝起,記載滲入荒誕不經成份轉多,《外國圖》即是一例。其中云:僬僥人"迎風則偃,背風則伏",描繪成隨風倒之小人,純屬小説家言。又言"其草木夏死而冬生",此種反自然現象,亦係子虛烏有。

焦僥人傳説之素材,源于南方民族較之中原人身材要矮小。據解放前一項調查:華北男子平均高度爲169.2公分;華南男子平均高度爲160公分;桂西僮人男子平均高度爲160公分;桂北瑶人男子平均高度爲156.6公分;湘西苗人男子平均高度爲154至155公分㊵。從中可見各地各族之人身材差異之一斑。此種差異性之形成,除體質本身之自然差別外,亦與歷史上南方諸族生活條件較爲艱苦有關。余認爲,所謂焦僥人,當係指南方民族中身材相對矮小之族群而言。既可用作專指,有時亦并非專一固定之稱。此乃歷史上有東、南、西南三方均有焦僥人記載之奥秘所在。

① 晋·葛洪《抱朴子·登涉》。
② 晋·張華《博物志·異蟲》。
③ 晋·干寶《搜神記》。
④ 見宋·朱輔《溪蠻叢笑》等。
⑤ 見《宋史·蠻夷列傳》。
⑥ 見恩格斯《家庭、私有制和國家的起源》第46頁。
⑦ 明·鄺露《赤雅》載:"古損子産國,即烏滸蠻也。"鄺露將"損子産里"讀作"損子産、里",亦可通。因"里"通"俚",俚亦爲南方一族群。
⑧ 摩爾根《古代社會》第22—23頁,商務印書館版。
⑨ 引自《太平御覽》卷七九〇。
⑩ 《淮南子·脩務》。
⑪ 漢·賈誼《新語·道基》。
⑫ 引自《墨子閒詁·節用中》。

⑬　引自《藝文類聚》卷十七《人部一·舌》。

⑭　分見高誘注《淮南子》功名篇與墜形篇。

⑮　引自《太平御覽》卷三九〇。

⑯　載《文選》卷五。

⑰　引自《文選》卷五，劉注。

⑱　引自《文選》卷十二。

⑲　《漢書》卷二八下《地理志下》。

⑳　《後漢書》卷七六《循吏·孟嘗傳》。

㉑　《三國志》卷六一《吳書·陸胤傳》。

㉒　《晋書》卷五七《陶璜傳》。

㉓　《資治通鑑》卷六九《魏文帝黄初二年》。

㉔　《資治通鑑》卷六九《魏文帝黄初二年》胡三省注。

㉕　見《文化人類學與南方少數民族》，廣西人民出版社版。

㉖　引自《太平御覽》卷七九〇。

㉗　見《楚辭·招魂》王逸注。

㉘　引自《文獻通考》卷三三一。

㉙　引自《太平御覽》卷七九〇。

㉚　《淮南子·墜形》卷四載："夸父，耽耳在其北方。"

㉛　東漢·許慎《説文解字》卷十二上《耳部》載："聸，垂耳也，從耳詹聲，南方聸耳之國。"

㉜　晋·張華《博物志》卷二《異人》，遠夷中有"儋耳"。

㉝　蘇軾《追和陶淵明詩引子由作》，載《東坡詩集注》卷三十。

㉞　元·陶宗儀《南村輟耕録》卷二四。

㉟　徐松石《粵江流域人民史》97 頁載："志怪説從前朱桓地方有一婢子，他的頭顱能够夜飛。"將《搜神記》中的"將軍朱桓"，臆改成地名"朱桓"，乃係疏于翻檢核對所致。

㊱　引自《文獻通考》卷三二八《四裔》。

㊲　參見《海南島黎族社會調查》一書，廣西民族出版社版。

㊳　見袁珂《山海經校注》第 200 頁。

㊴　引自《太平御覽》卷八十。又，《今本竹書紀年疏證》有相類記載，但將其事繫于帝堯二十九年春。

㊵　參見徐松石《粵江流域人民史》第 54 頁。

從尹灣漢簡看秦漢鄉亭制度諸問題

岳慶平　　蘇衛國

秦漢鄉亭制度因處於秦漢社會制度的基層,所以爲歷代史家所忽視,不少人僅據班固《漢書·百官公卿表》"大率十里一亭,亭有亭長,十亭一鄉,鄉有三老、有秩、嗇夫、游徼"的記載,識其大概而已。至於史籍中材料的抵牾,則多不求甚解。二十世紀以來,秦漢鄉亭制度慢慢爲人們所關注,研究者漸多。然而史籍關於秦漢鄉亭制度的記載較少,除《漢書·百官公卿表》及《續漢書·百官志》外,僅有一些零散史料可資參考,且多是側面提及,少有言之鑿鑿者,遂使這一題目成爲秦漢地方制度研究中的一大難點,爭論迭起,却始終未能達成共識。

考古發掘的材料是以往生活的真實反映,曾推動了很多歷史疑案的解決,秦漢鄉亭制度的研究也有很多得益於此,像長沙馬王堆漢墓、居延烽燧遺址等地所出的材料,就爲許多研究者的論點提供了佐證。一九九三年連雲港尹灣漢墓簡牘的出土更是如此,自一九九六年尹灣漢簡部分釋文發表以來,秦漢鄉亭制度再次引起研究者的關注。目前,已有研究文章多篇問世,分別從不同的角度討論了簡牘材料對理解秦漢鄉亭里問題的啓示,[①]其中頗多可取之處,但就秦漢鄉亭制度中某些問題的專門研究還有待於進一步深入。

一、再議"漢代'亭'與'鄉'、'里'不同性質不同行政系統説"

五十年代,王毓銓先生《漢代"亭"與"鄉"、"里"不同性質不同行政系統説》[②]爲秦漢鄉亭制度的研究闖出了一條新途,稱得上是新舊兩説的分水嶺,此後諸多學者皆依此立論。然而學説初創終難至臻盡善,今試以此説爲基礎,對秦漢鄉亭制度的涵義再做一些闡發。

(一)問題的關鍵在於"亭"

鄉亭里關係中,"亭"是最令人費解的,史籍中有許多糾纏不清之處,積里爲亭,積亭爲鄉的舊説完全無視這些問題。王毓銓先生首次提出"漢代'亭'與'鄉'、'里'不同性質不同行政系統説",也正是爲了理清"亭"的性質和地位。王先生主要指出了相關史料記載中存在的兩處矛盾:(1)《漢書·百官公卿表》中"鄉"、"亭"的比例關係在其後鄉亭的數量統計中無法得到印證;③(2)班固與應劭之間説法的差異。④他是以"鄉"、"亭"分屬不同系統的看法來解釋這一矛盾的,並舉出了充分的論據:首先分析亭與鄉里在職能上的差距,其次以名籍的寫法來反證,最後則分別探究"亭"與"鄉"的源頭,指出其不同的功能發展趨向,從而得出鄉里爲行政系統、亭爲治安系統的結論。此説提出後,得到了許多學者的認同。隨後,日本學者日比野丈夫還發展了這一學説,提出亭(部)是地籍單位,里是户籍單位。⑤同時,也有人對新説提出了質疑,⑥與此説差異最大的是傅擧有先生的提法,他力主"鄉與亭爲同性質、同系統的同級地方政府",認爲"亭是一個全面施政的政府,從'勸農桑'、'掌教化'到'職聽訟'、'收賦税'、'徵徭役'、'禁盜賊'、發布政令,幾乎無所不包"。⑦其説雖新,但因其説法過於絕對,論點不易站得住脚,一些史料的引證也顯得有點牽强,李均明先生曾撰文指出過其中的紕漏。⑧至此,爭論還遠未結束,因爲以上諸家在自圓其説的過程中,都有各自的假設在内:王氏之説認定"十亭一鄉"是"十里一鄉"的傳抄之誤,並把"十里一亭"的"里"字解釋爲道里之"里",日比野丈夫則將十進位的關係虛化來支持自己的觀點。針對此,周振鶴先生又别闢蹊徑,從"部"的概念出發提出了不同意見。⑨作者是通過闡釋"亭"與"里"兩概念的不同涵義來化解《漢書·百官公卿表》中史料的矛盾的,提法雖頗有新意,論證也入情入理,然而仍有人對此提出質疑,尤其是對他過分理想的亭里合一模式。⑩

　　尹灣六號漢墓簡牘的出土,大大推進了這一問題的解決。其中一號木牘《集簿》是這樣記述的:

　　　　縣邑侯國卅八縣十八侯國十八邑二其廿四有堠都官二(1)
　　　　鄉百七十□百六里二千五百卅四正二千五百卅二人(2)
　　　　亭六百八十八卒二千九百七十二人郵卅四人四百八如前(3)

木牘中提供的材料,鄉里統計爲一行,亭郵統計則另起一行,段落分明,無疑是傾向於支持王氏之説的,這在近期的幾篇文章中幾乎也達成了共識。不過,問題還没有完全解決。張金光先生曾撰文指出:"我以爲亭與鄉里,其職掌性質確乎不同。'不同性質'説有道理。然而,亭級低於鄉,在一定範圍内,從某種意義上説,'鄉——亭——里'的系統在習慣上却也是存在的。"⑪實際上,班固所言"十里一亭,……十亭一鄉"很可能是有道理的,是符合當時人觀念的。以"十亭一鄉"爲"十里一鄉"傳抄之誤來證明鄉亭分屬不同系統,似乎有些牽强。因此,對郵亭的地位和性質,我們還需重新審視。

(二)重新審視機構之"亭"與掌治安之"亭長"

　　我們注意到,正史中最主要的關於鄉亭制度的史料,都是在官制中述及的,因此,"亭"的涵義往往因"亭長""禁盜賊"⑫的職掌被定義爲治安區。然而,單從尹灣簡牘中所見的材料來看,"亭"並沒有反映出治安區的意思來。如《集簿》中"亭"、"郵"並列,《元延二年日記》則多見"宿某某亭"等等。可見,史料的傾向性往往會影響人們的思維取向。在《漢書·百官公卿表》及《續漢書·百官志》中,與官制無關的信息在很大程度上是被忽略的,將零散史料同官制中所反映的情況不加分析地進行綜合,自然極有可能導致認識上的混淆。我們的意見是,應該把機構之"亭"與掌治安的"亭長"分開來看,這也許會還歷史一個真實。

先説"亭"。[13] 在衆多述及"亭"這一機構性質的文章中,治安往往被列在首位,然後才是用於留舍過客、傳遞文書等等。[14] 張金光先生更從亭的源起作出了這樣的推斷,他説:"大致説來,秦商鞅變法時或稍後,於鄉官行政普遍系統化確立之時,爲防奸止盜,就應開始設置地方治安亭了。地方治安機構的設立,是在新的官僚政治下地方行政管理組織系統確立並完善的特徵之一。治安亭普設於鄉里,當爲秦之首創。"[15] 亭具有治安的性質固然没錯,但其最初設置時是否主要爲"防奸止盜"是值得懷疑的。我們認爲亭的設置代表中央集權向鄉里的深入,其初衷主要是爲方便地方官實施行政管理,這與"郵驛"的設置是爲了便於文書的上傳下達是一樣的。史籍中"郵"、"亭"常常並提也正是這個道理。《後漢書·循吏傳》中的一條材料頗能説明這個問題:"(衛颯)遷桂陽太守。……民居深山,濱溪谷,習其風土,不出田租。去郡遠者,或且千里。吏事往來,輒發民乘船,名曰'傳役'。每一吏出,徭及數家,百姓苦之。颯乃鑿山通道五百餘里,列亭傳,置郵驛。於是役省勞息,奸吏杜絶。流民稍還,漸成聚邑,使輸租賦,同之平民。"桂陽郡近邊地,原來的行政管理很不正規,連租賦制度也不齊全;而道路修通之後,亭傳郵驛的設置使中央集權滲透到此,行政管理立時完善起來,租賦制度也齊備了。這裏,亭傳郵驛的設置是鑿山開道所致,是交通綫路的必備附屬設施,從中我們看不出有用來維護地方治安的意思。秦漢時期亭傳郵置在交通綫上的設置,極大地方便了中央到地方的行政管理的順利實施,這是官僚制的一大特點,也是中央集權制發展必不可少的組成要素。在尹灣所出簡 1 至 76《元延二年日記》中,我們可以很清楚地看出東海功曹師君卿往返於交通綫上的軌迹,[16] 没有如此完善的交通設施,他是無法這樣來去自由的。[17]

接下來再説"亭長"。在制度上,一般沿交通綫每十里設一亭,每亭設亭長一人。尹灣簡牘所反映的情況大致如此:《集簿》計"亭"爲 688 個,《吏員簿》計"亭長"689 人。[18] 從東海各縣亭長數量的分佈來看,越是處於交通主幹道上的縣、亭的數目也越多,如:郯縣有 41 亭,下邳有 46 亭,臨沂有 36 亭,朐有 47 亭,這些縣都該是三川東海道和並海道上的要衝。[19] 史學界一般以爲,亭的設置起源於邊境之亭,正因爲如此,亭在性質上有很大的軍事殘留,亭長類似於軍職。所以,亭長除負責接待來往官吏、組織修路架橋、檢查過往百姓的符傳之外,同時也有負責禁盜賊的差事。這其中的緣由也不難理解,交通綫路往往是逃犯、盜賊必經之處,僅僅爲配合都尉、縣尉及游徼的工作,亭長也是要涉身"禁盜賊"之事的。[20]《後漢書·宗室四王三侯列傳》載：光武兄劉伯升起事反對新朝，王莽震懼，"使長安中官署及天下鄉亭皆畫伯升像於墊，旦起射之。"這大概類似現在的通緝，天下鄉亭皆有責任緝拿反叛者。作爲軍職，功績往往至關重要，因此，對亭長來講，升遷最重要的也自然是禁盜賊的功績。尹灣簡牘《下轄長吏名籍》中出身於亭長者，幾乎都是以"捕格""不道者"、"亡徒"、"群盜"或"賊"發迹的。㉑應該引起注意的是，亭長的職司、身份以及所屬關係在秦漢幾百年間是有着微妙變化的。雲夢秦簡中有"都亭嗇夫"㉒一職，蓋主管離鄉諸亭事者，總領諸亭長，兩漢文獻中則無"都亭嗇夫"一職。㉓我們推想：最初亭的機構是較爲獨立的，類似專職機構，有專人管理，而隨着時間的推移、諸亭與鄉里因長期穩固地搭配，漸漸與鄉里的聯繫密切起來，治民的功能漸漸加強，於是便直屬縣的領導了。㉔東漢時亭長仇覽的事迹可以算做一個極端的例子，《本傳》言："年四十，縣召補吏，選爲蒲亭長。勸人生業，爲制科令，至於果菜爲限，雞豕有數，農事既畢，乃令子弟羣居，還就黌學。其剽輕游恣者，皆役以田桑，嚴設科罰。躬助喪事，賑恤窮寡。朞年稱大化。覽初到亭，人有陳元者，獨與母居，而母詣覽告元不孝。覽驚曰：'吾近日過舍，廬落整頓，耕耘以時。此非惡人，當是教化未及至耳。母守寡養孤，苦身投老，奈何肆忿於一朝，欲致子以不義乎？'母聞感悔，涕泣而去。覽乃親到元家，與其母子飲，因爲陳人倫孝行，譬以禍福之言。元卒成孝子。鄉邑爲之諺曰：'父母何在在我庭，化我鴟梟哺所生。'"㉕當然，大多數亭長還做不到這一點，不過，亭的地位却在鄉里確立起來，鄉亭里的觀念也從此在人們的習慣中固化下來。

　　郵、亭雖同屬一個系統，但還是有所不同的。曾有許多學者困惑於《漢官儀》"設十里一亭，亭長、亭候；五里一郵，郵間相去二里半，司奸盜"㉖的說法，尹灣《集簿》中的數字尤其與此相悖，還有學者結合當時的歷史事件對此進行了解釋。我們以爲，其實這正反映了郵、亭的不同之處。沒有哪一條史料指出亭郵的設置必須是並行的，郵的設置不必像亭那樣普遍，郵主要設於交通要道上，這從簡牘中十名郵佐的分布可以略約看出。大概正是因爲"郵"未如"亭"那樣分布廣泛，鄉、里之間才沒有出現"郵"這一級吧。鑒於"郵"不在鄉亭制度的範疇，這裏不再詳細論述。

二、再議"鄉官"與"部吏"

（一）三老有別於有秩、嗇夫、游徼

　　《漢書·百官公卿表》言："鄉有三老、有秩、嗇夫、游徼。三老掌教化。嗇夫職聽訟，收賦稅。游徼循禁賊盜。"《續漢書·百官志》亦言："鄉置有秩、三老、游徼。"給人的印象是，三老與有秩、嗇夫、游徼同爲鄉一級官吏，各有職司。尹灣簡牘的出現則徹底澄清了人們的模糊概

念。《集簿》中記：

縣三老卅八人鄉三老百七十人孝弟力田各百廿人凡五百六十八人(5)

吏員二千二百三人大守一人丞一人卒史九人屬五人書佐十人嗇夫一人凡廿七人(6)

都尉一人丞一人卒史二人屬三人書佐五人凡十二人(7)

令七人長十五人相十八人丞卅四人尉卅三人有秩卅人斗食五百一人佐使亭長千一百八十二人凡千八百卅人(8)

侯家丞十八人僕行人門大夫五十四人先馬中庶子二百五十二人凡三百廿四人(9)

此處，三老與孝、弟、力田並言，與縣吏員毫不混雜。很清楚，三老衹不過是一種榮譽頭銜、身份象徵而已，並無實際的職司。這一點，在近期的研究文章中意見幾乎是一致的。

其實，最早持此說的當屬嚴耕望先生，他曾在《中國地方行政制度史上編·卷上·秦漢地方行政制度》中專闢"鄉官"㉗一章來表述自己的意見。文中舉出四條理由："鄉官上與長吏參職，下以率民，而無一定之實際職掌，此其一。代表民意，領銜呈訴，與地方政府之奏請絕異，此其二。有位無禄，此其三。東漢之制，大慶賜爵，賜民不賜吏，而三老、孝弟、力田咸在受爵之列，此其四。"㉘嚴耕望先生是言必有據的，加之出土材料的佐證，此點已無須再論了。不過，嚴耕望先生於鄉官之外又將嗇夫、游徼等統以"縣部吏"之稱，却還是頗有可議之處的。

(二)尹灣簡中的"縣部吏"

對《吏員簿》稍做統計之後，就可以發現，游徼與鄉佐的數量分佈毫無規律，如果以每鄉一名游徼、一名鄉佐計算的話，有許多鄉缺員(見附表)。㉙卜憲群先生對鄉佐的缺員做了如下設想："鄉佐設置的非普遍性可能是兩種情況所致：一是鄉佐也要根據鄉的大小而設立，並非每鄉皆設，小鄉鄉佐的職能就由鄉嗇夫承擔了，實際上文獻所載鄉佐與鄉嗇夫的職能是互相交叉的；二是臨時性的官缺，尚未補齊"；對游徼的缺員則指出："可能是縣根據各自的治安狀況而設立的，人數並不確定"。㉚所論不無道理。這裏，卜先生對游徼是否爲鄉官產生了質疑，並引用了嚴耕望先生的看法："外部之游徼即鄉職也，然則鄉游徼即縣職之外部者耳，……故統稱縣職歟？"㉛文中雖沒有最後定論，但這一質疑是非常有啓發性的。兩漢，稱呼縣以下官吏有"(鄉亭)部吏"一詞。王符《潛夫論·愛日篇》："鄉亭部吏，亦有任決斷者，而類多枉曲，蓋有故焉。"《後漢書·左雄傳》記左雄上疏："……鄉官部吏，職斯禄薄，車馬衣服，一出於民，廉者取足，貪者充家；……"隋朝肖吉《五行大義》引西漢元帝時翼奉語："游徼亭長外部吏，皆屬功曹"。很清楚，此"鄉亭部吏"正是指有秩、嗇夫、游徼、鄉佐之類，嚴耕望先生就此以爲，鄉亭吏皆爲"縣廷吏之出部者"，故將其全數列入"縣廷組織"，而沒有再專列"鄉廷組織"一章。嚴先生是從官吏的所屬關係角度指出了這一點,而余行邁先生從另一個角度發展了嚴先生的主張。他指出:"鄉並不是縣之下一級行政單位;並無總攬全鄉諸政之首官;一鄉諸政分別由縣乃至郡所遣屬吏主管,如聽訟與收賦稅歸鄉嗇夫,禁盜賊、保治安屬游徼,鄉嗇夫不能視爲一鄉之長,黃恭《交廣記》所云'扶助縣國,無自專之威也'可謂確論。"[32]

游徼一職,上面已經有所論述,從東海各縣的情況來看,將游徼定爲鄉職確實不大適宜。如海西縣有鄉有秩4人,鄉嗇夫10人,而游徼僅4人;而平曲縣有鄉有秩1人,鄉嗇夫無,游徼却有2人。嚴耕望先生梳理史料的結果是,碑傳所見游徼,統爲縣吏,没有署以鄉名的。看來,游徼爲縣部吏無疑。亭長一職的歸屬雖在尹灣簡牘中無法直接看出,不過史籍中却不乏證據。史料中有"部亭長"[33]的説法,又多見亭長"給事縣"的例子。[34]因此,有很多人贊同亭長祇受縣的派遣的説法,余行邁還指出,"雖分部別治,却非某區某級正式首官,仍不改變其佐僚屬吏的地位"。[35]簡牘中多人以亭長一躍升遷爲縣長吏,是不是也可以作爲一例佐證呢?鄉佐一職,僅《續漢書·百官志》有"屬鄉,主民收賦稅"一語,史例中無從探其歸屬,祇知其爲鄉有秩或鄉嗇夫的副職。不過雲夢秦簡中有"部佐"[36]一詞,《續漢書·百官志》又引《漢官》曰:"洛陽令秩千石,……員吏七百九十六人,……鄉有秩、獄史五十六人,佐史、鄉佐七十七人,斗食、令史、嗇夫、假五十人,……"以此對照《吏員簿》,想來"鄉佐"爲縣部吏不會有什麽大誤。

(三)縣制下的"鄉官"與"部吏"

上文論及秦漢鄉亭制度的職守中有鄉官、部吏之分,那麽,何以秦漢時期會有這樣的一種制度呢?我們認爲,此時的郡縣制尚處於初建之時,其管理機制還不太完善,有着粗放的特徵,尤其是對縣以下的基層來講,更不易實現完全意義上的統治,故而需要採取一種折衷的辦法——下以三老、孝、弟、力田等率民,上以鄉有秩、鄉嗇夫、游徼、鄉佐、亭長等分職授政。這其中,前者類似於自治,後者則類似於宏觀控制,相輔相成,相得益彰。面對當時的社會狀況,這也不失爲一個良策。

鄉里秩序的維護,鄉三老起着非常大的作用,[37]地位很高,被稱爲"非吏比者"[38]。尹灣《集簿》中,我們可以很清楚地看到,三老一系被排在了吏員的前面。可以看出,"鄉"與民間自治有極深的淵源。而相反,從行政制度來講,"鄉"作爲一級基層政權的意義並不十分確。前面我們提到過的東海縣吏員中游徼與鄉佐數量分佈不規律、没有形成每鄉有定員的現象就是一例顯證。又《吏員簿》所見官有秩、鄉有秩、官嗇夫、鄉嗇夫、游徼、郵佐、獄史、鄉佐、牢監、亭長等職,分列於諸縣,又緊排於縣令(侯相、長)、丞、尉之後,很明顯統爲一縣部吏,諸職雖也有有秩、斗食、佐使亭長的秩次高低之別,然而更多意義還在於其差司各有側重,鄉的地位同樣也是不突出的。

　　不過雖然如此,我們同樣不該忽略這樣一點,在長期的實踐過程當中,由於任吏者多是本鄉本土之人,部吏實際上也在充當着一級政府的職能,許多事情無需勞煩縣廷,僅鄉官部吏就可解決了。故《後漢書·爰延傳》云:"(爰延)陳留外黃人也。……令史昭以爲鄉嗇夫,仁化大行,人但聞嗇夫,不知郡縣。"

　　　　附表:

地名	鄉有秩	鄉嗇夫	大約鄉數	游徼	鄉佐	亭長
海西	4	10	14	4	9	54
下邳	1	12	13	6	9	46
郯	5	6	11	3	7	41
蘭陵		13	13	4	4	35
朐	1	6	7	2	6	47
襄賁	2	5	7	4	4	21
戚	2	3	5	1	5	27
費	2	5	7	5	4	43
即丘		8	8	4	4	32
厚丘		9	9	2	1	36
利成	1	3	4	3	5	32
況其		5	5	3	2	23
開陽	1	4	5	3	2	19
繒	1	3	4	2	2	23
司吾		7	7	2		12
平曲	1		1	2	2	4
臨沂		7	7	3	2	36
曲陽	1		1	2	1	5
合鄉		2	2	1		7
承		1	1	1	1	6
昌慮侯國	1	2	3	2	1	19
蘭旗侯國		4	4	2	2	12
容丘侯國	1	2	3	2	2	11
良成侯國	1	1	2	2	3	7
南城侯國		2	2	1	2	18

地名	鄉有秩	鄉嗇夫	大約鄉數	游徼	鄉佐	亭長
陰平侯國		3	3	2	3	11
新陽侯國		2	2	2		12
東安侯國		1	1	1		9
平曲侯國		2	2	2		5
建陵侯國		1	1	1		6
山鄉侯國		1	1	1		4
武陽侯國		1	1	1		3
都平侯國		1	1	1		3
鄇鄉侯國		1	1	1	1	5
建鄉侯國		1	1	1		4
干鄉侯國		1	1	1	1	2
建陽侯國		1	1	1	2	5
都陽侯國		1	1	1		3

① 主要有：謝桂華《尹灣漢墓簡牘和西漢地方行政制度》，載《文物》1997 年第一期；吳大林、尹必蘭《西漢東海郡各縣邑侯國及鄉官的設置》，載《東南文化》1997 年第四期；高敏《〈集簿〉的釋讀、質疑與意義探討——讀尹灣漢簡札記之二》，載《史學月刊》1997 年第五期；卜憲群《西漢東海郡吏員設置考述》，載《中國史研究》1998 年第一期；楊際平《漢代内郡的吏員構成與鄉亭里關係——東海郡尹灣漢簡研究》，載《廈門大學學報》1998 年第四期；高大倫《尹灣漢墓木牘〈集簿〉中户口統計資料研究》，載《歷史研究》1998 年第五期；高恒《漢代上計制度論考——兼評尹灣漢墓木牘〈集簿〉》，載《東南文化》1999 年第一期；等等。
② 該文發表於《歷史研究》一九五四年第二期，作者在《光明日報》一九五五年三月三十一日發表的《漢代"亭"的性質和它在封建統治上的意義》一文也論證了這一問題（兩文又見作者《萊蕪集》）。顧炎武在《日知録》卷二十二"鄉里"一條曾提及"以縣統鄉，以鄉統里"，似乎認識到了亭的特殊性這一點，不過參考顧氏書中的其他説法，可以看出，至少他的認識還是很模糊的。
③ 《漢書·百官公卿表》記："大率十里一亭，……。十亭一鄉……"，而全國鄉總數爲 6622，亭總數爲 29635，以十亭一鄉計，當有六萬餘亭才對。
④ 《續漢書·百官志》引《風俗通》曰："國家制度，大率十里一鄉"。同篇還引《風俗通》曰："漢家因秦，大率十里一亭"，看來應劭自身的説法也存在矛盾。
⑤ 《鄉亭里についこの研究》，載日比野丈夫《中國歷史地理研究》，日本同朋舍刊 1955。
⑥ 陳直先生就不大同意這一觀點，堅持舊説，並以沈約《宋書·百官志》所引漢制"五家爲伍，伍長主之；二伍爲什，什長主之；十什爲里，里魁主之；十里爲亭，亭長主之；十亭爲鄉，鄉官主之（筆者按：此句原文爲"鄉有鄉佐、三老、有秩、嗇夫、游徼各一人"）"的説法爲據，但没有進行深入的論證。（見陳直《居延漢簡研究》七五頁，天津古籍出版社 1986 年）
⑦ 傅舉有《有關秦漢鄉亭制度的幾個問題》，載《中國史研究》1985 年第三期。
⑧ 李均明《關於漢代亭制的幾個問題》，載《中國史研究》1988 年第三期。
⑨ 周振鶴《從漢代"部"的概念釋縣鄉亭里制度》，載《歷史研究》1995 年第五期。
⑩⑪⑮ 張金光《秦鄉官制度及鄉、亭、里關係》，載《歷史研究》1997 年第六期。
⑫ 《續漢書·百官志》。應該注意的是，在《漢書·百官公卿表》中並未提及亭長的職掌。
⑬ 這裏爲避免混淆，暫將"門亭"、"市亭"、"街亭"排除在外。
⑭ 如傅舉有、李均明等，見上注。
⑯ 共計簡中提及亭有二十處之多（不計重復者）、鄇一處。

⑰　《文物》1999 年第六期發表了湖北荆州周家臺 30 號秦墓竹簡"秦始皇三十四年歷譜"的釋文,此"歷譜"同《元延二年日記》極爲相似,亦記墓主的行迹。不過,其中停宿之處僅有"黃郵"一例,其他停宿之處皆未指明是"郵"、"亭"或是"傳舍"。或記事簡略使然? 暫且存疑。

⑱　謝桂華指出,此處多下邳鐵官下轄亭長一人。

⑲　參考中國公路交通史編審委員會編著《中國古代道路交通史》(人民交通出版社 1994 年)及王子今《秦漢交通史稿》(中共中央黨校出版社 1994 年)。

⑳　《續漢書·百官志》引《漢官儀》所言"應合(嚴耕望先生以爲此處當爲"民應令")選爲亭長。亭長課徼巡。尉、游徼、亭長皆習設備五兵。五兵:弓弩、戟、盾、刀劍、甲鎧。鼓吏赤幘行滕,帶劍佩刀,持盾被甲,設矛戟,習射。設十里一亭,亭長、亭候;五里一郵,郵間相去二里半,司奸盜。亭長持二尺板以劾賊,索以收執賊"大概正是這一情況的反映。

㉑　如:"……'利成左尉六安國六殷順故嗇夫以捕斬群盜尤異除','利成右尉南陽郡堵陽邑張崇故亭長以捕格山陽亡徒尤異除'……"

㉒　"官嗇夫貲二甲,令丞貲一甲;官嗇夫貲一甲,令丞貲一盾。其吏主者坐以貲諱如官嗇夫。其它冗吏、令史掾計者及都倉庫田亭嗇夫坐其離官屬於鄉者,如令丞。"睡虎地秦墓竹簡整理小組《睡虎地秦墓竹簡》第 124 頁(文物出版社 1978 年)。

㉓　居延漢簡有"亭掾"一職,李均明先生指出,"亭掾"不是某亭之掾,而是縣廷裏分工專管諸亭之掾。粗略分析,漢代的亭掾蓋僅祇有協調、監督之意,與"都亭嗇夫"總領諸亭、全面負責是完全不同的。

㉔　亭長直屬縣的具體説明見後文。

㉕　《後漢書·循吏傳》。

㉖　見《續漢書·百官志》注。

㉗　《後漢書·明帝紀》注:"三老、孝悌、力田,三者皆鄉官之名。"

㉘㉛　嚴耕望《中國地方行政制度上編·卷上·秦漢地方行政制度》,臺北:史語所專刊之四十五,1974 年。

㉙　即使是鄉有秩、鄉嗇夫的總和也與總鄉數相差八員。

㉚　卜憲群《西漢東海郡吏員設置考述》,載《中國史研究》1998 年第一期。

㉜㉟　余行邁《漢代以"部"爲稱諸官概説——多部位的地方監察、警察制度》余行邁,秦漢史論叢第五輯,中國秦漢史研究會,法律出版社 1992 年。

㉝　《後漢書·卓茂傳》"(卓茂任密令),人嘗有言部亭長受其米肉遺者"。

㉞　《漢書·朱博傳》"少時給事縣爲亭長。"《漢書·王温舒傳》"少時椎埋爲奸,已而試縣亭長。"《後漢書·臧宮傳》"少爲縣亭長、游徼。"《後漢書·吳漢傳》"家貧,給事縣爲亭長。"《後漢書·鍾離意傳》"少爲郡督郵。時部縣亭長有受人酒禮者,府下記案考之。"等等。

㊱　"百姓居田舍者毋敢酤酒,田嗇夫、部佐謹禁御之,有不從令者有罪。"睡虎地秦墓竹簡整理小組《睡虎地秦墓竹簡》第 30 頁,文物出版社 1978 年。

㊲　江蘇揚州胥浦 101 號漢墓出土《先令券書》所反映的遺書公證中,鄉三老被列於都鄉有秩、鄉佐之前。

㊳　《史記·平準書》:"非吏比者三老、北邊騎士,軺車以一算";《集解》如淳曰:"非吏而與吏比者官,謂三老、北邊騎士也。"

《宋書》時誤補校（三）

牛繼清　張林祥

9.〔孝武帝大明五年〕五月癸亥，制帝室期親，朝官非祿官者，月給錢十萬。丙辰，車駕幸閱武堂聽訟。（卷六頁 127）

按五月丙辰朔，癸亥（初八日）不得在“丙辰”（初一日）前，失序。“癸亥”《南史》卷二《宋本紀中》同，或疑“丙辰”日干支有誤。

10.〔大明七年十一月〕壬寅，遣使開倉貸邮，聽受雜物當租。（卷六頁 134）

“校勘記”云：“是月壬申朔，無壬寅，當有誤。”按《南史》卷二《宋本紀中》作：“十二月壬寅，遣使開倉賑邮，聽受雜物當租。”十二月辛丑朔，壬寅二日，當從《南史》。

11.〔順帝昇明〕三年春正月甲辰，以江州刺史蕭嶷爲鎮西將軍、荆州刺史，尚書左僕射王延之爲安南將軍、江州刺史。安西長史蕭順之爲郢州刺史。乙卯，太傅齊王表諸負官物質役者，悉原除。辛亥，以驍騎將軍王玄邈爲梁、南秦二州刺史……（卷十頁 198）

按正月癸卯朔，乙卯（十三日）不得在辛亥（初九日）前，《南齊書》卷一《高帝紀》作“三年正月乙巳，太祖表蠲百姓逋負。”而《南史》卷四《齊本紀上》原作“乙丑”，標點本“校勘記”云：“‘乙巳’各本作‘乙丑’。下文有‘丙辰’、‘丁巳’、‘丁卯’諸日辰，按正月癸卯朔，初三日乙巳，十五日丁巳，二十三日乙丑，二十五日丁卯，‘乙丑’不得在丙辰、丁巳前，據《南齊書》改。”當是。此“乙卯”亦爲“乙巳”之誤。甲辰初二日，乙巳初三日，辛亥初九日，合序。

12.漢獻帝延康元年十一月己丑，詔公卿告祠高廟。遣兼御史大夫張音奉皇帝璽綬策書，禪帝位于魏……庚午，登壇。魏相國華歆跪受璽綬以進於王。（卷十六頁 419）

按是年十一月癸酉朔，無庚午。《三國志》卷二《魏志·文帝紀》、《後漢書》卷九《孝獻帝紀》禪位事均繫“十月”，然十月癸卯朔，又無己丑。《孝獻紀》作“冬十月乙卯，皇帝遜位，魏王丕稱天子。”《資治通鑑》卷六十九魏紀一：“冬十月，乙卯，漢帝告祠高廟……辛未，升壇受璽綬，即皇帝位。”《考異》曰：“陳《志》云：‘丙午，行至曲蠡，漢帝禪位。庚午，升壇即祚。’袁《紀》亦云：‘庚午魏王即位。’按《獻帝紀》，乙卯始發禪册，二十九日登壇受命。又文帝受禪碑至今尚在，亦云辛未受禪。陳《志》、袁《紀》誤也。”當從《通鑑》，乙卯十三日，辛未二十九日。

13.元嘉三年十二月甲寅，西征謝晦，告太廟，太社。晦平，車駕旋軫，又告。（卷十七頁 461）

按據《宋書》卷五《文帝紀》：“三年正月丙寅，司徒、錄尚書事、揚州刺史徐羨之，尚書令、護軍將軍、左光祿大夫傅亮，有罪伏誅。遣中領軍到彥之、征北將軍檀道濟討荆州刺史謝晦，上親率六師西征。”“（二月）己卯，擒晦於延頭，送京師伏誅。”“三月辛巳，車駕還宮。”《南史》卷二《宋本紀中》前兩條同。應從《文帝紀》，此“十二月甲寅”爲“正月丙寅”之訛。

關于應瑒事迹的臆測

曹 道 衡

《文選》所載曹植《與楊德祖書》中說到應瑒時云:"德璉發迹於此魏"。李善注曰:"德璉,南頓人也,近許都,故曰'此魏'。"但這裏的"此魏"二字,各本存在異文。胡刻李善注本和南宋陳八郎刊五臣注本作"此魏";而《四部叢刊》影宋刊李善——五臣注本、韓國奎章閣五臣——李善注本皆作"北魏",(叢刊本所載善注中"故曰此魏"句之"此"亦作"北");至於《三國志·魏志·陳思王植傳》裴注所載此文則作"大魏"。現在看來,"此魏"和"大魏"文字雖異,意思似可相通,皆指曹操所封的魏國而言。"北魏"二字則頗費解。因爲"魏"作爲國名解釋,無非有兩種可能:一是指戰國時的魏國,一是指曹操封魏公、魏王的魏國。然而李善所說到的"南頓"和許都,均不在曹操所封的魏國境内,而遠在其南;至於戰國時的魏國,初都安邑(今屬山西),後徙大梁(今河南開封),皆遠在南頓之北,若指此地爲"北魏",似更難說通。從李善的《文選》注看來,他說南頓近許都,所以稱"此魏",似乎是根據《漢書·地理志》而來。因爲《文選》謝靈運《擬魏太子鄴中集詩八首·應瑒》中有兩句:"顧我梁川時,緩步集穎許。"李善注云:"《漢書》曰:'汝南、穎川、許皆魏分也。'魏徙大梁,故魏一號爲梁。"此說亦得到五臣贊同,故呂延濟注云:"大梁、許、穎皆魏分郡國。……"但此說恐有疑問。因爲李善所引《漢書》,見于《地理志》,原文是:

> 魏地……其界自高陵以東,盡河東、河内,南有陳留及汝南之召陵、濆彊、新汲、西華、長平、穎川之舞陽、郾、許、傿陵,河南之開封、中牟、陽武、酸棗、卷,皆魏分也。

在這裏談到魏地諸郡,除河東、河内、陳留外,像汝南、穎川、河南三郡皆舉具體縣名,而南頓不在其内,可見汝南等郡還有一些地方不屬魏分。又《漢書·地理志》還說到:

> 楚地,翼軫之分壄也。今之南郡、江夏、零陵、桂陽、武陵、長沙及漢中、汝南郡,盡楚分也。

據此,汝南郡有一部分屬楚不屬魏,南頓既未被列入魏的分野,很可能屬楚。我們再看《漢書·地理志》關于南頓的記載:"南頓,故頓子國,姬姓。"顏注引應劭曰:"頓迫於陳,其後南徙,故號南頓,故城尚在。"按:應說是。《春秋·僖公二十五年》:"秋,楚人圍陳,納頓子于頓。"可見早在春秋前期頓國已在楚國勢力範圍之内,到戰國時自然更可能屬楚不屬魏。再看南頓的位置在今河南項城之西,而項城之東,即古代的項。《史記·項羽本紀》:"項氏世世爲楚將,封於項。"《索隱》:"《地理志》有項城縣,屬汝南。"《正義》:"《括地志》云:'今陳州項城縣城即古項子國。'"項城一帶既然戰國時屬楚,那麽因爲它近許都以爲魏地,自然難於成立。

如果因爲南頓近於許昌而以"大魏"或"此魏"稱之,似更難説通。因爲曹植給楊修的信,當作於曹操封魏王以後(文中稱曹操爲"吾王"),應瑒等人去世以前(文中僅及應、王、劉、徐、陳五人而不及阮瑀,可見僅及生人)。據此當是建安二十一至二十二年(216—217)間所作。當時曹操所封魏國,爲河東、河内、魏郡、趙國、中山、鉅鹿、常山、安平、甘陵、平原等十郡,其範圍均在黄河以北,不包括今河南南部的項城,也不包括許昌。事實上當時曹操既不願把漢獻帝的都城許昌稱作自己的封國,也決不允許他的兒子把許昌叫"大魏",因爲他還要利用漢獻帝的名義。如果把漢獻帝的京城叫作"魏",顯然不合封建的名分,也不符合曹操"挾天子以令諸侯"的用心。在這問題上曹植是充分理解的,所以他説到楊修時稱:"足下高視於上京"。楊修乃楊彪之子,楊彪在董卓亂前已在洛陽做官,後隨獻帝西遷,又隨同到許昌。楊修則生於漢靈帝熹平四年(175),到建安元年(196)遷都許昌時,才二十二歲,其成名當在建安時代,可見曹植所謂"上京"即指許昌,他顯然不會以"此魏"和"上京"爲同義語。所以李善以爲南頓近於許都而稱此魏的説法,值得商榷。

筆者認爲要解釋"德璉發迹於此魏"一語,首先不應拘泥於他的家鄉是南頓的問題。因爲曹植此文所舉,有一些並非其人的本籍,如"仲宣獨步於漢南,孔璋鷹揚於河朔",皆就王粲、陳琳所流寓之地而言。從應瑒的情況來看,他似乎早年亦曾流寓他鄉。如《文選》所錄他的《侍五官中郎將建章臺集詩》:

　　　　朝鴈鳴雲中,音響一何哀。問子遊何鄉,戢翼正徘徊。言我寒門來,將就衡陽棲。
　　往春翔北土,今冬客南淮。遠行蒙霜雪,毛羽日摧頹。……

這裏所説的"寒門"、"衡陽"、"北土"、"南淮"皆非實指且係用鴈比人,不可認爲他確曾到過某地,而"寒門"、"北土"更非實在的地名,不過他曾有過飄泊的經歷,大約是無可否認的。因爲謝靈運的《擬魏太子鄴中集詩》序説他:"汝潁之士,流離世故,頗有飄薄之嘆。"擬詩説得更清楚:

　　　　嗷嗷雲中鴈,舉翮自委羽。求凉弱水湄,違寒長沙渚。顧我梁川時,緩步集潁許。
　　一旦逢世難,淪薄恒羈旅。天下昔未定,託身早得所。官渡厠一卒,烏林預艱阻。……

在這首詩中前八句只是説應瑒曾有旅寓南北的經歷,更關鍵的是"天下昔未定"以下四句。因爲這幾句説明了一個事實:即早在官渡戰役之前,應瑒已歸附了曹操,所以有"官渡厠一卒"的話。至于他歸附曹操的具體時間,雖難確考,却亦可作某些推測。我們知道應瑒乃東漢名儒應劭的姪子。《後漢書·應奉附應劭傳》:"弟子瑒、璩,並以文才稱。"章懷太子注:"華嶠《後漢書》曰：‘劭弟珣，字季瑜，司空掾。珣生瑒。’”“司空掾”是司空的屬吏，而從建安元年（196）至建安十三年（208）曹操爲丞相止，司空都是曹操。那麼應珣爲司空掾，有可能在建安初年。關于應珣、應瑒父子來到曹操幕下的時間亦可作些推測。我們知道應珣之兄應劭是在袁紹被平定前死于鄴城（今河北臨漳）的。《後漢書·應奉附應劭傳》載，應劭在漢獻帝初平、興平間，本爲泰山太守，“興平元年，前太尉曹嵩及子德，從琅邪入太山，劭遣兵迎之，未到，而徐州牧陶謙素怨嵩子操數擊之，乃使輕騎追嵩、德，並殺之於郡界。劭畏操誅，棄郡奔冀州牧袁紹。”足證應劭晚年居鄴，正是戰國時魏地。應珣的官職爲司空掾，這種職位，本屬幕僚之列，如果應珣早有官職，恐未必出任此官。在漢末政局混亂的情況下，汝南應氏這樣的大族，不願做官，而依附於其兄應劭，隨同投奔袁紹是很有可能的。應劭晚年居鄴時，應瑒早已出生，否則他不可能在官渡之戰時“厠一卒”。俞紹初先生《建安七子年譜》中推測應劭生於漢靈帝熹平四年（175）左右，雖無確據，亦近情理，如果是這樣，他在建安元年已年逾二十，説他“發迹於此魏”，似亦合理。至于應珣、應瑒父子去許昌的時間，很可能在建安元年至二年間。因爲在當時，鄴城和許昌雖分屬袁、曹，而來往還是不少。《後漢書·獻帝紀》：“（建安元年十一月）曹操自爲司空”。“（建安二年三月）袁紹自爲大將軍”。同書《袁紹傳》：“於是以紹爲太尉，封鄴侯。時曹操自爲大將軍，紹恥爲之下，偽表辭不受。（操）乃讓位於紹。二年，使將作大匠孔融持節拜紹大將軍，錫弓矢節鉞，虎賁百人，兼督冀青并幽四州，然後受之。”《三國志·魏書·武帝紀》、《袁紹傳》及裴注引《獻帝春秋》亦有記載。裴注引《典略》還説到“自此紹貢御希慢”的話。可見此前雙方來往不少，此後亦未完全斷絕，直到建安五年開戰。在這期間應劭亦曾與許昌朝廷交通。《後漢書·應奉附應劭傳》：“（建安）二年，詔拜劭爲袁紹軍謀校尉。時始遷都于許，舊章堙没，書記罕存。劭慨然歎息，乃綴集所聞，著《漢官禮儀故事》。凡朝廷制度，百官典式，多劭所立。”這時曹操已掌握朝廷大權，爲了拉攏應劭這樣的名儒，辟其弟珣爲掾，而應瑒由此隨父到許昌亦頗可能。如果是這樣，説應瑒成名於魏地，然後到許昌，就順理成章了。據此解釋曹植所説“德璉發迹於此魏”和楊修《答臨淄侯箋》所説”應生之發魏國”，就十分順暢了。

如果承認應瑒早年曾在鄴城等黄河以北地區，那麼關於應氏的某些作品就較易解釋了。例如曹植的《送應氏詩二首》即送別應瑒、應璩而作，詩中有“我友之朔方”之句。這兩首詩，大多數學者認爲係建安十六年（211）以前在洛陽之作。但即使這樣，詩中的“朔方”恐不可能指鄴城。因爲鄴雖在洛陽之北，但屬曹氏父子居留之地，且離洛陽不遠。再看應瑒自己的《侍五官中郎將建章臺集詩》，不少研究者認爲作於曹植《送應氏》之次年，即應瑒從“朔方”歸來之後。這樣應詩的“往春翔北土”可與曹詩的“我友之朔方”互相佐證，不失爲一種合理的解釋。但應詩題中所謂“建章臺”究竟在何處？有人認爲建章臺在漢代建章宫中，然而建章

宮在長安,曹丕和鄴下文人們並未在長安聚集;洛陽和鄴城又都未聞有建章宮。俞紹初先生
《建安七子年譜》認爲"建章臺"可能即鄴城的銅雀臺(參看《建安七子集》第 419 頁)。此説雖
爲猜測,然有一定根據。如果俞説正確的話,應詩當作于鄴城,那麼他往年所去的地方,當在
鄴城之北。值得注意的是應瑒之弟應璩後來也有北行的經歷。《文選》録應璩《與從弟君苗
君胄書》云:"間者北遊,喜歡無量。登芒濟河,曠若發矇",可見他不但北行,且頗樂北土。後
文更説:"來還京都,塊然獨處。營宅濱洛,困於囂塵。思樂汶上,發於寤寐",這幾句話説明
他在京城洛陽,乃"塊然獨處",而在北土則可與君苗、君胄相聚。最後,他還囑咐君苗、君胄
説:"郊牧之田,宜以爲意,廣開土宇,吾將老焉。"這些話更可以證明他在"北土"還留有田宅、
親友。這很可能是應劭、應珣在河北時所置,所以應瑒、應璩要一再地到那裏去。如果是這
樣,那麼《四部叢刊》本和韓國奎章閣本所録曹植《與楊德祖書》中"北魏"二字,也未必是"此
魏"的形近之誤。因爲應氏兄弟所去的北方,雖不可確考,而在鄴城之北則無疑問。那裏地
處魏國的北境,以"北魏"稱之亦未始不可。《文選》版本經過轉相傳鈔,有些文字差別本所難
免。此處的"此"、"北"、"大"三字的是非,恐不易遽下結論。

〔注〕　謝靈運所説的"梁川"二字,頗費解。李善以"南頓"屬梁(魏)解之,似不甚妥。筆者認爲當時黄河北與黄河南
　　　交通,多經過白馬津。這地方在戰國時屬魏,即《戰國策·燕策二》中所謂"白馬之口",屬魏,且近於大梁,故可
　　　稱"梁川"。由此可見謝靈運亦認爲應瑒非從家鄉而從北邊來到許昌。再看白馬津的位置,尤可推想他是由
　　　河北來到"潁、許"的。

鮮卑民族及其語言綫索

朱　學　淵

一、引　言

　　"鮮卑"之名一般認爲始于東漢。更早的關于"鮮卑民族"的史料,儘管多半是一些并不連貫的片斷綫索,但是我們還是應該能够從中獲得一些有用的信息。"鮮卑"一字的音值可能是 si－be 或 xi－be,故爾它的異譯亦有"師比"或"犀毗"等等。它的直系後裔,今天的"錫伯"族還自稱"錫韋",那是因爲錫伯語中兩個元音間的 b,與 w 或 v 相通,Sibe 也讀成 Siwe。據此,隋唐年間的"室韋",顯然就是兩漢魏晋時代的"鮮卑"。

　　史籍大都把漢代的"鮮卑"與"烏桓",說成是"東胡"的後代,[①]其實它們只是同源而未必有着裔屬的關係。古今的學者們認爲"東胡"即是"屠何"或"土方"的説法,[②]都是很有道理的。我以爲,現代"達斡爾"族之名,即是族名"東胡"之音源,雖"達斡爾"族今世人丁不旺,然而在上古時它却曾是一個很有影響的大部落;而"烏桓"則是"烏洛渾"或"烏洛侯"的縮音,它們就是春秋時的"山戎",蒙古語的"烏洛"一字就是"山"。正因爲"東胡"、"烏桓"、"鮮卑"都使用同一種語言,它們才被歸屬爲一個族類,現代學者已經普遍確認契丹語、蒙古語都是由它們的語言發展而來的。先秦時代,"東胡"似曾是蒙古語民族祖先的一個代名詞。到了秦漢兩代,"匈奴"占盡中國北方諸族的風頭。"鮮卑"是在東漢時期取代了"匈奴",而急速膨脹的一個民族融合體,其影響極其遠久。

　　由于北方諸族在長期的遷徙的過程中,不斷地析離和融合,因此在各個時代和各個地區,這些"東胡—鮮卑語"的後裔語言的内涵,也不會都是完全一樣的,在現代蒙古語中就融含了大量的突厥語和通古斯語成分。因此,將早期的東胡—鮮卑語稱爲"蒙古原語"(proto－Mongolian)或許較爲貼切。東胡—鮮卑人的後裔,拓跋鮮卑人、契丹人、蒙古人在過去的兩千年中曾數度入據中原或統一中國,因此鮮卑—契丹—蒙古族人的活動,也是中國歷史不可或缺的部分,他們的血緣也是現代漢語民族的重要的組成部分。

　　西方歷史也有關于一支來自東方的 Sabir 人的記載。在成吉思汗的蒙古騎兵橫掃歐亞大陸的六、七百年前,這支 Sabir 人就生活在里海西岸的北高加索地區,他們是五世紀時入侵歐洲的 Hun 人的後方倚托,因此也被人們稱作"高加索 Hun 人"。由希臘文轉寫成的 Sabir,也作 Savir 或 Sawir,因爲希臘字母 β 既可作 b,也可作 v 或 w。事實上,Sabir 在阿拉伯文獻中就被記爲 Suwar,在亞美尼亞文獻中被記爲 Savirk。③ 這些語音轉換,與漢文記載中的"鮮卑—室韋"或"錫伯—錫韋"的轉換,也都是一致的。

公元 558 年,阿瓦爾人(Avars)和西突厥人相繼追殺來到南俄草原,Sabir 人和它的孿生部落 Bulgar 人不堪其擾,紛紛從草原地帶退避到僻静的北方森林地區去了。據十世紀時的阿拉伯地理著作記載,在伏爾加河流域的 Bulgar 汗國里,Suwar 城和 Bulgar 城是它的兩個最大的冬季"聚居點"。Bulgar 一字,很可能就是中國北方族名"僕骨"。

俄羅斯歐洲部分的現代"楚瓦什人",被公認是 Hun 人和 Bulgar 汗國古代居民的後裔。楚瓦什族的學者則認爲,他們的族名 Chuwa 是從 Savir、Suvar、Suwar 等字變來的,④ 當然也應該就是"室韋"或"鮮卑"的變音;西方歷史地名學家很早就認爲,"西伯利亞"(Siberia)的字根就是 Sabir;⑤ 而它在楚瓦什語中爲 Saipair。因此,西伯利亞的確就是人們眼中的"鮮卑地方"。

"鮮卑—蒙古"系民族,曾經强烈地冲擊東西方文明,多次寫下了世界人類歷史上令人震顫的篇章。"東胡—鮮卑"系語言不僅是"現代蒙古語"的先祖,也是遍布歐亞大陸的"現代突厥語"的重要組分。然而長期以來,由于史料與方法上的局限,和"阿爾泰語系"理論的偏執和誤導,兼之于對"高車"、"回紇"、"僕骨"、"拔野古"等部落的早期族屬和語屬的長期誤判,因此關于北方諸族的血緣和語言的研究,一直面臨着很多的困難。故而,如能發掘東西方史料中關于"鮮卑語言"的深層信息,重新辨析東胡—鮮卑民族的裔流,無疑將會是對于人類語言和歷史的一個重要認識,而中國史學則應承擔其不可推卸的重任。

二、鮮卑族的早期歷史

關于鮮卑人的先祖,可以追溯到先秦時代,《國語·晋語篇》有説:

　　昔成王盟諸侯于歧陽,楚爲荆蠻,置茅蕝,設望表,與鮮卑(亦作"牟")守燎,故不爲盟。

這段楚人"置茅蕝,設望表,與鮮卑守燎"的記載,古代學者往往以後世封建社會的"禮"或"儀"來予以解釋;⑥ 其實,這也不過就是雙方以很原始的放烽火的方法互通信息,聯合抗拒周人統一中原的武力活動。根據這一記載,猜測古鮮卑人是出自中原,并曾與長江流域的楚人結盟,也未必是一個很離譜的想法。因爲從地緣上來説,鮮卑人的祖先既不可能源自北極或者美洲,也不像是出自歐洲,南方的中原地區應該是他們唯一的來路。現代人類學告訴我們,東部非洲人類的基因最爲複雜,現代人類的祖先可能都是出自那裏的;而中國北方人的血緣又遠較南方人單純,北方人則應是出自南方的。⑦鮮卑人可能就是在漢語民族勢力擴張的過程中,撤出中原地區,播遷到北方去的。

鮮卑族所建立的北魏王朝(386—534),是北方少數民族統一中原地區的第一個政權,《魏書·序紀》説北魏王族"拓跋鮮卑"的早期歷史是:

> 國有大鮮卑山,因以為號。其後,世為君長,統幽都之北,廣漠之野,畜牧遷徙,射獵為業,淳樸為俗,簡易為化,不為文字,刻木紀契而已,世事遠近,人相傳授……,北俗謂土為托,謂后為跋,故以為氏。

《魏書·禮志》有關于北魏太平真君四年(443),中書郎李敞去一"石廟"刻文祭祖事迹,該文説:

> 魏先之居幽都也,鑿石為祖宗之廟于烏洛侯國西北。自後南遷,其地隔遠。真君中,烏洛侯國遣使朝獻,云石廟如故,民常祈請,有神驗焉。其歲,遣中書郎李敞詣石室,告祭天地,以皇祖先妣配。祝曰:天子燾謹遣敞等……。石室南距代京可四千餘里。

1980年,中國學者米文平在大興安嶺北段"嘎仙洞"的石壁上,發現了這篇石刻祝文。從此,"嘎仙洞"就是"鮮卑石室","大興安嶺"就是"大鮮卑山"已是確證無疑了。

據《魏書·序紀》記載,拓跋鮮卑傳説中重要的先世酋長,有:"毛"、"推寅"、"詰汾"和"力微"等人。毛"統國三十六,大姓九十九"。推寅領導部衆"南遷大澤,方千余里,厥土昏冥沮洳"。詰汾的父親"獻帝命南移,山谷高深,九難八阻,于是欲止。有神獸,其形似馬,其聲類牛,先行導引,歷年乃出。始居匈奴之地"。在這些口口相授的傳説中,時序可能會發生一些顛倒,然而它們的確是鮮卑人的一段重要的歷史。

"推寅",是史籍中對古鮮卑語詞不多的記載中的一例,《魏書·序紀》説:

> 推寅,蓋俗云鑽研之意。

現代蒙古語中似乎已不用此字。但是"達延"或 Tayang 一字,却是不少後世蒙古酋汗的尊號和氏族的名稱。現代學者多將它們譯作"太陽",以爲它是源自一個漢字。其實不然,它是鮮卑語裏"聰明人"的雅稱。

"大澤",乃是今日的"呼倫湖",湖邊的濕地"厥土昏冥沮洳"。

"神獸",就是在大興安嶺西側多見的健碩而耐寒的鹿。

這段傳説的詮釋或許應該是:古鮮卑人在一些"聰明人"的帶領下,西出大興安嶺以後,使"鹿"作運載工具,南下水草豐盛的呼倫—貝爾草原,然後進據當時的"匈奴之地"。不必認爲這是鮮卑民族"第一次"進入"蒙古高原",但它的確是出現在中國歷史上的首次記載。

在《史集》中,也有十三世紀蒙古民族關于其先人的類似的遠期回憶:

當這個民族在這些山裏和森林裏生息繁衍,地域顯得日益狹窄不够時,他們就互相商量,有什麽好辦法和不難的辦法,可使他們走出這個嚴寒的峽谷和狹窄的山道。于是,他們找到了一處從前經常在那裏熔鐵的鐵礦產地。他們全體聚集在一起,在森林中整堆整堆地準備了許多的木柴和煤,宰殺了七十頭牛馬,從它們身上剝下了整張的皮,作成了風箱。在那山坡下堆起了木柴和煤,安置就緒,使這七十個風箱一齊煽起,直到[山]壁熔化。從那裏獲得了無數的鐵,通道也被開辟出來了。他們全體一起遷徙,從那山隘裏走出到原野上。⑧

較之于中國記載來説,波斯文獻好似更具有故事性和夸張性。但是我們可以看出它與《魏書》中的傳説是如出一轍的。

也很難設想,那個令中原王朝終日惶惶的北匈奴汗庭,竟不堪這幫剛剛出山的鮮卑人的一擊,而西遷中亞。這次逃亡事件,算起來應該是發生在公元一世紀中後期。⑨此後,鮮卑人便取代了匈奴族在蒙古高原上的統治地位,曾經不可一世的"匈奴"之名,便開始逐步消失了。

在成吉思汗出世以前,"匈奴"、"鮮卑"、"柔然"、"高車"、"突厥"、"回紇"、"韃靼"等强勢部落,在蒙古高原上輪流坐莊。而北方諸族民衆的血緣和語言,也在這片苦旱的"匈奴之地"上不斷地融合。嚴格實行"外族婚"一些匈奴部落的男性成員,可能總是在外來的鮮卑部落中擇妻,而鮮卑族的某些部落則一定在本地的匈奴族中選擇女性配偶。像史載所説的"胡父鮮卑母"的"鐵弗匈奴",⑩和馬長壽教授所論斷的"鮮卑父胡母"的"拓跋鮮卑",⑪可能都是這樣形成的混血氏族。

滯留在蒙古高原上的鮮卑人,長期浸溶在匈奴民族之中。一種以匈奴語爲基本,摻雜了鮮卑語成分的混合語言,即後世的"突厥語",就在那裏逐漸地形成了。公元二至六世紀,南遷到陰山—河套地區的拓跋鮮卑部落,由于他們較早就脱離了蒙古地區,因此在他們使用的語言中,或許還保留了較多的"蒙古原語"的特徵。至于"匈奴民族"是否早已融有某些使用"蒙古原語"或"通古斯語"的部落? 或者,新到的"鮮卑民族"是否也帶有"通古斯民族"的成分? 無疑都是很值得討論的課題。然而,無論是作爲"突厥原語"的匈奴語,還是作爲"蒙古原語"的鮮卑語,以及參與這種融合的無處不在的"通古斯語",也都是基于更早的民族—語言融合的一個歷史斷層。追溯一種純之又純的語言,和追溯一種純之又純的民族,一樣都是不可能實現的。

三、鮮卑民族的族名特徵

歷代北方諸族族名,許多是以 gu 音字結尾的,如:"蒙古"、"裕固"、"僕骨"、"拔野古"、

“汪古”、“紇骨”、“烏古”、“護骨”、“紇升骨”、“多濫葛”、“安車骨”、“兀的哥”、“術不姑”等。腭化了的 gu 音又作 ghu 或 ghur，即“紇”、“兀”、“侯”、“羽”、“吾爾”、“斡爾”等，相應的族名則有：“蒙兀”、“回紇”、“烏洛侯”、“契苾羽”、“蒙兀兒”、“維吾爾”、“達斡爾”等。這些以“古”和“紇”或其諸音作其部名尾音的部落，可能多與東胡—鮮卑系民族有某種淵緣，這也是中國人以“胡”來稱呼北方諸族之始。

　　西方歷史關于南俄地區 Hun 人餘族的記載，⑫除 Sabir 外，還有 Bulgar、Kurtrighur、Oghur、Saraghur、Utrighur、Urog 等。這些部名也多以 g、gar、ghar、ghur 等結尾，它們的對音就是漢文的“僕骨”、“高車骨”、“紇骨”、“撒拉紇”、“兀的哥”、“烏洛侯”等，其中不少一定是鮮卑系的部落。

　　“紇骨”氏出自鮮卑也有史證。據《魏書·百官志》記載，它是“與帝室爲十姓，百世不通婚”的“内族”第一姓。因此“紇骨”氏之初，必是一個與“拓跋”氏近緣的鮮卑氏族。世界各國學界都普遍地認爲，中西文族名“護骨”、“滑國”、“烏古”、“回紇”、“維吾爾”、Oghur、Uighur 等，皆與“紇骨”互爲諧音或異字。而“回紇民族”竟會從一個“鮮卑部落”，演變成爲歷史上最重要的“突厥語民族”，那是因爲它與“匈奴餘種”長期融合的結果。

　　“達斡爾”族的語言和族名，也可以證明這一“鮮卑現象”。現代達斡爾語仍被歸納爲一種蒙古語言，歷史上的“屠何”、“徒河”、“大賀”、“達姤”等部落名中的“何”、“河”、“賀”、“姤”與“斡爾”一樣，即是 gur 或 ghur，除此綴音，該族名本應僅爲“屠”、“徒”、“大”、“達”等。先秦時兼顧其所處之地域及部名發音，它被記爲“東胡”；上古時漢語“方”與“邦”兩字相通，意即“族國”，因此又僅取其聲，被記爲“土方”。這個具有各種顯著鮮卑特徵的現代蒙語系民族，其祖先源自于東胡—鮮卑系是理所當然的。

　　“僕骨”，就是隋唐年間的室韋“婆萵部”。⑬《北史》將其簡記爲“鉢·室韋”，⑭興許就是因爲明白了“骨”和“萵”同即“部落”的意思，而將其略去了。《左傳》也有相關的記載：“及武王克商，……肅慎、燕、亳，吾北土也”。其中“亳”音同“鉢”（bo），我猜測這個三千年前名“亳”的北方部落，就是後世的“僕骨”。

　　“僕骨”，也就是西文史載中的 Bulgar，此字可被拆解成 Bul 和 gar 兩部分，“僕”與 Bul 對應，“骨”與 gar 對應。Bulgar 一字現代通常被譯作“保加爾”，《蒙古秘史》中却又譯作“不里阿耳”或“孛剌兒”。那是因爲元蒙年間，蒙古人將 Bul 讀成了 Buli 或 Bula，又將 gar 軟化成了 ar 的緣故。今世有人將“孛剌兒”當作是“波蘭”，真是大錯特錯了。

　　“布里雅惕”，是貝加爾湖以東地區的一個現代蒙古部落，其名 Buryat 也可被拆解成 Bury 和 at 兩部分，“布里”或“不里”即 Bury 或 Buli，“雅惕”則是蒙語中的複數後綴 at，通常也是蒙古部落名的尾綴音。因此從族名或地望上來看，“布里雅惕”的先祖就是“僕骨”，而“楚瓦什人”一定與它是同宗。許多學者認爲“僕骨”是個突厥語部落,但基于“布里雅惕語”是典型的蒙古語,“楚瓦什語”又與突厥語大相徑庭的諸多相悖事實,我們不難判定它們祖先“僕骨”部落所使用的語言,是蒙古語的先祖——鮮卑語。

“拔野古”,是唐代蒙古東部地區的一個著名部落,宋、遼、金、元各代却又遺失了其踪迹。然而,根據“古”和“吾”兩音相通的實質,則不難識得後世散居于歐亞草原各地的“伯岳吾”、“伯牙吾臺”、“巴牙兀惕”諸氏,乃至現代烏克蘭人姓氏 Baiul[15] 等,皆爲“拔野古”的裔族。中西史學名家高手,都曾爲研究元朝名臣土土哈氏[16]的身世,考察過其所出之“欽察伯岳吾部”的祖源,韓儒林先生曾將結論歸納如下:

> 此支欽察部人源出熱河中部,本蒙古種,迫移居西北,雄長其地之後,始改名欽察,
> 人民亦逐漸突厥化,屠寄于此早有詳細考證,伯希和氏亦有所論列。[17]

這個“伯岳吾”或“拔野古”是“本蒙古種”的結論,無疑是我們關于“古”和“骨”爲鮮卑族名特徵論斷的又一力證。

當然,這一特徵的歸納也有例外。遼代族名“術不姑”即是其一,該部的先世可能是匈奴貴姓“須卜”。《羅斯編年史》中也有關于這個部落名的記載:

> 1183－4 年,博戈留伯斯基之弟,Suzdal 城的符西窩洛德(Vsevolod),向伏爾加—保
> 加爾人發動了一次重要的進攻。Sobekul、Chalmat(a)和 Tetuz 等城的保加爾人都嚴陣以
> 待。[18]

其中的 Sobekul,顯然就是混迹于 Bulgar 人中的“術不姑”部。儘管這個部名也後綴有一個鮮卑式族名的“姑”字,但我們確知它是祖源于匈奴民族的。(當然,也有“須卜”就是“鮮卑”的説法,“匈奴”也的確是一個北方諸族的大熔爐,它含有“鮮卑”氏族亦非怪事。)

其二,Huh 人部名 Utrighur,它的漢譯應該是“兀的改”或“兀的哥”,這是一個與“兀者”或“斡拙”相關的通古斯部落名,然而亦以 ghur 結尾。

其三,《金史·世紀》所記載的女真民族的祖先“靺鞨”的組成部落是:

> 金之先,出靺鞨氏。靺鞨本號勿吉。勿吉,古肅慎地也。元魏時,勿吉有七部:曰粟
> 末部,曰伯咄部,曰安車骨部,曰拂涅部,曰號室部,曰黑水部,曰白山部。隋稱靺鞨,而
> 七部並同。唐初,有黑水靺鞨、粟末靺鞨,其五部無聞。

上述七部中,惟“安車骨”一部具有鮮卑族名特徵,該部所處之“按出虎水”(舊名“阿什河”,流經今黑龍江省阿城)地區,正處室韋和通古斯兩大民族的接合部,作者認爲該地既是“金朝”發源地,亦是 Magyar 人的西遷出發地。金代女真語和現代匈牙利語,都含有濃重的通古斯語和蒙古語成分的現象,是該地古代居民在血緣和語言上呈混合狀態的一種後世顯示。像“術不姑”、“兀的哥”、“安車骨”這樣一些有着非鮮卑祖源,却又有着鮮卑族名特徵的部落名

的形成,應該都是它們長期與鮮卑—室韋系部落融合的結果.

《魏書·官氏志》記載的姓氏"撥略"、"步六孤"、"破六韓",《遼史》中的人名"勃魯恩",⑲
現代匈牙利的姓氏 Boros 等,大概都有同出.其中"孤"、"韓"、"恩"、"s"等,實爲可省略或可
替換之添綴,"撥略"或 Boro 才是其本.又如《舊唐書》所載"回紇"本部有九個氏族,其中三
個名爲"藥羅葛"、""胡咄葛"、"藥勿葛".再如現代裕固語中'氏族"一字,亦作"骨"(gu).⑳
"孤"、"葛"、"骨"等,顯然就是古鮮卑語的"氏族"一字.

在唐山、昌黎、薊縣、寶坻等地,及京、津郊區,多有地名如"張各莊"、"李各莊"者,其意
"張家莊"、"李家莊"也.著名的有唐山"胥各莊",薊縣"尤古莊",㉑寶坻"耶律各莊"㉒等.
歷史上,這一地區恰是"徒河鮮卑"、"慕容鮮卑"、"宇文鮮卑"和"契丹"民族的聚居地.顯然,
"尤古"即是"烏古",它和"耶律"一樣都是鮮卑、契丹姓氏之遺存,而作爲"家族"一意的"各"、
"古"等字,也必是傳自東胡—鮮卑—契丹語言的.

四、鮮卑族的語言

入主中原的"拓跋鮮卑"所使用語言的究屬,是一個極爲重要的歷史語言學課題.儘管
關于它的語言記載很少,但它與後世的蒙古語較爲相近,却已被中西學者注意到了.《南齊
書·魏虜傳》中記錄了一些北魏官吏和公務人員的職稱:

> 國中呼內左右為"直真",外左右為"烏矮真",曹局文書吏為"比德真",檐衣人為"樸
> 大真",帶杖人為"胡洛真",通事人為"乞萬真",守門人為"可薄真",偽臺乘驛賤人為"拂
> 竹真",諸州乘驛人為"咸真",殺人者為"契害真",為主出受辭人為"折潰真",貴人作食
> 人為"附真".三公貴人,通謂之"羊真".

其中"比德真"、"乞萬真"和"羊真",都可以在現代蒙古語中找到切近的對應:bichgiin(秘書)、
khelmerch(譯員)和 jiazguurtan(貴族).這些都是"拓跋鮮卑"使用"蒙古原語"的證明.

然而,"拓跋鮮卑"語含有突厥原語的成分也不容否認.《魏書·序紀》在解釋"拓跋"氏名
之由來時說:

> 北俗謂土為托,謂后為跋,故以為氏.

我們注意到,在現代蒙古語中"泥土"一詞是 shavar,在現代土族語中爲 chavar㉓("土族"是鮮
卑"土谷渾"部的後裔),在契丹語中爲"耨斡"㉔;在通古斯語中爲 na;而只有在各種突厥語才
是 toprak.根據這些比較,不難確認《魏書》是用匈奴語中的"泥土"一字,來解釋"拓跋"這個
姓氏的.我們也可以推見,拓跋鮮卑的語言是一種摻雜了不少匈奴語成分的鮮卑語.

在語言資料不足的情況下,通過對姓名的比較研究,也能提供許多確定鮮卑人裔流的依

據。從早期鮮卑彊人"檀石槐"和"軻比能"的名字,就可以看出鮮卑人與蒙古族間的血緣聯繫。

"檀石槐"是二世紀中葉鮮卑族的一個傑出領袖。幼時他便勇健而有智略。及長,他有"施法禁,平曲直,無敢犯者"的領袖才干,而被擁爲大人,并在彈汗山附近(今山西省陽高縣北)建立了牙帳,東部和西部鮮卑的大人都逐漸地歸附了他。東漢桓帝時(147—167 年在位),他建立了一個草原部落軍事大聯盟。據《後漢書》記載,它:

> 南抄緣邊,北拒丁零,東却扶餘,西擊烏孫,盡據匈奴故地。東西萬四千餘里,南北七千餘里,網羅山川水澤鹽池。[25]

從滿洲到中亞,"檀石槐"統轄下的鮮卑族,已經取代了匈奴人的統治地位。

從語音上來看,"檀石槐"很可能就是"成吉思汗"一字的異譯。

在亞洲人類的語言中,輔音 t,d 與 ch 間的轉換,是一個頗常見的現象。如"天"一字,漢語作 tian,匈奴語作"撐犁",蒙古語作"騰格里",朝鮮語作 ch'on,它們都反映了這一變換。又如漢語中,"單"字有兩音 dan 或 chan,"陳"字在閩粵地區却又被讀成 tan 或 dan。故"檀"字也可讀作"成"。

在北方諸族的語言中,ai－an－al 間,也經常互換。如"金"字可作"愛新"(aisin),也作"按春"(anchun),又作"阿爾泰"(altan)。亦因此,"槐"(huai)字可轉讀 huan,其音近"汗"(khan)。看來,"檀石槐"(Chan－s－huan)可能就是"成吉思汗"(Chin－gi－ẓ Khan)的一個轉音。事實上,"檀石槐"是《後漢書》記載的一個鮮卑名號,而"可汗"或"可寒"這樣一些較爲準確的譯音,是後來在北魏年間才被啓用的。

漢靈帝光和年間(178—183),檀石槐逝去。他的草原部落軍事聯盟迅速瓦解,西部鮮卑相率叛去。漠南的鮮卑族自雲中郡(今内蒙古托克托和山西大同之間地區)以東,分裂成三個部分[26]。檀石槐的後裔"步度根"系,據有雲中、雁門、及代郡部分地區;"軻比能"系據有高柳以東的代郡、上谷一帶;居于遼西、右北平、漁陽的"彌加"、"素利"、"闕機"等大人所率之部,可能都是一些通古斯部落。"彌加"大概就是"靺鞨";"素利"可能是後來的渤海王姓"舍利"[27];而"闕機"可能就是後來蒙古人對"女真"或"女直"的稱呼"主兒扯"[28]。

上述諸集團的領袖中,又以"軻比能"者最爲干練。他經過幾十年的努力,終于在自己被曹魏當局設計謀殺(235)之前,統一了中部和東部鮮卑各部。《三國志·魏書·烏丸鮮卑列傳》記載:

> 後鮮卑大人軻比能復制禦群狄,盡收匈奴故地。自雲中、五原以東抵遼水,皆為鮮卑庭。數犯塞寇邊,幽、并苦之。

軻比能是繼檀石槐之後,又一個鮮卑族的傑出領袖。

確認"軻比能"即"忽必來",則不是一件難事。循 k – h; l – n; ai – an 之間的經常的互換現象,"忽必來"(Hu – bi – lai)這個名字,可以順理成章地轉化成"軻比能"(Ku – bi – nan)。看來,蒙古民族的領袖"成吉思汗"和"忽必來"的名號,早在一千多年前,就被兩個鮮卑彊人使用過了。

在軻比能時代的鮮卑、烏桓及周邊部落的酋長名字,有不少被歷史記載了下來,如:和連、魁頭、騫曼、扶羅韓、步度根、泄歸泥、無臣氐、成律歸等等。㉙對于其中"成律歸"和"泄歸泥"兩個名字,我們則有頗充分的根據,將它們的語義和淵源作一番較細致的探討。

從東漢、魏晉及至隋唐各代,在關于北方諸族的記載中,與"成律歸"相關的名字,幾乎無處不在。如《後漢書·烏桓傳》的記載中,有"丘力居"者:

> 靈帝初,烏桓大人上谷有難樓者,衆九千餘落,遼西有丘力居者,衆五千餘落,皆自
> 稱王;又遼東蘇僕延……;右北平烏延……;並勇健而多計策。

在《晋書·慕容廆載記》有説:

> 慕容廆字弈洛瓌(亦作:若洛瓌),㉚昌黎棘城鮮卑人也,……曾祖莫護跋,……祖木
> 延,……父涉歸,以全柳城之功,進拜鮮卑單于,遷邑于遼東北,於是漸慕諸夏之風矣。

《魏書·蠕蠕傳》則記有"車鹿會"者和"乞列歸"者:

> 木骨閭死,子車鹿會雄健,始有部衆,自號柔然……

> 乞列歸與北鎮諸軍相守,[拓跋]嵇敬、[拓跋]崇等破乞列歸于陰山之北,獲之。

四世紀初時的"段部鮮卑",有酋長"就六眷"者,及其伯祖名"日陸眷"者。㉛又據《新唐書·安禄山傳》記載,八世紀時安禄山曾"養同羅、降奚、契丹曳落河八千人爲假子……"

不難看出,"丘力居"、"弈(若)洛瓌"、"車鹿會"、"就六眷"、"日陸眷"、"曳落河"與"成律歸"等,即是蒙古語的 cheregh 一字,或其變音 sheregh,rheregh 等,其意即是"健壯",不過在東胡—鮮卑語中,它還兼有"勇士"和"英雄"的意思。在拓跋鮮卑所建立的北魏王朝中,"章帝悉鹿"和"桓帝猗盧"之名"悉鹿"和"猗盧",乃至隋唐年間突厥名人"處羅可汗"之名"處羅",可能都是這個鮮卑字的轉音。

"英雄"本應是尚武的游牧民族語言中的一個重要詞匯,然而《蒙古秘史》中的"英雄"——"把阿禿兒"或"拔都",在《魏書》和《北史》中却是怎麽也找不見的。我以爲通古斯、蒙古、突厥諸族現代所通用的"英雄"(baator)一字,是七、八世紀鞨鞨人大規模西遷時,才傳入蒙古地區的一個較晚形成的通古斯語詞"英雄"——"巴圖魯"。現代蒙古語僅保留了cheregh 的"健壯"意思,而其兼有的"英雄"一義,却被 baator 所取代了。

另一個很令人感到興趣的鮮卑名字是:"泄歸泥"。此人是檀石槐的曾孫。《三國志·魏書·鮮卑傳》載:

　　　　至青龍元年(233)[軻]比能誘步度根深結和親,于是步度根將泄歸泥及部衆悉保
[軻]比能。

這個字在鮮卑系民族中作男子名字好像很普遍。例如,北魏昭成帝之名"什翼犍",慕容廆之
父名"涉歸",[32] 土谷渾人名"拾歸",[33] 乞伏部酋長"乾歸"[34]等,以及突厥"射匱可汗"之名,可
能都是"泄歸泥"的變音或縮音。

　　　　鮮卑語字"泄歸泥"的詞義應該是"窮人"。其依據頗多,首先,《金國語解》中就有"什古
乃,瘠人"的詞條,以其爲名的金代女真人很多。其次,匈牙利語中"窮人"一字也正是
szeguny。在回紇語的 n – 方言、y – 方言和代表方言中,"窮人"分別爲 chighan(音近"什翼
犍")、chighay(音近"乾歸")和 chighany(音近"泄歸泥")。而在哈薩克語中則是 shighay(音近
"涉歸"或"拾歸")。然而,"泄歸泥"一字竟與匈牙利語的 szeguny 之音最爲切近。這樣,我們
也就面臨了一個問題:鮮卑、女真、匈牙利、回紇這四種語言,究竟誰是此字之源?

　　　　答案不難通過分析而求得。其一,金代女真語中有此字,而後世的滿語中的"窮人"却并
非此字,看來它不會是一個通古斯語族的泛用語詞。其二,回紇方言中雖有此字,土耳其語
中却又無此字,看來它也不像是個突厥語通用詞匯。其三,匈牙利語中出現大量的,有如
szeguny 這樣的東方詞匯,正是其祖先來自遠東的一個證據,而不是相反。比較合理的答案
應是:"什古乃"或"泄歸泥"本是一個鮮卑語詞,在金代女真語、回紇語、匈牙利語中的該字,
都是從"鮮卑語"承繼來的。

　　　　前已述及,金代女真人和他們的先世——嫩江流域的靺鞨人所使用的語言,可能就是一
種通古斯—室韋(鮮卑)混合語言。[35]當這些通古斯部落在融入鮮卑—室韋人的血緣時,也吸
納了大量的鮮卑—室韋語的成分。這個以女真語被記載下來的鮮卑字"窮人"—"什古乃",
未能在後世的蒙古語中保有一席之地,却奇迹般地被靺鞨(Magyar)人帶去歐洲,成了匈牙利
語言中的一個詞匯。

　　　　在古代回紇語和現代哈薩克語中,有"泄歸泥"之類的鮮卑語詞匯,絕非怪事。其實在各
種突厥語言中,均含有不同數量和内容的鮮卑語詞匯。例如大部分突厥語中的"花"字都作
gul;而土耳其語中却偏偏是個 chichig(同蒙古語之"其其格")。十世紀時就離開中亞的土耳
其人的祖先烏古斯人,也就是九世紀時離開蒙古高原的回鶻人;他們與十三世紀時才一舉成
名的成吉思汗的蒙古部,没有發生過直接的相互作用。事實上,釐清了回紇之先出自鮮卑,
爾後才融于匈奴的淵源,其語言中有鮮卑基因也勢屬必然。像"泄歸泥"和"其其格"等鮮卑
—蒙古語詞,出現在回紇民族後裔的語言中,也是完全合理的歷史現象。

五、"柔然"及其語言

　　當拓跋鮮卑族南下中原、建立統一政權的時候,蒙古高原上的種族、語言以及政治的態勢,也在發生變化。《後漢書·匈奴傳》記載:

　　　　匈奴餘種留者尚有十餘萬落,皆自號鮮卑,鮮卑由此漸盛。

歷史地看,這個過程不只是一次"以强部之名爲名"的現象,而且是"較野蠻"的鮮卑人對"較文明"的匈奴人的一次徵服。漢代歷史記載中的爲數不多的幾個匈奴語詞,如"單于"和"閼氏"等,此後都逐步讓位于鮮卑語的"可汗"和"合敦"了,顯然鮮卑人已經取代了匈奴族的統治地位。

　　在以後的年代裏,那裏的匈奴原住民與外來的鮮卑人,自然也實現了血緣和語言的融合,"匈奴"這個名稱從此也就消失了。但是,相當于五十萬到八十萬人口的,那些"十餘萬落"的"匈奴餘種",理當是蒙古地區的基本群衆(數十年前,外蒙古地區的人口亦僅一百餘萬而已)。毋庸置疑,在武力上居優勢的鮮卑人,是可以徵服匈奴部落的;然而他們自身,却注定是要被在數量上、文化上占優勢的匈奴大衆所同化的。在蒙古高原上割據的"柔然"和"高車",就是兩個這種匈奴—鮮卑雜居或混血的部落聯盟。

　　繼匈奴之後,最初在蒙古高原上稱霸的是"柔然"(亦作"蠕蠕")。《魏書·蠕蠕傳》對它有比較詳盡的記載,它説:

　　　　蠕蠕,東胡之苗裔也,姓郁久閭氏。始神元之末,掠騎有得一奴,髮始齊眉,忘本姓名,其主字之曰木骨閭。"木骨閭"者,首禿也。木骨閭與郁久閭聲相近,故後子孫因以為氏。木骨閭既壯,免奴為騎卒。穆帝時,坐後期當斬,亡匿廣漠谿谷間,收合逋逃得百餘人,依紇突鄰部。木骨閭死,子車鹿會雄健,始有部衆,自號柔然,而役屬於國。

看來,"柔然"始于一個禿首的草原流民,以其領袖魅力,糾合百餘人,白手起家。初依附于一個名爲"紇突鄰"的部落,後篡其權。至"車鹿會"時,漸成氣候,他一度臣服北魏政權,後來勢力膨脹,號令漠北諸部,遂成"柔然"部落聯盟。

　　所謂"柔然"爲"東胡之苗裔"的説法,自然是指其統治集團,而絕不會是説它的全體民衆。從一些柔然頭面人物的鮮卑名字,如"車鹿會"和"丑奴"(蒙古語:"狼")等,我們不難看出他們的東胡—鮮卑血統;然而根據一些柔然語詞的分析,我們亦不難判定柔然的語言是現代突厥語的祖先。

　　如柔然汗族族姓"郁久閭",在包羅了北方諸族衆多姓氏的《魏書·官氏志》中是找不到的,實際上它可能是突厥語言中的"大膽"或"勇敢"一字,此字在土耳其語中作 yurekli,在阿塞拜疆語中作 urekli。我猜測它即是鮮卑氏族名"敕勒",亦即鮮卑語中的"雄健"一字于匈奴語的意譯;即如滿清皇族"愛新"氏取漢姓爲"金"一樣。作此一舉的目的,自然是因爲當時蒙古地區基本住民是"匈奴餘衆"的緣故。

　　又如車鹿會的四世孫"社崙"是一個很有作爲的人,他不僅是柔然稱"可汗"的第一人,也是中國歷史上最早的一個"可汗",現代學者已經意識到"可汗"不是一個匈奴的,而是一個鮮卑的稱號。《魏書·蠕蠕傳》説他:

　　　　……於是自號丘豆伐可汗。"丘豆伐"猶魏言駕馭開張也,"可汗"猶魏言皇帝也。
北魏末年有柔然名人"阿那瓌",《魏書·蠕蠕傳》在叙述他參與鎮壓破六韓拔陵起義後,中興柔然的事迹時説:

　　　　……阿那瓌部落既和,士馬稍盛,乃號敕連頭兵豆伐可汗,魏言把攬也。
顯然"兵豆伐"是"丘豆伐"的誤寫。而"丘豆伐"應該是"駕馭"和"把攬",即"控制"或"當權"的意思。查現代土耳其語,其"駕馭"一字恰爲:gutmek。突厥語動詞多 mak 或 mek 結尾,蒙古語則無此特徵;而現代蒙古語中"駕馭"一字是 tuukh,與"丘豆伐"似不相干。因此將"丘豆伐"或 gutmek 判爲一個匈奴字,或許是不必置疑的。《魏書》又以收聲之"伐"(wak 或 wek)字來替代 mek,并將 gutmek 譯作"丘豆伐"了。

　　再如:

　　　　永興……二年,太宗討之,社崙遁走,道死。其子度拔年少,未能御衆,部落立社崙弟斛律,號藹苦蓋可汗,魏言姿質美好也。
"斛律"是鮮卑人名已不必懷疑,而所謂男子的"姿質美好",以漢語的"英俊"和英語的 handsome 與之最爲匹配。查此意在土耳其語中爲 yakishkh,在阿塞拜疆語中爲 ghashangh,在蒙古語中則爲 elbeg。三者相比,yakishkh 或 ghashangh 與"藹苦蓋"則較切近。

　　在語言變化的過程中,姓氏、名字和稱號是相對穩定的部分。從柔然汗國領袖人物的名字和稱號來看,許多是鮮卑式的,而其語言中的一些動詞和形容詞却又多像是出自匈奴語的。因此,從血緣上來説,柔然汗國早期的統治集團可能是東胡—鮮卑族的後裔;但從語言上來説,柔然汗國內使用的却好似是一種以匈奴語爲主體,含有部分鮮卑語成分的混合語言,它可能就是後世的所謂"突厥語"。當然,柔然各部也可能使用不同的語言,匈奴語可能是其中的强勢成分,鮮卑語則逐漸化解消逸于其中了。

　　歷史地看,當"拓跋鮮卑"部在中原地區立國建政,走上了徹底"漢化"的道路時,蒙古高原上的東胡—鮮卑部落,却沿着"匈奴化"的方向發展着。

六、"高車"和"回紇"源自鮮卑

"匈奴"之名消失于蒙古高原以後,另一個與"柔然"并立的强勢部落聯盟,便是"高車"。
《魏書·高車傳》最早記載了它:

> 高車,蓋古赤狄之餘種也,初號為狄歷,北方以為敕勒,諸夏以為高車、丁零。其語
> 略與匈奴同而時有小異,或云其先匈奴之甥也。其種有狄氏、袁紇氏、斛律氏、解批氏、
> 護骨氏、異奇斤氏。

其實,西方也有關于"高車"部落的記載。Hun 人部落名 Kurtrighur 有着鮮明的鮮卑式部
落名的特徵,如略去其中的 ghur,剩下的 Kurtri,應該就是漢文的"高車"。另外,根據拜占庭
的記載,八—九世紀時的南俄草原上,有一個重要的"突厥部落"Kurtgy – mat,㉟這個突厥式
族名"高車蠻",應該就是從"高車骨"演變來的。這個部落後來加入了 Magyar 人的行列,現
代匈牙利人中的 Kocsis 氏,大概也就是當初的鮮卑"高車"氏。

據"匈奴餘種……皆自號鮮卑"的説法,這個後匈奴時期的彊部之名"高車",也應該是個
鮮卑名號。再根據上述"其先匈奴之甥也"的説法,"匈奴"則應是早期"高車"的"舅族"或"母
族",就當時蒙古地區的種族狀況而言,其"父族"則非"鮮卑"而莫屬也。

上述"高車"的六個氏族中,"袁紇"和'護骨"當即"紇骨"。"解批"即"契苾羽","斛律"即
"烏洛侯",其中"羽"和"侯"均應讀 ghu,故爾兩者都是鮮卑式族名。"狄氏"即"庫狄氏",或
即後世的"思結"和"失吉",我們也可考證它是個鮮卑—蒙古系的氏族。北齊皇帝高歡是一
個鮮卑化很深的漢人,史載説他"累世北邊,故習其俗,遂同鮮卑",㊲因此他對于鮮卑族人的
根底,也都了解得很清楚。"庫狄干"和"斛律金",是他最忠實的兩個親近將領。高歡臨終前
關照他的長子高澄説:

> 庫狄干鮮卑老公,斛律金敕勒老公,並性遒直,終不負汝。

可見"庫狄"也是一個"鮮卑"系氏族。

至于"高車"、"敕勒"、"護骨"這些著名部落之間的關係,究竟是互相平行的,還是上下統
屬的,則很難判斷。可能那是一種相當松散平等的聯盟,時而"高車"興盛、時而"護骨"彊大。
部落的分裂、兼并和通婚,造成了"你中有我"和"我中有你"的錯雜現象。聯盟中又有"内族"
和"外族"之分,這可能與血緣的親疏有關。北魏時,"高車"是一個以鮮卑血統部落爲内族的
部落聯盟的霸主,"敕勒"、"護骨"、"庫狄"、"斛律"、"解批"等,則又是它的核心。

丁謙很早就提出過,"高車"是源于"鮮卑"的觀點,但很少爲人所注意。在《魏書外國傳
地理考證》一文中,他猜測:

　　　　高車與魏(即拓跋鮮卑)同種,上古□□窮北之大鮮卑山,南遷大澤,方千餘里,即今
貝加爾湖,《漢書》所謂北海,本書所謂于巳尼大水也,未幾,拓跋氏又南遷漠北,旋至漠
南,其留居貝加爾湖濱者自號丁零,後又分部西牧至堅昆之西陸昆海西北,魚豢《魏略》
載之。時稱為西丁零,云高車者,不過由車制之異,從而呼之,并非部名,部人與元魏、突
厥、蒙古皆鮮卑族。

　儘管在這些説法中,有個別欠妥的地方,如"大澤"應爲今呼倫湖,而非貝加爾湖,又如"高車"
與"拓跋"即便同宗,也未必是同時離開大興安嶺的鮮卑部落。然而,不僅他説"高車"、"元
魏"、"蒙古"出自鮮卑,是一個顯然正確的結論,他所説的"突厥"也是源自鮮卑的判斷,可能
也是千真萬確的。

　　　關于"高車"即"鮮卑"的證據還有很多。例如《魏書》説:"乞伏國仁,隴西鮮卑人";"乞伏
保,高車部人也";"乞伏惠字令和,馬邑鮮卑人也"。"乞伏"既爲"鮮卑"姓氏,又爲"高車",當
然"高車"就是"鮮卑"。

　　　再如《魏書·高車傳》中曾説:

　　　　……尋而高車姪利曷莫弗敕力犍率其九百餘落內附,拜敕力犍為揚威將軍,置司
馬、參軍,賜穀二萬斛。後高車解批莫弗幡豆建復率其部三十餘落內附,亦拜為威遠將
軍……

文中"姪利曷"就是"敕勒骨",即"敕勒部落";"莫弗"則是室韋—契丹系酋長的稱號。故第一
人爲"高車的敕勒部落酋長敕力犍",第二人爲"高車的解批部落酋長幡豆建"。"敕力犍"即
是"車鹿會"[⊗],鮮卑語之"雄健"。而"幡豆建"可能就是《金國語解》中的"謾都哥,痴呆之謂"
一字。它與"什古乃,瘠人"一樣,大概也是金代女真語中的鮮卑—室韋語借詞。"敕力犍"和
"幡豆建"兩個名字都以 gan 結尾,也像是鮮卑式人名的一個特徵。金代女真人好似鮮卑人,
也喜歡用"窮人"、"笨蛋"之類的"賤字"爲名。

　　　如此多的鮮卑、烏桓、柔然、高車、契丹族男子都以"雄健"爲名,"高車"之部落名"敕勒",
是否也是蒙古語中的 cheregh 一字,其義是否就是"雄健之族"呢? 史載北齊皇帝高歡因戰事
不利而抑鬱致疾,曾使斛律金唱一曲鮮卑語的"敕勒歌"以激勵士氣。[③] 這首永垂不朽的歌詞
譯云:

　　　　敕勒川,陰山下,天似穹廬,籠蓋四野。天蒼蒼,野茫茫,風吹草低見牛羊。

它以北方草原的遼闊景象,來抒發壯士不屈的豪邁情懷。"敕勒歌"是否就是"壯士之歌"或
"英雄之歌"呢?

　　　《魏書·高車傳》所載的高車部的民俗也與後世的契丹、蒙古族很相似,如:

　　　　至來歲秋,馬肥,復相率候於震所,埋殺羊,燃火,拔刀,女巫祝説,似如中國祓除,而

群隊馳馬旋繞,百帀乃止。人持一束柳梜,回竪之,以乳酪灌焉。婦人以皮裹羊骸,戴之
首上,縈屈髮鬢而綴之,有似軒冕。

契丹人就有這種騎馬繞柳樹祭祀或慶祝的習俗。高車族婦女頭上戴的裝飾物,也就象是後
世蒙古女子的頭飾"顧姑冠"。

"回紇"之名既源于"高車護骨",必出自"鮮卑",它是與"匈奴"融合而成的"突厥語民
族"。《突厥碑文》中的"十姓回紇"(On Uyghur),或"九姓烏古斯"(Toquz Oghuz),統統都是"回
紇",他們是"突厥汗國"中的基本民衆。各代波斯、阿拉伯、拜占庭歷史,也都有關于 Uyghur
或 Oghur 的記載,它與 Bulgar、Kurtrighur 等爲同等重要的 Hun 人部落。

"回鶻汗國"繼"突厥汗國",在蒙古地區稱霸了一百年,公元 840 年時被"黠戛斯"逐出蒙
古地區,散居在中亞—西亞各地。現代維吾爾人和土耳其人的血緣中均有"回紇"之所出,他
們所使用的"突厥語",實際上也是傳承于"回紇語"的。當"回鶻汗國"鼎盛時,其屬下的種族
和語言也一定相當複雜,不僅匈奴、鮮卑部落盤根錯節,靺鞨成分也不斷地注入。現代裕固
族中的突厥—蒙古兩語並用的狀況,很可能是當年"回鶻汗國"中,匈奴語—鮮卑語并存現象
的一種延續。

作爲"回紇"的直系後裔,在甘肅祈連山區獨處了一千多年的"裕固族",對于研究回紇民
族和語言來說,是一具較"純净"的"標本"。前蘇聯學者杰尼舍夫注意到,裕固族的 Isaqana
鄂托克含有不少蒙古氏族,如 Arlat、Dzunil、Oreg、Paghana、Qalga、Qarghos、Qongrat、Soltus、
Temurchin、Tuman、Virat 等。[40] 我們不難于其中識別出:Oreg—斛律、Qalga—喀爾喀、Qongrat—
弘吉剌、Virat—衛拉特、Temurchin—鐵木真、Tuman—圖曼等,裕固—蒙古氏族名之間的對應。
然而,裕固族的祖先回紇人,于九世紀中離開蒙古地區時,成吉思汗的蒙古部尚無影無踪。
"裕固族"中的這些所謂"蒙古氏族",也很可能就是回紇人自己的"鮮卑根":敕勒—高車—袁
紇—護骨部落的子裔。

裕固族姓氏的多樣性,也足以揭示它是由多民族融合而成的,例如:

裕固氏族名	漢譯	注釋
Andzhan	奄章、按春	滿族姓氏"愛新"。
Chanban	昔班	可能是"鮮卑"之變音。
Kong、Qon	渾	匈奴—突厥部落。
Paghligh	巴牙里黑[41]	"靺鞨"或"蔑里乞"。
Pegeshi		可能與"伯岳吾"有關。[42]
Qirghis	吉爾吉斯	突厥語民族。
Tokshu	塔克什	滿族姓氏。
Turgust	突騎施	突厥語部落。
Yaglak	藥羅葛、夜落紇	通古斯部落名"挹婁",或契丹姓氏"耶律"氏。

上述這些氏族名字,有的出自匈奴—突厥系,有的出自鮮卑—蒙古系,甚至還有來自通古斯—靺鞨系的。

近代"裕固族"的"那顏"(頭人),多出自"奄章"(Andzhan)家族。[43] 又據史載,唐代回紇"內九族"有"藥羅葛"[44]氏;宋代"甘州回鶻"王族爲"夜落紇"[45]氏,兩者必是今日裕固族中的Yaglak氏。Andzhan和Yaglak兩氏之源可能就是通古斯之"愛新"和"挹婁"。看來通古斯系氏族很早就執掌了"回鶻汗國"的領袖地位,然而"裕固族"的祖名"回紇"出自"鮮卑",其主要血緣來自"匈奴",應該也是無疑的事實。

七、楚瓦什人的先祖也是鮮卑

楚瓦什(Chuwash)人主要分布在伏爾加河右岸的楚瓦什共和國境內,他們是公元四世紀時,從東方遷來的 Hun 人 Bulgar 和 Sabir 部落的後代。前文已經分析指出,Bulgar 即是"僕骨",Sabir 即是"鮮卑";Chuwa 一字則是轉自 Suwar 或即"室韋"。由于楚瓦什語中包容了大量突厥語成分,因此它被阿爾泰語系理論納入了突厥語的範疇。但是楚瓦什語又與一般突厥語言相距甚遠,互相之間不能溝通,這又使它被認爲是一種非常"獨特的"突厥語。除去族名上的關聯外,還有許多事實表明,楚瓦什語與蒙古語和通古斯語間有着"特殊的"的聯繫。這都表明楚瓦什人的先祖 Hun 人,可能與鮮卑人和通古斯人有着某種淵源。[46]

楚瓦什語的這種偏離突厥語的怪異特徵,又被一些西方學者說成是它與所謂"芬蘭—烏戈爾語言"相互作用的結果。然而,這非但未能解釋楚瓦什民族和語言的由來,却又暗示了"芬蘭—烏戈爾語言"與那些遠東語言間的關聯。我們已經發現,在最重要的芬蘭—烏戈爾語言—匈牙利語中,就存在着大量的通古斯語和蒙古語的成分。而使用"芬蘭—烏戈爾語言"的兩個西伯利亞民族的族名 Vogul 和 Ostiak,可能分別就是鮮卑系的"護骨",和通古斯系的"兀者";所謂的"烏戈爾語",可能就是"護骨語"或"烏古語"。難怪有許多更有眼光的學者,要懷疑這種"芬蘭—烏戈爾語言",進而其母族"烏拉爾語系"理論存在的必要性了。

在王遠新教授所著的《突厥歷史語言學研究》一書中,介紹了阿爾泰語系理論中的這種很令人質疑的觀點:

> 早在十五世紀,在現代楚瓦什人居住的地區就形成了楚瓦什部族,在楚瓦什部族形成和發展過程中,其部族和語言與[使用]芬蘭—烏戈爾語言的一些部族和語言發生了融合。因此,近現代楚瓦什語是在古布爾加爾語的一些方言基礎上,融合了芬蘭—烏戈爾語言的一些特點而逐漸形成的。[47]

儘管他們沒有明說古布爾加爾(Bulgar)語究竟是一種什麼樣的語言,但又暗示楚瓦什人祖先的語言可能更爲突厥化,衹是後來在"芬蘭—烏戈爾語言"的影響下,才異化成了目前的這種怪異的狀況的。

事實根本不是如此,蘇俄突厥學家威廉·巴托爾德院士在他的權威著作《中亞突厥史十二講》中指出,[48]楚瓦什人的祖先 Bulgar 人所使用的語言,就是與一般突厥語很不一樣的。他引用阿拉伯記載説:

> 阿拉伯地理學家着重指出,從南俄的 Pechenegs 人至中國近鄰的突厥人的各種方言是相似的,并補充説,有一種語言是特殊的、別人不懂的語言,就是居住在伏爾加河中游的不耳阿里(Bulgarisch)人和可薩人所説的。

他接着就推論:

> 歷史事實使人假設,如果楚瓦什語是代表突厥語發展較早階段的殘餘,那末這一階段的匈奴語也就不會是突厥語……。突厥語本身的最早的發展階段,很可能就是與匈奴人東鄰的鮮卑語。爲了弄清楚這個問題,我們希望鮮卑—中國語字典的盡快出版,伯希和教授曾報道有這一字典。[49]

應該澄清的是,這裏所説的"匈奴語",應該是指"Hun 人的語言"。十八世紀後期以來,"Hun 人即匈奴"的學説在東西方廣泛流行,因此巴托爾德或中文譯者可能都把它們兩者混淆了。又兼之于"突厥語"是源自于"匈奴語"的基本假設,而楚瓦什人又是 Hun 人的後裔,因此便有了上述"楚瓦什語是代表突厥語發展較早階段"的不當想法。如今,當我們認識到 Bulgar 和 Sabir 都是源自東方的鮮卑部落時,"Hun 人即匈奴"的假説,自然也就應該被揚棄了。而古代 Hun 人所使用的語言是鮮卑語,而不是匈奴語的結論,則也就一目了然了。

顯然,巴托爾德,可能還有伯希和,很早就在猜測 Hun 人不是什麽使用"突厥原語"的民族,而是出自于"鮮卑民族"的。特別是對于不能閱讀漢文史料的巴托爾德來説,竟有如此精辟獨到直覺和洞察,令人驚訝。

而現代"阿爾泰語系"理論的設計師們,畢竟又矮人一頭。他們竟不惜周章地去定義一種所謂的"r 型突厥語",來解釋這種"楚瓦什語現象"。《大英百科全書》的"阿爾泰語系"一章的作者在介紹這種理論時,頗費心機地説:

> 可能在很早的年代,突厥語就分裂成兩支:z–š型的(通常稱爲 z 型突厥語)和 r–l 型的(通常稱爲 r 型突厥語),這兩類突厥語得名于這幾個語音間的有規則的轉換。例如"百"字,在 z 型突厥語中爲 yuz,在 r 型突厥語中相應爲 ser;又如"歲"字,在 š型突厥語中爲 yaš,而在 l 型突厥語中則是 sul。這種朝 r 和 l 偏離的最早的傾向,是出現在南俄草原地帶。當年的 Hun 人看來就是使用這種 r–l 型突厥語的,他們的遷徙是這種語言西向傳播的原因。現在唯有楚瓦什語屬于這種 r–l 型的語言,楚瓦什語被認爲是伏

爾加–Bulgar語的後裔;而其他的突厥語則都是 z–š型的。[50]

無疑,yuz–ser("百")和 yaš–sul("歲"),是被作者認爲最易于比較的兩組詞例。然而無論對于"外行"還是"內行",都不會看出它們間有任何"表面的"或"內在的"語音關聯。這種不顧全字的對音,而僅將個別輔音進行武斷比較,其結論一定是很難經得起推敲的,其反例當然也是不可勝舉的。

其實,三種所謂"阿爾泰語言"中的"百"字,可謂風馬牛不相及。在契丹語中它作"爪",[51]現代蒙古語中作 zuu,匈牙利語中作 szaz;在通古斯–滿語則是 tang–gu;[52]而在突厥語却爲 yuz(漢譯:"玉兹")。顯然,楚瓦什語中的 ser 一定是個古鮮卑字,否則便不會與契丹—蒙古語的"百"字相通了。此外,"歲"字,在楚瓦什語中是 sul,它與現代蒙古語的 nas,和各種突厥語的 yaš(漢譯:"亞西")都相去甚遠,却又與通古斯–滿語的 ser[53]極其相近。

面對如此簡單的事實,人們真不必去虛構這種"兩類突厥語理論",而只須實事求是地承認:儘管楚瓦什語曾受到過突厥語巨大的影響,但楚瓦什人的祖語是以鮮卑語爲主體,滲融了不少通古斯語成分的混合語言。當我們釋清了楚瓦什民族和語言的鮮卑祖源後,許多人爲虛構的"阿爾泰語言"間的語音轉換規則,也自然應該予以擯棄。在失去了楚瓦什語這個重要的中間體後,各種所謂"阿爾泰語言"間的同源假説,亦將形同泡影。無論是自然科學還是社會科學,凡是進入無法自洽的重叠假説的境地,必定是已經走進了無望的死胡同。

將古鮮卑語的成分從現代楚瓦什語中辨析出來,無疑是一件極具學術價值的工作。然而,因爲在現代突厥語中已經融合了大量的"蒙古原語"成分;而在現代蒙古語中又不僅包容了大量的"突厥原語",還滲透了大量的"通古斯語"的成分。如果認爲以現代突厥語和現代蒙古語作對照,就能輕而易舉地識別楚瓦什語中的鮮卑語成分,則是大大低估了此事的難度了。

其次,作爲古鮮卑語的主要載體——現代蒙古語,也喪失了許多古鮮卑語的詞匯或它們的部分詞義。而有些被蒙古語言遺失了的鮮卑語成分,却分別在楚瓦什語、匈牙利語、裕固語、錫伯語、維吾爾語、土耳其語中被保留下來了。前述的《金史·國語解》中的"什古乃"("窮人")一字,就完好地保留在匈牙利語中(szegeny);再如蒙古語中的"馬"字 at 和 morin,分別是借自突厥語和通古斯語的,而鮮卑語中的"馬"字則很可能與匈牙利語的 ló 或楚瓦什語中的 lasa 有關。

除去中國史籍以外,波斯、阿拉伯、拜占庭、羅斯歷史關于 Bulgar、Sabir、可薩人的片斷語言的記載,也能爲我們提供某種綫索。如阿拉伯地理著作的作者 Ibn Fadlan 在巡訪伏爾加–保加爾汗國時,發現在那裏的人們稱"酋長"爲 Wirgh,稱"北方"爲 shahaliba,它們可能就是通古斯語中的"兀術"("頭頭")和"撒哈連"("黑暗")。不僅在楚瓦什人祖先所使用的語言中,含有相當的通古斯語成分;根據西方史料中的 Hun 人姓名的記載,同樣可以得出通古斯人也是 Hun 人中的重要組分的結論。

　　二十世紀三十年代,土耳其國內在穆斯塔法·凱末爾(Mustafa Kemal)總統的推動下,開展了一場轟轟烈烈的"語言純化"和"文字改革"的群衆運動,旨在清除土耳其語言中的阿拉伯語和波斯語成分,并以拉丁文字取代阿拉伯文作爲書寫文字。在這場運動中,政府有組織地收集各歷史時期的突厥語詞匯,以及各地區的突厥語方言,經鑒定後逐步替代外來語詞。事實上這些被收集來的"純突厥語詞"中有不少是"烏古斯"(即"回紇")人撤出蒙古高原以前,已經融入突厥－回紇語中的"鮮卑語"或"通古斯－靺鞨語"詞匯,它們有很多也被列入現代土耳其語詞典。[54]這場在土耳其進行的"净化語言"的努力,竟也無意中爲中國北方諸族歷史語言學的研究,採集了豐富的原始資料。

　　以"白色"一字爲例。在突厥語中它一般都作"阿克"或"阿赫"(ak 或 akh),在蒙古語和通古斯語中則是"察罕"(chagaan);而楚瓦什語却不尋常例作 shur(a)。我們又發現現代土耳其語詞典中,"白色"一字除有 ak 在列以外,還收有 soluk 和 solgun 等字。ak 和 solgun 無疑即是"阿克"和"察罕";而 soluk 顯然即是楚瓦什語"白色"一字 shur(a)的變寫,該字之源很令人深省。《元和姓纂》卷八在談到鮮卑氏族名"素和"時曾説:"後魏書云,以本白部,故號素和",它揭示了楚瓦什語的 shur(a),或土耳其語的 soluk,都是來自鮮卑語的。

　　爲了揭示楚瓦什語中的鮮卑語的成分,同時比較楚瓦什語和蒙古語、契丹語、突厥語、通古斯—滿語、匈牙利語之間的關係,我們在下面表列不多的幾個基本詞匯,以期讀者能發現其中的一些內在聯繫。

	楚瓦什語	蒙古語(契丹語)	匈牙利語	突厥語	通古斯—滿語
門	alak	haalaga	ajtó	eshik	duka
乳房	kakar	kherkh	mell	emegh	meme
花	chicheg	chichig	virag	gul	ilgha
種子	vara	ura	mag	tohum	uso/udze
馬	lasa	at, morin	ló	at	morin
公牛	vakar	buqa	bika	boga	ihan
松鼠	paksha				
田鼠		(拍)	pacok		
冬天	hel	evel	tel	kish	tuweri
時間	chuh	tsagh	ido	kez/chak	erin

石頭	chul	chuluu	ko	tash	wohe
精神	chun	suuns	szellem	ruh	
語言	cheilhe	heile	nyelv	dil	gisun
一百	ser	zuu （爪）	szaz	yuz	tang－gu
夜間	ser	sherner	ej, ejjel	gedje	dobori
土壤	ser/tapra	shavar （耨斡）	fold	toprak	na/bohon
雨	sumar	boroo, hur(瑟)	eso	yaghmur	agha
白色	shur(a)	tsagaan	feher	ak/soluk/solgan	cha－gan
小的	vak	baka	kis	kechigh	ejighe

八、結束語

以中國北方諸族語言爲對象的研究，早在十八世紀上半葉就開始了。突厥、蒙古、通古斯三大語言是否同源的探索，不僅具有語言學上的意義，而且從人類學研究的角度來看，是涉及這三大民族是否同源的重大課題。西方各國的學界都對它表現了巨大的興趣，而且作出過許多積極的貢獻。直到如今芬蘭和匈牙利的學者仍然對它保持着旺盛的熱情，當然這也是因爲它和匈牙利、芬蘭兩民族的祖源探索有着重要的關係。

突厥語、蒙古語和通古斯語都是相當複雜的混合語言。處于東部地區的通古斯語，如建州女真語、赫哲語等，可能相對較爲單純。一些西方的語言學者，發現了它們之間的某些關聯現象，卻又未能洞察它們互相融合的歷史和機制，而將流變着的語言狀態的近世斷層作爲依據，構造了一個刻舟求劍式"阿爾泰語系"理論；以致將先世不同，後世方才融合的這三種語言，說成是同宗同源的姊妹語言了。

所謂"阿爾泰語系"理論面臨的最大的困難是：在突厥、蒙古、通古斯這三大語言之間，"數詞"和"基本詞"完全不同，而許多"文化詞"（我稱之爲"高級詞匯"）卻相當地類似。這 也就與成功的比較語言學理論——"印歐語系"學說的普適性假設相抵觸。顯然，這三大民族和語言間的相互作用，應該是在人類社會發展的較後期才發生的。本世紀以來，"阿爾泰語系"理論一直處于被動挨打的地位，其支持者們固執地堅持該語系的所謂"特殊性"，在方法論上則采用無效的"繁瑣哲學"。然而，"反方"儘管在論戰中呈進攻態勢，但卻很少能關注或兼通東西方史料，從而歷史地或動力學地解釋這三種語言融合的過程和機理，以致始終未能將"正方"置于"死地"。

要科學地解釋現代形態的突厥、蒙古和通古斯語言的形成機制，使用中國史料關于北方諸族運動的記載,是一條不可回避的途徑。在史前期,"東胡—鮮卑"人和"通古斯"人可能就在潛默地西遷着了,因此"匈奴語言"大概也很早就雜有"東胡—鮮卑語"和"通古斯語"的成分。公元一世紀時,鮮卑族大規模地入侵蒙古高原後,"匈奴語"中的"鮮卑語"成分大大地加强了。六世紀時,來自阿爾泰地區的"蘭突厥"部消滅了"柔然汗國",建立了强大的"突厥汗國",蒙古高原上這種"匈奴—鮮卑"混合語言,開始被稱爲是"突厥語"了。

後世蒙古高原上的語言,又經歷過幾次重要的變遷。七——八世紀間,西遷的靺鞨—韃靼人,又帶來大量的"通古斯—室韋"混合語成分。因此公元 840 年前蒙古地區的"回鶻汗國",很可能是一個多語的(multi – lingual)部落聯盟。其强勢語言是"突厥—回紇"語,然其本身又一定是一種"匈奴—鮮卑—靺鞨"語言的融合體。十二——十三世紀時,成吉思汗和他的含有大量通古斯成分的"蒙古部",徹底整合了草原上的部落社會,蒙古地區的"突厥語",又再一次被强烈地冲擊和攪拌,使其重心進一步朝"東胡—鮮卑語"和"通古斯—靺鞨語"方面傾斜。"現代蒙古語"的基本面貌大概就是在那時形成的。當然,與古鮮卑人使用的"蒙古原語"相比較,它又有了很大的偏離,"突厥語"和"通古斯語",在"現代蒙古語"中都占了相當重要的部分。

本文的許多觀點,曾于一九九九年五、六月間,在中國社會科學院民族研究所、黑龍江省博物館、遼寧省社會科學院、華東師範大學歷史系等單位,與不少專家和學生進行交流和討論。感謝郝時遠教授、于志耿教授、關嘉禄教授、王斯德教授所給我安排的機會。民族研究所朝克教授,曾在討論中發表支持性意見。黑龍江省文化廳廳長、著名作家劉邦厚先生以執著的學術熱情,參與了長達數小時非常專業化的討論。劉鳳翥教授、余太山教授、杜亞雄教授和我的討論也都是非常中肯有益的。寓居美國的鮮卑學專家米文平先生,和臺灣中央研究院院士、美國匹兹堡大學名譽教授許倬雲先生,也曾爲我釋疑解難。

① 《後漢書》卷九十,《烏桓鮮卑列傳》,標點重印本,中華書局。
② 孫進已《東北民族源流》,黑龍江人民出版社,1987,頁 30—31。
③ P. Golden, *Khazar Studies*, Budapest, Akademiai Kiado, 1980, p. 35.
④ V. Shnirelman, *Who Gets the Past*?, Washington D. C., Woodrow Wilson, 1996, p. 32.
⑤ Gy. Nemeth, *A honfoglalo magyarsag kialakulasa*, Budapest, 1930, pp. 183—6.
⑥ 《國語》卷十四,《晋語八》,標點重印本,上海古籍出版社,下册,頁 46。注釋九:"置,立也。藗,謂束茅而立之,所以縮酒。望表,謂望祭山川,立木以爲表,表其位也。"
⑦ Bing Su(宿兵), Junhua Xiao, Peter Underhill, Ranjan Deka, Weiling Zhang, Joshua Akey, Wei Huang, Di Shen, Daru Lu, Jingchun Luo, Jiayou Chu, Jiazhen Tan, Peidong shen, Ron Davis, Luca Cavalli – Sforza, Ranajit Chakraborty, Momiao Xiong, Ruofu Du, Peter Oefner, Zhu Chen, and Li Jin(金力)(1999) *Y – Chromosome Evidence for a Northward Migration of Modern Humans into Eastern Asia during the Last Ice Age*, Am. J. Hum. Genet. 65:1718—1724.
⑧ 拉施特主編《史集》,第一卷第一分册,余大鈞譯,商務印書館,1986,頁 252。

⑨ 《後漢書》卷九十,《烏桓鮮卑列傳》,標點重印本,中華書局。
　　曰:"和帝永元中,大將軍竇憲遣右校尉耿夔擊破匈奴,北單于逃走,鮮卑因此轉徙據其地。"
⑩ 《魏書》卷九十五,《鐵弗劉虎傳》,標點重印本,中華書局。
　　曰:"北人謂胡父鮮卑母爲鐵弗,因以爲號。"
⑪ 馬長壽《烏桓與鮮卑》,上海人民出版社,1962,頁 3。
⑫ O. Maenchen－Helfen, *The World of The Huns*, Berkeley, 1973, p.54, 128, 166, 274, 298.
⑬ 《新唐書》卷二百一十九,《室韋傳》,標點重印本,中華書局。
⑭ 《北史》卷九十四,《室韋傳》,標點重印本,中華書局。
⑮ 1996 年世界奧林匹克運動會女子花樣滑冰冠軍,爲烏克蘭選手 Oksana Baiul。
⑯ 《元史》卷一百二十八,《土土哈傳》,標點重印本,中華書局。
　　曰:"土土哈,其先本武平北連折川按答罕山部族,自曲出徙居西北玉里伯里山,因以爲氏,號其國曰欽察。其地
　　去中國三萬餘里,夏夜極短,日暫没即出。曲出生唆末納,唆末納生亦納思,世爲欽察國主。"
⑰ 韓儒林《穹廬集》,上海人民出版社,1982,頁 74—75.
　　屠寄《蒙兀兒史記》卷三,頁 26。
　　Pelliot, "A propos des Comans", *Journal Asiatique*, 1920, P.25.
⑱ P. Golden: "The People of the Russian Forest Belt", in Denis Sinor ed, *The Cambridge History of Early Inner Asia*, Cambridge,
　　Cambridge University Press, 1990, p.241.
⑲ 《遼史》卷二,《太祖紀下》,標點重印本,中華書局。
　　曰:"天顯元年(926)二月甲午,以奚部長勃魯恩,王郁自回鶻、新羅、吐蕃……等從征有功,優加賞賚。"
⑳ 佐口透"撒里維吾爾族源考",吳永明譯,林干編《突厥與回紇歷史論文集》,中華書局,1987,頁 791—801。
㉑ 張文生主編《中國地圖集》,高等教育出版社,1990,頁 14。
㉒ 馮繼欽、孟廣耀、黄鳳岐《契丹族文化史》,黑龍江人民出版社,1994,頁 274。
㉓ 照那斯圖《土族語簡志》,民族出版社,1985,頁 103。
㉔ 《遼史》卷一百十六,《國語解》,標點重印本,中華書局。
　　曰:"耨斡麼　麼,亦作改。耨斡,后土稱。麼,母稱。"
㉕ 《後漢書》卷九十,《烏桓鮮卑傳》,標點重印本,中華書局。
㉖ 《三國志》卷三十,《魏書·烏丸鮮卑東夷傳》,標點重印本,中華書局。
㉗ 《新唐書》卷二百一十九,《渤海傳》,標點重印本,中華書局。
　　曰:"萬歲通天中……,有舍利乞乞仲象者,與靺鞨酋乞四比羽及高麗餘種東走,度遼水,保太白山之東北,阻奥
　　婁河,樹壁自固。武后封乞四比羽爲許國公,乞乞仲象爲震國公,赦其罪。"
㉘ 拉施特主編《史集》第一卷第二分册,余大鈞譯,商務印書館,1986,頁 227。
㉙ 《三國志》卷三十,《魏書·烏丸鮮卑東夷傳》,標點重印本,中華書局。
　　馬長壽《烏桓與鮮卑》,上海人民出版社,1962,頁 179—192。
㉚ 《魏書》卷一百一,《土谷渾傳》,標點重印本,中華書局。
　　曰:"土谷渾,本遼東鮮卑徒河涉歸子也。涉歸一名弈洛韓,有二子,庶長曰土谷渾,少曰若洛廆。"
㉛ 《魏書》卷一百三,《徒河段就六眷傳》,標點重印本,中華書局。
㉜ 《晉書》卷九十七,《四夷·西戎·土谷渾》,標點重印本,中華書局。
㉝ 《魏書》卷五十一,《封敕文傳》,標點重印本,中華書局。
㉞ 《晉書》卷一百二十五,《乞伏乾歸載記》,標點重印本,中華書局。
㉟ 朱學淵"論 Magyar 人的遠東祖源",《世界民族》,1998 年,第二期,頁 29。
㊱ Constatine Porphyrogenitus, *De Administrando Imprio*, WashingtonD. C., Dumbarton Oaks, 1967, p.175. 按:此英譯本所列八
　　個"Turk"部落爲:Kabaoi、Nekis、Megeris、Kourtougermatos、Tarianos、Genach、Kari、Kasi。一般認爲 Kabaoi 部滯留于摩爾
　　達維亞而未入匈牙利地區。餘稱 Magyar 七部,匈牙利文則譯作:Nyek、Megyer、Kurtgymat、Tarjan、Jeno、Keri、Keszi。
　　本文對 Nyek、Megyer、Keri 三部有較多討論,而其餘四部 Kurtgymat、Tarjan、Jeno、Keszi 之對應漢字部落—氏族名可
　　能是"高車"、"達延"、"挹婁"、"喀失"。
㊲ 《北齊書》卷一、二,《帝紀·神武》,標點重印本,中華書局。曰:"齊高祖神武皇帝,姓高名歡,字賀六渾……。"蒙
　　古語"頂峰"一字爲 oroi,高歡可能是取鮮卑語的"頂峰",來替代他的漢姓"高"的。
㊳ 鮮卑—高車語中的"敕力犍"(*chereghan*)和"車鹿會"(*chereghay*)語音之間的區别,可能就是後世回紇語之 n－方
　　言,y－方言之間的區别。回紇 n－方言、y－方言、代表方言,即回紇北部,南部、中部方言。舉例如下:

	羊	窮人	雄健
n - 方言	qon	chighan	chereghan
y - 方言	qoy	chighay	chereghay
代表方言	qony	chighany	

㊴　《北齊書》卷十七,《斛律金傳》,標點重印本,中華書局。曰:"斛律金,字阿六敦,朔州敕勒部人也。""阿六"(音值 o-lu)應爲較"斛律"更準確鮮卑語發音。後來的室韋部落"烏洛侯"和匈牙利姓 Olah,似都應該就是"斛律"氏。

㊵　佐口透"撒里維吾爾族源考",吳永明譯,林干《突厥與回紇歷史論文選集》,中華書局,1987,頁 791—801。

㊶　拉施特主編《史集》第一卷第二分册,余大鈞譯,商務印書館,1986,頁 7。

㊷　E. Lengyel, 1,000 *Years of Hungary*, New York, John Day Co., 1958, p. 13. D. Dunlop, *The History of the Jewish Khazars*, Princeton, Princeton Univ. Press, 1954, p. 98. 按:匈牙利語稱 Pechenegs 部爲 Beshenyo,阿拉伯文獻則記之爲 Bajanak,音均似"伯岳吾"。

㊸　雷選春《西部裕固語詞典》,四川民族出版社,1992,序頁 11。

　　佐口透"撒里維吾爾族源考",吳永明譯,林干《突厥與回紇歷史論文選集》,中華書局,1987,頁 791—801。

㊹　《舊唐書》卷一百九十五,《回紇傳》,標點重印本,中華書局。曰:"有十一都督,本九姓部落:一曰藥羅葛,即可汗之姓……"。

㊺　《宋史》卷四百九十,《回鶻傳》,標點重印本,中華書局。

　　曰:"太平興國……五年,甘、沙州回鶻可汗夜落紇密禮遇遣使裴溢的等四人,以橐駝、名馬、珊瑚、琥珀來獻。""夜落紇"即"夜落隔"或"挹婁","密禮過"即"蔑里乞"或"靺鞨",皆爲通古斯部落名,或由通古斯部落名轉化而成的人名。

㊻　李增祥《突厥語概論》,中央民族學院出版社,1992,頁 36。

㊼　王遠新《突厥歷史語言學研究》,中央民族大學出版社,1995,頁 351。

㊽　巴托爾德《中亞突厥史十二講》,羅致平譯,中國社會科學出版社,1984,頁 25—27。

㊾　按:伯希和最後并沒有發表這部鮮卑語字典。

㊿　G. Hazai, "Altaic Languages", in *The New Encyclopaedia Britannica*, 1990, Vol. 22, pp. 711—15.

　　《遼史》卷一百十六,《國語解》,標點重印本,中華書局。

　　和希格"女真館雜字·來文研究",內蒙古大學學報增刊《女真譯語研究》,1983,頁 329。

　　和希格"女真館雜字·來文研究",內蒙古大學學報增刊《女真譯語研究》,1983,頁 275。

　　Resuhi Akdikmen, *Standard Turkish Dictionary*, New York, Langenscheidt, 1986.

《宋書》時誤補校（四）

牛繼清　張林祥

14.〔魏明帝〕青龍二年十一月乙丑，月又犯鎮星。（卷二十三頁 682）

按《四分曆》是月壬午朔，無乙丑，《三國志》卷三《魏志·明帝紀》作："冬十月乙丑，月犯鎮星及軒轅。"《晋書》卷十二《天文志中》亦作"十月乙丑"。十月壬子朔，乙丑十四日，是。此"十一月"爲十月之誤。

15. 明帝青龍二年二月乙未，太白犯熒惑。（卷二十三頁 683）

按《四分曆》是月丙辰朔，無乙未。《三國志》卷三《魏志·明帝紀》同誤。"殿本"、《晋書》卷十二《天文志中》皆作"己未"，己未四月，是。此"乙未"爲"己未"之誤。

16. 青龍二年七月己巳，月犯樏閑。（卷二十三頁 683）

按是月甲申朔，無己巳。《晋書》卷十三《天文志下》同誤。疑爲"乙巳"之訛，"乙""己"形近，乙巳二十二日。

17. 魏明帝青龍三年六月丁未，鎮星犯井鉞。四年閏四月乙巳，復犯。戊戌，太白又犯。（卷二十三頁 684）

按三年六月戊申朔，無丁未。陳《表》推四年閏正月，即閏四月，亦當癸酉朔，無乙巳。《晋書》卷十三《天文志下》作兩條："三年六月丁未，填星犯井鉞。戊戌，太白又犯之。""四年閏正月己巳，填星犯井鉞。"丁未前戊申一日，或陳《表》排朔有誤。《晋志》雖誤乙巳爲"己巳"，却改"閏四月"爲閏正月，閏正月乙巳朔。又閏正月無戊戌，疑爲"戊辰"之誤，"戌""辰"形近，戊辰二十四日。

18.〔魏明帝〕景初二年二月癸丑，月犯心距星，又犯中央大星。五月己亥，又犯心距星及中央大星。（卷二十三頁 685）

按上年魏初用《景初曆》，建丑正，五月當《太和曆》四月，辛酉朔，無己亥。《三國志》卷三《魏志·明帝紀》、《晋書》卷十三《天文志下》均作"乙亥"，乙亥十五日，當是，此"己亥"爲"乙亥"之誤。

19.〔正始九年〕七月乙亥，熒惑犯畢距星。（卷二十三頁 688）

按是月壬辰朔，無乙亥。《晋書》卷十三《天文志下》係於"七年"條下，七年七月甲戌朔，乙亥二日，是。此或竄誤。

20. 嘉平三年十一月癸未，有星孛于營室，西行積九十日滅。（卷二十三頁 689）

按是月癸巳朔，無庚辰，下文有戊午（二十六日），疑"庚辰"爲"庚戌"之誤，"辰""戌"形近，庚戌十八日。

北周《大律》新探

葉　煒

　　南北朝的律學演進呈南北兩系,在北朝又因北周、北齊的對峙而出現了東西分途的情況。這樣一來,隋唐的法律規劃者便面對着北周、北齊和南朝三方面的制度資源。對北齊律與北周律的異同優劣,以及它們與隋唐刑律的關係,較早的學者往往強調前者優於後者,認爲隋代制訂刑律時廢棄了北周律,只有北齊律被繼承下來,並發揚光大了。這類看法,可以程樹德和陳寅恪先生爲代表。

　　不過學術探討總是前説未密、後出轉精,隨着研究的步步深入,學者的看法也一點點發生了變化,從隋律中看到了承襲北周律的更多迹象,並且這個問題還沒有到此爲止,依然有餘義可發。細繹史料中的蛛絲馬迹,就能發掘出更多的事實,提示我們對北周刑律的評價應該更高一些,北周律對隋唐刑律的影響應該估計得更大一些。請論述如後。

一

　　程樹德先生對北周律的批評如下:"篇目科條皆倍於齊律,而祀享、朝會、市廛三篇爲晋魏以來所未見,意皆刺取天官、地官、春官諸文資其文飾。其餘則多又沿晋律,今古雜糅,禮律凌亂,無足道者";"史稱周律比於齊法,煩而不要,是周齊二律之優劣,在當時已有定論。"① 陳寅恪的看法承於程樹德:"北周制律,彊摹周禮,非驢非馬。"②

　　周律是否僅僅是一個"彊摹周禮,非驢非馬"的文化怪胎呢? 我們的看法與此不盡相同。史料中關於北周律的記載並不很多,這當然影響了人們的認識,然而若對有限的史料深入發掘辨析的話,還是能看到不盡相同的情況。程樹德的指責既然主要在於北周《大律》的篇目,那麼本文的考察,也就從篇目開始。這個考察將要顯示,北周律的篇目與晋律及北朝諸律有密切的淵源關係,從總體上看並不能以"禮律凌亂,無足道者"一筆抹殺。

　　從篇目看,《大律》共二十五篇。下面根據《隋書》卷二五《刑法志》把這些篇目移録如次。《唐六典》卷六《尚書刑部》"刑部郎中"條注引略有不同之處,引證時在括號中加以注明:

　　　刑名、法例、祀享(《唐六典》作"祠享")、朝會、婚姻、户禁、水火、興繕、衛宫、市廛、鬭競、劫盜、賊叛、毁亡、違制、關津(《唐六典》作"關市")、諸侯、厩牧、雜犯、詐僞、請求、告言(《唐六典》作"告劾")、逃亡、繫訊、斷獄。

下面就根據這些篇目,考察它們與其它法典篇目的相互關係。

北周律的二十五篇之中,刑名、法例、戶、興繕、衛宫、賊、盜、違制、厩牧、雜、詐僞、逃亡、斷獄等十三篇,是《晋律》以後的各朝法律都有的,到了隋律和唐律也不過略有分合而已。水火、請求、告劾、繫訊四篇,也都是自晋至北魏,南北朝法律中經常出現的篇目。毁亡篇始於曹魏,歷代法典都單立爲篇,北齊律依然如此,稱爲"毁損",祇是在《開皇律》中被取消了。

市廛和關津二篇,可能是由此前的"關市"篇一分爲二而來的。程樹德説《大律》的"市廛"之篇來自《周禮》,恐怕不是這樣。又根據《唐律疏議》卷二一,闌競律的直接來源是北魏闌律。"諸侯"篇,在《晋律》和南朝宋、齊刑律中都有其名。"婚姻"成爲法律之單立篇目,從現存資料看是從北周開始的③,而且北周"婚姻"被列在"戶禁"之前。北齊的對應篇目是"婚戶",雖爲一篇,但在"婚"居"戶"前一點上與北周不無類似之處。到了開皇年間,"婚戶"纔被改爲"戶婚"。

這樣看來,北周《大律》的篇目較爲特殊、與衆不同的,不過是"祀享"、"朝會"而已。這兩篇在魏晋以來和隋唐以後都沒有被列入律中。可是從整體上看,這樣的篇目在北周律中所佔比重是很小的,它並不能代表北周律的總體風格。由此可見,從篇目的設置和名稱看,北周《大律》與前代相比,主要是繼承,也有所發展,儘管有個別特殊之處,從禮律分合的角度看上去容有不妥,但一言蔽之以"彊摹周禮,非驢非馬",却顯然是欠公允了。漢律有《朝律》,亦名《朝會正見律》,乃趙禹所制;又有《大樂律》;還有《祠令》、《祀令》,由於漢代《律》、《令》的區別不是性質上的,這也不妨看成是以禮入律。然而漢代律令中《朝》、《樂》、《祠》、《祀》諸篇固然有禮律不分的現象,但它們與《周禮》却沒什麽直接關係。同理,儘管北周以《周禮》改制,但由《大律》的篇目,也同樣看不到它與《周禮》六官或《周禮》中的典章之名有什麽聯繫。程樹德"刺取天官、地官、春官諸文資其文飾"的論斷並無根據。

進而,各篇目在整部刑律的次序和地位,也是法律特色的一個重要方面。在這方面,南朝和北朝的法典有很大差異。比較這些差異,就能看到北周律與北朝諸律異曲同工,而與南朝大不一樣。

首先來看《大律》的"衛宫"篇。在《晋律》二十篇中,"宫衛"篇位列十五。南朝劉宋沒有編纂法典。南齊《永明律》二十卷,到梁初已"其文殆滅"④,内容不得而知;但史稱"江左相承用晋氏張杜律二十卷","宋及南齊律之篇目及刑名之制略同晋氏"⑤,可知南齊刑律比起前朝無大變化。《梁律》二十篇比之《晋律》略有改動,但"宫衛"篇照舊處於十五位。根據《隋書·刑法志》,《陳律》除了"重清議禁錮之科"外,"自餘篇目條綱,輕重簡繁,一用梁法"。由

“宫衛”律的第十五位的位次看來,它在南朝法律中的地位並不十分重要。北朝法律就不相同了:北周《大律》二十五篇中,“衛宮”律位居第九;北齊在“衛宮”律基礎上,“將關禁附之,更名禁衛律”,僅次於名例律而列第二位;隋朝改名“衛禁”,唐因之,都把它列在刑律的第二篇。

“違制”篇的情況與之相似。《晋律》二十篇,“違制”在第十九位;梁律二十篇,“違制”是最後一篇。北朝則有異於此:“違制”篇在《大律》二十五篇中爲第十五篇,在《北齊律》十二篇中爲第五篇,隋、唐將之更名爲“職制”律,都列在第三篇。

“户律”在《晋律》、《梁律》二十篇中都位列十二;北周律二十五篇中,“户律”、“婚律”分列第五、六位,北齊“婚户律”爲第三位,隋唐“户婚律”位列第四。

我們認爲,對“衛宮”、“違制”、“户婚”等篇目的排序位次,反映的是北朝專制國家對維護皇權、維護政府行政秩序和控制編户齊民的特殊重視。這是北朝法律的鮮明特色,並且被隋唐法律所繼承、所發展了⑥。在這個時候,北周律與北朝的其他法律顯示了相同的傾向性,進而顯示了它們之間千絲萬縷的親緣關係。這樣看來,北周《大律》並不是北朝法律史上的“另類”,而是其中的一個和諧的音符。

對北周律和北齊律的問世先後,已往的成説不無誤解。按照《周書》和《北齊書》本紀的記載,北周《大律》頒於周武帝保定三年(563)二月庚子⑦,而《北齊律》頒於北齊世祖河清三年(564)三月辛酉。可見,北周《大律》在先,它早於《齊律》一年。可是有些史書却先叙北齊律,無故把北周律置後。例如《唐律疏議》卷一在開篇叙述“名例律”的源流時説:“爰至北齊,併《刑名》、《法例》爲《名例》。後周復爲《刑名》。”這“復爲”二字,不用説是很容易造成誤導的。而《隋書·刑法志》先記北周律“不立十惡之目,而重惡逆、不道、……内亂之罪”,又云“大略滋章,條流苛密,比於齊法,煩而不要”。這也給人一種《北齊律》在《大律》之前,而且北齊已經存在“十惡”之目,北周却視而不見的印象。

其實,東西政權的立法工作幾乎是齊頭並進的,北周還略早完成。《大律》的修訂始於西魏大統十六年(550)⑧,北齊律則始於天保元年(550)張老的建議。進一步追溯的話,則西魏的立法可以上朔到大統元年(535)的“二十四條新制”,東魏的立法則可上溯到天平(534—537)年間的《麟趾新格》。這樣看來,北周、北齊的刑律都是十幾甚至二十幾年的立法成果。這個期間雙方的法律間是否有過相互的交流和影響呢? 這一點因史闕有間而很難推斷。但北周《大律》早於《北齊律》的事實,似乎提示我們更應注重北周律對北齊律的影響,至少有一些情況,反映它們之間確實存在着親緣關係。

二

北周律與北齊律的親緣性,還可以在一些法律條文的細節規定中表現出來,例如贖金和

“十惡”的制度。

首先來看北周、北齊刑律在贖金的形式和數量上的相似性。

根據《隋書·刑法志》，北周的贖金制度是這樣的：從杖十到鞭一百，相應的贖金爲一兩至十兩，以一兩爲差；從徒刑一年到徒刑五年，相應的贖金從十二兩到一斤八兩，以三兩爲差；流刑五等，其相應的贖金都是一斤十二兩；死刑的贖金則是二斤。贖金的形式，史稱北周“其贖罪，金、絹兼用”⑨。如果以絹代金的話，那麼“應贖金者，鞭杖十，收中絹一匹。流徒者，依限歲收絹十二匹。死罪者一百匹。”由於流刑“俱役六年”，按照“歲收絹十二匹”的規定，流刑五等都應該繳納七十二匹。

同樣根據《隋書·刑法志》，北齊的贖金制度是這樣的：“贖罪舊以金，皆代以中絹。死一百匹，流九十二匹，刑五歲七十八匹，四歲六十四匹，三歲五十匹，二歲三十六匹。各通鞭笞論。一歲無笞，則通鞭二十四匹。鞭杖每十，贖絹一匹。至鞭百，則絹十匹。無絹之鄉，皆准絹收錢。”

那麼北齊流刑及五等徒刑的 92 匹、78 匹、64 匹、50 匹、36 匹等數字，是怎樣計算出來的呢？我們判斷這些匹數都來自兩個數字之和，一個是按年頭即每年 12 匹計算出來的，一個是按加鞭、加笞的贖金計算出來的，兩者相加就是上面的匹數。北齊徒刑需要加鞭、加笞，而贖罪“各通鞭笞論”，就是説加鞭、加笞的數量也對應着一份相應的贖金，其比率是“鞭杖每十，贖絹一匹”。以贖金 78 匹的五歲刑爲例，它的附加刑是加鞭一百、笞八十。鞭一百折算爲贖金 10 匹，杖八十折算爲贖金 8 匹，所以贖鞭、贖笞合計是 18 匹，這是一部分贖金。除掉了加鞭和加笞的 18 匹贖金，還剩 78 – 18 = 60 匹。這 60 匹除以 5 歲，則每年贖金爲 60 ÷ 5 = 12 匹。請注意，這 12 匹與北周的“流徒者依限，歲收絹十二匹”，並無二致。

以這種計算方法，既可以很好地解釋刑罪四年、三年、二年贖絹之數，也可知道爲什麼贖流刑需要 92 匹的數量了，因爲流刑“鞭笞各一百……並六年”，“鞭笞各一百”合 20 匹，“六年”則 12 × 6 = 72 匹，二者合計恰爲 20 + 72 = 92 匹。唯一的遺憾，是按這個方法計算一歲刑時出現了抵牾不合之處。由於一歲刑無笞、衹加鞭一百，那麼加鞭一百折合贖金 10 匹，加上一歲 12 匹，應該是 22 匹，然而這與《隋志》所云“二十四匹”不相符合。對此我們無意推倒本文的推算辦法，而寧願歸罪於《隋志》“二十四匹”的記載有誤。

下面把北周、北齊的五刑贖金列爲以下三表以供參考：

表一

北周贖	流刑					死刑				
	流衛服	流要服	流荒服	流鎮服	流蕃服	磬	絞	斬	梟	裂
	金 28 兩或絹 72 匹					金 32 兩或絹 100 匹				

	流刑		死刑			
北齊贖	流刑未有道里之差。鞭100、笞100,俱役六年		絞	斬	梟	轘
	92匹		100匹			

表二

	一歲	二歲	三歲	四歲	五歲
北周贖	鞭60笞10	鞭70笞20	鞭80笞30	鞭90笞40	鞭100笞50
	12兩或12匹	15兩或24匹	18兩或36匹	21兩或48匹	24兩或60匹
北齊贖（通鞭笞）	鞭100	鞭100笞20	鞭100笞40	鞭100笞60	鞭100笞80
	12+10,24匹?	12×2+12=36匹	12×3+14=50匹	12×4+16=64匹	12×5+18=78匹

表三

	杖					鞭				
北周贖	10	20	30	40	50	60	70	80	90	100
	1兩/1匹	2兩/2匹	3兩/3匹	4兩/4匹	5兩/5匹	6兩/6匹	7兩/7匹	8兩/8匹	9兩/9匹	10兩/10匹
北齊贖	10	20	30			40	50	60	80	100
	1匹	2匹	3匹			4匹	5匹	6匹	8匹	10匹

通過以上敘述和所列三表,就不難看到如下一點:在北周律與北齊律的贖金規定中,若以絹計的話,死刑的贖金都是一百匹(參看"表一");徒、流都是以年數計算的,而且都是每個年頭收贖絹十二匹(參看"表二");鞭、杖也都是鞭杖每十,贖絹一匹(參看"表三"),雙方的贖金在單位和數量上的一致程度,無疑可以反映北周律與北齊律之間存在着親緣關係。那麼這個相似之處,是來自它們的一個共同依本,還是它們彼此影響的結果呢?

《太平御覽》卷六五一《刑法十七·收贖》條引《晉律》曰:"諸應收贖者,皆月入中絹一疋,老小女人半之。又曰贖死金二斤也。"沈家本先生的相應解釋是:"收贖專就年刑言,月入絹一匹,五歲刑得月六十,入絹六十四;四歲刑……入絹四十八匹;……三歲刑……入絹三十六匹;二歲刑……入絹二十四匹。後來梁律實本於此。贖死罪金二斤,梁亦同也。"⑩可見在《晉律》中的收贖就已經是每年12匹絹了,南北朝的死罪以及徒刑的贖金,都是以晉制爲本的。至於贖金的金、絹比率,《梁律》中有"贖死者金二斤,男子十六疋"的條文,那麼梁代絹一匹相當於金二兩。北魏情況不太清楚,程樹德先生引孔穎達《尚書正義》,"漢及後魏贖罪皆用黃金,後魏以金難得,合金一兩收絹十匹"⑪。北周如果贖杖十之刑,則以金一兩或中絹一匹,若死罪則以金二斤或絹一百匹,大體金一兩相當於絹一到三匹。三者相差懸殊,可見北周的金絹折算是根據當時情況而定的。

　　至於贖鞭刑和杖刑,《隋書·刑法志》記:梁武帝"既即位,乃制權典,依周、漢舊事,有罪者贖。其科,凡在官身犯,罰金。鞭杖杖督之罪,悉入贖停罰。其臺省令史士卒欲贖者,聽之。"但贖金的具體數目不知其詳。北魏情況也不清楚,但宣武帝時元澄有這樣一個奏請:"請取諸職人及司州郡縣犯十杖已上百鞭已下收贖之物,絹一匹輸磚二百,以漸修造。"⑫由此可知,北魏的鞭、杖之罪是可以收贖的,而且可能以"匹"爲單位。如前所述北周、北齊贖鞭、杖,都是每十鞭杖贖絹一匹,北魏很可能已是如此了。

　　北周、北齊律的贖死罪和鞭杖時的贖絹數量相同,徒、流的贖絹都以年計,而且都以每年收絹十二匹爲單位,這些規定都可以在前朝法律中找到淵源。可見,北周《大律》同樣是南北朝法律進化的合理環節,與《北齊律》沿着相近的道路在向前發展。

　　其次,來看"十惡之條"上北周《大律》和《北齊律》的相似性。

　　隋朝的《開皇律》"又制十惡之條,多採後齊之制,而頗有損益"。這"十惡之條",北齊時叫"重罪十條","其犯此條者,不在八議之限"。至於《大律》,據《隋書·刑法志》:北周"不立十惡之目,而重惡逆、不道、大不敬、不孝、不義、内亂之罪",同時"盜賊及謀反大逆降叛惡逆罪當流者,皆甄一房配爲雜户。"北周大象二年(580)四月還有這樣一份詔書:"見囚死罪竝降從流,流罪從徒,五歲刑已下悉皆原宥。其反、叛、惡逆、不道,及常赦所不免者,不在降例。"⑬由此可見,北周雖無"十惡"或"重罪十條",但同樣存在着類似的"常赦所不免"的罪名。下面將之與北齊的"重罪十條"和隋代的"十惡"比較如下:

北周	盜賊及謀反大逆降叛惡逆			惡逆	不道	大不敬	不孝	不義	内亂
北齊	反逆	大逆	叛	降	惡逆	不道	不敬	不孝	不義	内亂
隋開皇	謀反	謀大逆	謀叛	惡逆		不道	大不敬	不孝	不睦	不義	内亂

不難看出,北齊"重罪十條"中的罪名,在北周律中全都已經出現了。在這方面,東西雙方的發展是在伯仲之間的。

　　從篇目到内容上的相似程度,都説明北周《大律》比之《北齊律》就好像同胞兄弟一樣,模樣多少有些不同,然而大體相去不遠,把其中一個視作"怪胎",是不合適的。過去人們有過這種偏見,那是因爲没看清楚。把北周《大律》也看成晋唐間法律發展、特別是北朝法律發展的一個合理的環節,我們認爲應該没有多大問題。

三

　　以上兩節所論在於北周《大律》與《北齊律》的相似性,下面討論《大律》與《隋律》的承繼關係問題。

　　在這一點上，程樹德論述説："隋文帝代周有天下，其制定律令獨採北齊而不襲周制。……隋氏代周，一掃宇文迂謬之迹"；"隋氏代周，其律獨採齊制而不沿周制。"陳寅恪先生異口同聲："故隋受周禪，其刑律亦與禮儀、職官等皆不襲周而因齊，蓋周律之矯揉造作，經歷數十年而天然淘汰盡矣。"還有學者論述説，隋朝的律、令、格、式四種法律形式的藍本，"形式上是來自西魏、北周，實質上則來自東魏、北齊"⑭。大致説來，隋律"多採後齊之制"的主要論據有這麽兩點：一是篇目上的繼承，二是刑名内容的繼承⑮。

　　然而對隋律"獨採北齊而不襲周制"論斷的質疑，也逐漸地出現了。仁井田陞指出，隋律中的流刑分等之制就是源於北周律的。劉俊文先生認爲：《開皇律》"並非盡襲北齊之制，在兼採梁律的同時，也有不少地方參酌了北周律意"，"隋開皇律係以北齊律爲底本，兼採梁律和北周律而成"。倪正茂先生也從篇名、刑名、十惡等幾個方面上，看到了隋律也有承襲北周律的因素⑯。

　　首先來看篇數和篇名的問題。從《隋書·刑法志》可以知道，隋初的修律活動原有兩次，分別在開皇元年（581）和開皇三年，二者都被記作"更定新律"。不少學者在論及《隋律》篇目時不分元年、三年，而是漫稱爲"《隋律》十二篇"。石田勇作先生還是注意到了開皇律有元年和三年之分，他根據《舊唐書·經籍志》和《新唐書·藝文志》記隋開皇律時均爲"高熲等隋律十二卷"，而高熲衹參加了開皇元年律的修纂，並未參加三年律的修纂，從而認爲開皇元年律已經形成了十二篇的篇數與篇目⑰。

　　然而這個論證是值得商榷的。首先，舊、新《唐書》是較晚的資料，若從成書早得多的《隋書·刑法志》看，十二篇的那份開皇律，並沒有被繫於開皇元年修律的時候，而是被繫於開皇三年蘇威、牛弘更定刑律之時。《唐六典》、《通典》都和《隋志》的記録相同⑱。《隋書》卷三三《經籍志二》所記"隋律十二卷"，並沒有注明編纂者是誰。其次，從《隋書·刑法志》的叙述方法看，它在記叙梁、北齊、北周諸律時，都是先記篇目、再叙述刑名内容；唯獨記叙開皇律時相反，主要的刑名内容繫於對開皇元年定律的叙述之中，而篇目的叙述則記在開皇三年更定新律部分。這就進一步强化了十二篇的篇目形成於開皇三年的認識。

　　開皇元年的定律工作，主要集中在五刑刑名、十惡和贖金制度的規劃之上。《隋書·刑法志》説：開皇三年更定新律，"除死罪八十一條，流罪一百五十四條，徒杖等千餘條，定留唯五百條。凡十二卷。"據此，倪正茂先生認爲，既然開皇三年定律時删掉了1200多條，唯餘500條，那麽開皇元年律就應該有1700多條纔對；然而《北齊律》却衹有949條，北周《大律》却有1537條之多，那麽顯而易見，説開皇元年的修律工作以北周刑律而不是《北齊律》爲基礎，是更爲合理的。

　　構成開皇元年修律基礎的北周法律，大約有《大律》和《刑書要制》兩部法典。根據《隋書・刑法志》和《周書》本紀的記載,建德六年(577)周武帝兼併北齊之後,在十一月頒佈了《刑書要制》,令其與《大律》並行⑲。周宣帝最初廢除了這份法典,但不久對《刑書要制》加以增補,從而形成了《刑經聖制》。周靜帝大象二年(580),"隋高祖爲相,又行寬大之典,删略舊律,作《刑書要制》。既成奏之,静帝下詔頒行"。從"諸有犯罪未科决者,並依制處斷"的規定看來,這部《刑書要制》和建德六年作爲《大律》補充物且與之並行的《刑書要制》似乎有所不同,一度有用它來取代《大律》的用意。

　　據《隋書・刑法志》的記載,北周律的特點是"條流苛密",北齊律是"科條簡要",開皇元年律的特點是"律尚嚴密",開皇三年律則爲"刑網簡要"。進而我們還看到,開皇元年的定律規模是較大的,"同撰著者十有餘人,凡疑滯不通,皆取决於(裴)政"⑳,李德林因"損益之多"而得到隋文帝的特別賞賜㉑。而開皇三年更定律令時,這兩位核心人物並没有繼續參加,參與者祇看到了蘇威和牛弘二人,規模似乎比元年那次修律要小得多。開皇三年的工作主要有二:一是對元年所成刑律删繁就簡,唯餘五百條;二是在分篇上吸收了《北齊律》十二篇的成果,對篇目重新分合改易,形成了"刑網簡要,疏而不失"的《開皇律》十二卷。然而在篇目上,開皇三年律仍然包含着承襲周律的成分,比如"斷獄律",從名稱到排序上都承襲於北周,"雜犯律"這個律名也來自北周。

　　這樣我們就看到,開皇元年律和北周律相似,而開皇三年律和北齊律相似,這是大有深意的。不錯,開皇三年律確實從北齊的刑律中吸收了足夠的營養,然而斷言隋廷的制度規劃者"制定律令獨採北齊而不襲周制",却也大謬不然,因爲隋朝元年修律仍以周律爲藍本,並没有把北周刑律棄若敝屣。正確的表述應該是:隋朝先以北周《大律》爲基礎修成了它的第一部刑律,不久又採擷吸收了《北齊律》的優點,進而形成了它的第二部刑律。就此而言,《開皇律》的進步體現爲北周、北齊律學成就的綜合,是兼二家之長而非獨取其一。

　　進之,不僅在法典的條數和特色上,而且在五刑的刑名、内容上,隋律都不乏承襲北周的迹象。

　　北周以前的刑律,刑名或稱爲"刑"、或稱爲"罪","刑"和"罪"的概念經常混淆不清。北齊律仍是如此:"一曰死,二曰流刑,三曰刑罪,四曰鞭,五曰杖","罪"、"刑"相混十分明顯。北周就不相同了:"一曰杖刑,二曰鞭刑,三曰徒刑,四曰流刑,五曰死刑",從此"罪"是"罪"、"刑"是"刑",二者判然有别了。到了隋朝的《開皇律》:"一曰死刑,二曰流刑,三曰徒刑,四曰杖刑,五曰笞刑。"律學上的這個進步,顯然承襲北周而不承北齊。

　　就流刑而言,北齊的流刑還没有等差,所謂"未有道里之差"。從北周開始,流刑根據罪行輕重和道里遠近分爲五等,隋律中流刑分爲三等,明顯承襲的是北周制度。隋律中的"徒刑",在梁代的稱謂是"耐罪",在北齊的稱謂是"刑罪",也稱"耐罪",祇有北周《大律》名之曰

"徒刑",可見在"徒刑"之名上《隋律》也是上承北周的。

據《隋書·刑法志》,《梁律》有"杖督"和"鞭杖"之刑,都包括 10、20、30、50、100 五等,另外"鞭杖"還多出 200 一等。北齊的"杖"爲 10、20、30 三等,"鞭"爲 40、50、60、80、100 五等。也就是說,蕭梁的"鞭杖"和"杖督"大致是並列關係,而北齊的"杖"、"鞭"則變成了在輕重上兩相承接的兩個序列,與梁不同。但是北齊"杖"、"鞭"的等級數並不平衡,前者三等而後者五等,而且從杖 10 到鞭 60 是以"十"遞進,從鞭 60 到鞭 100 又以"二十"遞進了。北周的相應制度是:"杖刑五,自十至五十。鞭刑五,自六十至於百。"杖、鞭各佔五等,數量從十到一百分爲十等,這就完全奠定了隋唐律笞、杖十等的基礎[22]。

下面我們通過列表方式,爲北齊、北周和隋律中的五刑異同提供更直觀的比較:

北齊	死:四等	流:不分等	徒:五等	鞭:五等,40,50,60,80,100	杖:三等,10,20,30
北周	死:五等	流:五等	徒:五等	鞭:五等,60—100	杖:五等,10—50
隋開皇	死:二等	流:三等	徒:五等	杖:五等,60—100	笞:五等,10—50

由此,《隋律》與《大律》的承繼關係就昭然若揭了。五刑中的流刑、徒刑、杖刑、笞刑的改革,都是開皇元年律之犖犖大端。它們的具體節目雖不是照搬前代,而是有所損益的,但從制度淵源看來,卻主要是上承北周而不是北齊的。這樣,《隋書·刑法志》叙述開皇元年定律時所謂"十惡之條,多採後齊之制"的含義,也能得到更準確一些的理解:這不過是強調"十惡"一點多採北齊"重罪十條"的條目名稱而已,並不包括北齊的所有條文。開皇三年定律,確實充分採擷了《北齊律》的優點,例如其十二篇的分章形式和要言不煩的特點;不過《大律》中的一些最基本的東西,例如上述的五刑體系,並沒有被剔除在外,而是依然保留下來了,甚至還爲此後的唐律所繼承下去。

四

上一節中我們結合前人成果,從刑律内容方面論述了《隋律》對北周"五刑"的承繼。其實從刑律内容看,隋唐刑律對北周的承繼還不止於此,它還體現在贖刑方面。本節就將對這一點加以討論。

史籍對贖刑制度的有關記載是較爲簡略的,學者的研究也相對較少[23]。因此我們必須拓寬眼界,由《晋律》和《梁律》的贖刑開始討論。

《唐六典》卷六《尚書刑部》刑部郎中條注:"(晋)贖死,金二斤;贖五歲刑,金一斤十二兩;四歲、三歲、二歲各以四兩爲差。又有雜抵罪罰金……一兩之差";"(晋)棄市以上爲死罪,二歲刑以上爲耐罪,罰金一兩以上爲贖罪。"《太平御覽》卷六五一《刑法十七·收贖》記:"《晋律》

曰:其年老小篤癃病及女徒皆收贖。又曰:諸應收贖者皆月入中絹一疋。老小女人半之。又曰:贖死金二斤也。又曰:失贖罪囚罰金四兩也。"由此可見,在《晉律》中"贖罪"與"收贖"是相互區別的兩種刑罰。

《梁律》上承晉制,贖罪與收贖仍有區別。根據《隋書·刑法志》,梁朝對"贖罪"的規定是:"罰金一兩已上爲贖罪",由"罰金一兩者,男子二丈"到"贖死者金二斤,男子十六疋"共十等。至於收贖,它構成了另一懲罰的序列。沈家本指出:"收贖專就年刑言,月入絹一匹,五歲刑得月六十,入絹六十匹;四歲刑……入絹四十八匹;……三歲刑……入絹三十六匹;二歲刑……入絹二十四匹。後來梁律實本於此。贖死罪金二斤,梁亦同也。"[24]我們把梁代的贖罪和收贖列如下表,並將《晉律》的有關規定一並列入,以便比較:

	二歲	三歲	四歲	五歲
晉贖耐罪	金一斤	金一斤四兩	金一斤八兩	金一斤十二兩
晉耐罪收贖	24 疋	36 疋	48 疋	60 疋
梁贖耐罪	金一斤 或絹 8 疋	金一斤四兩 或絹 10 疋	金一斤八兩 或絹 12 疋	金一斤十二兩 或絹 14 疋
梁耐罪收贖	絹 24 疋	絹 36 疋	絹 48 疋	絹 60 疋

下面來對晉、梁的贖刑結構加以分析。我們已經看到,它的基本結構就是贖罪與收贖。首先來看贖罪。從"罰金一兩以上爲贖罪"看,或從"雜抵罪罰金……一兩之差"的敘述看,贖罪或罰金針對的是輕微的過失,所以數量較小,以一兩爲差。在南朝的法律之中,死罪、耐罪、贖罪是分列開來的,贖罪較爲輕微,所以居於最末。

其次再來看收贖,它就沉重得多了。儘管收贖和贖罪都以二歲、三歲、四歲、五歲分等,但二者却肯定不屬同一序列。比如說,梁代二歲收贖的贖金爲絹 24 匹,而二歲的贖罪僅需絹 8 匹,二者相差三倍。按照梁朝的金、絹比例,一匹絹合金二兩,那麼二歲收贖的贖金 24 匹合金 48 兩,即金 3 斤,也正好高於二歲贖罪的贖金 1 斤三倍。在四歲、五歲這兩個等級上,收贖的贖金更達到或超過了贖罪金絹的四倍之多。在南朝死罪、耐罪和贖罪之中,收贖針對的是重於贖罪的"耐罪"的,如沈家本所言"收贖專就年刑言"。

在這裏,就有必要對"贖死"的性質特別加以提示了。因爲死罪重於耐罪,對晉、梁法制尚不熟悉的人,難免會有"贖死"重於"收贖"的先入之見,然而實情並不如此。從贖死金額看,晉代"贖死,金二斤",梁代"贖死者金二斤,男子十六疋",這個數量並不很大,剛好比五歲贖罪的金一斤十二兩或絹 14 匹高一等。至於收贖,二歲收贖的贖金也達到了 24 匹,超過了贖死 8 匹之多。就這點而言,"贖死"是贖罪的一個等級,也屬輕罪,至少比起收贖所針對的年刑耐罪來說是輕罪。明確了這樣一點,對理解唐代的贖死很有意義。

　　由上可知,晋、梁刑律中存在着贖罪和收贖的區别,贖死是從屬於贖罪的。下面我們仍不忙於討論北朝,而是再來看看唐代的情況。

　　在《唐律疏議》中,規定了從笞一十到死刑的各等贖銅數,死刑的贖銅數則爲 120 斤。在"贖"的對象方面則規定,可贖者首先包括兩類人:第一類是享有特權者,也就是"諸應議、請、減及九品以上之官,若官品得減者之祖父母、父母、妻、子孫,犯流罪以下,聽贖",或"諸五品以上妾,犯非十惡者,流罪以下,聽以贖論"等;另一類爲責任能力不全者,即"諸年七十以上、十五以下及廢疾,犯流罪以下,收贖"。上面使用了"聽贖"與"收贖"兩個不同語詞,前者涉及享有特權者,他們"犯十惡等,有不聽贖處,復有得贖之處,故云'聽贖'";後者涉及責任能力不全者,"矜老小廢疾,雖犯十惡,皆許'收贖'"。然而進一步觀察相關細則,其實二者是都可以稱爲"收贖"的[25]。

　　進而,對上述兩類人《唐律》都明確規定了祇有流罪以下纔能收贖,然而贖刑等級中却還存在着死刑贖銅 120 斤的條文,這死刑的贖銅又針對什麼情況呢? 細檢《唐律》,有"假有過失殺人,贖銅一百二十斤"[26]的規定,也就是説死刑贖銅針對過失殺人者。同時還有這樣的條文:"諸過失殺傷人者,各依其狀,以贖論",其數量"依收贖之法",那麼在"過失殺人"的贖銅之下,還存在着"過失傷人"的贖銅,總之是"過失者,各依其罪從贖法"[27]。這樣,過失犯罪者就構成了唐代"贖"的第三類對象。此外可贖者還有第四類人。《唐律》又云:"諸疑罪,各依所犯,以贖論",即"依所疑之罪,用贖法收贖"[28]。這是在證據不足、不能斷定罪刑時,根據"所疑之罪"來繳納贖金的情況。這"疑罪"當然也包含着死罪,因而也可以適用"贖銅一百二十斤"的規定。

　　據此,根據本節論題,我想把唐代的"贖"分成兩種類型:以上述第一、第二類人爲對象的、適用流罪以下的"贖"爲一類型,以上述第三、第四類人爲對象的、包含死罪的"贖"爲另一類型。由這個前提出發,就可以把唐代的兩類贖銅,與晋、梁收贖和贖罪比較觀察了。我們認爲,唐代針對流罪以下的"贖",對應着此前晋、梁的收贖,即死罪、耐罪、贖罪三者中"專就年刑言"的收贖;唐代包含贖死罪的"贖",也就是針對過失犯罪或證據不足的疑罪的"贖",則對應着晋、梁輕於耐罪的贖罪。如前所述,晋、梁律中的"贖死",原本就是贖罪中的一個等級,即最高等級。

　　我們在表述時使用的是"對應於"而不是"相當於",因爲《唐律》和晋、梁律又存在着不同的地方。那麼《唐律》的"贖"較之晋、梁有哪些不同呢? 概而言之:晋、梁的贖罪,與收贖一樣都以二歲、三歲、四歲、五歲爲差,但數量、等級截然不同;然而在《唐律》中,流刑以下部分的贖罪與收贖在數量上一致起來了。正如"依收贖之法"一語所反映的那樣,已往贖罪的贖金數量,如今依照於收贖的數量等差了。因此一方面可以説,晋、梁具有"罰金"特徵的"贖罪"

在唐律中依然存在,這是就其特定適用對象而言的:它針對於過失或疑罪;但同時仍要看到,到了唐代,昔日的贖罪不再像晉、梁那樣,在數量等級上明顯呈現爲另一序列了,它在等級和數量上已經同於收贖,因而也就由顯而隱了,如果忽略其適用對象,就很難將之辨認出來。然而也應補充説明,以往贖罪的最高一等"贖死"還略有不同,它就沒有被隱蔽在收贖之下。其間原因也很簡單:衹有流罪以下纔能收贖,所以贖死罪反而凸顯出來了。最後,贖罪在晉以金,在梁金、絹兼用,在唐代則都變成了贖銅。

　　在釐清了晉、梁和唐代贖刑之後,我們就可以進而觀察北朝贖刑制度的變化了。

　　根據《隋書·刑法志》,《北齊律》五刑"大凡爲十五等。當加者上就次,當減者下就次。贖罪舊以金,皆代以中絹。死一百匹,流九十二匹,刑五歲七十八匹,四歲六十四匹,三歲五十匹,二歲三十六匹。各通鞭笞論。一歲無笞,則通鞭二十四匹。鞭杖每十,贖絹一匹。至鞭百,則絹十匹。無絹之鄉,皆準絹收錢。自贖笞十已上至死,又爲十五等之差。當加減次,如正決法。合贖者,謂流内官及爵秩比視、老小閹痴並過失之屬。犯罰絹一匹及杖十已上,皆名爲罪人。"

　　我們已經知道,晉代贖罪以金、收贖以絹,晉和梁的收贖比率都是按月收絹一匹計算,即年十二匹。北齊號稱"贖罪舊以金,皆代以中絹",但從贖絹的數量看,它採用的却是梁代收贖而不是贖罪的額度和比率,亦即每年絹十二匹。由此看來,北齊似乎是取晉、梁"贖罪"之名,行晉、梁收贖之實,贖罪和收贖似有合一之勢。

　　需要指出的是,北齊的"贖"與《唐律》有一個明顯差別。北齊在杖、鞭、徒、流、死五刑之外,還存在着一個單立的"贖罪"系統,它本身就構成了獨立的系列。這一點與唐不同,但與晉、梁刑律在死罪、耐罪之下單獨列有"贖罪"是很相似的。上引《隋志》中有兩段話顯示了這個系統的存在:第一句是在叙畢北齊五刑"大凡十五等"之後,"贖罪舊以金,皆代以中絹……自贖笞十已上至死,又爲十五等之差。當加減次,如正決法"那一段話;第二句,是"犯罰絹一匹及杖十已上,皆名爲罪人"那句話。後句話中的"罰絹"一語,就表明這個"罰絹一匹"自身就構成了獨立的刑名,並不是杖十收贖絹一匹的那種"贖"。"贖絹"體現爲"杖十"這個刑名的替換刑,"罰絹"却不是五刑中某一刑等的替換物。"犯罰絹一匹及杖十已上"的"及"字和"皆名爲罪人"的"皆"字,就表明了兩個序列的存在:"罰絹一匹已上"的"十五等"爲贖罪系統,"杖十已上"的"十五等"則爲五刑系統,犯者"皆名爲罪人"。

　　那麼北周的"贖"情況如何呢? 據《隋書·刑法志》,《大律》規定:"其贖杖刑五,金一兩至五兩。贖鞭刑五,金六兩至十兩。贖徒刑五,一年金十二兩,二年十五兩,三年一斤二兩,四年一斤五兩,五年一斤八兩。贖流刑,一斤十二兩,俱役六年,不以遠近爲差等。贖死罪,金二斤。"至於贖金的形式,北周是金、絹兼用。若以絹贖,則"應贖金者,鞭杖十,收中絹一匹。

流徒者依限,歲收絹十二匹。死罪者一百匹。其贖刑,死罪五旬,流刑四旬,徒刑三旬,鞭刑二旬,杖刑一旬。限外不輸者,歸於法。"

根據這些情況,北周"贖"的特點便可歸結爲四:第一、《大律》與《北齊律》不同,在其中看不到一個與五刑分立並列的贖罪系統。第二、《大律》在叙述贖杖、贖鞭、贖徒、贖流之時,都叙作"贖某刑";唯獨在贖死時記作"贖死罪,金二斤"。如前所述,北周五刑"一曰杖刑,二曰鞭刑,三曰徒刑,四曰流刑,五曰死刑","刑"和"罪"已得到了明確區分。北周律的用詞是很精確的,這或可部分地歸功於趙肅,他爲《大律》的制定"積思纍年",以致心疾而卒[29]。那麼"贖死罪"與"贖某刑"的區別就應該如下:前者本身就是一種刑名,而後者則具有收贖以替換正刑的性質。前文已說明,唐朝贖死的對象之一是疑罪,北周"贖死罪"不是作爲正刑死刑的替換刑,這也和當時人具有"刑疑從罰"[30]的觀念相合。我們雖然不能斷定北周的死刑是否可以收贖,但根據以上區別,並結合唐朝衹有流刑以下纔能收贖的情況看,北周似乎也是最高衹能"贖流刑"。"贖死罪"與"贖某刑"的區別,就反映出了原來的贖罪在隱没於收贖之後,由於衹有流罪以下纔能收贖,所以贖死罪得以凸顯出來的情況。這與前述唐代的"贖死"情況,是類似的。

第三、北齊贖罪"皆代以中絹",北周贖刑却是金、絹並用的,同於晋、梁。其贖死罪金二斤的制度,繼承了晋、梁贖罪的"贖死者金二斤"之數;流刑和徒刑的納絹,也採納了晋、梁耐罪收贖每歲絹十二匹的做法。如果比較北周納絹和納金的額度,徒刑一年以上的各級的納金數量明顯少於納絹數量。比如說贖徒一年需納金12兩,如果納絹則需要12匹,這還合於1兩1匹的比例;但贖徒二年納金爲15兩,納絹則爲24匹;贖徒三年納金爲18兩,納絹則爲36匹。納金數量以3兩遞增,納絹數量却以12匹遞增。以最高量與最低量比較:如納金的話,最低的杖十納金1兩,最高的死刑納金二斤(32兩),衹是前者的32倍;而若納絹的話,最低杖十納金1匹,最高的死刑則納絹100匹,竟是前者的100倍。這種比例不符,我認爲是政府有意鼓勵納金。北齊贖罪用中絹,而隋唐之贖一律用銅,在看重金屬貨幣一點上似乎是對北周的繼承。

第四、《大律》明確規定了請求贖刑有一定期限,亦即"死罪五旬,流刑四旬,徒刑三旬,鞭刑二旬,杖刑一旬。限外不輸者,歸於法",過期不贖則依正刑論處。在《北齊律》和《隋律》則没有看到這類規定,雖不能斷言其一定没有,但無論如何,《大律》的上述規定,應該就是唐代《獄官令》中"贖死刑,八十日;流,六十日;徒,五十日;杖,四十日;笞,三十日"[31]的較早來源。

考慮到北周贖刑的以上四個特點,以及北齊律依然保留着與五刑並列的"贖罪"系統的事實,我們認爲,隋唐刑律的贖刑制度更近於北周,可以說是來源於北周《大律》的。

對贖刑的考察進一步強化了前面的論斷:北周刑律是北朝法律發展中的一個合乎邏輯

的環節。它直接構成了開皇元年修律的基礎,而且在開皇三年律吸收了《北齊律》的成果之後,它的許多基本内容依然被保留下來了,影響着此後刑律發展。我們没有理由把它視同"另類",看成"怪胎"。近年學者在討論隋唐制度淵源問題的時候,不僅繼續重視南朝和北朝的差别,而且也越發關注東西政權不同的地方,特别是北周制度對隋唐兩朝的重大影響㉜。本文的研究希望爲這種討論提供新的證據,説明從刑律角度看,在重視北齊的同時,北周對隋唐刑律同樣有着深刻的影響,其作用並不在北齊之下。

①　程樹德:《九朝律考》,商務印書館 1927 年版,《後周律考序》、《北齊律考序》等部分,第 481、461 頁。

②　陳寅恪:《隋唐制度淵源略論稿》,中華書局 1963 年版,《刑律》,第 112 頁。

③　程樹德《九朝律考·後魏律考·上》:"後周户律之外别有婚姻律,北齊作婚户,似後魏律原有婚姻一篇,周仍其舊,齊則合爲婚户也。"第 413 頁。但是這個推測並没有確切的史料證據,學者最近的研究認爲它難以成立。參看張建國:《中國律令法體系概論》,《北京大學學報》1998 年 5 期。還可參考薛瑞澤:《試論魏晉南北朝的婚姻法規》,《北朝研究》1992 年 2 期。

④　《隋書》卷二五《刑法》,中華書局 1973 年版,第 697 頁。

⑤　分見《南齊書》卷四八《孔稚珪》,中華書局 1972 年版,第 835 頁;《唐六典》卷六《尚書刑部》刑部郎中條注,中華書局 1992 年版,第 181 頁。

⑥　參看吴宗國:《隋唐五代簡史》,福建人民出版社 1998 年版,第 110 頁。

⑦　《隋書》卷二五《刑法》第 707 頁,記爲"保定三年三月庚子"。然而此年三月並没有庚子,所以本文依從《周書》本紀之説。

⑧　參看内田吟風:《北周の律令格式に關する雜考》,《東洋史研究》第十卷五號,1949 年,收入其著《北アジア史研究》,同朋舍,1975 年。

⑨　《唐六典》卷六《尚書刑部》刑部郎中條注,第 183 頁。

⑩　沈家本:《歷代刑法考》,中華書局 1985 年版,第一册,第 446 頁。

⑪　程樹德:《九朝律考》,第 427 頁。

⑫　《魏書》卷十九中《任城王元澄》,中華書局 1974 年版,第 476 頁。

⑬　《周書》卷七《宣帝》,中華書局 1971 年版,第 124 頁。

⑭　高明士:《從律令制度論隋代的立國政策》,《唐代文化研討會論文集》,文史哲出版社 1991 年版。

⑮　韓國磐:《略論隋朝的法律》,《歷史教學》1956 年 12 期,收入《隋唐五代史論集》,三聯書店 1979 年版。張麗梅:《北齊律對隋唐法律制度的影響初探》,《河北法學》1989 年 6 期。

⑯　仁井田陞:《中國法制史研究·刑法》第三章,東京大學出版社 1959 年版,第 106、110 頁。劉俊文:《唐律淵源辨》,《歷史研究》1985 年 6 期;倪正茂:《隋律研究》,法律出版社 1987 年版,第三章第二節。

⑰　石田勇作:《隋開皇律令かつ武德律令へ》,《中國古代の法と社會——栗原益男先生古稀記念論集》,汲古書院,1988 年。

⑱　《唐六典》卷六《尚書刑部》第 183 頁注:"三年,又敕蘇威、牛弘删定,凡十二篇";《通典》卷一六四《刑法二》(中華書局 1988 年版,第 4232 頁)雖未明言"三年",但也是在"敕蘇威、牛弘更定新律"之後,所以亦爲開皇三年。

⑲　《周書》卷六《武帝》下 105 頁:"《刑書》所不載者,自依律科。"《隋書》卷二五《刑法》709 頁:"又爲《刑書要制》……自餘依《大律》。"可見,《刑律要制》作爲《大律》的補充,二者是並行不悖的關係。

⑳　《隋書》卷六六《裴政》,第 1549 頁。

㉑　《隋書》卷四二《李德林》,第 1200 頁。

㉒　至隋,"以杖易鞭",《隋書》卷二五《刑法》711 頁,作"杖刑五,自五十至于百。五曰笞刑五,自十至于五十。"而《通典》卷一六四《刑法》二,4231 頁作"杖刑五,自六十至于百。五曰笞刑五,自十至于五十"。《資治通鑑》卷一七五《陳紀》九,第 5445 頁同《通典》,又《玉海》卷六五,上海古籍出版社 1992 年版,第二册,第 707 頁引隋志同《通典》。因此疑標點本隋志有誤,當作"六十至于百"。關於隋開皇律流、杖、笞刑參北周律,前引仁井田陞、劉俊文先生文均已指出。

㉓　八重津洋平:《魏晉南北朝の贖刑制度》,《法と政治》第 14 卷 4 期,1964 年,概括論述了南北朝各代的贖刑制度,

對贖刑和贖罪概念進行了區分,並認爲唐律贖刑的特點爲贖刑在五刑之外,唐的贖刑制度來源於北朝。最近,陶安あんど:《中國刑罰史にずける明代贖法——唐律的"贖刑"概念との比較》,《東洋史研究》第 57 卷 4 號,1999 年,在八童津洋平的基礎上,對唐律贖刑概念有所討論。

㉔ 沈家本:《歷代刑法考》,第一冊,第 446 頁。

㉕ 《唐律疏議》卷一《名例》"應議請減"、"五品以上妾有犯"條。卷四《名例》"老小及疾有犯"條,中華書局 1983 年版,第 34、38、80 頁。

㉖ 《唐律疏議》卷二三《鬬訟》"過失殺傷人"、"戲殺傷人"條,第 426 頁。

㉗ 《唐律疏議》卷十五《厩庫》"畜產觝蹹齧人"條,第 286 頁。

㉘ 《唐律疏議》卷三十《斷獄》"疑罪"條,第 575 頁。

㉙ 《周書》卷三七《趙肅》,第 663 頁。

㉚ 《周書》卷四十《樂運》,第 722 頁。

㉛ 《唐律疏議》卷三十《斷獄》"輸備贖没入物違限"條,第 570 頁。

㉜ 吳宗國《三省的發展和三省制的確立》,《唐研究》第三卷,北京大學出版社 1997 年;閻步克《周齊軍階散官制度異同論》,《歷史研究》1998 年 2 期;閻步克《隋代文散官制度補論》,《唐研究》第五卷,北京大學出版社 1999 年;劉後濱《北周官制與南北朝隋唐間政治體制的演變》,《史學論叢》1998 年。

《宋書》時誤補校(五)

牛繼清　張林祥

21.〔晋惠帝〕太安三年正月己卯,月犯太白,占同青龍。熒惑入南斗,占同永康。(卷二十四頁 702)

按是月己亥朔,無己卯。《晋書》卷十二《天文志中》同,"校勘記"云:"'三年',各本作'二年',宋本作'三年'與下文所述事年載合,今從宋本。唯正月己亥朔,無己卯,'己卯'疑'乙卯'之誤。"乙卯十七日,疑是。

22.永興元年十二月壬寅夜,赤氣亘天,硏隱有聲。(卷二十四頁 703)

按永興元年十二月甲子朔,無壬寅。《晋書》卷十三《天文志下》同誤。《晋書》卷四《惠帝紀》在太安二年十一月,"校勘記"云:"是年十二月庚子朔,壬寅爲初三日,'壬寅'上當有'十二月'。下'丙辰'上《五行志下》及《宋書·五行志五》均有'十二月'可證。"是。此"永興元年"爲"太安二年"之誤。

23.永嘉三年正月庚子,熒惑犯紫微。(卷二十四頁 705)

按是月辛丑朔,無庚子,《晋書》卷十三《天文志下》同誤。《資治通鑑》卷八十七晋紀九作:"正月,辛丑朔,熒惑犯紫微。""庚子"在辛丑前一日,或陳《表》排朔有誤。

24.永嘉三年十二月乙亥,有白氣如帶出南北方各二,起地至天,貫參伐。(卷二十四頁 706)

按是月乙未朔,無乙亥。《晋書》卷五《孝懷帝紀》同,"校勘記"云:"殿本《天文志下》作'十一月'。"《天文志下》"校勘記"云:"'十一月',各本均作'十二月',今從殿本作'十一月'。十二月乙未朔,無乙亥。乙亥爲十一月十一日。"是。此"十二月"爲十一月之誤。

25.永昌元年三月,王敦率江、荆之衆,來攻京都,六軍距戰,敗績。於是殺護軍將軍周顗、尚書令刁協,驃騎將軍劉隗出奔。四月,又殺湘州刺史譙王承、鎮南將軍甘卓。閏十二月,元帝崩。(卷二十四頁 707)

按"王敦之亂"時,驃騎將軍是王導,三月,"以司空王導爲前鋒大都督,以戴若思爲驃騎將軍。"劉隗時爲鎮北將軍。《晋書》卷十三《天文志下》作:"於是殺護軍將軍周顗、尚書令刁協、驃騎將軍戴若思。又,鎮北將軍劉隗出奔。"是。《宋書》脱"戴若思。又,鎮北將軍"諸字。又,是年閏十一月庚辰朔,《晋書·元帝紀》:"閏(十一)月己丑,帝崩于内殿。"己丑十日,是。此"十二"爲十一之誤。

26.〔晋成帝〕咸康三年十一月乙丑,太白犯歲星。占曰:"爲兵飢。"(卷二十四頁 709)

按是月癸未朔,無乙丑。疑爲"己丑"之訛,己丑七日,"乙""己"形近。

27.咸康四年五月戊午,熒惑犯右執法。(卷二十四頁 710)

按是月庚辰朔,無戊午。《晋書》卷十三《天文志下》作"戊戌",戊戌十九日,當是。

南朝典簽制度考略(下)

高　敏　張旭華

四、典簽職權與"還都啟事"

南朝時期,典簽雖爲區區小吏,品秩不高,名位不顯,但其職權範圍甚廣,權力極大,以致典簽負有一種極其特殊的政治職能。在上述各類典簽中,尤以軍府典簽和州府典簽權寄最重,舉凡府州內部之政務,刺史行事之得失,以及諸王之起居飲食,蕃鎮之違制謀逆等事,無不綜管并伺察之。因此,有人稱典簽爲南朝軍府"閤內總管"①,也有人稱典簽是南朝時特置的地方監察官②。由于史籍對軍府、州府典簽記載較多,且其職掌較爲明晰并具有典型性,故依之略爲條目,對南朝典簽職權綜述如次:

1.對地方政務的干預權

如前所述,典簽在晋代本是掌管府州內部文書簽署工作的小吏,并不插手地方政務。至劉宋初年,典簽地位有所變化,始欲干預府州刑政之事。《宋書》卷六五《吉翰傳》載:宋文帝元嘉七年,"假節、監徐兗二州豫州之梁郡諸軍事、徐州刺史、(輔國)將軍如故。時有死罪囚,典簽意欲活之,因翰八關齋呈其事。翰省訖,語'今且去,明可便呈'。明旦,典簽不敢復入,呼之乃來,取昨所呈事視訖,謂之曰:'卿意當欲宥此囚死命。昨于齋坐見其事,亦有心活之。但此囚罪重,不可全貸,既欲加恩,卿便當代任其罪。'因命左右收典簽付獄殺之,原此囚生命。其刑政如此,其下畏服,莫敢犯禁。"此事距劉宋建立僅十年光景,從典簽爲死囚請命反被刺史所殺來看,表明其時典簽尚不能干預地方刑政事務,制度上更無此項規定。由于典簽人微言輕,一州政事全操于刺史之手,所以企圖干政之典簽反以"犯禁"之名爲府主所誅。

自宋孝武帝劉駿即位,因有感于起事之際三典簽爲之密謀,居功至多,加之皇子出鎮,年紀尚小,便委派左右親信領典簽,爲之輔佐,典簽之權稍重。至明帝時,隨着府州俱置典簽和典簽制度的普遍化,典簽權勢益熾,凡"長王臨蕃,素族出鎮,莫不皆出內教命,刺史不得專其任也。"③自此以後,典簽代替府主出納教命,干預地方政務成爲定制,蕃王刺史反同虛設。如以宋齊之制而言,皇子出鎮,並不立即親理政事,"其年小者,則置行事及典簽以佐之。一州政事,以及諸王之起居飲食,皆聽命焉,而典簽尤爲切近"④。如《宋書》卷七九《海陵王休茂傳》:宋孝武帝大明二年,休茂爲都督、左將軍、雍州刺史,"時司馬庾深之行府事,休茂性急疾,欲自專,深之及主帥每禁之,常懷忿怒"。又《南齊書》卷三五《長沙威王晃傳》:宋順帝昇明二年,"遷爲持節、監豫司二州〔郢州〕之西陽諸軍事、西中郎將、豫州刺史。太祖踐祚,晃欲用政事,輒爲典籤所裁,晃執殺之,上大怒,手詔賜杖"。中華書局校點本校勘記云:"晃欲用政事。'用'南監本、局本作'親',殿本作'陳'。按《南史》作'晃每陳政事'。"按:南監本、局本作"晃欲親政事",語義較勝,且更貼近事實。如同書同卷《武陵王曄傳》有"尋爲丹陽尹,常侍、將軍如故。始不復置行事,得自親政"之語。又同書卷三二《張岱傳》亦載宋孝武帝大明中,"巴陵王休若爲北徐州,未親政事,以岱爲冠軍諮議參軍,領彭城太守,行府、州、國事。"由此可見,宋齊時幼王出鎮到親理政事有一過程,在"親政"之前,一州政事例由行事、典籤綜管,而典籤權寄彌重。上述海陵王劉休茂"性急疾,欲自專",行事及典籤每禁之;長沙王蕭晃"欲親政事,輒爲典籤所裁",皆非典籤專制逾權之舉,實爲當時制度使然。明乎此,庶几可知典籤干預地方政務,以制刺史之權者,正其職任所在耳。

再以庶族出鎮而言,典籤亦可干預其行政司法諸事,并傳宣教命。如宋孝武帝孝建中,宗慤爲豫州刺史,吳喜公爲典籤。"慤刑政所施,喜公每多違執。慤大怒曰:'宗慤年將六十,爲國竭命,政得一州如斗大,不能復與典籤共臨!'喜公稽顙流血乃止"[5]。又梁武帝天監初,陳伯之爲征南將軍、江州刺史,"伯之不識書,及還江州,得文牒辭訟,惟作大諾而已。有事,典籤傳口語,與奪決于主者"[6]。據此,南朝時期無論是皇子臨州或是庶姓作牧,典籤均可干預地方政事,出納教命,其權勢與方鎮刺史不異。是以史稱宋齊典籤"威行州郡,權重蕃君"[7],正是對這一情況的真實寫照。

2.對出鎮幼王的監護權

宋齊時期,典籤對出鎮幼王進行監護,也是其重要職責之一。《南齊書》卷四○《武十七王傳》史臣論曰:"帝王子弟,生長尊貴,薪禽之道未知,富厚之圖已極。齔年稚齒,養器深宮,……朝出閨闈,暮司方岳,帝子臨州,親民尚小,年序次第,宜屏皇家,防驕翦逸,積代恒典,平允之情,操捶貽慮。故輔以上佐,簡自帝心,勞舊左右,用爲主帥,州國府第,先令后行,飲食游居,動應聞啓,端拱守禄,遵承法度,張弛之要,莫敢盾言,行事執其權,典籤掣其肘,苟利之義未申,專達之咎已及。"據此,典籤除照料出鎮幼王的飲食起居外,還要使之"端拱守禄,遵承法度",即對幼少皇子負有監護教導之責。

宋齊典籤監護幼王飲食游居之事,史載甚多。《南史》卷四四《巴陵王子倫傳》曰:"南海王子罕戍琅邪,欲暫游東堂,典籤姜秀不許而止。還泣謂母曰:'兒欲移五步亦不得,與囚何異'……邵陵王子貞嘗求熊白,厨人答典籤不在,不敢與。西陽王子明欲送書參侍讀鮑僎病,典籤吳修之不許,曰:'應諮行事。'乃止。言行舉動,不得自專,征衣求食,必須諮訪。"是以齊明帝時戴僧靜曾憤然言道:"天王無罪,而一時被囚,取一挺藕,一杯漿,皆諮簽帥,不在則竟日忍渴。諸州唯聞有簽帥,不聞有刺史。"

此外,典簽還負責監護和約束諸王行動,使之循規守矩,遵承法度。如齊武帝永明中,宜都王蕭鏗爲都督、南豫州刺史,"雖未經庶務,而雅得人心。舉動每爲簽帥所制,立意多不得行"⑧。又鬱林王蕭昭業即位,宣城王蕭鸞輔政,蕭諶等"回附高宗,勸行廢立,密召諸王典簽約語之,不許諸王外接人物"⑨。其時江夏王蕭鋒爲侍中、領驍騎將軍,"及明帝(即蕭鸞)知權,蕃邸危懼,……時鼎業潛移,鋒獨慨然有匡復之意,逼之行事典簽,故不遂也"⑩。説明蕃鎮諸王及在京諸王的一言一行、一舉一動皆受制于典簽,受到他們的嚴密監控。與此同時,對于那些"端拱守祿,遵承法度"以及躬行孝道、潛心儒學的幼少皇子,典簽亦及時向皇帝奏報。如齊武帝永明中,衡陽王蕭鈞爲江州刺史,加散騎常侍,其生母"區貴人卒,居喪盡禮。服闋,當問訊武帝,危羸骨立,登車三上不能升,乃止。典簽曹道人具以聞,武帝即幸鈞邸,見之愴然"⑪。又梁武帝天監中,封第十一子蕭紀爲武陵王,後遷使持節、東中郎將、東揚州刺史。"時武陵王在東州,頗自驕縱,上召(江)革面敕曰:'武陵王年少,臧盾性弱,不能匡正,欲以卿代爲行事。非卿不可,不得有辭。'乃除折衝將軍、東中郎武陵王長史、會稽郡丞,行府州事"。江革至鎮,"功必賞,過必罰,民安吏畏,百城震恐。……府王憚之,遂雅相欽重。每至侍宴,言論必以《詩》、《書》,王因此耽學好文。典簽沈熾文以王所制詩呈高祖,高祖謂僕射徐勉曰:'江革果能稱職'"⑫。可見,對于出鎮諸王能否恪守孝道、遵從禮教及研讀詩書、耽學好文等情況,典簽均需及時向皇帝匯報,并與行事共負監護教導之責。

3.對州鎮刺史的監察權

南朝時期,典簽最重要的職責就是監察州鎮,控制地方的諸王刺史。他們必須隨時把州鎮刺史的言行上報皇帝。如果諸王刺史有謀反、違制或不遵法度、淫穢不軌等情況,典簽均應密奏啓聞之。典簽如不及時舉報,便被視爲失職,要受到嚴厲處罰。如宋前廢帝時,義陽王劉昶爲都督、征北將軍、徐州刺史,"廢帝既誅群公,彌縱狂悖,……江夏王義恭誅後,昶表入朝,遣典簽蘧法生銜使,帝謂法生曰:'義陽與太宰謀反,我正欲討之,今知求還,甚善。'又屢詰問法生:'義陽謀反,何故不啓?'法生懼禍,叛走還彭城。"⑬又前引宋順帝昇明中,司徒袁粲、尚書令劉秉等密謀舉事,欲誅齊王蕭道成,事敗,"粲典簽莫嗣祖知粲謀,太祖召問嗣祖:'袁謀反,何不啓聞?'"⑭可見宗室諸王或當朝公卿若欲謀反,典簽必須密奏啓聞,這是其職責所在。齊恭王蕭昭文延興中,司徒鄱陽王蕭鏘與隨王蕭子隆密謀起兵反對當朝執政宣城王蕭鸞,"典簽知謀告之"⑮,鏘及子隆俱被害,就是典簽伺察王公大臣并刺舉告密之明證。

對于出鎮諸王車服僭擬、自置帶仗衛士和私自交易器仗等嚴重危害皇權之事,典簽亦皆得伺察並密奏之。齊武帝永明中,廬陵王蕭子卿爲都督、安西將軍、荊州刺史,"在鎮,營造服飾,多違制度",武帝曾予嚴責;及子卿遷使持節、都督南豫豫司三州軍事、驃騎將軍、南豫州刺史,"之鎮,道中戲部伍爲水軍,上聞之,大怒,殺其典簽"⑯。蓋以子卿典簽不能匡正其失并及時啓聞也。又武帝永明七年,巴東王蕭子響爲都督、鎮軍將軍、荆州刺史,"子響少好武,在西豫時,自選帶仗左右六十人,皆有膽幹。至鎮,數在内齋殺牛置酒,與之聚樂。令内人私作錦袍絳襖,欲餉蠻交易器仗"。長史劉寅與典簽吳修之、王賢宗、魏景淵等"連名密啓,上勑精檢"。及臺使至,子響不見勑,召劉寅等詰問之。"寅等無言,修之曰:'既以降勑旨,政應方便答塞'。景淵曰:'故應先檢校'。子響大怒,執寅等于後堂殺之"。⑰據此,典簽可與軍府上佐"連名密啓"府主違制之事,但是在臺使奉勑檢校的關鍵時刻,典簽敢于堅持勑命,不畏禍端,似較其他軍府上佐負有更大的職責。

　　梁陳之時,典簽對于諸王刺史肆行非法、淫穢不軌之事仍負有密奏糾舉之責。梁武帝普通五年,邵陵王蕭綸"以西中郎將權攝南徐州事。在州輕險躁虐,喜怒不恒,車服僭擬,肆行非法。遨游市里,雜于厮隸。嘗問賣鮚者曰:'刺史何如?'對者言其躁虐,綸怒,令吞鮚以死,自是百姓惶駭,道路以目。嘗逢喪車,奪孝子服而著之,匍匐號叫。簽帥懼罪,密以聞。帝始嚴責,綸不能改,于是遣代"。⑱又陳宣帝太建十一年,始興王叔陵生母彭氏卒,丁憂去職,"頃之,起爲中衛將軍、使持節、都督、(揚州)刺史如故。晋世王公貴人,多葬梅嶺,及彭卒,叔陵啓求于梅嶺葬之,乃發故太傅謝安舊墓,棄去安柩,以葬其母。初喪之日,僞爲哀毁,自稱刺血寫《涅槃經》,未及十日,乃令庖厨擊鮮,日進甘膳。又私召左右妻女,與之姦合,所作尤不軌,侵淫上聞。高宗譴責御史中丞王政,以不舉奏免政官,又黜其典簽親事,仍加鞭捶。高宗素愛叔陵,不繩之以法,但責讓而已"。⑲陳文帝之所以罷免王政官職,是因爲御史中丞職掌糾察京師百官,而揚州爲京畿所在,揚州刺史有類于魏晋司隸校尉,仍然算是京官,所以王政不舉奏叔陵非違諸事,自屬失職。至于罷黜叔陵典簽,則因典簽對州鎮刺史負有伺察推監之責,叔陵所作不軌,侵淫上聞,典簽概不密奏刺舉之,顯然也屬失職。這表明從宋齊以至梁陳,監察州鎮,密奏刺舉諸王刺史的謀反、違制和肆行非法等行爲,乃是南朝典簽最重要的職責之一。

4.對府州上佐的彈糾權

　　南朝多以皇子出鎮地方,因諸王年幼,未能親理政務,于是又以軍府上佐長史、司馬代府、州事,簡稱"行事"。行事與典簽雖同爲帝王簡派,且其職掌有所關聯,但典簽憑藉其特殊的身份地位,不僅上撓都督刺史之權,且得下察府州上佐之咎,因而較行事具有更大的權力,儼然成了府州僚佐的上司。宋孝武帝大明中,海陵王劉休茂爲都督、左將軍、雍州刺史,其"左右張伯超至所親愛,多罪過,主帥常加呵責,伯超懼罪,謂休茂曰:'主帥密疏官罪過,欲以啓聞,如此恐無好。'休茂曰:'爲何計?'伯超曰:'唯當殺行事及主帥,且舉兵自衛……'"⑳。

這是典簽對府主左右倖臣常加呵責和管束之例。後劉休茂聽信張伯超挑唆,殺死行事庾深之和典簽楊慶、戴雙,起兵反叛朝廷。蕭齊時,"高帝、武帝爲諸王置典簽帥,一方之事,悉以委之。每至觀接,輒留心顧問,刺史行事之美惡,係于典簽之口,莫不折節推奉,恒慮弗及"。時"竟陵王子良嘗問衆曰:'士大夫何意詣簽帥?'參軍范雲答曰:'詣長史以下皆無益,詣簽帥便有倍本之價,不詣謂何!'子良有愧色。"㉑可見典簽雖爲府州小吏,論職位本在長史、司馬、參軍之下,但其外而干預地方政事,內則糾舉行事府佐得失,所以上至諸王刺史,下至府州上佐,無不仰其鼻息,曲意逢迎,以避免典簽還都啓事而招致身禍。蕭梁一代,典簽還負有類似御史監察官的彈劾糾察職責,可以隨時彈糾行事和府州上佐的非違之事。如梁武帝天監初,王僧孺"出爲仁威南康王長史、蘭陵太守,行府、州、國事。初,帝問僧孺妾媵之數,對曰:'臣室無傾視。'及在南徐州,友人以妾寓之,行還,妾遂懷孕。爲王典簽湯道愍所糾,逮詣南司,坐免官,久之不調。"㉒又天監中,江革"徙廬陵王長史、太守、行事如故。以清嚴爲屬城所憚。時少王行事,多傾意于簽帥,革以正直自居,不與典簽趙道智坐。道智因還都啓事,面陳革墮事好酒,以琅邪王曇聰代爲行事。南州士庶爲之語曰:'故人不道智,新人佞散騎,莫知度不度,新人不如故。'"㉓據此,梁代典簽不僅可以還都啓事以密奏行事之失,而且還可以彈糾行事,奏報"南司"即御史臺,從而使典簽具有監察和彈糾府州上佐的政治職能。這既是南朝典簽職責的新變化,同時也是蕭梁統治者爲加強地方監察而採取的重要舉措。從這一角度着眼,典簽一職實有類似乎曹魏時期的"校事"官的性質,具有充當中央皇權爪牙,對出鎮諸王、刺史及各級地方官吏和府州僚佐進行監視控制的權力。

5.臨時性差遣和其他職責

南朝典簽還有一些臨時性差遣或較爲特殊的職責,如循履諸縣和兼帶縣令即屬之。

據《南齊書》卷四〇《竟陵文宣王子良傳》載:齊高帝建元二年,"爲征虜將軍、丹陽尹。開私倉賑屬縣貧民。明年,上表曰:'京尹雖居都邑,而境壤兼跨,廣袤周輪,幾將千里。縈原抱隰,其處甚多,舊遏古塘,非唯一所。而民貧業廢,地利久蕪。近啓遣五官殷瀰、典簽劉僧瑗到諸縣循履,得丹陽、溧陽、永世等四縣解,並村耆辭列,堪墾之田,合計荒熟有八千五百五十四頃,修治塘遏,可用十一萬八千餘夫,一春就功,便可成立。'上納之。會遷官,事寢"。按五官掾爲郡之綱紀,"主諸曹事"㉔。嚴耕望先生考證五官掾所主諸曹有戶曹、田曹、勸農、倉曹、金曹、水曹,皆有關民、財庶政者;又有賊曹、兵曹、車曹諸曹,皆有關刑政、軍事及交通者。㉕因知五官掾循履諸縣,調查"堪墾之田"及"修治塘遏"諸事,正其職責所在。而丹陽尹以典簽幫辦此事,則顯係臨時性差遣,非其職任所在甚明。

蕭齊時,府州典簽又有兼帶縣令之職并主管一縣政務者。《梁書》卷一一《呂僧珍傳》:"太祖爲豫州刺史,以爲典簽,帶蒙令,居官稱職。……永明九年,雍州刺史王奐反,敕遣僧珍隷平北將軍曹虎西,爲典簽,帶新城令。”《南史》卷五六《吕僧珍傳》亦載:“文帝爲豫州刺史,以爲典簽,帶蒙令。”按:“太祖”、“文帝”均指梁武帝蕭衍之父蕭順之㉖。但是,《南史》校勘記云:“按蒙縣屬豫州梁郡,然文帝又無爲豫州事。”則上引史料似有疑問。實則,《梁書》卷一《武帝紀》記載其父蕭順之在齊世歷官甚簡,僅有“歷官侍中、衛尉、太子詹事、領軍將軍、丹陽尹,贈鎮北將軍”寥寥數語,當缺載爲豫州刺史事。因爲依據《梁書》吕僧珍本傳,僧珍曾于天監十年疾病,時“車駕臨幸,中使醫藥,日有數四。僧珍語親舊曰:‘吾昔在蒙縣,熱病發黄,當時必謂不濟,主上見語,‘卿有富貴相,必當不死,尋應自差’,俄而果愈。”是吕僧珍確在蒙縣擔任過縣令一職,與前述“文帝爲豫州刺史,以爲典簽,帶蒙令”一事正合。據此觀之,蕭齊時之軍府、州府典簽可兼帶縣令,主持一縣政事,且有“稱職”與否的考核。不過,以典簽帶縣令兼管一縣政務,恐屬一時特例,而非恒制,故史籍所載甚少,僅吕僧珍爲典簽時先帶蒙令、后帶新城令兩條史料而已。

總之,儘管史籍對于南朝典簽職掌缺乏明確詳細的記載,但其職權範圍之廣,權力之重,影響之大,實已遠遠超出一個區區小吏的職責權限,而被賦于一種特殊的政治職能。這種特殊的政治職能,既有對地方政務的干預權,又有對州鎮刺史的監察權,既有對出鎮諸王的監護權,又有對府州上佐的彈糾權。故史稱南朝典簽“威行州郡,權重蕃君”,“諸州唯聞有簽帥,不聞有刺史”,殆非虚語。必須指出的是,南朝典簽權勢畸重,一方面固然是皇權政治彊化的具體表現,另方面也有賴于典簽還都啓事制度的確立及其實行。正是由于後者,不僅爲南朝皇帝控制州鎮地方勢力提供了可靠的依據,而且也是典簽得以履行其特殊政治職能的重要途徑和根本保證。

所謂還都啓事制度,是指州鎮典簽受皇帝委派,定期或不定期的回到首都建康(今江蘇南京市),向皇帝或當朝執政匯報刺史行事之得失的一種制度。這一制度雖然定型于宋孝武帝時期,但在宋文帝元嘉年間已初顯端倪。據《宋書》卷七七《顔師伯傳》載:“世祖鎮尋陽,啓太祖請爲南中郎府主簿。太祖不許,謂典簽曰:‘中郎府主簿那得用顔師伯。’世祖啓爲長流正佐,太祖又曰:‘朝廷不能除之,郎可自板,亦不宜署長流。’世祖乃板爲參軍事,署刑獄。及入討元凶,轉主簿。”此事發生于元嘉三十年劉劭弑立之前。從武陵王劉駿(時任南中郎將、江州刺史)遣典簽還都,啓請宋文帝以顔師伯爲中郎府主簿一事來看,説明文帝元嘉末年已有典簽還都啓事之事。另據《宋書》卷九四《戴明寶傳》:元嘉三十年,劉駿南中郎典簽董元嗣“奉使還都,值元凶弑立,遣元嗣南還,報上以徐湛之等反。上時在巴口,元嗣具言弑狀。上遣元嗣下都,奉表于劭,既而上舉義兵,劭責元嗣,元嗣答曰:‘始下,未有反謀。’劭不信,備加考掠,不服,遂死。”這是劉劭弑立前後,南中郎典簽董元嗣兩次奉使還都之例。在第二次還都時,恰值劉駿于巴口舉義,劉劭懷疑元嗣知情不報,遂于京都“備加考掠”而殺之。由此可知,宋文帝元嘉末季已有典籤還都啓事之事,且頗爲頻繁。但當時"奉使還都"之典籤多係奉府主之命,所啓之事僅關乎于任用府佐或奉表上章等事,與此後之典籤還都啓事殊有不同,只能視爲這一制度的初始階段或萌芽形態。

自宋孝武帝劉駿即位後,隨着各州鎮普遍設置典籤,典籤還都啓事漸成定制。大明、泰始中,"典籤遞互還都,一歲數反,時主輒與閑言,訪以方事"㉗。及蕭齊高帝、武帝時,仍遵此制而未改。其時典籤還都啓事,君主"每至覲接,輒留心顧問,刺史行事之美惡,係于典籤之口。"㉘如齊武帝時,"武陵王曄爲江州,性烈直不可忤,典籤趙渥之曰:'今出都易刺史。'及見武帝相誣,曄遂免還"㉙。又武帝永明八年,張欣泰"徙爲隨王子隆鎮西中兵,改領河東內史。子隆深相愛納,數與談宴,州府職局,多使關領,意遇與謝朓相次。典籤密以啓聞,世祖怒,召還都"㉚。正是由于還都啓事之制的實行,使得典籤權勢急遽膨脹,而且宜生弊端,所以齊明帝蕭鸞爲宣城王輔政時,亟欲改革此制。《南史》卷七七《吕文顯傳》云:"劉道濟、柯孟孫等姦慝發露,雖即顯戮,而權任之重不異。明帝輔政,深知之,始制諸州急事宜密有所論,不得遣典籤還都,而典籤之任輕矣"。《資治通鑑》卷一三九齊明帝建武元年條也說:"宣城王亦深知典籤之弊,乃詔:'自今諸州有急事,當密以奏聞,勿復遣典籤入都。'自是典籤之任浸輕矣。"事實上,自齊明帝即位以迄蕭梁,典籤還都啓事之制仍在實行,并未廢止。如前述梁武帝天監中,江革爲廬陵王長史、太守、行事,"以正直自居,不與典籤趙道智坐。道智因還都啓事,面陳革墮事好酒,以琅邪王曇聰代爲行事。"㉛又江革後爲武陵王蕭紀長史、會稽郡丞、行府州事,"每至侍宴,言論必以《詩》、《書》,王因此耽學好文。典籤沈熾文以王所制詩呈高祖,高祖謂僕射徐勉曰:'江革果能稱職。'"㉜都是蕭梁仍有典籤還都啓事之明證。據此,清人趙翼曾謂,典籤之權,"其後仍復積重"㉝,其說甚是。

此外,在典籤還都啓事的同時,南朝還盛行密奏啓聞之制。上引《南史》說齊明帝輔政,"始制諸州急事宜密有所論";《通鑑》說宣城王(即齊明帝)深知典籤之弊,乃詔"自今諸州有急事,當密以奏聞。"也與史實不符。依據史傳,齊明帝即位前已有密奏啓聞之制,此後沿至梁陳時皆然。如前述宋海陵王劉休茂爲都督、雍州刺史,其親信左右張伯超謂之曰:"主帥密疏官罪過,欲以啓聞,如此恐無好。"㉞齊武帝永明中,巴東王蕭子響在鎮自選帶仗左右,又令人私作錦袍絳襖,欲餉蠻交易器仗,長史劉寅及典籤吳修之、王賢宗、魏景淵等"連名密啓,上勑精檢"㉟。梁武帝普通五年,邵陵王蕭子綸以西中郎將權攝南徐州事,在州車服僭擬,肆行非法,"籤帥懼罪,密以聞,帝始嚴責"㊱。又陳宣帝太建末,始興王陳叔陵在鎮所作不軌,侵淫上聞,宣帝以典籤不及時啓聞而黜之㊲。都是南朝時一直實行密奏啓聞之制的例證。因此,以齊明帝輔政爲界綫,認爲前此唯實行典籤還都啓事之制,故典籤權奇彌重;而後此則改行典籤密奏啓聞之制,故典籤之任浸輕的看法,皆與史實不符。實際情況是,在整個南朝時期,典籤還都啓事之制與密奏啓聞之制二者同時存在,並行不悖。只不過在宋齊兩代,特別是齊明帝輔政之前,典籤還都啓事制度一度占據着主導地位,其作用與影響也更爲顯著和突出而已。

綜上所述,南朝典籤的各種職權,尤其是監視和伺察諸王刺史、府州上佐的重要職權,主要是通過還都啓事和密奏啓聞這兩種方式表現出來的。通過上述方式,州鎮典籤可以隨時還都進行密報,啓奏府主得失,而時君則根據典籤密奏啓事,以便加强皇權和控制地方州鎮勢力。所以,從某種意義上講,還都啓事制度的建立及其實行,乃是南朝典籤制度的關鍵所在,也是衡量典籤權勢輕重的重要標志之一。它不僅確保了州鎮典籤能够順利地行使其各種職權,並且將這種權力發揮到極至,而且還在京師建康與各州鎮之間架設了一條橋梁,使南朝君主得以及時準確地了解州鎮動態,從而對加强中央集權統治有着不可忽視的重要作用。

五、典籤制度與南朝政治

典籤制度是南朝實行的一種重要而又特殊的政治制度。在南朝皇權政治不斷强化,宗王政治、士族政治與寒人政治等多種政治因素相互交織彼此消長的歷史背景下,典籤制度也隨着南朝政局的發展變化而變化,並對當時的社會政治格局產生了重要而深遠的影響。

我們知道,自秦始皇統一中國,建立專制主義的中央集權制度以來,歷代封建王朝皆遵循此制,使專制皇權不斷完備並日趨强化。及至兩晉,由于門閥制度的確立及士族權勢的膨脹,中央集權嚴重削弱。特別是東晉一代,琅邪大族王導、王敦把持中央和地方大權,形成了"王與馬共天下"的政治格局,此後潁川庾氏、陳郡謝氏、譙郡桓氏等高門大族相繼秉權,挾制司馬氏皇室達百年之久。東晉皇權旁落,大族擅權,内亂迭起,政治混亂,劉裕趁機禪代稱帝,建立了劉宋王朝。

劉宋政權建立伊始,懲戒東晉政治之失,權不外假。在中央則任用寒人爲中書舍人,控制中樞機關中書省;在地方則削奪大族兵權,以宗室皇子出居外藩,控制各地重要州鎮。宋中葉以後,中央集權的趨勢更加明顯。宋孝武帝劉駿"惡宗室强盛,不欲權在臣下"[38],進而取消了權重的録尚書。齊武帝時,"詔命殆不關中書,專出舍人。……天下文簿版籍,入副其省,萬機嚴秘,有如尚書"[39]。後來連中央禁軍亦由親信寒人控制,"外司領武官,有制局監,領器仗兵役,亦用寒人被恩幸者"[40]。因此,宋齊門閥大族的社會、經濟地位雖然依舊,但中央和地方的軍政大權却總攬于皇帝之手,體現了皇權的高度集中。

然而,宋齊時期的宗王出鎮,雖然有削弱大族權力和加强專制皇權的一面,但客觀上也造成州鎮勢力坐大,形成對中央集權的潛在威脅。宋文帝元嘉二十二年(445),左衛將軍、太子詹事范曄等密謀擁立彭城王劉義康,謀泄被殺,劉義康亦遭囚禁。後豫章胡誕世等聚衆謀反,復欲奉戴劉義康,義康終被毒殺。元嘉三十年(453),太子劉劭弑父篡立,更把中央與州鎮的矛盾冲突推向公開化。其弟江州刺史、武陵王劉駿首先傳檄州郡,起兵聲討;荊州刺史南譙王劉義宣、會稽太守隨王劉誕諸方鎮並舉義兵,反對劉劭。方鎮的聯合勢力很快攻入建康,誅殺劉劭及其同黨,劉駿即位稱帝。

　　孝武帝劉駿以蕃王而登帝位,對諸王方鎮勢力更是心存戒備,嚴加防範。他先是内調劉義宣爲丞相、揚州刺史,奪其兵權;繼而又解除徐州刺史劉誕的職務,調其爲南兗州刺史,而遣心腹劉延孫鎮京口以防之,結果招致二鎮的武裝叛亂。孝建元年(454),劉義宣于荊州稱帝,率衆十萬發自江陵,公開反叛朝廷。江州刺史臧質、豫州刺史魯爽、兗州刺史徐遺寶并起兵響應,勢震天下,朝野大懼。孝武帝曾一度想把皇位讓給劉義宣,後來竭盡全力,才將此次叛亂平定。大明二年(458),劉誕亦反于廣陵,兵敗被殺。二鎮叛亂,對中央政權構成嚴重威脅,極大地妨礙了君主集權。孝武帝在對叛亂諸王屬行誅戮的同時,遂決意在各州鎮普遍設置典簽,并賦于典簽更大的權力,使其對方鎮諸王進行嚴密監控[41]。正是在中央與方鎮的矛盾冲突日益激化的形勢下,典簽制度亦應運而生。

　　隨着典簽制度的建立,尤其是還都啓事之制的實行,典簽之權趨重,典簽制度對南朝政治的作用和影響也顯得愈益突出。大體説來,典簽制度對南朝政治的影響分積極與消極兩個方面,既有其利,也有其弊,不可一概而論。兹先就其積極作用稍加論列。

　　首先,就皇權政治而言,典簽制度在一定程度上抑制了地方州鎮勢力,加强了中央集權統治。

　　如上所述,典簽制度是在中央與方鎮的矛盾冲突不斷激化的情況下建立的,是封建專制主義的必然産物。而在典簽的各種職權中,伺察州鎮刺史和舉奏府主非違又是其最主要的政治職能。由于典簽對地方的監督與伺察層面甚廣,涉及到謀反、僭擬、違制等多項嚴重危害專制皇權的内容,加之典簽可以隨時通過還都啓事、密奏啓聞等方式將上述情況直接報告朝廷,所以通過典簽對諸王刺史的嚴密監控,州鎮起兵反叛中央的可能性大爲減少,而中央對州鎮勢力的抑制和監控則大爲增强。史稱宋齊宗王出鎮,"行事執其權,典簽掣其肘,苟利之義未申,專違之咎已及。處地雖重,行己莫由,威不在身,恩未接下,倉卒一朝,艱難總集,望其釋位扶危,不可得也"[42]。可見出鎮蕃王名位雖重,而權力盡失,這自然是實行典簽制度之後,對地方州鎮勢力進行抑制和監控的結果。另外,典簽對于在鎮幼王的監護和管束,雖有"飲食游居,動應聞啓"之弊,却也有"端拱守禄,遵承法度"之利。一些出鎮宗王在州鎮私養甲士,交易器仗,車服僭擬,横行不法,典簽及時啓聞,朝廷或加嚴責,或派員遣代,這對防止諸王勢力坐大,維護地方政治穩定,無疑也具有一定的積極作用。

其次,就寒人政治來説,典簽制度的建立,在客觀上順應了南朝寒人勢力不斷發展的歷史趨勢,爲寒人參掌政權開闢了一條重要途徑。

進入南朝以後,寒人勢力逐步興起,門閥勢力日漸衰弱,士族地主和寒門庶族的勢力從此開始了彼此消長的過程。由于門閥士族長期過着驕奢淫逸的生活,思想上空虛頹廢,政治上腐化墮落,逐漸喪失了統治能力,一些軍政要職已逐步轉移到寒人手中。宋齊時期,在中央已大量任用寒人爲中書舍人典掌機要,並由親信寒人領制局監,控制京師禁軍兵權;在地方則選派親信左右領典簽,既以照料出鎮幼王的生活起居,又代以出納教命,參預地方政事,實際上掌握了州鎮權柄。從史書記載來看,南朝典簽之籍貫、家世和出身略可考稽者僅有7人,且皆爲寒人,試見下表[43]:

朝代及典簽職名	姓　名	籍　貫	家世及父祖情況
宋南中郎典簽	戴法興	會稽山陰	"家貧,父碩子販紵爲業","法興少賣葛于山陰市,後爲吏傳署"。
宋南中郎典簽	戴明寶	南東海丹徒	父祖無聞,家世無考。
宋豫州典簽	吳喜公	吳興臨安	"出自卑寒,少被驅使"。父祖無聞。
宋徐州典簽	王道隆	吳興烏程	父祖無聞,家世無考。
宋領軍府典簽	·包法榮	東陽	父祖無聞,史書記爲"郡民"。
齊豫州典簽	呂僧珍	東平範	"世居廣陵,起自寒賤"。
齊江州典簽	茹法亮	吳興武康	"出身爲小史,歷齊幹扶"。家世無考。

據表可知,上述7人中明顯爲寒門者3人,父祖無聞或家世無考者4人;從史書記包法榮爲"郡民",茹法亮"出身爲小史"的情況看,此4人亦皆爲寒人。至于其餘典簽,雖然史載甚衆,但多屬史書無傳,或其籍貫、家世均無從考徵者,推測亦俱爲寒人,應無疑義。所以,南朝以寒人充任典簽,不僅便于時君驅策以爲心腹之任,而且也爲寒人參掌地方政權開闢了道路。

不僅如此,南朝時也有少數典簽憑藉其自身才干、建立事功或受君主寵幸等原因,在仕途上飛黄騰達,權傾朝野,成爲炙手可熱的重要人物。如宋孝武帝即位後,其南中郎典簽戴法興就因參與謀謨之功,賜爵食邑,任遇有加,先後擔任中書舍人、員外散騎侍郎、給事中、越騎校尉等官職。前廢帝時,"凡選授遷轉誅賞大處分",及"詔勅施爲,悉決法興之手,尚書中事無大小,專斷之"。是以市里風謡云"宮中有兩天子","法興爲真天子,帝爲贋天子"[44]。又曾任齊武帝江州典簽的茹法亮,此後歷官中書舍人、給事中、羽林監、前軍將軍等要職,終官大司農。茹法亮任中書舍人時,恩遇隆密,勢傾天下,太尉王儉常對人説:"我雖有大位,權寄豈及茹公。"[45]他如吳喜(即吳喜公)、王道隆、呂僧珍等皆出身寒微,曾任府州典簽之職,後或因軍功而專任方面,或以恩遇而執掌朝柄,成爲統治集團上層的重要人物。可見南朝典籤制度的實行,不僅爲寒人參掌地方政權開辟了道路,而且也爲寒人躋身中央政權及參與朝政提供了一條重要渠道。而隨着寒人勢力的全面興起,也改變了魏晉以來門閥士族長期獨霸政權的局面,成爲南朝政治格局出現歷史性嬗變的契機。

復次,就士族政治而論,州鎮典籤在監督和伺察諸王刺史、府州上佐的同時,對門閥士族的勢力也有一定的抑制作用。

南朝多以宗王出鎮地方,宗王既是皇室家族的支脈,又是特殊的士族;而當時藉以輔佐諸王的府州上佐如長史、司馬之流,則被冠以"行事"之名,而且例以高門士族擔任。但是,由于典籤在州鎮中的特殊地位及其對州鎮政治所產生的重要影響,又使典籤與刺史、行事的關係處于一種非常微妙的對立與統一之中。劉宋初年,典籤位卑權輕,刺史常常借故排擠或殺死典籤,君主則聽之任之,不做任何處罰。前述宋文帝元嘉七年(430),徐州刺史吉翰因不滿典籤干政,借故殺之,就是其例。及宋孝武、宋明帝大明、泰始年間,隨着典籤制度的建立以及還都啓事之制的實行,典籤之權日重,"典籤遞互還都,一歲數反","刺史行事之美惡,係于典籤之口"[46]。于是刺史、行事一改往昔岐視和排擠典籤的作法,"莫不折節推奉,恒慮不及"[47]。有的爲了結好典籤,不惜曲意逢迎,仰其鼻息,甚至呼典籤爲"籤帥"、"典籤帥",以避免矛盾而招致身禍。齊武帝時,竟陵王蕭子良嘗問衆曰:"士大夫何意詣籤帥?"參軍范雲道曰:"詣長史以下皆無益,詣籤帥便有倍本之價,不詣謂何!"[48]可見士大夫卑躬折節于典籤,非其本意,實乃當時情勢及其切身利益使然。這一時期,諸王刺史殺死典籤,雖構不成重罪,但也要受到君主的嚴厲處罰。宋明帝時,巴陵王劉休若爲都督、雍州刺史,"典籤夏寶期事休若無禮,繫獄,啓太宗殺之,慮不被許,啓未報,輒于獄行刑,信反果錮送,而寶期已死。上大怒,與休若書曰:'孝建、大明中,汝敢行此邪?'"[49]則典籤有罪,須啓奏朝廷,再行懲罰。休若擅殺典籤,被降號左將軍、貶使持節都督爲監、行雍州刺史,削封五百户。又齊高帝初即位,長沙王蕭晃爲豫州刺史,"晃欲用政事,輒爲典籤所裁,晃執殺之,上大怒,手詔賜杖"[50]。這與典籤人微言輕,諸王刺史可以隨意處置典籤的情況已大不相同。

誠然,對于寒人充任典籤,小人得志,許多士族也心懷不滿,並竭力排斥和裁抑之,有的甚至不與典籤同坐。如宋孝武帝大明中,會稽大族孔覬歷任尋陽王劉子房、安陸王劉子綏"二府長史,典籤諮事,不呼不敢前,不令去不敢去"[51]。齊武帝永明中,吳郡冠族顧憲之爲巴陵王南中郎長史,行南豫南徐二州事,"典籤諮事,未嘗與色,動遵法制"[52]。又梁武帝天監中,琅邪大族王僧孺出爲南康王長史、行府州國事,"王典籤湯道愍暱于王,用事府內,僧孺每裁抑之"[53]。濟陽士族江革徙廬陵王長史,行府州事,"時少王行事,多傾意于籤帥,革以正直自居,不與典籤趙道智坐"[54]。都是這方面的例子。但是,面對南朝寒人的崛起,有的士族也能够正視現實,與典籤關係融洽,和睦相處。如宋孝武帝時,吳郡士族張岱“歷爲三府諮議、三王行事,與典籤主帥共事,事舉而情得。或謂岱曰:‘主王既幼,執事多門,而每能輯和公私,云何致此?’岱曰:‘古人言一心可以事百君,我爲政端平,待物以禮,悔吝之事,無由而及。明闇短長,更是才用之多少耳。’”[55]總之,南朝寒人的興起乃是歷史發展的必然趨勢,儘管門閥士族竭力維護其特權地位,排斥和壓抑寒人,但“青山遮不住,畢竟東流去”,在州鎮典籤監控諸王刺史和府州上佐的同時,無疑也削弱和抑制了門閥士族的權力,在客觀上加速了門閥士族衰亡的歷史進程。

此外,在我們評價典籤制度對南朝政治所産生的積極影響的同時,對其消極作用與負面影響也不能忽視。

其一,誠如上述,典籤制度是南朝專制皇權不斷强化的産物,並對鞏固君主集權政治發揮了重要作用。然而,正像任何事物的發展無不具有兩重性一樣,對于皇權政治來說,典籤制度又是一把鋒利無比的雙刃劍,它既可以成爲封建帝王監督控制地方州鎮勢力的利器,又可以變成州鎮諸王起兵向闕反叛朝廷的工具,從而引發了中央與州鎮之間更大的矛盾和冲突。

一般説來,府州典籤對于年幼諸王尚能較好地發揮其監護約束作用,但對成年諸王而言,這種監督控制機制則大爲削弱。宋齊時期,隨着出鎮幼王逐漸長大成人,對中央政權的離心力也逐步增强,他們不甘處于無權受制的地位,便密謀殺死皇帝派來的行事、典籤,公開起兵反對朝廷。如宋孝武帝大明二年(458),雍州刺史海陵王劉休茂受親信張伯超挑唆,殺司馬庾深之和典籤楊慶、戴雙,“集征兵衆,建牙馳檄”[56],反于襄陽。大明三年(459),南兗州刺史竟陵王劉誕殺典籤蔣成,“焚兵籍,赦作部徒繫囚”[57],起兵廣陵。齊武帝永明八年(490),荆州刺史巴東王蕭子響殺長史劉寅、司馬席恭穆、典籤吳修之、王賢宗、魏景淵等人,反于江陵。這些叛亂雖然先後被朝廷所平定,但也給中央政權造成很大威脅,並暴露出典籤制度本身存在的一些弊端。特別是有的出鎮宗王心懷野心,覬覦皇位,便暗中與行事、典籤勾結,達成默契,共謀反叛。如宋明帝劉彧初即位,江州刺史晋安王劉子勛即與行事鄧琬、典籤謝道遇等密謀策劃,扯旗造反,荆州刺史臨海王劉子頊、郢州刺史安陸王劉子綏、會稽太守潯陽王劉子房等紛紛起兵響應,一時普天同叛。在這次叛亂中,子勛鎮軍典籤謝道遇、沈光祖,子頊荆州典籤阮道預、邵宰等皆附合從逆,奔走效命;而子頊前軍典籤范道興、子綏後軍典籤馮次民,因“志不從逆”,被叛亂者所誅[58]。不僅如此,有的典籤還利用出鎮宗王覬覦權勢的貪婪心理,爲之出謀劃策,精心籌備,充當了叛亂的謀主。宋後廢帝元徽元年(473),桂陽王劉休範爲驃騎將軍、都督、江州刺史,“及太宗晏駕,主幼時艱,素族當權,近習秉政,休範自謂宗戚莫二,應居宰輔,事既不至,怨憤彌結。”[59]他秘密擴充軍隊,欲舉兵反叛朝廷,“典籤新蔡許公興爲之謀主,令休範折節下士,厚相資給,于是遠近赴之,歲中萬計;收養勇士,繕治器械"[60]。元徽二年(474),休範自尋陽起兵,叛軍很快攻入建康,朝野震動,無復固志。及休範被齊王蕭道成設計誘殺,典簽許公興猶"詐稱休範在新亭,士庶惶惑,詣壘投名者千數"[61]。後蕭道成指揮各路援軍奮力反擊,叛軍潰敗,許公興逃回新蔡,被村民所殺。可見在這次叛亂事件中,典簽許公興爲桂陽王休範密謀策劃,精心組織,不僅充當了叛亂的謀主,而且在叛軍失去首領之際,繼續蠱惑人心,爲叛軍打氣,是造成這次大規模武裝叛亂的關鍵人物。至于一些典簽把與府主的關係視爲君臣關係,爲之宣通密謀,雖死無憾,前已述及,兹不贅論。這説明在統治階級内部矛盾日益激化的情況下,一些州鎮典簽出于自身利益的考慮,非但不能忠實地履行自己的職責,反而與州鎮分裂勢力同流合污,沆瀣一氣,成爲諸王刺史反叛朝廷起兵向闕的工具。所以,若從這一角度着眼,典簽制度在維護中央集權統治方面的作用是有限的,片面誇大典簽制度對州鎮地方勢力的監控和抑制作用,是不適當的。

其二,蕭齊時期,隨着典簽制度臻于全盛,典簽也成了封建皇帝屠殺宗室諸王的劊子手,並對皇室相殘骨肉仇殺起到推波助瀾的作用。

宋齊兩代統治集團内部矛盾激化,皇室之間自相殘殺,爭權奪位,在血統關係上雖是骨肉之親,在權力紛爭中却甚于仇敵。劉宋一朝,典簽權勢趨重,但其主要職權還局限于監察州鎮刺史和糾舉府主非違等事,尚未卷入到皇室相互廝殺的漩渦。如宋孝武、宋明諸帝殘害宗室諸王,主要是靠訴諸武力,臨以兵威,并未假手于典簽。齊高帝蕭道成即位,因有感于宋代宗室殘殺的教訓,曾告誡其子武帝説:"宋氏若不骨肉相圖,他族豈得乘其衰弊。"[62]故齊高、齊武二帝統治時期,政局相對穩定,宗室者以保全。及齊明帝蕭鸞輔政,爲篡奪皇位,翦除異己,始賦于典簽更大的權力,使之具體執行屠殺諸王的任務,典簽遂一變而爲屠戮宗室諸王的殺手。齊恭王蕭昭文延興元年(494),蕭鸞派裴叔業害南平王蕭鋭,"鋭防閤周伯玉大言于衆曰:'此非天子意,今斬叔業,舉兵匡社稷,誰敢不同!'鋭典簽叱左右斬之,鋭見害,伯玉下獄誅"[63]。又蕭鸞"遣裴叔業就典簽柯令孫"殺建安王蕭子真,"子真走入床下,令孫手牽出之,叩頭乞爲奴贖死,不從,見害,年十九"[64]。再如蕭鸞派中書舍人茹法亮殺巴陵王蕭子倫,"恐不即罪,以問典簽華伯茂。伯茂曰:'公若遣兵取之,恐不即可辦,若委伯茂,一小吏力耳。'既而伯茂手自執鴆逼之,左右莫敢動者。子倫……因仰之而死,時年十六"[65]。是以元人馬端臨曾痛感典簽屠殺諸王之慘,謂"童孺無知,駢首橫死于鋒鏑鴆毒之下,至誓不願生帝王家,及乞爲奴以紓死而不可得,哀哉!"[66]及至蕭鸞以宗室旁支奪得帝位,自以爲得之不正,又常嘆親子皆幼小,而嫉高、武子孫皆長大,于是在即位後又兩次大開殺戒,無辜屠殺高帝、武帝子孫。據《南齊書》卷六《明帝紀》載:建武二年(495)六月,"誅領軍將軍蕭諶、西陽王子明、南海王子罕、邵陵王子貞"。永泰元年(498)正月,"誅河東王鉉、臨賀王子兵、西陽王子文、衡陽王子峻、南康王子琳、永陽王子珉、湘東王子建、南郡王子夏、桂陽王昭粲、巴陵王昭秀。"至此,高武子孫差不多被明帝斬殺净盡。蕭鸞在屠殺諸王時,常有一種良心上的不安。"延興、建武中,凡三誅諸王,每一行事,明帝輒先燒香,嗚咽涕泣,衆以此輒知其夜當殺戮也。"[67]並且,明帝三誅諸王,多交由典簽執行。史載:"及明帝誅異己者,諸王見害,悉典簽所殺,竟無一人相抗。孔珪聞之流涕曰:'齊之衡陽、江夏最有意,而復害之。若不立簽帥,故當不至于此。'"[68]其實,在蕭齊骨肉相殘的爭斗中,典簽只是忠實地執行君主的意旨,即是屠殺諸王的工具而已。齊明帝自殘宗支,其根本目的是要削除異己,鞏固皇位,藉以强化集權統治,但其結果却適得其反。在宗室内部互相傾軋骨肉相殘的血腥屠殺中,蕭齊王朝僅僅存在了二十三年即短祚而亡。蕭齊政權之所以重蹈"宋氏骨肉相圖"的覆轍終致敗亡,固然有政治、經濟等多方面的因素,但典簽權勢的膨脹及其直接卷入宗室相殘的血腥屠殺,無疑加速了這一進程,是其敗亡的重要原因之一。

其三,南朝時期,由于典簽制度的種種弊端,還造成吏治窳敗,貪污公行,進而加劇了南朝政治的腐敗和社會的動蕩不安。

衆所周知,典簽位卑權重,是政治上的暴發户,因而比之士族地主具有更强烈的權利慾望和貪婪性。他們依托皇權,竊弄權柄,在地方上巧取豪奪,貪臟聚斂,是一伙侵蝕封建政權機體的蛀蟲。齊武帝永明八年(490),西陽王蕭子明爲兗州刺史,"典簽劉道濟取府州五十人役自給,又役子明左右,及船仗臟私百萬,爲有司所奏,世祖怒,賜道濟死。"[69]次年,子明另一典簽何益孫亦"臟罪百萬,棄市"[70]。據此,府州典簽依仗權勢,假公濟私,貪污受賄,聚臟百萬,比之士族官僚毫無遜色。梁武帝時,南平王蕭恭爲寧蠻校尉、雍州刺史,"先是,武帝以雍爲邊鎮,運數州粟以實儲倉。恭乃多取官米,還贍私宅;又典簽陳保印侵剋百姓,爲荆州刺史廬陵王所啓,被詔徵還。"[71]可見刺史、典簽上下其手,侵剋百姓,竊取官粟,貪婪本性并無二致。更有甚者,有的典簽爲了貪圖財物,肆意胡爲,以致釀成事端,引發動亂。梁武帝天監初年,宋宗室後裔劉季連坐鎮益州,武帝遣鄧元起爲益州刺史,季連受命,整飭還裝,鄧元起"典簽朱道琛者,嘗爲季連府都録,無賴小人,有罪,季連欲殺之,逃叛以免。至是説元起曰:'益州亂離已久,公私府庫必多耗失,劉益州臨歸空竭,豈辦復能遠遣候遞。道琛請先使檢校,緣路奉迎;不然,萬里資糧,未易可得'。元起許之。道琛既至,言語不恭,又歷造府州人士,見器物輒奪之,有不獲者,語曰:'會當屬人,何須苦惜。'于是軍府大懼,謂元起至必誅季連,禍及黨與,竟言之于季連。……季連遂召佐史,矯稱齊宣德皇后令,聚兵復反,收朱道琛殺之。"[72]這次動亂完全是由典簽朱道琛一手造成的。他濫用職權,挾私報復,奪人財物,激起事端,以致雙方兵戎相向達半年之久,使西蜀政局動蕩不安。後梁武帝采取懷柔政策,劉季連才率衆歸附朝廷。以上情况表明,南朝社會動蕩,政治混亂,吏治腐敗,貪污公行,均與典簽制度有着一定的聯繫,並非偶然。

　　綜上所述,南朝典簽制度的建立及其實行,既有其歷史的必然性,又有其時代的局限性。在南朝皇權政治、宗王政治、士族政治與寒人政治錯綜複雜彼此消長的歷史大背景下,典簽制度適應了封建專制皇權不斷强化的政治需要,順應了寒人勢力日益發展的歷史趨勢,因而在監控州鎮地方勢力和加速門閥士族衰亡方面産生了重要影響,並且在客觀上對南朝歷史的發展有着一定的積極作用。但是我們也應看到,由于典簽制度是南朝實行的一項重要而又特殊的政治制度,本質上是中央集權與州鎮勢力矛盾冲突的産物,所以當統治集團内部矛盾日益激化時,典簽制度又成爲封建皇帝排除異己和屠戮諸王的利器,甚至變成州鎮刺史引兵向闕反叛中央的工具,進而導致政局混亂,並且引發統治階級内部新的矛盾和冲突。同時,典簽制度作爲封建官僚政治制度的重要組成部分,它既不能擺脱一切剥削階級所具有的腐朽性和貪婪性的束縛與影響,也無法克服自身存在的種種弊端,因而在實施過程中,州鎮典簽利用職權,作威作福,侵剋百姓,貪臟聚斂,對南朝社會穩定和吏治清明造成惡劣影響。所以,在我們對南朝典簽制度的積極作用和影響作出客觀評價的同時,對其消極作用和負面影響也不可低估。惟其如此,庶幾更接近于歷史的真實情況,而避免偏頗之失。

1999 年 6 月 25 日初稿,1999 年 10 月 17 日修定。

①　張晉藩、王超:《中國政治制度史》,中國政法大學出版社 1987 年版,第 325—326 頁。
②　邱永明:《中國監察制度史》,華東師範大學出版社 1992 年版,第 181 頁。
③⑤⑦㉗㊻㊼　《南史》卷七七《吕文顯傳》。
④㉝　趙翼《廿二史札記》卷一二"齊制典簽之權太重"條。
⑥　《梁書》卷二○《陳伯之傳》。
⑧　《南史》卷四三《宜都王鏗傳》。
⑨　《南齊書》卷四二《蕭諶傳》。
⑩　《南史》卷四三《江夏王鋒傳》。
⑪　《南史》卷四一《衡陽元王道度傳附子鈞傳》。
⑫㉜　《梁書》卷三六《江革傳》。
⑬　《宋書》卷七二《晉熙王昶傳》。
⑭㊶　《南齊書》卷一《高帝紀》。
⑮　《南史》卷四三《鄱陽王鏘傳》。
⑯　《南齊書》卷四○《廬陵王子卿傳》。
⑰㉟　《南齊書》卷四○《魚復侯子響傳》。
⑱㊱　《南史》卷五三《邵陵攜王綸傳》。
⑲㊲　《陳書》卷三六《始興王叔陵傳》。
⑳㉞㊵　《宋書》卷七九《海陵王休茂傳》。
㉑㉘㉙㊽㊺㊾　《南史》卷四四《巴陵王子倫傳》。
㉒　《南史》卷五九《王僧孺傳》。
㉓㉛㊴　《南史》卷六○《江革傳》。
㉔　《宋書》卷四○《百官志》。
㉕　嚴耕望:《魏晉南朝地方政府屬佐考》,載《歷史語言研究所集刊》第二十本(上册)。

㉖ 《梁書》卷二《武帝紀中》天監元年條:"追尊皇考爲文皇帝,廟曰高祖。"
㉚ 《南齊書》卷五一《張欣泰傳》。
㊳ 《通典》卷二二《職官四》"録尚書"條。
㊴㊵ 《南齊書》卷五六《倖臣傳序》。
㊶ 周兆望:《南朝典簽制度剖析》,《江西大學學報》1987年第3期。
㊷ 《南齊書》卷四〇《武十七王傳》史臣論。
㊸ 表中所引資料均見《宋書》、《南齊書》、《梁書》本傳。唯吴喜公又名吴喜,見《宋書》卷八三《吴喜傳》;包法榮記爲"郡民",見《宋書》卷五七《蔡興宗傳》。
㊹ 《宋書》卷九四《戴法興傳》。
㊺ 《南史》卷七七《茹法亮傳》。
㊾ 《宋書》卷七二《巴陵哀王休若傳》。
㊿(62) 《南齊書》卷三五《長沙威王晃傳》。
(51) 《宋書》卷八四《孔覬傳》。
(52) 《南齊書》卷四六《陸曉慧傳附顧憲之傳》。
(53) 《梁書》卷三三《王僧孺傳》。
(55) 《南齊書》卷三二《張岱傳》。
(57) 《宋書》卷七九《竟陵王誕傳》。
(58) 《宋書》卷八四、《南史》卷四〇《鄧琬傳》。
(59) 《宋書》卷七九《桂陽王休範傳》。
(60) 《資治通鑑》卷一三三宋蒼梧王元徽元年條。
(63) 《南史》卷四三《南平王鋭傳》。
(64) 《南史》卷四四《建安王子真傳》。
(66) 《文獻通考》卷二七二《封建一三》"宋齊梁陳諸侯王列侯"條。
(67) 《南史》卷四四《臨賀王子岳傳》。
(69) 《南齊書》卷五三《沈憲傳》。
(70) 《南齊書》卷四六《蕭惠基傳附弟惠休傳》。
(71) 《南史》卷五二《南平元襄王偉傳附子恭傳》。
(72) 《梁書》卷二〇《劉季連傳》。

《古今詞統》誤收誤題唐五代詞考辨

王 兆 鵬

唐五代詞,自明清以來,代有輯錄整理。因唐人詩詞界限難分,明清各種詞籍所收唐五代詞,多有誤詩爲詞之作或詞主誤題之作,然至今尚無全面系統的考辨。今人選本和有關著作時相沿襲前人之誤,以訛傳訛。筆者與同門師友編纂《全唐五代詞》①時,趁機對明清詞籍所錄唐五代詞進行了一次比較全面的清理和考察,曾撰《〈花草粹編〉誤收誤題唐五代詞考辨》②。

明末卓人月、徐士俊合輯的《古今詞統》,是繼《花草粹編》之後又一大型詞選,共收錄詞作2030首。其中所錄唐五代詞,有的誤詩爲詞,有的誤題作者姓氏。遼寧教育出版社2000年出版的校點本《古今詞統》對其誤收誤題之作未加說明,兹尋源溯流,依校點本編次順序,對《古今詞統》誤收誤題的隋唐五代詞作試予考辨,以供讀者斟別,并就教于方家。

1.牛嶠《南歌子》

手里金鸚鵡,胸前繡鳳凰。偷眼暗形相。不如從嫁與,作鴛鴦。(卷一,第一頁)

撲蕊添黃子,呵花滿翠鬟。鴛枕映屏山。月明三五夜,對芳顔。(同上)

以上二首本溫庭筠詞,始見于《花間集》卷一。他書均作溫詞而未有作牛詞者。《古今詞統》顯係誤題。

2.白居易《花非花》

花非花,霧非霧。夜半來,天明去。來如春夢不多時,去似朝雲無覓處。(卷一,第五頁)

調下原注:"樂天自度曲。"按,此首實爲白居易所作長短句詩,原被編入《白氏長慶集》卷十二"歌行曲引雜言"類。楊慎《詞品》卷一始謂白居易"自度之曲"而認作詞,明茅暎《詞的》卷一因之錄入。《古今詞統》亦因楊慎之說而錄作詞。其後清孫致彌《詞鵠初編》卷一、朱彝尊《詞綜》卷一、《全唐詩》卷八九零、《歷代詩餘》卷一、《詞譜》卷一、萬樹《詞律》卷一俱錄作詞。

案唐宋樂籍俱無此調,亦無入樂歌唱之記載。唐宋詞籍亦未見收錄,此首應屬詩而非詞。《詞譜》、《詞律》和《歷代詩餘》亦謂:"此本《長慶集》長短句詩,後人采入詞中。"可見《詞譜》等原亦知其爲詩,而從明人錄作詞。不可信據。

3.隋煬帝《望江南》

湖上月

湖上月,偏照列仙家。水漾寒光鋪枕簟,浪搖晴影走金蛇。恰稱泛靈槎。

湖上柳

湖上柳,陰覆畫橋低。宿霧洗開明媚眼,東風調弄好腰肢。烟雨更相宜。

湖上花

湖上花,天水浸靈芽。淺蕊水邊匀玉粉,濃苞天外蔚明霞。清賞思可賒。

湖上酒

湖上酒,終日助清歡。檀板輕聲銀甲暖,醅浮香米玉蛆寒。醉眼暗相看。(卷一,第六至七頁)

以上四首始見于宋劉斧小説集《青瑣高議》後集卷五《隋煬帝海山記》,原載《望江南》雙調詞八首,謂是隋煬帝楊廣所作。明董逢元《唐詞紀》卷四、潘游龍《古今詩餘醉》卷十,從之録作煬帝詞。明王世貞《藝苑巵言》、清毛奇齡《西河詞話》卷一亦認同爲煬帝作。

而楊慎《詞品》卷一則認爲"不類六朝人語,傳疑可也"。《古今詞統》卷一徐士俊眉批云:"煬帝《望江南》八首,皆雙調,不似六朝人語。楊升庵疑之。余止存其四首,每首又止存其半調,亦不忍竟削耳。"其後沈雄《古今詞話》詞辨上卷、萬樹《詞律》卷一、《四庫全書總目》卷一百《兵要望江南歌提要》、馮金伯《詞苑萃編》卷二十、葉申薌《本事詞》卷上、張德瀛《詞徵》卷一等,或疑其僞,或明謂是"贗作"。

案,原詞第七首有"帝主正清安"之句,顯非煬帝自作口吻,當爲小説傳奇《海山記》作者所依托。《四庫全書總目》卷一四三《海山記提要》認爲是"宋人依托"。又《望江南》調,唐五代諸詞均作單調,無雙調之作。雙調《望江南》,至宋代才出現。隋煬帝時代絶不可能作雙調《望江南》。《詞律》卷一亦謂此調"但白香山三詞,晚唐襲之,皆係單調,至宋方加後疊。故知隋詞乃贗作者無疑"③。

又案,《海山記》始載劉斧小説集《青瑣高議》中,魯迅《中國小説史略》以爲"自是北宋人作"。程毅中《宋元小説研究》也説"從它偏重'史才'這點看,比較近于樂史的史傳小説,寫作方法也像是宋人"④。

又,《唐人説薈》本《海山記》題唐韓偓撰,不可信據。然宛委山堂本和涵芬樓本《説郛》本、明刻《古今説海》本、明刻《歷代小史》本《海山記》俱題"唐"無名氏撰,或有所本。若《海山記》爲唐人所撰,則其中所載《望江南》詞自爲唐人所依托。《全宋詞》未作宋人詞録入,當以爲是唐人。任半塘、王昆吾《隋唐五代燕樂雜言歌辭集》正編六録作唐人詞,并謂:"此托若非韓氏所爲,至遲亦必出于晚唐人手。"⑤竊以爲,此詞絶非煬帝作,而應爲唐人或宋人依托。

而《海山記》有題唐無名氏作者,故以唐五代存疑詞目之亦可。

　　4.黃損《望江南》

閨　箏

　　無所願,願作樂中箏。得近佳人纖手子,砑羅裙上放嬌聲。便死也為榮。(卷一,第八頁)

　　詞末原注本事云:"賈人女裴玉娥,善箏,與損有婚姻約,後爲吕用之劫歸第,賴胡僧神術,尋復歸損。"自《古今詞統》録入後,清沈雄《古今詞話》詞辨上卷、徐釚《詞苑叢談》卷六、《歷代詩餘》卷一一二、馮金伯《詞苑萃編》卷十、張宗櫹《詞林紀事》卷二、葉申薌《本事詞》卷上等,俱從《古今詞統》録入本事并黃損詞。

　　按,此詞最早見于宋陳元靚《歲時廣記》卷一七、曾慥《類説》卷二十九、皇都風月主人《緑窗新話》卷下、《説郛》卷七十八引宋張君房《麗情集》。原文大略謂唐明皇天寶十三載,狂生崔懷寶路上偶遇教坊第一箏手薛瓊瓊,當夜往樂供奉楊羔宅探訪。楊羔説:"君能作小詞,方得相見。"于是崔懷寶作《望江南》詞(除首句作"平生無所願"外,其它文字與《古今詞統》所載黃損詞同)。其後,《全唐詩》卷八九一、《詞綜補遺》卷一俱據以録作崔懷寶詞。考唐五代史傳及筆記小説,俱無崔懷寶、薛瓊瓊其人其事的記載,當爲北宋張君房所虛構的小説人物。小説中所言"小詞",亦是北宋人習見的説法,唐五代時罕有稱詞作爲"小詞"者。故此詞當爲小説作者張君房所依托。

　　至于《古今詞統》所引黃損與裴玉娥的愛情故事,《古今圖書集成·明倫彙編閨媛典》卷三五九引《北窗志異》有比較詳細的記載,《古今詞統》似從《北窗志異》節録而來。《北窗志異》叙黃損與裴玉娥的離合故事,也附會入薛瓊瓊,謂"當時第一箏(箏字原脱,據《麗情集》補)手"薛瓊瓊,是黃損"素所狎昵者。又謂黃損作《望江南》詞。按,黃損,爲五代人⑥,而《麗情集》所説的教坊第一箏手薛瓊瓊,爲盛唐天寶時人,兩人時隔百餘年,如何能"狎昵"? 顯然是小説作者用移花接木手段,將薛瓊瓊其人和《望江南》詞附會嫁接于黃損。不可信。

　　5.無名氏《小秦王》

　　十指纖纖玉筍紅,雁行輕度翠弦中。分明自説長城苦,水闊雲寒一夜風。(卷一,第十三頁)

　　此首原爲絕句詩。宋蜀刻本張祜《張承吉文集》卷五、明刻本《張處士詩集》卷五題作《題宋州田大夫家樂邱家箏》。清康熙間刻《唐詩百名家全集》本《張祜詩集》卷二、宋洪邁《萬首唐人絕句》卷四三、《全唐詩》卷五一一題作《聽箏》。後入樂歌唱,故調一作《氐州第一》,《升庵詩話》卷十即題作《氐州第一》,并説:"按,張祜集題本作《邱家箏》。"⑦沈雄《古今詞話》詞話上卷、《歷代詩餘》卷一一一引《樂府衍義》、《詞苑萃編》卷一引《樂府紀聞》,亦作《氐州第一》。此首顯屬聲詩而非詞。

又《古今詞統》將此首署無名氏作，亦失考。諸本張祜詩集俱已録入，應屬張祜作。

6.楊太真《阿那曲》

　　　羅袖動香香不已，紅蕖裊裊秋烟裏。輕雲嶺上乍搖風，嫩柳池邊輕拂水。（卷一，第十七頁）

此首本絶句詩，始見于《太平廣記》卷六九《張雲容》引《傳記》（《傳記》即裴鉶《傳奇》）。原文大略謂唐元和末平陸尉薛昭，坐放罪囚逃逸而謫爲民于海東。至一古殿，遇三美女，長曰雲容張氏。薛昭問雲容何許人，何以至此？容曰："某乃開元中楊貴妃之侍兒也。妃甚愛惜，常令獨舞霓裳于綉嶺宮。妃贈我詩曰："羅袖動香香不已……。'詩成，明皇歌咏久之，亦有繼和，但不記耳。"小説所載此詩爲中唐元和間女鬼張雲容所述楊貴妃之贈詩，實爲傳奇作者裴鉶所依托。

本是小説作者假托的鬼詩，宋洪邁却信以爲實，于《萬首唐人絶句》卷六十五録作楊貴妃詩，題爲《贈張雲容舞》。其後《唐詩紀》（盛唐）卷一、《名媛詩歸》卷十、《全唐詩》卷六仍之，皆非。

《古今詞統》録作《阿那曲》詞，亦非是。唐宋詞籍、樂籍俱無此詞調，乃明人以詩爲詞，不足據。其後《全唐詩》卷八九九、《歷代詩餘》卷一、《詞律》卷一、沈雄《古今詞話》詞話上卷又因之録作楊妃詞，俱誤。

7.姚月華《阿那曲》

　　梧桐葉下黄金井，横架轆轤牽素綆。美人初起天未明，手拂銀瓶秋水冷。

　　　　　　　　　　　有期不至

　　　銀燭清尊久延佇。出門入門天欲曙。月落星稀竟不來，烟柳朣朧鵲飛去。（卷一，第十七頁）

以上二首乃詩而非詞，且非女郎姚月華所作。

第一首乃張籍《楚妃怨》詩，見明刊本《唐張司業詩集》卷六、清康熙間刻《唐詩百名家全集》本《張司業集》卷六、《萬首唐人絶句》卷二十三、《全唐詩》卷三八二。

第二首爲白居易《期不至》詩，見《白氏長慶集》卷十八、《萬首唐人絶句》卷十三、《全唐詩》卷四四一。

《古今詞統》據小説附會爲姚月華作，非。《詞苑叢談》卷十二亦從之載入。案，《古今詞統》所引姚月華與書生楊達相愛故事，唐五代小説未見記載，未知出自何書。俟考。

8.崔公達《阿那曲》

　　　　　　　獨夜詞

晴天霜落寒風急,錦帳羅幃羞更入。秦箏不復續斷弦,回身掩泪挑燈立。(卷一,第十八頁)

此首乃詩而非詞。唐韋莊《又玄集》卷下、韋穀《才調集》卷十、宋計有功《唐詩紀事》卷七十九、《萬首唐人絕句》卷六十五、明高棅《唐詩品彙》卷五十五、《全唐詩》卷八零一等,俱題作《獨夜詞》。《古今詞統》錄作《阿那曲》,非。

9.薛濤《阿那曲》

玉漏聲長燈耿耿,東墙西墙時見影。月明窗外子規啼,忍使孤魂愁夜永。(卷一,第十八頁)

此首乃詩而非詞,始見于《太平廣記》卷三五四《楊蘊中》。原文曰:"進士楊蘊中,得罪下成都獄。夜夢一婦人,雖形不揚,而言辭甚秀。曰:'吾即薛濤也。頃幽死此室。'乃贈蘊中詩曰:'玉漏聲長燈耿耿……。'"《唐詩紀事》所載略同。《全唐詩》卷八六六收作薛濤詩,題《贈楊蘊中》。《全唐詩》錄作詩,是。然錄歸薛濤,非。此乃子虛烏有之楊蘊中夢死後之薛濤所作,顯爲小說作者所依托,非薛濤撰。應歸無名氏作。

《古今詞統》錄作《阿那曲》詞,非;題薛濤作,亦非是。

《詞苑叢談》卷十二又錄作《獨夜曲》詞,亦非。

10.柳宗元《阿那曲》

漁翁夜傍西岩宿。曉汲清江然楚竹。日高烟暖不見人,欸乃一聲山水綠。(卷一。第十八頁)

此首原爲七言六句詩,《唐柳先生集》及其它各本柳宗元集,俱題作《漁翁》。《古今詞統》刪去末二句"回看天際下中流,岩上無心雲相逐",而題作《阿那曲》,非。其後《歷代詩餘》卷一、《詞苑萃編》卷二十因之錄作詞,而改題爲《欸乃曲》,亦非。

11.玉川叟《阿那曲》

春草萋萋春水綠,野棠開盡飄香玉。繡嶺宮前白髮翁,猶唱開元太平曲。

此首始見于《太平廣記》卷三百五十《許生》引《纂異錄》(即李玫《纂異記》),原爲鬼物玉川叟所吟無題詩,故宋胡仔《苕溪漁隱叢話》前集卷五十八,阮閱《詩話總龜》後集卷四十二俱作鬼仙詩。實爲小說作者李玫所依托。《古今詞統》以詞收入,非,題玉川叟作,亦非。

又,《唐詩品彙》卷五十四、胡應麟《詩藪》內編卷六、《全唐詩》卷七二三,別作李洞詩,題爲《繡嶺宮詞》,不可信據。楊慎《詞品》卷一即說:"唐詩'春草萋萋春水綠……。'乃無名氏聞鬼仙之謠,非李洞作也。李洞詩集俱在,詩體大與此不同。可驗。"

12.李白《竹枝》

一聲望帝花片飛,萬里明妃雪打圍。馬上胡兒那解聽,琵琶應道不如歸。

其二

　　　　命輕人鮓甕頭船,日瘦鬼門關外天。北人墮泪南人笑,青壁無梯聞杜鵑。(卷二,第
二十四頁)

　　以上二首實爲宋黃庭堅作。《山谷内集》卷十二題作《夢李白誦竹枝詞三叠》,原序曰:
"余既作《竹枝詞》,夜宿歌羅驛,夢李白相見于山間,曰:'予往謫夜郎,于此聞杜鵑,作《竹枝
詞》三疊,世傳之不子細。憶集中無有,請三誦。'乃得之。"⑧

　　宋岳珂《桯史》卷十一載有其本事:"紹聖二年四月甲申,山谷以史事謫黔南。道間,作
《竹枝詞》二篇,題歌羅驛,曰:'撑崖拄谷蝮蛇愁,入箐攀天猿掉頭。鬼門關外莫言遠,五十三
驛是皇州。''浮雲一百八盤縈,落日四十九渡明。鬼門關外莫言遠,四海一家皆弟兄。'又自
書其後,曰:'古樂府有"巴東三峽巫峽長,猿啼三聲泪霑裳",但以抑怨之音和爲數疊,惜其聲
今不傳。余自荆州上峽入黔中,備嘗山川險阻,因作二疊,傳與巴娘,令以《竹枝》歌之。前一
疊可和云"鬼門關外莫言遠,五十三驛是皇州"。後一疊可和云"鬼門關外莫言遠,四海一家
皆弟兄。"或各用四句,入《陽關》《小秦王》,亦可歌也。'是夜宿于驛,夢李白相見于山間(以下
與山谷自序相同,略)。今《豫章集》所刊,蓋自謂夢中語也,音響節奏似矣,而不能捫其真。
亦寓言之流歟!"⑨山谷"夢中語",自然是山谷所作。後人不察,以爲是李白所作,誤矣。

13.段成式《柳枝》

　　　　枝枝交影鎖長門,嫩色曾沾雨露恩。鳳輦不來春欲盡,空留鶯語到黃昏。(卷二,第
六十二頁)

　　此首本樂府詩,《文苑英華》卷二零八《樂府》類收入,題作《折楊柳》,《萬首唐人絕句》卷
七十三、《詩淵》第二四七三頁、清康熙刻《唐詩百名家全集》本《段成式詩》俱因之,題作《折楊
柳》。

　　明董逢元《唐詞紀》卷四始改作《楊柳枝》調録作詞,非。《古今詞統》亦沿其誤。其後沈
時棟《古今詞選》卷一亦因之録作《柳枝詞》,非。

　　又,此首之作者,《萬首唐人絕句》卷四十四、《唐詩品彙》卷五十四、《唐詩解》卷三十、《段
成式詩》、《全唐詩》卷五八四等,俱屬段成式。而《文苑英華》、《詩淵》、《萬首唐人絕句》卷七
十三、《唐詞紀》、《全唐詩》卷七零一等,又屬王貞白。《段成式詩》原校:"此篇一作王貞白。"
當從見載最早之《文苑英華》作王貞白。

14.牛嶠《柳枝》

　　　　金縷毪毪碧瓦溝。六宮眉黛惹春愁。晚來更帶龍池雨,半指欄干半入樓。(卷二,
第六十四頁)

15.牛嶠《酒泉子》

楚女不歸。樓沈小河春水。月孤明，風又起。杏花稀。　玉釵斜簪雲鬢重。裙上金縷鳳。八行書，千里夢。雁南飛。（卷三，第一零五頁）

16. 牛嶠《女冠子》

含嬌含笑。宿翠殘紅窈窕。鬢如蟬。寒玉簪秋水，輕紗卷碧烟。　雪肌鸞鏡裏。琪樹鳳樓前。寄語青娥伴，早求仙。（卷四，第一一五頁）

17. 牛嶠《歸國遙》

香玉。翠寶鳳釵垂簏簌。鈿笋交勝金粟。越羅春水淥。　畫堂照簾殘燭。夢餘更漏促。謝娘無限心曲。曉屏山斷續。（卷三，第一三三頁。）

18. 牛嶠《歸國遙》

雙臉。小鳳戰篦金颭艷。舞衣無力風斂。藕絲秋色染。　錦帳繡幃斜掩。露珠清曉。粉心黃蕊花牙靨。黛眉三兩點。（卷三，第一三三頁）

以上五首本溫庭筠詞，始見于《花間集》卷一。他書均作溫詞而未有作牛嶠詞者。《古今詞統》顯係誤題。

19. 耿玉真《菩薩蠻》

玉京人去秋蕭索。畫檐鵲起梧桐落。欹枕悄無言。月和清夢圓。背燈惟暗泣。甚處砧聲急。眉黛小山攢。芭蕉生暮寒。（卷五，第一五六頁）

此詞及本事始見于宋馬令《南唐書》卷二十二《盧絳傳》："（盧絳）病痁，且死，夜夢白衣婦人頗有姿色，歌《菩薩蠻》，勸絳樽酒，其辭云：'玉京人去秋蕭索……。'歌數闋，因謂絳曰：'子之疾，食蔗即愈。'詰朝，求蔗食之，病果差。逾數夕，又夢前白衣麗人曰：'妾乃玉真也。他日富貴，相見于固子坡。'絳寤，襟懷豁然，唯不測固子坡之說。……絳臨刑，有白衣婦人同斬，姿貌宛如所夢。問其受刑之地，即固子坡也。婦人姓耿名玉真。其夫死，與前婦之子通，當極法，與絳同斬焉。"

《花草粹編》卷三、《唐詞紀》卷十二據此題盧絳作。《古今詞統》則題耿玉真撰，《詞綜》卷三、《歷代詩餘》卷九因之。《全唐詩》卷八六八、卷八九九于盧絳、耿玉真名下兩收之。《詞的》卷一又題無名氏作。

宋龍袞《江南野史》卷十、阮閱《詩話總龜》前集卷三十三引《江南野錄》所載本事與《南唐書》略同，唯耿玉真所贈乃詩而非此《菩薩蠻》詞。宋佚名《紺珠集》卷十二《盧絳夢曲》載有此《菩薩蠻》詞，而未言白衣婦人即耿玉真。

案，此詞爲盧絳夢耿玉真所歌，二人素不相識，自非耿玉真所作。是否爲盧絳作，亦難斷定，或爲他人所依托。可從《詞的》署無名氏。

　　以上所考,涉及作者十五家、作品二十五首。其中十二首原爲詩什而非詞作,又有五首是宋人依托而非唐五代人所作。另有三首誤詩爲詞⑩,拙文《〈花草粹編〉誤收誤題唐五代詞考辨》已考實,不贅。

① 中華書局 1999 年 12 月出版。
② 見拙著《唐宋詞史論》,北京,人民文學出版社 2000 年 1 月版。
③ 上海古籍出版社 1984 年版,第 70 頁。
④ 江蘇古籍出版社 1998 年版,第 85 頁。
⑤ 巴蜀書社 1990 年版,第 472 頁。
⑥ 阮閲《詩話總龜》前集卷十:"唐黄損,龍德二年(922)登進士第,喜作詩吟。"同書卷十六:"長興初(930),黄損爲永州團練副使。"人民文學出版社 1987 年版,第 119 頁、第 189 頁。
⑦ 《歷代詩話續編》本,中華書局 1983 年版,中册第 828 頁。
⑧ 《文淵閣四庫全書》本。
⑨ 中華書局 1981 年版,第 122 頁。
⑩ 這三首作品是《古今詞統》卷一第二十一頁所録王麗真《字字雙》(床頭錦衾斑復斑),乃詩而非詞,亦非王麗真作,實爲小説《靈怪集》作者張薦所依托。卷二第六十三頁所録無名氏《柳枝》(萬里長江一帶開),乃唐胡曾《咏史詩》組詩之《汴水》,實非《柳枝詞》。卷三第九十八頁所録韓偓《生查子》(侍女動妝奩),實爲五言仄韵詩,原題《懶御頭》。

孫光憲及其《北夢瑣言》瑣考

孔 凡 禮

一、孫光憲生平研究中的一個問題

孫光憲,字孟文,自號葆光子。陵州貴平(今四川仁壽縣東北)人。歷仕荊南高氏。宋太祖建隆四年(963),歸宋,爲黄州刺史。乾德六年(968)卒,年74。《宋史》卷483有傳。現在並參今人劉尊明《花間詞人孫光憲生平事迹考證》(載《文學遺產》1989年第6期),探討孫光憲生平研究中的一個問題。

孫光憲所撰《北夢瑣言》(以下簡稱《北》)卷10《鍾大夫知命丹效》:

> 唐廣南節度使下元隨軍將鍾大夫,晚年流落,旅寓陵州。……葆光子時爲郡倅。

清吳任臣《十國春秋》卷102《孫光憲傳》謂光憲"唐時爲陵州判官"。《四庫全書總目提要》"北夢瑣言"條亦云光憲"仕唐爲陵州判官"。

以上二書的依據爲《北》,但是它們弄錯了。

第一,倅或判官雖然都説是從事,或者説幕官,但其間有區別。古時,地方佐貳副官叫倅,輔佐地方行政長官處理政事。唐時一般稱別駕。據《新唐書》卷49下,唐代上州和下州,均有別駕一人。至宋,則稱爲通判。據《新唐書》,唐代節度使、觀察使、團練使、防禦使,均有判官一人。判官是以上四使的僚屬,佐理政事。在唐代,倅的權力在判官之下,而且州一級不設判官。

第二,作者孫光憲是説鍾大夫流落到陵州的時候,他是陵州倅;鍾大夫爲廣南節度使下元隨軍將,是唐時的事情,現在早已不是了;作者特別著一"唐"字,就是怕引起別人的誤解。還有,據上面所述,孫光憲生於唐昭宗乾寧二年(895),至唐亡之天祐三年(907),不過13歲,孫光憲爲陵州倅,乃前蜀時事;查《舊五代史》、《新五代史》,後唐莊宗同光三年(925)十一月,前蜀王衍降,孫光憲爲陵州倅,在此以前。

二書致誤之因,乃由於把"唐"字一直貫下,把倅和判官混爲一談。我們今天自應依據《北》,澄清這個事實。

二、孫光憲的著述

孫光憲的著述,除《北》外,尚有:

一、《荆臺集》。30 卷,《宋史·孫光憲傳》(以下簡稱《傳》)著録。《崇文總目》卷 5 著録"孫光憲《金臺集》40 卷",入别集類。"金"當爲"荆"之誤。所收除詩外,當爲文、詞。

《興地紀勝》卷 64《荆湖北路·江陵府上(江陵爲荆南高氏統治中心)》有孫光憲《荆臺》一首,當出自《荆臺集》。荆臺爲江陵名勝古迹,杜甫即有"何事荆臺百萬家,只教宋玉擅才華"之句。《荆臺集》當收在江陵時作品。

二、《筆傭集》。《崇文總目》卷 5 著録,10 卷。《傳》著録,3 卷。

三、《橘齋集》。《傳》著録,2 卷。《崇文總目》卷 5 著録"孫光憲《摘齋集》2 卷","摘"當爲"橘"之誤。

四、《紀遇詩》。《宋史·藝文志》著録,10 卷。《崇文總目》卷 5 著録《紀遇詩》7 卷,未著撰者,蓋屬偶脱。《宋祕書省續編到四庫闕書目》卷 1 著録《紀遇詩》1 卷,云:"缺。"

五、《鞏湖編玩》。3 卷,《昭德先生郡齋讀書志》卷 4 中著録,謂"荆南孫光憲"所作,知作於江陵。

六、《纂唐賦》。1 卷,《宋祕書省續編到四庫闕書目》卷 1 著録。

七、《五書》。2 卷,《宋祕書省續編到四庫闕書目》卷 1 著録;原注:缺。《崇文總目》卷 3 著録此書,謂 1 卷,佚去撰人。

八、《孫氏蠶書》。2 卷,《崇文總目》著録。《傳》著録,書名無"孫氏"二字。前者入農家類。

九、《續通曆》。10 卷。《昭德先生郡齋讀書志》卷 2 上著録:

> 右荆南孫光憲撰。輯唐洎五代事,以續馬總《曆》,參以黄巢、李茂貞、劉守光、阿保機、吳、唐、閩、廣、湖、越、兩蜀事迹。太祖朝詔毁其書,以所紀多非實也。

入編年類,知此書爲編年史。《傳》著録,未載卷數。並謂"紀載頗失實,太平興國初,詔毁之"。與此處所載有不同處。

然而,《郡齋讀書志》的著録,却强烈地説明這樣一個事實:《續通曆》並没有因爲皇帝發佈了銷毁的命令而立即銷聲匿迹,而是在命令發佈以後的將近二百年仍然爲藏書家所珍藏,藏書家並堂堂皇皇地把它著録在書上,則"多非實"、"失實"之語,亦未必合乎實際;看來,宋太祖(或太宗)詔毁此書,當有政治因素。還有,作者把黄巢的事迹放在顯著位置,説明本書很有特色。

宋孝宗淳熙五年(1178)成書的《中興館閣書目》著録《續通曆》10 卷,知其書其時猶存。

章如愚(俊卿)《山堂考索·前集》卷 16:

> 《通曆》。唐馬總撰。……十卷,今存。自第十一卷起唐高祖者,即孫光憲〔續〕也。光憲皇朝人,《館閣書目》云孫光憲作《續通曆》十卷,今附於《通曆》後者,唯五卷耳。

如愚字俊卿,婺州金華人,慶元元年(1195)進士(見商務印書館影印《浙江通志》卷 126)。此處所云《館閣書目》,即《中興館閣書目》。章如愚著《山堂考索》,當在登進士第以後;經數十年風雨,孫氏之書由十卷而爲五卷。

成書於宋理宗(1225—1264)時的陳振孫《直齋書録解題》卷 4 著録云:

> 《通曆》十五卷。唐泉州別駕扶風馬總會元撰。書本十卷,止於隋代。今書直至五代,增五卷者,後人所續也。晁公武《志》〔著録〕《續通曆》十卷,孫光憲撰,太祖朝嘗詔毀其書。

陳氏與章氏不同之處是:陳氏以爲所增之 5 卷之作者爲"後人",沒有肯定爲孫光憲所作;但也沒有完全否定非孫光憲所作,細味"晁公武"云云便知。

時代晚於陳振孫一些的王應麟《玉海》卷 47 謂唐馬總撰《通曆》10 卷,今存。以下云:

> 自第十一卷起唐高祖者,即孫光憲所續也。光憲,皇朝人,作《續通曆》十卷,起唐高祖,止閩王審知。今附於《通曆》後者,唯五卷耳。

王氏這段記載,對考察《續通曆》,十分有價值。其一,肯定了附馬總《通曆》10 卷後之 5 卷爲孫光憲所作,由陳氏記載所引起的疑問可以消失。其二,繼晁《志》之後,透露了《續通曆》的重要内容。其三,王氏入元,卒於元成宗貞元二年(1296),説明《續通曆》元初猶存。

十、《貽子録》。洪邁《容齋隨筆·續筆》卷三《貽子録》條謂其父皓自金國歸,得《貽子録》一書,並謂其書:"不言撰人姓名,而序云:'愚叟受知南平王,政寬事簡,意必高從誨擅荆渚時賓僚如孫光憲輩所編,皆訓徹童蒙。"書有《進修》一章,大抵言初應舉有關事。

以上各書,不見《文淵閣書目》,《永樂大典》殘卷及明抄本《詩淵》各册,未見孫光憲之詩。各書至遲於明代之初,已經全佚。

孫光憲著述傳世者,除《北夢瑣言》外,有詞 84 首,見《全唐五代詞》,有詩 9 首,見《全宋詩》;另有見於《全唐文》卷 900 爲僧齊己所作的《白蓮集序》。

三、《北夢瑣言》的刊刻年代

《北》紀事止於何時? 現在做一點探討。

《北·佚文》卷 4《高季昌(興)論唐莊宗》盛贊南平開國者高季興謀略,末云:"英雄之料,頃刻不差,宜乎貽厥子孫。"

這則紀事是在高季興後唐明宗天成三年(928)卒後寫的。"貽厥子孫"適用於季興之子從誨、孫保融及保勗、曾孫繼冲,然不具體。

《佚文》卷 3《薛韋輕高氏》云及"(高)保勗嗣襲"其兄保融爲南平王。查《新五代史》,保融以宋太祖建隆元年(960)卒。《薛韋輕高氏》謂保勗嗣襲後還辦了一些事,辦事時間有可能爲建隆二、三年。可以這樣説,《北》紀事止於建隆元年至三年十一月保勗卒以前一段時間。

《北》的刊刻,是在孫光憲入宋以後。是否爲光憲官黄州時所刻? 可能性不大。因爲黄州在當時不富庶,不具備刊刻條件。據《傳》,光憲二子謂、讜並進士及第,《北》當爲其二子所刻。

《北》文字與《舊五代史》有極相似處:

《北》卷 4《成令公(汭)爲蛇繞身》:

　　一夕,為巨蛇繞身,幾至於殞。乃曰:"苟有所負,死生唯命。"逡巡,蛇亦亡去。

《舊五代史》卷 17《成汭傳》:

　　一夕,巨蛇繞其身,幾至於殞,乃祝曰:"苟有所負,死生唯命。"逡巡,蛇亦解去。

又,《北》卷 5《徐相讜成中令》:

　　相國曰:"令公位尊方面,自比桓、文。雷滿者,偏州一夥草賊耳,令公不能加兵,而怨朝廷乎!"成公赧焉而屈。

《舊五代史》卷 17《成汭傳》亦云:

　　彦若(按:乃徐相國之名)曰:"令公位尊方面,自比桓、文,雷滿者,偏州一草賊耳,令公何不加兵,而反怨朝廷乎!"汭赧然而屈。

《册府元龜》卷 939 引《舊五代史·成汭傳》,"屈"下尚有一段文字:

　　因思嶺外有黄茅瘴,患者皆落髮,乃謂彦若曰:"黄茅瘴,望相公保重。"彦若應聲答曰:"南海黄茅瘴,不死成和尚。"蓋譏汭曾為僧也。汭終席慚恥。

這一段話,就在上面提到的《徐相讜成中令》條中:

　　成令……以嶺外黄茅瘴患者髮落而戲(彦若)曰:"黄茅瘴,望相公保重。"相國曰:"南海黄茅瘴,不死成和尚。"蓋譏成令曾為僧也,終席慚恥之。

再如,《北》卷 4《趙令公紅拂子》:

　　令公……人質甚偉,酷好修容,前後垂鏡,以整冠櫛。……近侍以紅拂子於烏巾上拂之。

《舊五代史》卷 17《趙匡凝傳》(按,以上所云之趙令公,名匡凝):

　　匡凝氣貌甚偉,好自修飾,每整衣冠,必使人持巨鑑前後照之。對客之際,烏巾上微覺有塵,即令侍妓持紅拂子以去之。

關於成汭事迹的兩段文字,二者差別極小。關於趙匡凝事迹的兩段文字,見於《北》的比較晦澀,不易通,很明顯地可以看出,《舊五代史》的文字作了潤飾。

《舊五代史》基本上取材於五代時人所修的各種實錄。那麼,《北》作者孫光憲是不是有可能見到這些實錄呢?

回答是否定的。因爲這些實錄在汴京(後梁、後唐、後晉、後漢、後周五代的統治中心)收藏。孫光憲先在江陵,後在黃州,沒有機會到汴京;就是到了汴京,他沒有有關職務,也不可能看到。

這樣,只能解釋爲,《舊五代史》的修撰者見到了《北》,從《北》中取材。

據《舊五代史》附錄,《舊五代史》修於宋太祖開寶六年(973)四月至七年閏十月。《北》的刊刻在開寶六年四月前。

如果説,這個論斷仍然是一種可能性,那麼,下面的論斷就是確鑿無疑不可推翻的事實了。這裏應該附帶提出,即使就可能性而論,也足以證明《北》的記載的可靠。

宋太宗太平興國二年(977),開始修《太平廣記》,次年成書。清末繆荃孫自《太平廣記》中,輯出《北》的佚文88條,分爲4卷。上海古籍出版社出版的《北》即包括佚文。由此可知,《北》的最初刊刻,至遲是在乾德六年至太平興國二年前數年之間。

《北》在宋代,有兩本流傳。一爲30卷本,爲足本,《崇文總目》、《直齋書錄解題》著錄。一爲20卷本,今通行。此本亦出宋刊。《北》卷4《趙令公紅拂子》條首云“唐襄州趙康凝令公”,“康”乃避宋太祖、太宗之諱,應作“匡”。此本,《昭德先生郡齋讀書志》著錄。《宋史·藝文志》亦著錄。疑入元以後,30卷本即日漸湮没。

四、《北夢瑣言》與蘇軾

以明茅維刊《蘇文忠公全集》爲底本而點校整理的《蘇軾文集》卷68收有《書韓定辭馬郁詩》一文。早在北宋末,阮閲《詩話總龜·前集》卷28《故事門》引蘇軾《百斛明珠》有此文。南宋初胡仔《苕溪漁隱叢話·前集》卷24《五季雜記》引“東坡記唐事”,亦載此文。南宋末張淏《雲谷雜記》卷3《韓定辭》條引此文,亦謂爲蘇軾作。

按,此文爲孫光憲《北》之一則,次《佚文》卷2,題作《韓定辭詩中僻典》。

這就是説,蘇軾甚喜愛此文,親爲抄錄,後人不察,遂以爲蘇軾作。

此例不乏。蘇軾在海南時,嘗書唐劉禹錫《楚望賦》中語,贈晚輩姜君弼(唐佐)。明刊《東坡七集·續集》亦以爲蘇軾作。見《蘇軾詩集》卷50《跋姜君弼課册》注文。

　　那麼,蘇軾爲什麼喜愛此一則呢?

　　此則叙述的是,五代時兩個割據勢力之間使者交聘作詩並探討詩中僻典的事。讀這一則,彷彿置身於和平安寧的世界,戰鬥和厮殺,彷彿是很遙遠的事情。這在五代兵戈擾攘的環境中,是極爲難得的。孫光憲記下這段事實,真實地反映了歷史的另一個側面,具有重要意義。蘇軾之所以喜愛,當由於此。此其一。詩中對僻典的探討,可以資談助,蘇軾喜愛此則,與此亦有聯繫。此其二。

　　蘇軾的喜愛,擴大了此則的影響。

1999.8.

天一閣藏《天聖令·賦役令》初探(下)

戴 建 國

三、關於唐《賦役令》新出令文的探討

關於唐代賦役制度,國内外已有不少學者作了深入研究,本文僅就新發現的唐令作些必要的考釋。

《天聖令》附唐令第 1 條載"諸課〔役〕每年計帳至户部,具録色目牒度支支配〔來〕年事,限十月三十日以前奏訖。"其與《通典》卷六《賦税下》所載《開元二十五年令》同條小有出入。後者作:"諸課役,每年計帳至尚書省,度支配來年事,限十月三十日以前奏訖。"兩者稍有小異。《天聖令》所附唐令也是《開元二十五年令》,何以有此差異?《玉海》引《中興書目》曰:"唐式二十卷,開元七年上,二十六(五)年李林甫等刊定。皇朝淳化三年校勘。"①王應麟説:"太宗以開元二十六(五)年所定令式修爲淳化令式。"②據這兩條史料分析,宋所謂"淳化令式",實際上是開元二十五年令式的翻版,僅作了些校勘而已。我推測,淳化三年(992)校勘的内容主要是官制方面的,根據宋代的官制進行校正。上述《天聖令·賦役令》與《通典》的差異,可能就是這次校勘所造成的。北宋初沿五代制設三司,職掌全國財政。《宋史》卷一六三《職官志》尚書户部條載:"國初以天下財計歸之三司,本部無職掌。"尚書户部之權被奪。太宗太平興國八年又分三司爲鹽鐵、度支、户部三部,置鹽鐵使、度支使和户部使,分部治事。③户部具體分管天下課役之事,度支分管給賜、支出事務。因此,淳化三年將原開元二十五年令的"尚書省"改作"户部",由於當時度支與户部是兩個平行而互不統屬的部門,它們之間的往來公文稱"牒"。宋制,"内外官司非相統攝者,相移則用此(牒)式。"④所以《淳化令》於"度支"前又增添了"具録色目牒"五字。這裏順帶提一點,在《天聖令》宋令第 3、17 條有關税收和支出的條文裏,都提到了三司,爲何不用户部?原來淳化三年校勘後,宋制又有變化,至咸平六年(1003)三部又合并統爲三司,⑤是以天聖七年(1029)修纂《天聖令》時,又以新制"三司"替代了原《淳化令》中的"户部"和"度支"。而淳化三年校勘過的唐令第 1 條廢棄不用,附録於後,沒有必要再予以修改,從而保存了淳化三年校勘後的原樣。

唐令第 4 條,唐諸書不見記載。前唐令第 2 條僅規定了庸調的運輸費由輸納者承擔,未

言及租的運輸費。此第4條明確規定租的運輸費亦由輸納者承擔,或自送,或催人送。關於"其有課船處,任以課船充"條款,我的理解是,如有課船的地方,以課船運送者,應輸租之家繳納一定數量的運費。

唐令第5條,唐諸書不見記載。此條規定了租庸調押運方式及處置原則。從中我們還可發現,度支作爲全國物資調配的主管部門所起的作用。

唐令第6條,"破除"、"見在",是差科簿登録的内容之一。天寶敦煌差科簿中就記載有"破除"、"見在"的人口狀況。又伯希和第三三五四號文書天寶六載(747)籍中有這樣的記載:

> 户主曹思禮　　載伍拾陸歲　　隊副……
> 母孫　　　　　載陸拾歲　　　寡　天寶五載帳後死空
> 妻張　　　　　載伍拾捌歲　　職資妻空
> 弟令修　　　　載貳拾捌歲　　白丁　天寶五載帳後死空⑥

其中有"天寶五載帳後死空"之記録,與令文"帳後附"的規定相符。所謂"帳後附",乃指簿帳登録後的人口變化情況説明。人户破除、見在及帳後附資料的登録,爲官府差科賦役提供了法律依據。

唐令第7條,《唐六典》、《唐會要》缺"均爲三分,一分入官,二分入國(公主所食邑即全給)。入官者,與租調同送。入國邑者"内容。《通典》卷三十一《職官》載:"凡諸王及公主以下所食封邑,皆以課户充。州縣與國官、邑官共執文帳,准其户數,收其租調,均爲三分,其一入官,其二入國。公所食邑,則全給焉。"《通典》雖載三分制,然"公所食邑"之公字後脱一"主"字。又"公主所食邑則全給焉"以下,文皆不載。關於唐代食封制,學者多有分歧。《天聖令》所載此條唐令可資唐食實封制研究。

唐令第10條,諸唐文獻缺載。《養老令》第13條有與之相當令文。這是關於人户中男以上人員死亡後户籍的注銷規定,以便官府掌握確切的户口資料。

唐令第12條,《唐令拾遺》復原條缺"各給賜物十段"、"應給賜物,於初到州給三段,餘本貫給"。唐令此條可補諸書之闕。

唐令第13條,諸唐文獻缺載。可補諸書之闕。

唐令第14、16條,唐代官員親屬在免除賦役方面的特權,諸書記載的都不詳細。如《唐律疏議》卷十二《户婚律》:"依賦役令:文武職事官三品以上若郡王期親及同居大功親,五品以上及國公同居期親,並免課役。"《新唐書》卷五十一《食貨志》:"郡王及五品以上祖父兄弟,職事、勛官三品以上有封者若縣男父子……皆免課役。"兩書都談到了五品以上官親屬的特權,至於六品以下(包括六品)官員的蔭親特權,則語焉不詳。《天聖令》所附唐令第16條全文規定爲："諸文武職事六品以下九品以上,勳官三品以下五品以上父子,若除名未叙人及庶人年五十以上,若宗姓,並免役輸庸(願役身者聽之)。其應輸庸者亦不在雜徭及點防之限。其皇宗七廟子孫,雖蔭盡,亦免入軍。"按此唐令規定,六品以下職事官父、子僅享有免役輸庸權,即本人雖不必親身服役,但免役錢却仍要繳納。這與普通百姓不役輸庸制是有區別的,以下將要論及。當然,他們同五品以上官親屬一樣,也都有免除雜徭和兵役之特權。故令文强調"其應輸庸者亦不在雜徭及點防之限"。這與第 14 條載五品以上官員的特權相比,有着相當差距。形成這種差距的原因在於:唐代五品以上官貴,六品以下官卑。[7]張澤咸先生認爲隨着門閥士族的衰落,唐代五、六品官的分界綫實際上代替了過去的士庶界限。[8]這一分析是十分精辟的。

　　值得注意的是第 13、14、15、17 條規定的免課役,課指租調,其役則應包括正役、雜徭和兵役在內。這是我對第 16 條令文分析後得出的結論。第 16 條在規定了六品以下九品以上職事官、三品以下五品以上勳官之父子等免役輸庸制後,又説:"其應輸庸者亦不在雜徭及點防之限"。此規定中的一個關鍵字"亦",《唐律疏議》卷三《名例律》作:"依令:'除名未叙人,免役輸庸,並不在雜徭及征防之限。'"其以"並"字代替了"亦"字。但《養老令》第 20 條曰:"凡除名未叙人,免役輸庸〔願役身者聽之〕,其應輸庸者亦不在雜徭及點防之限"。可見《天聖令》的"亦"字不誤。《唐律疏議》的"並"字可能是在節取原令時作的更改。我想,此規定應是承接上文第 14 條五品以上官親屬和第 15 條諸服色役及職掌人之免役權而言的。第 14 條和第 15 條雖没有明言五品以上官親屬和諸服色役人有豁免雜徭和兵役之特權,但第 16 條"亦不在雜徭及點防之限"的"亦"字,説明其與上文第 14 條和第 15 條是呼應的。唐《户令》規定:"諸視流內九品以上官……皆爲不課户。"[9]不課者免課役,自然也包括雜徭和兵役在內,這在當時的唐令文中應是一項很清楚的制度,通常無須加以申明。第 16 條之所以要特地説明免雜徭和兵役,是因六品以下官親屬無課役完全豁免權(正役不免),不説明之則易引起混淆。以此推斷,唐令第 13、14、15、17 條所言"免課役",其役應包括了雜徭和兵役之內容。關於這點,還可從唐代其他文獻得到證實。《唐律疏議》卷三《名例律》曰:"侍丁,依令免役,唯輸調及租。"唐玄宗在《改元天寶赦》的赦書中説:"侍丁者令其養老,……而官吏不依令式,多雜役使。自今後不得更然。"[10]所謂"多雜役使",乃指雜徭而言。此例説明當時的法令規定侍丁的免役是包括了雜徭和兵役的,有些地方的官員不依法辦事,是以朝廷禁止之。《資治通鑑》卷二一六天寶十載夏四月條曰:"舊制,百姓有勳者免征役。時調兵既多,國忠奏先取高勳,於是行者愁怨。"有勳者即勳官。而勳官按唐令規定是免課的。《新唐書》卷五十一《食貨志》曰:"視九品以上官不課"。此規定又見於《通典》卷七《丁中》所載開元二十五年令。這是免課役包括免征役的兩條佐證。《唐會要》卷六十五《宗正寺》載武德二年詔:"天下諸宗姓任官者,宜在同列之上,無職任者,不在徭役之限。"玄宗時,從五品散官朝散大夫白履忠說:"吾家終身高臥,免徭役,豈易得也。"⑪這兩條史料所說的徭役,除了正役外無疑也應包括雜徭和兵役在內。唐令:"諸孝子、順孫、義夫、節婦,志行聞於鄉閭者,申尚書省奏聞,表其門閭,同籍悉免課役。"⑫所免課役,同樣也應是包括了雜徭和兵役之內容。敦煌寫本《開元戶部格殘卷》載證聖元年(695)四月九日敕:"孝義之家,事須旌表。……其得旌表者,孝門復終孝子之身。"按唐顏師古的說法,"復者,除其賦役也"。⑬《唐律疏議》卷十三《戶婚律》曰:"諸應受復除而不給,不應受而給者,徒二年。其小徭役者,笞五十。"可見,復除是包括雜徭的。

唐令第14、16條規定,只有二品以上勛官的父子享有完全的豁免課役權,三品以下五品以上勛官父子僅有免役輸庸權,所有這些人員均免雜徭和征防。六品以下勛官則無蔭親權。從敦煌出土的天寶差科簿看,這一制度是實行了的。日本西村元佑經排比考證,認爲勛官用蔭情況如下:上柱國、柱國(比二品)之子爲課見不輸;上護軍至騎都尉(比三品至五品)之子(品子)爲課見輸,但免除雜徭;驍騎尉至武騎尉(比六品至七品)之子(白丁)爲課見輸。⑭所謂"課見不輸",是說課戶現免課役,反之,"課見輸"即現輸課役。三品以下、五品以上勛官父子僅有免役輸庸及免雜徭權,確切地說仍屬於課口範圍。故敦煌差科簿將上護軍至騎都尉(比三品至五品)之子登記爲"課見輸,免雜徭"。西村元佑的推斷與唐令規定是吻和的。

天寶敦煌差科簿中凡勛官之子未成丁者,都標以"中男"身份,而成丁者或標"上柱國子",或標"品子"。有學者據此認爲五品以上勛官只能蔭其成丁之子,不能蔭其未成丁子。⑮但據新發現的唐令第14、16條所載,勛官二品以上官可以蔭其子豁免課役,三品以下、五品以上官可蔭其子享有雜徭等免除權。天寶敦煌差科簿中的登錄事項,完全是造簿者依據唐制規定做的。《新唐書》卷四十五《選舉志》:"武選,凡納課品子,歲取文武六品以下、勛官三品以下五品以上子,年十八以上,每州爲解上兵部,納課十三歲而試"。書中記載的品子的始成年齡是天寶以前的。天寶三載時唐規定二十三成丁,凡未到成丁年齡的勛官之子,造簿者只能登錄爲中男。依唐令第16條規定,五品以上勛官之子"亦不在雜徭及點防之限。"以此推斷,即使登錄爲中男,也同樣享有此權力。換言之,五品以上勛官蔭子之權,並非以成丁與否來劃分的。所以我們不能單就天寶敦煌差科簿得出五品以上勛官不能蔭其未成丁之子的結論來。

探討至此,或問:免役輸庸,在唐令規定一般百姓都能享受,例如《天聖令·賦役令》附唐令第24條曰"諸丁匠不役者收庸",故免役輸庸對六品以下職事官之親屬似乎算不上什麼特權。其實這是一種誤解。李錦繡已指出,不役收庸成爲一代制度,始於開皇三年(583)。至開皇十年明確規定年五十者免役收庸,表明不役收庸仍未普遍。唐除名未敘人輸庸免雜徭征防,正是庸尚未普遍時出現的現象。⑯這裏我想提出的是,不役輸庸和免役輸庸是兩個不同的概念,應該把它們區分開來。不役輸庸這一法令僅是規定爲唐政府行爲,對百姓個人來說,不能享有隨意折代的權力,不具有任意折代性。《唐六典》卷三户部郎中員外郎條曰:"凡丁歲役二旬(有閏之年加二日),無事則收其庸,每日三尺。"這是對丁匠不役輸庸規定的一個最確切的解釋。所謂"無事",自然是從政府角度而言。唐政府根據實際情況,每年都預先編制徵發丁役的計劃。《天聖令·賦役令》附唐令第 20 條曰:"諸應役丁者,每年豫料來年所役色目多少,二月上旬申本司校量,四月上旬録送度支覆審支配總奏。"事實上只有計劃外不需要服役的丁,才按令文規定折庸代役。百姓何時輸庸,何時親身服役,完全是由政府決定的,百姓個人並無權力可言。而免役輸庸,則是政府明確給予六品以下職事官親屬及除名未叙人等的經濟特權。據此,他們完全可以庸折代二十日的役使,政府任何時候都不能强迫他們親身服役。《天聖令》附唐令第 16 條規定"庶人年五十以上……免役"輸庸,正是承襲了隋開皇十年之制。如果説百姓個人可以隨意輸庸免役,那麽第 16 條的這項規定無異於畫蛇添足。總之,不役輸庸和免役輸庸是兩個不同的概念,其實在隋唐文獻裏原本是分得很清楚的。開皇三年規定的是丁"不役者收庸",⑰開皇十年規定的是年滿五十之人"免役"收庸。⑱《唐會要》、《舊唐書》、《通典》和《天聖令》所載役丁輸庸制,皆作"不役輸庸";而《唐律疏議》、《天聖令》對除名未叙人則規定"免役輸庸"。"不役輸庸"專用於役丁;"免役輸庸"是用於除名未叙人,兩者界綫分明,決不混淆。不役輸庸的"不役",是不確定的,並不排斥時或役之的可能;而免役輸庸的"免役",則是確定的,即正役的豁免制度化,根本排斥了時或役之的可能。今本《天聖令》證實了那種認爲唐代丁男如不願服勞役,年齡不限,均可以納絹或布代替的説法是不確切的,不符合唐代實際情況。⑲唐開元之前,以庸代役制並沒有普遍確立起來,王永興先生據天寶計帳認爲,最遲到天寶中,二十日正役制已不復存在。⑳我想作一點補充,據今本《天聖令》所附唐《開元二十五年令》第 16 條,倘若在此令之外没有格敕對令文衝改的話,那麽役丁以庸代役制的真正普遍確立,乃是開元二十五年以後的事。

　　唐令第 17 條,此乃專爲散官蔭親免役權而定。所謂守官,指職事官高而所帶散官低者。《唐六典》卷二尚書吏部曰:"凡任官階卑而擬高則曰守。"本品則指九品以上職事官帶散位者。《舊唐書》卷四十二《職官》載:"入仕者皆帶散位,謂之本品。"

　　唐令第 18 條:"諸漏刻生、漏童、藥童、奉觶、羊車小史、嶽瀆齋郎、獸醫生、諸村正、執衣、墓户,並免雜徭。外監掌固典事、屯典事亦準此。"此條涉及的人員身份與唐令第 15 條的諸職掌人及服色役者多有相似之處。如村正與坊正、里正;墓户與陵户。唐令:"諸户以百户爲里,……每里置正一人,……在邑居者爲坊,別置正一人,……在田野者爲村,別置村正一人。……諸里正,縣司選勳官六品以下白丁清平彊幹者充。其次爲坊正。若當里無人,聽於比鄰里簡用。其村正取白丁充,無人處,里正等並通取十八以上中男、殘疾等充。"㉑從此唐令規定來看,所設村正、坊正、里正,他們之間並無大差別。唐制:"凡京畿充奉陵縣及諸陵、墓及廟邑户,各有差降焉。"㉒也看不出墓户與陵户有何不同。既然如此,爲何里正、陵户可以豁免包括雜徭在内的課役權,而村正、墓户僅有免雜徭權,不享受租、調和正役的豁免權? 其中必有原因。考《天聖令·雜令》附唐令第 1 條:"光禄寺奉觶、太僕寺羊車小史皆取年十五以下,其漏刻生、漏童,取十三、十四者充,……兹十九放還。其司儀署及嶽瀆齋郎取年十六以上中男充,二十放還。"唐天寶三載以前,人以二十一爲丁。唐雜令告訴我們奉觶、羊車小史、漏刻生、漏童原來都是由未成丁的男子充任的。又《通典》卷三十五《職官》:"諸州縣官,流内九品以上及在外監官五品以上,皆給執衣,……初以民丁中男充,爲之役使者不得踰境,後皆捨其身而收其課。"《通典》卷三《食貨·鄉黨》曰:"其村正取白丁充,無人處,里正等並通取十八以上中男、殘疾等充。"村正和執衣以中男充任,這在天寶敦煌差科簿中是有實際例證的。除此之外,藥童,顧名思義,與漏童一樣,也應是由未成丁之男子擔任的。獸醫生、墓户、掌固、典事尚無詳細資料説明,但我推測,多半也是由未成丁男子充當。綜合這些材料,我們可判斷,唐令第 18 條的立法之意在於其所涉及的人員主要都是未成丁的男子,按規定,他們不承擔納租、調和服正役的義務,但須服雜徭或色役。由於這些未成丁的男子承擔了色役的重任,故法令特設此專法豁免其雜徭。

《通典》卷三《食貨·鄉黨》載唐《户令》:"每里置正一人,掌按比户口,課植農桑,檢察非違,催驅賦役。在邑居者爲坊,別置正一人,掌坊門管鑰,督察姦非,並免其課役。在田野者爲村,別置村正一人。"唐令規定免里正、坊正課役,而不言免村正課役。這和《賦役令》附唐令第 15、18 條的規定是一致的。西村元佑認爲這三者除因都市和村落的區別而名稱有所不同外,職掌都是相同的,從而得出里正和村正都是免除課役的不實之論。雖然他也論述了里正比村正任務重,里正比村正的地位高,但終因史料的缺載而作出錯誤的推斷。㉓

唐令第 19 條,是關於居父母喪期間不役的規定。唐天寶敦煌差科簿中有不少"終服"的登録,即應了此令的"皆待服闋從役"的規定。

第 20 至 26 條,是關於丁匠服役制度的,其中大部分令文爲唐文獻所不載。《天聖令》乃是對應於唐前期的法令内容修定的。《天聖令》的在行宋令部分,也有十條是關於丁匠服役的,儘管是宋制,但依據《天聖令》的修纂原則,這十條令文是在唐令基礎上修定的。因此在唐令原文,這十條也與丁匠服役制相關。這兩部分相加,有關丁匠服役的令文達十七條之多。可知,直到開元二十五年,作爲正役的現役徵發,在唐前期的賦役制度中,仍然占有很重的比例。以下是對這些條款的分析。

(1)據《唐六典》卷三"尚書户部"條:"度支郎中員外郎掌支度國用、租賦少多之數、物產豐約之宜、水陸道路之利,每歲計其所出而支其所用。"唐前期,度支主管全國的稅收物資,但從《天聖令》附第 20、21 兩條唐令得知,度支的職掌遠不止此,它還掌管着全國的力役規劃。

(2)值得注意的是,《天聖令》附唐令第 22 條載:"諸丁匠歲役工二十日,有閏之年加二日。"第 24 條:"諸丁匠不役者收庸。"此兩條令文中的"匠"字,爲以前令文所没有。《唐會要》卷八十三《租稅》作:"(武德)七年三月二十九日始定均田賦稅:……凡丁歲役二旬。"《舊唐書》卷四十八《食貨志》曰:"武德七年始定律令:……凡丁歲役二旬。"《唐律疏議》卷十三《户婚律》差科賦役違法條《疏議》作:"依《賦役令》:……丁役二十日"。今傳本《唐律疏議》之《律疏》,據我國學者研究,爲永徽三年始修。㉔因此《律疏》所據《賦役令》,應爲永徽二年所刊《永徽令》。《唐六典》卷三"户部郎中員外郎"條載《開元七年令》曰:"凡丁歲役二旬。"㉕諸書所載唐開元二十五年前的《武德令》、《永徽令》和《開元七年令》令皆無"匠"字。另《養老令》所載與此相關的令亦無"匠"字。唯《通典》卷六《賦稅下》所載《開元二十五年令》卻有"匠"字。此可證《天聖令》所附唐令之"匠"字不誤。同時表明,"匠"字乃《開元二十五年令》新增。《唐律疏議》卷二十八《捕亡律》丁夫雜匠亡條《疏議》曰:"丁謂正役,夫謂雜徭,及雜色工匠,諸司工、樂、雜户。"工匠與工户並列,説明唐永徽時期,兩者身份並不同一。工户乃"不貫州縣","工屬少府"。㉖《天聖令·賦役令》附唐令第 22 條曰:"諸丁匠歲役工二十日……其匠欲當色僱巧人代役者,亦聽之。"日本《令集解》卷十三《賦役令》第四條載:"《釋》云:當色謂才能之色也。假令轆轤工代者,亦差知轆轤之者也。《穴》云:匠謂歲役之人,……當色謂私案,木工、石工同才人是也。"《令集解》雖是注解《養老令》的,但對理解唐令不無參考價值。也就是説,代役者必須是同工種的巧人。所謂巧人,是指有專長的手工業者。《敦煌掇瑣》上輯三十一載:"工匠莫學巧,巧即他人使。"丁匠之匠,是民間的手工業者。也就是説,在此之前還不完全具有與服正役的農民同等身份的工匠被納入了國家正役之列。匠人不服正役,須納相當於二十日值的庸,這顯然與服色役之匠納資錢不同。杜佑説,天寶中天下計帳,"課丁八百二十餘萬,其庸調租等約出絲綿郡縣計三百七十餘萬丁,庸調輸絹約七百四十餘萬疋(每丁計兩疋)。……約出布郡縣計四百五十餘萬丁,庸調輸布約千三十五萬餘端(每丁兩端一丈五尺,十丁則二十三端也)。"㉗王永興先生指出,計帳所載出絲綿郡縣的三百七十餘萬丁的正役,全部爲納庸絹所代替,這表明最遲到天寶中,正役已完全爲庸絹布所代替。我以爲天寶計帳所説的丁,泛指所有具良人身份的成年人。工匠在《開元二十五年令》裏被賦予農民同等的地位。因此計帳中的丁是包含了服正役之工匠在内的。《開元二十五年令》的新添役匠輸庸規定,是將不役輸庸制法律化,把不役輸庸的範圍擴大到手工業者,爲天寶時期的正役全盤輸庸化以及和僱制的進一步推廣奠定了基礎。不役收庸與和僱制是一個問題的兩個方面。唐政府有了大量的財物實力,才有可能廣泛推行和僱制。事實上,唐政府是用强制手段命令全國的丁匠納庸折役。然後,再用這些庸物去和僱所需勞動力,用另一種方式來實現統治階級的剥削。但是,這種方式與勞役方式相比,意味着封建依附性的削弱。隋初,手工業者的地位低於農民。與以前的令相比,《開元二十五年令》新增役匠不役輸庸制,民間工匠與農民一樣,享有同等的地位,不管怎麽説,這畢竟是一種歷史進步。

（3）正役二十日是人丁爲國家無償服役的,要自備衣糧,但路途遥遠的話,需要國家提供相應的資助。這裏提到了僱募,如本人不願親役,是由本人負責募人代役,而不是由國家徵收折役錢再以僱人。這與“内中尚巧匠,無作則納資”的色役不同。㉘

（4）爲了保證租庸調的運送及丁匠役使的接續性和及時性,尚書省統一制定方案,按路程遠近,各州依次輸發。並由各地事先造簿預作計劃,報尚書省。

（5）役使役丁,除少數工種外,通常在五、六、七三個月的高温期間停役。即使因事不可停廢,從已至未的正午時分,也“放聽休息”。㉙

據以上第二、三部分的探討,這裏試將《天聖令》所涉及的唐《開元二十五年令·賦役令》條序作一復原：

復原後條序	1	2	3	4	5	6	7	8	9	10	11
復原前條序	宋1	唐1	唐2	唐3	唐4	宋2	宋3	唐5	唐6	唐7	宋4
復原後條序	12	13	14	15	16	17	18	19	20	21	22
復原前條序	唐8	宋5	宋6	唐9	唐10	唐11	唐12	唐13	宋7	宋8	唐14
復原後條序	23	24	25	26	27	28	29	30	31	32	33
復原前條序	唐15	唐16	唐17	唐18	唐19	宋9	唐20	唐21	唐22	唐23	唐24
復原後條序	34	35	36	37	38	39	40	41	42	43	44
復原前條序	宋10	唐25	唐26	宋11	宋12	宋13	宋14	宋15	宋16	宋17	宋18
復原後條序	45	46	47	48	49	50					
復原前條序	宋19	宋20	宋21	宋22	唐27	宋23㉚					

四、《天聖令》的修纂體例和唐令修改原則

《天聖令》在行之宋令共 23 條,令人困惑的是,其中竟没有一條關於兩税法的法令規定。衆所周知,自唐均田制崩潰以後,租庸調制已無法實施,代之而起的乃是兩税法。宋政權建立後,仍沿用了唐以來的兩税法。兩税仍是宋代最基本的土地税。修定於宋仁宗時期的《天聖令》,何以對此竟不着一字,全然未涉及之？例如,唐行兩税法後,徵收的物品,主要爲錢和穀。北宋初,兩税法徵收的也依然是錢和穀。至真宗咸平時始有變化。《宋會要輯稿》食貨六四之三五載：“國初,二税輸錢、米而已。咸平三年,始令州軍以税錢物力科折帛絹,而於夏科輸之。此夏折帛之所從始也。”㉛宋自咸平三年改兩税之徵收税錢爲徵收布帛,遂成爲定

制。如此重要的制度,《天聖令·賦役令》之宋令部分却絲毫没有反映。

《宋會要輯稿》刑法一之四載《天聖令》的修撰方式是:"凡取唐令爲本,先舉見行者,因其舊文參以新制定之。"《玉海》卷六十六《天聖新修令》引《書目》曰:"《天聖令》文三十卷。時令文尚依唐制,夷簡等據唐舊文斟酌衆條,益以新制,天聖十年行之。"從上述兩條史料得知,《天聖令》的修纂,是完全以唐令爲藍本,在唐令已有的條文基礎上制定的。也就是説,《天聖令》的修纂,是在唐令已有的法令框架内進行的,只能根據唐令内容來決定修改與否。假如唐令原文没有相應的條文規定,即便是宋代當時行用的新制,也不能修入到新令中。宋《天聖令》所據以修定的藍本乃是修訂於唐開元二十五年的《唐令》。[32]當時唐代均田法以及租庸調制並未廢除,仍載於當時的《唐令》中。而兩税法的出台,乃是在此令修訂後相隔了四十餘年的事情。因此,以唐《開元二十五年令》爲藍本修訂的《天聖令》,自然也就不會有兩税法的規定。

《開元二十五年令》是唐代修訂的最後一部具有普通法性質的令。在此之後,對令所做的修改,都是以"格"或"格後敕"的法律形式頒佈的。唐德宗建中元年(780)制定的兩税法,是對唐租庸調制的修改,也一定是收入到當時的格或格後敕中。於此同時,唐令中凡未經修改的令仍具有法律效力,與律、格、式同行。到五代宋時,以往格的法律形式被編敕所取代。兩税法也就由格而入編敕。兩税法制定後歷五代而至宋,始終是這一時期的基本賦税制,其相關的法令無疑也爲宋代所承用。《宋會要輯稿》刑法一之一曰:"國初用唐律、令、格、式外,又有《元和删定格後敕》、《太和新編後敕》、《開成詳定刑法總要格敕》、後唐《同光刑律統類》、《清泰編敕》、《天福編敕》、周《廣順續編敕》、《顯德刑統》,皆參用焉。"據前引《玉海》卷六十六《天聖新修令》記載,在修定《天聖令》的同時,宋還取編敕敕文,"録制度及罪名輕簡者五百餘條,依令分門,附逐卷之末。"爲《附令敕》十八卷。即在《天聖令》逐卷之後,以附録的方式將當時實施中的國家規章制度予以刊佈。《附令敕》有五百餘條,約當總數一千五百餘條的《天聖令》的三分之一,[33]份量不算小。在宋代,令與敕是兩種不同的法律形式,"蓋違敕之法重,違令之罪輕"。[34]這種叠床架屋式的法令編撰方式,顯然是受到上述《天聖令》修纂體例的限制,而不得不采取的一種彌補措施,以彌補因新令修纂體例限制而造成的新法的不足。我以爲兩税法的規定很有可能就載於此《附令敕》中。此後,《附令敕》内容隨着社會發展,逐漸增加。慶曆七年(1047)又有《續附令敕》一卷。[35]嘉祐七年(1062)修編敕,也有《續附令敕》問世。史載"凡敕内但行約束,不立刑名,事理輕者,析爲《續附令敕》三卷"。[36]令的這種編修狀況直到神宗元豐時才被打破。宋立法部門將以前的《天聖令》、《附令敕》、《續附令敕》及其他在行之令加以删改後,全部納入統一的新定令中,於元豐七年(1084)制定成《元豐令》五十卷。我們今天看到的宋代法令匯編《慶元條法事類》,承襲了部分《元豐令》的内容,其中就有關於兩稅法的令文。㊲正由於上述原因,《天聖令》所載有關賦役制度的令文是不全面的,比起唐令來,減少了一半,僅有二十三條。因此,除了《天聖令》以外,當時還另有其他法典法規規定着宋代的賦役制度。這是我們在研究宋代經濟問題時不能不注意的。

總之,《天聖令》雖以唐令爲本,參以宋制而成,但却受到了唐令框架的限制,以致於有些宋制並没有修入,真正收入的乃是對應於唐前期已有的法令內容。

以上是對宋《天聖令》修纂方式的探討。以下我們看看唐《開元二十五年令》的修訂方式。

《唐六典》卷三户部郎中員外郎條:"凡田下諸州税錢,各有準常,三年一大税,其率一百五十萬貫;每年一小税,其率四十萬貫,以供軍國、傳驛及郵遞之用。每年又別税八十萬貫,以供外官之月料及公廨之用。"這種税是計户徵收的。開元十年,玄宗"令有司收天下公廨錢,其官人料,以萬户税錢充,每月準舊分利數給。"㊳據此,唐在開元以前和開元時期,有大税、小税等户税是十分清楚的。關於户税,張澤咸、李錦綉等先生均有詳細論述。㊴但是,新發現的《天聖令·賦役令》對此賦税制却只字未載。依據前述《天聖令》的修纂原則,説明唐開元二十五年修訂的《賦役令》中原本也是没有户税規定的。開元二十二年五月十三日敕:"定户之時,百姓非商户,郭外居宅及每丁一牛,不得將入貨財數。其雜匠及幕士並諸色同類有番役合免征行者,一户之內四丁已上,任此色役,不得過兩人,三丁已上,不得過一人。"㊵這是條關於番役出丁數額的重要規定。理應在其後修訂的《開元二十五年令》中有所反映。但是,在《天聖令·賦役令》中也根本找不到其一點蹤迹。除上述諸問題外,唐代資課問題,在今本《天聖令》中也都没有涉及。

唐武德七年所定《武德令》,"因開皇律令而損益之",是唐代的第一部令。當時,"諸事始定,邊方尚梗,救時之弊,有所未暇"。㊶唐令只能説初定規模。貞觀十一年,經長孫無忌、房玄齡等詳加釐改,定《貞觀令》一千五百九十條,三十卷。這是唐代第一次修改令,經過修改,唐令臻於完善。此後唐又有過數次對令的修改。對令的修改唐采取了兩種方式,其一,修改的結果以格的法律形式頒佈。所謂格,"蓋編録當時制敕,永爲法則"。㊷即對令的原文不直接改動,而是另用皇帝的制敕予以修正、追補,如垂拱時編格,"以武德以來,垂拱已前詔敕便於時者,編爲新格二卷","其律唯改二十四條,又有不便者,大抵仍舊"。㊸把這些適宜久用的制敕整理後編撰成法律文件,這就是格。其二,直接修改令典原文。修改後將令文重新刊佈,如《貞觀令》、《永徽令》、《開元七年令》和《開元二十五年令》,便是直接修改後的結果。這裏,我們所要探討的是第二種方式,法官們究竟怎樣修改令典的。

從新發現的《天聖令》來看,這種修改是在原有令文的框架內進行的,對令文中已有的內容作直接修正。如果原文中没有相應的內容,而是新制定的國家制度和政策,則另修入格。

例如前述唐代户稅制。關於户稅,見於文書記載的,最早是在永徽元年。《通典》卷三十五《職官·禄秩》:"永徽元年悉廢胥士等,更以諸州租庸脚直充之。其後,又令薄賦百姓一年稅錢,依舊令高户及典正掌之,每月收息,以充官俸。其後又以稅錢爲之,而罷其息利。"我想,在此之前的《貞觀令》尚無關於户稅的條款。另前述一户之内番役出丁數額的規定始於開元二十二年,《貞觀令》中也不會登録。由於先前的《貞觀令》没有相應的條款規定,因此,後來修改的唐《永徽令》、《開元七年令》和《開元二十五年令》也就無法增補上述條款。換句話說,貞觀以降,唐令的修改原則也是因舊文而益新制,舊文無者,雖爲新制,亦不再攔入,而是另行編入格中。我推測,自《貞觀令》的修定奠定了唐令的基本格局後,《永徽令》、《開元七年令》和《開元二十五年令》的修改都是在其框架内進行的,就原有令文内容予以補删。開元令較之《貞觀令》,條款唯有删除没有增加。《唐會要》卷三十九《定格令》、《舊唐書·刑法志》、《通典》卷一百五十六《刑法》、《册府元龜》卷六一二《刑法部·定律令》、《資治通鑑》皆曰《貞觀令》共有一千五百九十條令文。至《開元七年令》,令文亦只有一千五百四十六條。[44]這一例子也頗能説明上述問題。

上述重要的賦役問題顯然是另以格的法律形式對令進行補充的。例如唐納課問題,敦煌寫本《開元户部格殘卷》載萬歲通天元年(696)五月六日敕:"官人執衣、白直,若不納課,須役正身。採取及造物者,計所納物,不得多於本課,亦不得追家人車牛馬驢雜畜等折功役使及僱人代役。其市史、壁師之徒,聽於當州縣供官人市買。里正、佐史、坊正等,隨近驅使,不妨公事者亦聽。諸司官驅使典吏,亦准此。其州縣雜職,緣公廨役使,情願出課者,亦准白直例。"這一規定就是對唐《賦役令》的補充。

據上述論證,我們還可進一步推論,從唐《貞觀令》到《開元二十五年令》,唐令的篇目應是一脉相承的,計有二十七篇正篇目。

唐之所以這樣修令,是與唐代的法律體系密切相關的。唐分律、令、格、式四種法律形式。其格以皇帝詔敕爲法源。例如《垂拱新格》"以武德以來,垂拱已前詔敕便於時者"編撰而成,[45]《神龍散頒格》則"删定《垂拱格》後至神龍元年已來制敕"而成。[46]格隨時對律、令、式等成法進行修改、補充和變通。[47]由於有了格的修補追加效力,使得唐代的法律體系具有超穩定功能,不會因每次法令的修改而帶來大的社會震盪。這種法律體系一經形成,便爲後來的統治者所繼承。唐高宗有段話頗有代表性。他説:"律令格式,天下通規,非朕庸虚所能創制。並是武德之際,貞觀已來,或取定宸衷,參詳衆議,條章備舉,軌躅昭然,臨事遵行,自不能盡。"[48]可見,自唐高祖、太宗奠定了唐代法律體系後,後世繼承者視爲成規,循而不改。

唐代前期的義倉地稅是唐稅收的重要組成部分。《唐律疏議》卷十五《廏庫律》"應輸課稅迴避詐匿"條《疏議》曰:"應輸課稅,謂租、調、地稅之類。"張澤咸先生指出,地稅的獨立地位至遲在高宗初年,已通過法律確定了下來。⑲仁井田陞《唐令拾遺·賦役令》第9條據《唐六典》卷三倉部郎中員外郎所載和《養老令》第6條將義倉地稅法復原作唐令。《養老令》是以《永徽令》爲藍本制定的,所以《養老令》里有此稅法似無疑問。但是,在今本《天聖令》裏没有關於此稅收的規定。這就引出了一個問題:此條法令是否爲今本《天聖令》所遺漏?

《舊唐書》卷四十九《食貨志下》載,貞觀二年(628),尚書左丞戴胄奏請設立義倉。唐太宗命有關部門“議立條制”。户部尚書韓仲良奏曰:“王公已下墾田,畝納二升。其粟、麥、粳稻之屬,各依土地,貯之州縣,以備凶年。”唐太宗批准了這一建議。自此,唐朝始設義倉。於此同時,按畝徵收地稅的制度也相應實行。這一制度在當時是以法律形式規定了的,故撰成於永徽四年(653)的《唐律疏議》在解釋“課稅”時,把地稅也包括在内。

《通典》卷十二《食貨·輕重》載:“高宗永徽二年九月,頒新格:‘義倉據地取稅,實是勞煩,宜令率户出粟。上上户五石,餘各有差。’”地稅改爲按户徵收。《唐會要》卷三十九《定格令》曰永徽二年閏九月十四日上新删定律令格式。《舊唐書·高宗紀》曰永徽二年閏九月辛未(按:爲十一日)頒新定律令格式於天下。《通典》所説的新格,當是永徽二年閏九月頒佈的《永徽散頒天下格》。《通典》脱一“閏”字。所謂“格”,《舊唐書·刑法志》曰:“蓋編録當時制敕,永爲法則”。即格是由制敕編輯而成。所以這一“新格”,在《唐會要》卷八十八《鹽鐵·倉及常平倉》又作“敕”,時間繫於“閏九月六日”。觀其内容,兩者實是同一文書,疑此敕所繫時間有誤,因《永徽散頒天下格》修成於永徽二年閏九月十四日(一作十一日),則永徽二年閏九月六日所下敕不可能立即收入此格中。《養老令》第6條曰:“凡一位以下及百姓雜色人等,皆取户粟以爲義倉,上上户二石,上中户一石六斗,上下户一石二斗,中上户一石,中中户八斗,中下户六斗,下上户四斗,下中户二斗,下下户一斗。若稻二斗、大麥一斗五升、小麥二斗、大豆二斗、小豆一斗,各當粟一斗,皆與田租同收畢。”在《養老令》中,義倉稅收是按户徵收的,而不是按地徵收。這一制度與唐太宗貞觀按地徵收制不同,而與唐高宗永徽二年閏九月的規定却是一致的。日本制定《養老令》的時代,田租是根據丁口實際的授田額徵收的,即按地收租。⑳而其義倉稅實行按九等户徵收粟制,顯然是受到了唐朝永徽制度的影響。假定《通典》所説的新格是永徽二年以後編修的格,則《永徽令》規定的依舊是按地徵收義倉地稅,仿唐永徽令制成的《養老令》應是按地徵收義倉地稅而不是按户徵收;假定《養老令》所本爲永徽二年以後編修的格,則距永徽二年最近的乃是編成於麟德二年(665)的《永徽散行天下格中本》。然而,據李錦綉研究,最晚在龍朔元年(661),畝納二升的據地出粟制已被恢復。㉑則恢復的按地徵收義倉地稅制理應收入麟德二年的《永徽散行天下格中本》。依上述假定,《養老令》所據以成文的制度應是《永徽散行天下格中本》中的按地徵收義倉地稅,但實際上並非如此,《養老令》規定的仍是按户徵收地稅。可見所謂新格無疑就是永徽二年閏九月頒佈的《永徽散頒天下格》。

這裏順帶提一點,如前所述,我們有理由認爲《養老令》的藍本並不局限於《永徽令》,還應包括同時修定的《永徽散頒天下格》。

永徽所定按戶收地稅的規定爲何修入《永徽散頒天下格》而不修入同時頒佈的《永徽令》呢? 我推測,貞觀十一年修訂《貞觀令》時,並沒有把貞觀二年的按畝收地稅制修入令文中,而是以格的形式予以法律化。貞觀以後,依據唐令修定原則,凡《貞觀令》中沒有相應條款的新增法律規定,不再修入新令之中,而是修入其他法典中。永徽按戶收地稅制依此原則,法律化後仍以格的形式對舊格進行修正。《通典》曰"新格",我想乃是相對於貞觀二年所定按畝征收地稅之舊格而言的。其後在《唐六典》所載的制度中,規定了義倉地稅除了按戶徵收外,又有計畝徵收制。[52]《唐六典》在摘引令、格、式時,略去了令、格、式之名,以致這一規定是令文還是格文,不易辨別。但依唐令修改原則來判斷,《唐六典》載有關地稅的規定當是格,而不應是令文。

到了開元二十五年,唐又完成了一次大規模的刪修律令格式的立法活動。修改後的義倉地稅法被明確地規定在《開元二十五年式》裏。《通典·食貨十二》載:"開元二十五年定式:'王公以下,每年戶別據所種田,畝別稅粟二升,以爲義倉。其商賈戶若無田及不足者,上上戶稅五石,上中以下遞減各又差。諸出給雜種準粟者,稻穀一斗五升當粟一斗。其折納糙米者,稻三石折納糙米一石四斗。'"有關地稅規定從格中削出,歸入了式中。

從以上討論的材料來看,義倉地稅法制定後,始終沒有以令的法律形式頒佈過,《天聖令》附錄的唐《開元二十五年令》自然不會有義倉地稅法的條款。這不能不說是與唐令的編修體例和修改原則有關。

一九九九年十二月於上海師範大學古籍研究所

① 王應麟:《玉海》卷六十六《唐開元前格》。
② 《玉海》卷六十六《淳化編敕》。
③ 《續資治通鑑長編》卷二十四太平興國八年三月癸亥。
④ 謝深甫:《慶元條法事類》卷十六《文書·文書式·牒》。
⑤ 《續資治通鑑長編》卷五十五咸平六年六月丁亥。
⑥ 錄文引自西村元佑《通過唐代敦煌差科簿看唐代均田制時代的徭役制度》,《敦煌學譯文集》第 1151 頁。甘肅人民出版社 1985 年版。
⑦ 王永興:《唐天寶敦煌差科簿研究——兼論唐代色役制和其他問題》,《敦煌吐魯番文獻研究論集》,中華書局 1982 年版。
⑧ 張澤咸:《唐代階級結構研究》第 88 頁。中州古籍出版社 1996 年版。
⑨ 《通典》卷七《食貨七·丁中》。
⑩ 《唐大詔令集》卷四《帝王·改元中》。
⑪ 《舊唐書》卷一九二《白履忠傳》。

⑫　《通典》卷六《食貨六·賦役下》。

⑬　《漢書》卷一《高帝紀》二年二月條注。

⑭　西村元佑：《通過唐代敦煌差科簿看唐代均田制時代的徭役制度》，《敦煌學譯文集》第 1154 頁。甘肅人民出版社 1985 年版。

⑮　王永興：《唐天寶敦煌差科簿研究——兼論唐代色役制和其他問題》，《敦煌吐魯番文獻研究論集》，中華書局 1982 年版。

⑯　李錦繡：《唐代財政史稿》（上卷）第 419—421 頁，北京大學出版社 1995 年版。

⑰　《北史》卷十一《隋高祖本紀》開皇三年正月庚子。

⑱　《隋書》卷二《高祖紀下》開皇十年六月辛酉。

⑲　白壽彝主編：《中國通史》第六卷上第 702—703 頁，上海人民出版社 1999 年版。

⑳　王永興：《隋唐五代經濟資料匯編校注》第 407 頁，中華書局 1987 年版。

㉑　《通典》卷三《食貨三·鄉黨》。

㉒　《唐六典》卷三户部郎中員外郎條。

㉓　西村元佑：《通過唐代敦煌差科簿看唐代均田制時代的徭役制度》，《敦煌學譯文集》第 1072—1073 頁。

㉔　見楊廷福：《唐律初探》第 30 頁，天津人民出版社 1982 年版；劉俊文《唐律疏議箋解》第 69 頁，中華書局 1996 年版。有關《唐律疏議》今傳版本，兩者雖有不同看法，但對該書始修於永徽三年的看法是相同的。

㉕　按：《唐六典》所載令文，據日本學者仁井田陞等研究，爲《開元七年令》。見仁井田陞《唐令拾遺》，（日）東方文化學院東京研究所一九三三年發行。

㉖　《唐律疏議》卷三《名例律》。

㉗　《通典》卷六《食貨六·賦稅下》。

㉘　《新唐書》卷四十六《百官志》。

㉙　《天聖令·賦役令》在行宋令第 21 條。

㉚　按："宋令 1"者，即《天聖令》前半部分的宋令第 1 條；"唐令 2"者，即《天聖令》後半部分所附唐令第 2 條，餘依此類推。

㉛　參見汪聖鐸：《兩宋財政史》上第二編第一節，中華書局 1995 年版。

㉜　詳見拙作《天一閣藏明抄本〈官品令〉考》，《歷史研究》1999 年第 3 期。

㉝　按：現存《天聖令》殘本十卷，共計令文五百一十一條。整部《天聖令》有三十卷，以現存條數所占比例推算，整部《天聖令》所載令文約計一千五百餘條。

㉞　《續資治通鑑長編》卷三七三元祐元年三月己卯。

㉟　《玉海》卷六十六《慶曆編敕》。

㊱　韓琦：《安陽集》卷二十七《進〈嘉祐編敕〉表》。

㊲　見《慶元條法事類》卷四十八《稅租帳·賦役令》。

㊳　《唐會要》卷九十一《内外官料錢上》。

㊴　見張著《唐五代賦役史草》，中華書局 1986 年版。李著《唐代財政史稿》（上卷），北京大學出版社 1995 年版。

㊵　《唐會要》卷八十三《租稅上》。

㊶㊷　《舊唐書》卷五十《刑法志》。

㊸　《唐會要》卷三十九《定格令》。

㊹　《唐六典》卷六刑部郎中員外郎條。按：《新唐書·刑法志》作《貞觀令》令文一千五百四十六條。疑其將《唐六典》所記《開元七年令》令文一千五百四十六條誤作《貞觀令》的條數。

㊺　《唐會要》卷三十九《定格令》。

㊻　《舊唐書》卷五十《刑法志》。

㊼　參見劉俊文：《論唐格——敦煌寫本唐格殘卷研究》，載《敦煌吐魯番學研究論文集》，漢語大詞典出版社 1991 年版。

㊽　《舊唐書》卷五十《刑法志》。

㊾　張澤咸：《唐五代賦役史草》第二章。

㊿　劉連安：《唐法的東傳》，載劉俊文、池田温主編《中日文化交流史大系·法制卷》第 27 頁，浙江人民出版社 1996 年版。

51　李錦繡：《唐代財政史稿》（上卷）第 508 頁。

52　《唐六典》卷三"倉部郎中員外郎"條。

宋代眉山蘇氏家族祭祀生活探析

——以三蘇時代為中心

馬 斗 成

在中國傳統宗族社會,祭祀是家族最重要的基本活動。《禮記·祭統》上説:"禮有五經,莫重于祭。"祭祀是對逝去的先人盡孝的一個重要表現,表示慎終追遠不忘本,是中國傳統宗族文化的重要組成部分,其傳統一直傳沿至今,值得重視。在開近世宗族社會之端的宋代,以三蘇(蘇洵、蘇軾、蘇轍)爲傑出代表的眉山蘇氏家族,以其卓越的文名、政聲躋身一流名門望族,享譽天下。以往論者也多涉及三蘇及其家族的文學、政治活動,對蘇氏家族的祭祀活動這一重要内容尚無專論。而眉山蘇氏家族的祭祀活動,又以其史料較爲豐富,内容頗具代表性,可堪目爲宋代家族祭祀生活的典型個案。通過對眉山蘇氏家族祭祀生活的探析,可以拓寬對三蘇及其家族的研究,加深對宋人宗族生活的認識。本文以相關史料較爲集中的三蘇時代爲中心。

一

三蘇以前,地處西蜀僻遠之地的眉山蘇氏原是一個没有顯名、没有特權的庶族地主。蘇洵在其纂修的《蘇氏族譜》中指出,從眉山蘇氏的始遷祖蘇味道(唐宰相,有文名)到他父親蘇序的高祖蘇涇之間,世次皆不可記。自蘇序曾祖蘇釿而後,稍可記。歷經唐末五代這個"衣冠舊族多流落閭閻間,没而不振"[①]的時期,眉山蘇氏不免在累經離亂後,譜牒散亡,族史難徵,並出現了"三世不顯"的局面。所以蘇軾説自己"家世至寒"[②],又説自己"草芥賤儒,岷峨冷族"[③]。

有關宋初這樣一個普通家族祭祀的最早史料記載,始來自蘇洵。北宋仁宗至和年間,蘇洵鑒于蘇氏家族雖"猶有服者不過百人,而歲時臘社不能盡其歡欣愛洽,稍遠者至不相往來……乃作蘇氏族譜,立亭於高祖墓塋之西南而刻石焉。"爲了和睦宗族,蘇洵私修族譜,並在祖塋墓地附近建族譜亭[④],亭中刻上石譜。修建族譜亭的用處,據蘇洵所記,是創造一個墓祭時賴以會族的場所。"歲正月相與拜奠于墓下,既奠,列坐于亭。"每年正月,眉山蘇氏族人要合族到祖塋拜奠祭祖。祭奠畢,則依長幼尊卑列坐於族譜亭下。隨後蘇氏家族的族人要接受族中長者的教化:"凡在此者,死必赴,冠、娶妻必告。少而孤則老者字(愛)之,貧而無歸則富者收之。而不然者,族人之所共譏讓也。"⑤要求族人有冠、婚、凶、喪之事都要赴祖塋地祭告祖先。同時,族中孤兒要由長者撫養,貧窮無依者由富家收恤。若不遵守此族規,則爲全族人所譏誚。蘇洵便曾借慶祝建亭刻譜之機,教化族人。仁宗皇祐五年,蘇洵幼女蘇八娘因遭受婆家——母舅程家的虐待鬱鬱而死,這使蘇洵對程家大爲不滿。後來他便借全族祭告祖先之機,當衆宣讀聲討程氏的檄文,言其妻舅獨占家財,寵妾壓妻,父子同樂,爲"州里之大盜","鄉俗之薄",起于其人。又說"吾不敢以告鄉人,而私以戒族人焉。"⑥這是通過會族祭祖,對族人進行道德教化,以旌勸子弟的生動事例。看來這次教化確有成效,蘇八娘之死,不僅引起了蘇洵的巨大悲痛,也引起了衆人的公憤,蘇洵《自尤詩並叙》言及"當時此事最驚衆,行道聞者皆酸辛"。

建亭祭祀的習俗對蘇洵影響較大。蘇洵妻程夫人死後,葬在彭山安鎮鄉可龍里老翁泉邊。這裏山環泉涌,景色宜人。蘇洵在泉上特修一亭,常常優游亭上,懷念亡妻⑦。此俗還爲蘇氏後人所繼承。南宋嘉定年間,眉山蘇梓(字存規)兄弟曾在其父墓道旁建"思敬亭","將朝夕瞻仰,幾以致人子終身之思慕也。"⑧蘇氏族譜亭的功用主要是會合族人祭祖,從而達到敦宗睦族的目的,具有祠堂的功能,實是墓祠的一種。

除歲正月規模較大、最爲隆重的合族墓祭外,蘇氏家族尚有次數較多、規模較小的家祭。在春夏秋冬歲時及祖先忌日,大抵要作醴備牲設祭。《靜安縣君蒲氏墓誌銘》載,蘇洵侄蘇不欺之妻蒲氏"尤敬于祀先,凡歲時獻與忌日之奉,其炮、燔、烹飪之具,雖老矣,不以付子孫。必擇平時之所嗜而羞之。既享,則怵惕齊慄終日,愀然如見所祭。"⑨祭祀的專有器具稱祭器,包括烹飪之具、燒烤之具(香爐、香盒)以及酒器。因爲是十分敬重的器物,故使用前要洗手,酒器等祭器的洗滌須主婦親自進行。祭器平時要收藏好,不能够移作它用。所以蒲氏雖老,祭祀必親躬,十分虔誠。

在亡者忌日、生辰,一般多設家饌酒果或肴酒之奠。如蘇轍《祭亡嫂文》:"元祐八年……太中大夫守門下侍郎與新婦德陽縣君史氏謹以家饌酒果之奠致祭于亡嫂同安郡君王氏之靈。"⑩又如,蘇轍《祭侄林文》:"年月日從叔某以肴酒之奠祭于亡侄十六郎之靈。"⑪祭物主要爲香、臘、酒席以及新穀、新鮮蔬菜、果品等。對二蘇來說,由于他們長期爲官在外,這種祭祀只是遠祭而已。自熙寧元年蘇軾兄弟出蜀,其墳壟、田宅、灑掃、吊祭等事便付托子安(蘇軾堂兄,家居不仕,蘇軾家事之大者皆取決于子安)及鄰居楊濟甫經紀。子安死後,楊濟甫與其子楊子微始終行照管之事。蘇軾《與子安兄書》說:"東塋每煩照管,感涕不可。"《與楊濟甫書》云"唯聞墳壠安靖,非濟甫風義之篤,何以得此,感荷不可言。"《與楊子微書》又説:"某與舍弟流落天涯,墳墓免於樵牧者,尊公之賜也。"⑫

此時期,蘇氏家族的祭祀尚有一突出特色,即受佛教影響甚大。蘇氏族人多有或捨亡者生前所愛作佛事、向佛寺奉獻、寫經造像,或飯僧于寺、作道場,以資先人冥福之舉。

嘉祐六年,蘇洵受朝廷召。赴京前,"慨然顧墳墓,追念死者",因"恐其魂神精爽滯於幽陰冥漠之間而不獲,曠然游乎逍遥之鄉",于是造六菩薩并龕座二所,置於極樂院阿彌如來之堂,希望"庶幾死者有知,或生於天,或生於四方,上下所適如意。"⑬通過爲死者捐捨天地四方之神,爲亡者超度,祭告死者。蘇軾曾載其父母"捨所愛作佛事,雖力有所止,而志則無窮。"⑭

蘇軾及其子弟亦篤信來世説,并歌咏其事,多有施捨佛寺、飯僧、追薦祖考之訓。蘇軾曾以十萬錢高價購買吳道子所畫"陽爲菩薩,陰爲天王"的四塊門板獻給父親⑮。蘇洵平生嗜畫如命,然而于諸多所藏名畫中,最珍愛此四板畫。蘇洵去世後,蘇軾把這四塊門板載回四川老家,作爲"先君之所甚愛,軾之所不忍捨"的珍貴物品,施捨于佛寺。熙寧年間,佛寺爲此專以百萬錢營造大閣以藏之,并且畫了蘇洵的像,放置畫上。蘇軾又助錢五萬⑯。後來蘇軾又捨蘇洵生前喜愛的禪月羅漢畫與明州育王寺⑰。蘇軾守杭州時,應錢塘圓(元)照禪師普勸道俗,歸命西方世界極樂阿彌陀佛,曾爲亡母程氏捨遺留簪珥,命工胡錫采畫阿彌陀佛像,以薦父母冥福,并爲作頌曰:"願我先父母,與一切衆生。在處爲西方,所遇皆極樂。人人無量壽,無往亦無來。"⑱

因做官在外,無法親自灑掃眉山祖塋,蘇軾兄弟便在先人忌日于異地寫經造像,供養飯僧,追薦如平日。元祐三年,蘇軾與元淨(辯才)簡,捨絹一百匹,求爲亡父母造地藏菩薩一尊并座及侍者二人,以供養京師寺中⑲。元豐四年四月八日,是母親程氏忌日,蘇軾爲之飯僧于安國寺,并把其在岐亭所得之應夢阿羅漢,"完新而龕之,設于安國寺。"⑳元豐七年四月二十五日,是蘇洵忌日,蘇軾手寫寶積獻蓋頌佛一偈,贈圓通禪院長老可僊法鏡禪師㉑。

元祐八年八月一日,蘇軾第二位夫人王閏之去世,其棺材放在京城西郊惠濟院中。百日之後,蘇軾專門請名畫家李公麟畫了一張釋伽文佛及十菩薩畫,祭獻給她。并叫僧寺做法事,設水陸道場供養。《佛祖統紀》卷四十六本年紀事云:"知定州蘇軾繪水陸法像,作讚十六篇,世謂辭理俱妙。(原注:今人多稱眉山水陸者,由于此。)"王閏之臨終之夕,曾遺言捨所受用,使其子爲之畫西方阿彌陀佛。次年,佛像成,奉安于金陵(今南京)清涼寺。蘇軾爲此作讚曰:"佛子在時百憂繞,臨行一念何由了。口誦南無阿彌陀,如日出地萬國曉。何況自捨所受用,畫此圓滿天日表。見聞隨喜悉成佛,不擇人天與蟲鳥。但當常作平等觀,本無憂樂與壽夭。丈六長身不爲大,方寸千佛夫豈小。此心平處是西方,閉眼便到無魔嬈。"㉒大意是説,慈善的夫人啊,您平生百憂纏身,臨行還口誦佛號,又自捨所受用,定當功德圓滿,超度成佛,進入光明的天國,那里衆生平等,没有憂樂壽夭。爲此我們專爲您畫了阿彌陀佛像,爲您祈禱。幼子蘇過則在母親王氏(閏之)兩周年祭日將臨之際,親書《金光明經》四卷,送虔州崇慶禪院新經藏中,欲以資其母之往生㉒。元祐八年,蘇迨之婦歐陽氏卒,殯于京城之西惠濟之僧舍。蘇軾爲捨家藏觀音畫。《觀音讚引》云:"興國浴室院法真大師慧汶,傳寶禪月大師貫休所畫十六大阿羅漢,左朝散郎、集賢校理歐陽棐爲其女爲軾子婦者捨所服用裝新之。軾亦家藏慶州小孟畫觀世音,捨爲中尊,各作讚一首,爲亡者追福滅罪。"㉔

　　此外,蘇軾還曾委託寺院照管其祖塋。元祐三年七月,蘇軾與治平史院主徐大師簡,一面致思念之意,一面託其照管祖塋。按,兩宋之際的蜀人郭印在《雲溪集》卷五《治平院三蘇像》中云:"人言筦庫卑,我自得疎散。""禪堂儼真容,光炯破真眼。"據詩,郭印似爲眉山筦庫官,此治平院似在眉山㉕。治平院後來還供奉有三蘇像,發展爲蘇氏祠堂。

二

　　眉山蘇氏家族自蘇渙(蘇洵兄)于仁宗天聖年間進士及第,外出作官,始邁入士大夫官僚家族之列。二蘇繼起,于嘉祐年間雙雙科舉高中,又鞏固了其官僚家族地位。然而二蘇文名雖盛,仕途却不平坦,多年或屢任外職,或沉寂下僚。直到元祐年間,蘇轍在朝廷始青雲直上。元祐六年二月,蘇轍由御史中丞擢尚書右丞,成爲國家執政,掌輔佐尚書僕射處理尚書省事務,參議大政。這使蘇氏家族躍升爲大官僚家族,蘇氏家族的祭祀生活也隨之開啓了新的一頁。

　　有宋一代,民間家族興建墳庵,以僧住持,誦經資薦冥福逐漸成爲一種社會習俗。未見蘇氏家族私建墳庵的記載,即便是邁入官僚家族之後。但前文所述蘇氏家族施捨寺院以資亡者冥福以及蘇軾委託治平院僧照管祖塋,應是這種風俗一定程度的反映。而宋代朝中大臣貴戚賜建功德墳寺制度却給蘇氏家族祭祀生活注入了新的內容。

　　所謂賜建功德墳寺,是由皇帝將寺院敕賜達官貴人。大臣貴戚功德墳寺有嚴格限制,仁宗時已制度化。仁宗朝有詔規定:"應乞墳寺名額,非親王、長公主及見任中書、樞密院並入內內侍省都知、押班,毋得施行。"㉖蘇轍升尚書右丞,與聞國政,便取得了申建功德墳寺的資格,"以故事得于墳側建刹,度僧以薦先福。"㉗時間便在元祐六年。

　　功德墳寺例設于祖塋附近。蘇轍所申建墳刹,是座有着二百多年歷史的古寺,相傳是唐中和年間眉山任氏兄弟所捨㉘,位于眉山東塋(蘇洵墓)東南四里許。該寺"陵阜相拱揖,松林深茂"㉙,環境幽雅。按宋代賜建功德墳寺制度,朝廷須例賜寺額,眉山東塋功德墳寺得賜寺額"旌善廣福"。究其意,大抵與傳統儒家的親善觀念有關,又與佛教的福田思想相聯。

　　關于"旌善廣福"墳寺的管理生活,尚無直接資料記載,想必依宋代功德墳寺的普遍管理模式。"旌善廣福"墳寺應例由蘇氏家族聘請主持,并奏請朝廷由撥放的方式被剃度、賜紫衣師號,同時免納科敷。逢二蘇亡父母忌辰,則需齋僧一堂,僧衆諷誦佛經,並就法堂設立,供養果實、飲饌、香燭等物。二蘇皆長年具官在外,不能親自管理功德墳寺的祭祀,更無法親往祭奠,想來蘇氏家族的祭祀便在蘇子安與楊濟甫主持下由墳寺依慣例而行。

　　此種情形在二蘇晚年更加發展。得賜墳寺不出三、四年,二蘇先後遭貶。紹聖元年,蘇軾貶知英州,再貶惠州,蘇轍則謫守汝州。從此二蘇一步步流離嶺南,遠離政壇,身家性命尚且不保,更不論親往老家祭奠先人了。直到元符三年大赦,二蘇得以北歸。蘇軾却于次年病卒常州,蘇轍則閑居中原潁昌,仍不得歸鄉行灑掃祭祀之禮。徽宗建中靖國元年三月十五日,適逢蘇渙孫蘇千之西歸眉山,蘇轍便托侄爲祭東塋,并作祭文云:"維建中靖國元年歲次辛巳三月壬戌朔十五日丙子,男具官轍因侄千之等西歸,謹以家饌酒果之奠,昭告于先考編禮贈太子太師、先妣程氏追封成國太夫人之靈……。(轍)西望松檟,鬱葱在目。然念灑掃弗躬,齋祭邅逷,歲月滋久,悔咎何贖?"㉚深以遠官流落在外,長年不得躬行祭祀爲恨。于是,崇寧三年,66歲的蘇轍專遣次子蘇適返蜀祭祀東塋。在行前所作祭文中,蘇轍説自己元符北歸後,"拙多難事,事與心違。……日月不待,齒髮變衰,深懼溘然無復歸日",乃"遣適代往,周行兆域"。又説自己"常指庚穴,以敕諸子:尚未即死,猶幸一歸,躬行灑掃,以畢余願。"㉛訓言子孫日後多歸鄉灑掃祖塋,充滿了深深的遺憾。蘇適謹遵父命,到眉山東塋後,"造石垣,建精舍,立僧規,益齋糧,爲經久之計。"㉜對年久失修的"旌善廣福"功德墳寺進行修繕,爲之立下僧規,以便于管理;同時爲僧衆廣積齋糧,以便功德墳寺日後更好地恭行代蘇氏家族祭祀的功能。蘇適此行,後來被長兄蘇遲作爲蘇適一生中的亮點,寫在他的墓誌銘中。

　　然而隨後眉山東塋功德墳寺歷經了一次大劫。宋徽宗親政後,任用新黨新法。崇寧四年七月,下詔將元祐黨人共十九所墳寺悉加追奪,雖特免毀拆,也不得充本家功德院,并別賜敕額,改寺額爲壽寧禪院。墳寺住持改由官派,並行歲度僧行、賜紫衣師號、免納科敷等特權也一并取消。"旌善廣福"禪院列名十九所之中。對此,蘇轍《墳院記》記載説:"轍中止潁川,不能歸。又五年,前執政以黜去者,皆奪墳上刹。"這樣,第二年(崇寧五年)因新授廣都主簿侄孫蘇元老西歸,蘇轍欲行祭掃,就只好"謹請戒律僧就墳側晨設齋轉經,夜設水陸道場,以祈冥應。"㉝這次祭掃,共請齋僧七人,每僧各轉妙法蓮華經一部七卷,設水陸道場一夜。

　　直到大觀元年,元祐黨人被赦免,旌善廣福墳寺始得歸還。是年正月,朝廷下詔,應係籍宰執墳寺曾經放罷者並給還㉞。蘇轍爲此特作《謝復墳寺表》:"名書罪籍,慚負聖明,恩念私塋,特還舊刹。九泉受賜,荒隴生光。"⑤"旌善廣福"墳寺的歸還,無疑在蘇氏家族生活中是件大事。在蘇轍看來,它讓先人九泉之下如受恩賜,使荒墳索丘也爲之生光。

另外,"旌善廣福"墳寺中或營建有蘇氏祠堂。廣福寺僧智昕曾到潁昌會見蘇轍,返回眉山時,蘇轍作詩相贈,詩中說自己"築室潁川市,西望常悲辛。故由比邱僧,霅(蜇?)足超峨岷。……速營三間堂,永奉兩足尊。我歸要有時,久遠與子親。……"㊱表達了歸老眉山東塋的願望,並請智昕爲營三間廳堂,奉祀亡父母。若成,則此廳堂作爲蘇氏祠堂當設于墳寺中。

眉山蘇氏子弟幼承庭訓,師範家學,多有文學俊彥,個別子弟在仕途亦頗得志。蘇軾孫蘇符即是其中突出的代表。紹興九年,蘇符試尚書禮部侍郎,仍兼資善堂翊善。依宋制,蘇符"奏請郟城縣蘇墳寺援范鎮例賜名,詔以'旌賢廣惠'爲名。"㊲按,崇寧元年,蘇轍合葬亡嫂王閏之與蘇軾于郟縣,作《再祭亡嫂王氏文》,言及"塋兆東南,精舍在焉。有佛與僧,往寓其堂。以須兄至,歸于丘林。"㊳則郟縣"旌賢廣惠"墳寺當指蘇軾墳塋東南的精舍。所賜寺額"旌賢廣惠"似與眉山東塋"旌賢廣福"之名相應。至于"旌賢廣惠"墳寺的管理與祭祀,未見諸載籍,想必與"旌賢廣福"墳寺相仿。

兩處功德墳寺的得賜,是作爲大官僚家族的蘇氏家族的殊榮,在宋代名門望族中亦不多見。然而隨着朝代更替,家族衰落,蘇氏的兩座功德墳寺也逐漸衰敗。

據清人戴伊任《重修老泉先生墓記》載,老泉公之墓,由宋元明四百餘年,碑志剝蝕,莫可考據。明朝成化年間,州守許仁曾尋求老泉墓未獲,乃即廣福寺後脉樹墓以伸拜祭。後溯井求墓,于石龍柳溪得之㊴。則見"旌賢廣福"墳寺至少在明朝成化年間尚存,然而幾百年間,朝代兩易,蘇氏家族漸趨衰落,廣福寺的祭祀功能也相繼失去,以至蘇洵墳墓已難尋覓。

郟縣蘇墳及"旌賢廣惠"墳寺更是興廢無常。元初至元年間,元人尚野曾訪郟縣蘇墓,但見"家絕展省之禮,官失樵採之禁,日月雲邁,將復淪没,莫知誰何。"貞元間,元好問之子知州元叔儀曾爲之"修理新屋宇以備致祭,立門墻以限樵采,既而擘巢大字以表墓所。"可見,由于宋元交替,兵亂相尋,加之眉山蘇氏散落四處,郟縣蘇墳已是祭禮不行,墳寺不問,趨于荒蕪。值得一提的是,元至順初,監縣忽欲里赤曾爲郟縣蘇墳樹神道碑,而且朝紳還請建寺,額曰"廣慶"㊵。"廣慶寺"的修建說明元季至順前"旌賢廣惠"墳寺已遭毀。元代至正壬辰,郟縣尹楊允曾率僚屬躬詣郟縣蘇墳,"至彼四顧寂寥,唯有看墳廣慶寺在側。"楊允詰問廣慶寺住持僧:"今也既有先賢塋墳,而無先賢祠堂可乎? ……況汝得平日衣鉢之所需,食用之所費,皆出于先賢墳地土之所供也,其不報德可乎?"于是寺僧"歸然後起祠堂四楹于梵宫之北。塑繪老泉先生儀像居以南面,暨東坡、潁濱兩先生左右侍焉。故題其額曰'三蘇先生祠堂'"㊶。可見元政府在爲蘇墳修建廣慶寺同時,還專撥有一定數量的寺墳田,供寺僧日常所需,而寺僧則需管理蘇墳的祭祀。只是由于家、國的變遷，加之寺僧的懈怠，廣慶寺的祭祀功能已不能保證，致使蘇墳一片寂寥。三蘇祠堂的起建或將使蘇墳祭祀狀況一時爲之改觀。看起來，郟縣蘇墳的命運要好于眉山東塋。以後關于郟縣蘇墳寺有記載的修繕，明代 5 次，清代 6 次。限于篇幅，此不贅述。

三

　　透過對眉山蘇氏家族祭祀生活靜態的刻畫和動態的描述，似乎可以得到如下認識：

　　眉山蘇氏家族的祭祀呈現出承前啓後的時代特色和一定的區域特色。一般論者認爲，宋代是近世宗族社會的開端，其諸多社會現象既有承其前，又有啓其後者。眉山蘇氏家族的祭祀即鮮明地體現出這一時代特色。又由于其特殊的區域地理條件，同時還帶有一定的區域特點。

　　眉山蘇氏家族有每年歲正月合族墓祭活動，此俗可追溯至漢代。早在兩漢，在墓所建祠堂墓祭祖先的風俗已較爲普遍。宗族墓祭具有收睦族衆的天然功能，可將全體族衆團聚在祖先靈魂的周圍，從而達到敬宗收族的目的。至宋代，又由于特定的時代背景，墓祭則成爲最流行的祭祖方式。這與宋代官僚政治最爲相關。宋代完善科舉取士制度，取士基本不問身世。同時士無常爵，導致了官僚地主階級政治地位的不穩定，使得品官家廟之制，失去了存在的社會條件。加之新的家族組織未臻完善，宋代地主階級爲收睦宗族，也倡導墓祭，墓祭遂盛行于宋代民間，成爲宗族祭祀的主要形式。蘇氏家族修建族譜亭于祖塋之側，代行祠堂的功能，則由于"墓祠祭祖把上墓展省同祭祖結合起來，在廟制不立的情況下，使祭祖有了保證，發揮了祠堂的作用，它是宗族祠堂中最普遍有效的類型。"[42]

　　蘇氏家族兩次得賜功德墳寺，對其家族祭祀影響非小。大臣貴戚敕賜功德墳寺，其肇始大約在唐代，到宋代以至元代相當流行。這與墳寺享有一定特權有關，又與當時家廟制度式微有密切的關係[43]。宋代大臣一般不得立廟，這使高官大臣之族的祭祀轉而托付于僧寺。

　　南北朝、唐代官修譜牒衰落之後，朝廷只主持皇族玉牒的編纂，對官民的家族史已沒有負責的必要，不再興修。正是在這種情況下，出現私家纂輯族譜的新體系[44]。蘇洵首開私人修譜之風，又刻譜修亭，對蘇氏家族祭祀影響甚大。刻建石譜説明，戰亂强化了存譜意識。同時，由于歷經唐末五代戰亂之後，人們憶及的祖先世代較近，族譜多爲簡單的世系録，故適于刻石。而族譜亭的建立，與墓祭結合了起來，成爲墓祠之一種，且注意教化功能，增强了收族的作用，具有鮮明的時代特色。

　　從筆者所見史料看，刻建石譜、修建類似族譜亭等墓祠似多限于宋代江南一地，具有區域特色。如西山李氏,世居龍泉(今屬江西,當時屬江南西路),"其族放(倣)蘇氏作族譜亭,以不忘先世","歲時聚族,拜奠亭下。"届時,將蘇氏"族譜引"與蘇氏"族譜亭記"各各觀誦一過[45]。又如,徽宗大觀年間,福建邵武人李呂在其父墓旁建"孝友亭","以備歲時拜掃,陳薦于其下"[46]。再如,寧宗嘉定十四年,福建浦城人真德秀宗族建西山精舍,奉祀其先,第二年又建睦亭,以使其子孫"畢其祀而相與會焉。"[47]

　　大致説來,宋代家族祭祀受佛教因素影響較大。宋初統治階級大倡佛教,佛教在經過唐末五代時期的衰微後,在宋代再度振興,與儒道并稱[48]。在宋代的皇族以至士民家族祭祀中,佛教一度滲透很深。眉山蘇氏又由于其所處特殊地域,其家族祭祀受佛教影響尤爲明顯。宋代四川尤其是眉州一地,佛事極盛。史載,天禧年間,四川僧尼凡 56000 余人,平均每路萬人以上。但實際上主要集中在成都府路。宋神宗間,全國僧尼數量大大下降,只有 20 多萬人,而成都府就有萬余人,如蘇軾所言"成都僧統,所治萬餘人。"[49]眉山即屬成都府路。而眉山又距當時著名的佛教勝地峨嵋山僅百余里之遥。在佛光籠罩下,蘇氏家族許多成員信奉佛教。蘇軾有言"昔予先君文安主簿贈中大夫諱洵,先夫人武昌太君程氏,皆性仁行廉,崇信三寶。"[50]程夫人信佛,還可能受眉山程氏家族影響。程夫人之父自少便在家供奉阿羅漢,"歲設大供四"、"凡設二百餘供"[51]。程夫人性仁善,不殺生。史載,程夫人不殘鳥雀,"二蘇少時所居書堂前有竹、柏、雜花叢生滿庭。衆鳥巢其上。武陽君(程夫人)惡殺生,兒童婢僕皆不得捕取鳥雀。數年間皆巢于低枝,其鷇(穀?)可俯而窺。"[52]蘇洵崇佛,並多有方外之交,他經行天下,曾與訥禪師宣僧、景福順長老、彭州僧保聰、寶月大師惟簡等交游。其中寶月大師惟簡是蘇洵族兄,少學佛,爲時所稱。二蘇特別是蘇軾與佛緣最深。蘇軾少年讀書,"旁及老聃釋迦文"[53],已接觸佛典了。後蘇軾與王彭善,王彭爲言佛法大略,蘇軾自稱"予尤喜佛書,蓋自君(彭)發之"[54]。蘇軾晚年曾有志浸淫佛書中。《虔州崇慶禪院新經藏記》記蘇軾云"吾老矣,安得數年之暇,托于僧佛之宇,盡發其書,以無所思心,會如來意。庶幾于無所得,故而得者"[55]。蘇轍曾評價蘇軾"初好賈誼、陸贄書⋯⋯後讀釋氏書,深悟實相,參之孔墨,博辯無礙,浩然不見其涯也。"[56]可見蘇軾習佛,悟性之高,修爲之深。而蘇軾的坎坷仕途也促進了他與佛教的不解之緣。蘇軾殯前,招子在側,謂曰"吾生無惡,死必不墜也。"[57]可見其篤信佛教來世説。蘇轍則"每多憂患則學佛"[58],其晚年所作《老子解》即以佛老而通于儒,顯示了對佛學的深厚素養。蘇軾侍妾王朝雲亦篤信佛教,她"常從比邱尼義沖學佛法,亦粗識大意。且死,誦《金剛經》四句偈以絶"[59],并遺言葬于栖禪寺東南松林中,寺僧爲建亭覆之,榜曰"六如亭"。六如之名,蓋取自金剛經偈:一切有爲法,如夢幻、泡影,如露亦如電,當作如是觀。正因如此,蘇氏家族的祭祀便滲入了濃厚的佛教因素。具體而言,眉山所作水陸道場則頗具地域特色。前文已述,蘇軾所作水陸法像讚,被人目爲辭理俱妙,特稱眉山水陸。

究其原因,蘇軾給出了答案。他認爲"在昔梁武皇帝,始作水陸道場,以十六名,盡三千界。用狹而施博,事約而理詳。後世莫知,隨世增廣。……唯我蜀人,頗存古法。觀其像設,猶有典刑。"⑩顯示了蜀地祭祀中獨特的尚古風習。

前文所述二蘇長年外地爲官,無法親往老家祭奠先人,常以不得躬行祭祀爲恨,這在做官避本籍的宋代,對士大夫官僚而言,可以説是帶有普遍性的心理,它從一個側面反映了宋代官僚家族祭祀的一個時代特點。

從無特權的庶族到大官僚家族,蘇氏家族的祭祀增添了政府行爲,享有國家敕賜的功德墳寺,一時甲第朱門,茂木高墳。而在蘇氏家族祭祀生活的發展變化中,也體現了宋代士大夫官僚在重建宗族制上的構想與努力。唐末五代,世家大族勢力漸趨衰敗。至宋代,由于科舉制的進一步完善,官僚不能世襲,使士大夫官僚地主的政治地位不穩定;而宋代田制不立,土地買賣頻仍,也使官僚地主階級内部分化激烈,經濟地位不穩定。租佃制的實施,又使同一家族内貧富分化。凡此變化,導致了官僚地主政治經濟地位不穩定,宗法血緣關係進一步松弛。宋代士人官僚中的有志之士,深感有團結宗族的必要,紛紛提出治家濟國的方略,努力重建宗族制⑪。

宋初的蘇洵撰修族譜,與歐陽修共倡私家修譜,其目的,即在尊祖收族,對宗族成員進行尊尊親親之道的倫理教育。有了族譜,祭祀祖先便有了憑依。而蘇氏家族刻譜修亭,行墓祠合族祭祖功能,也旨在敦宗睦祖,强化已淡化了的血緣宗親意識。可以説,倡修族譜,重視族祭等正是宋代以降士大夫冀以重建宗族制度,維護社會秩序的主要構想。

另外,蘇洵在家族祭祀中的核心角色值得注意。蘇洵在至和年間撰修族譜時,其兄蘇渙已在天聖年間高中進士,這使蘇洵一支在蘇氏家族中率先上陞爲士大夫官僚家庭。而蘇洵在當時雖無功名,在當地也是位"有名蜀中"⑫的人物。由于蘇渙爲官在外,眉山蘇氏的修譜權及主祭權之歸于蘇洵,便是衆望所歸。確實,宋代士大夫官僚對提倡、主持開展宗親活動,興趣挺大。翻閲《宋史》,可以看到許多這方面的記載。正是這樣,宋代可視爲由原來的秦唐間世族、士族宗族制時代進入了官僚宗族制時代⑬。

① 《蘇氏族譜後録》,《嘉祐集》卷十三,四庫全書本,下引不注者同。
② 《密州謝上表》,《蘇軾文集》卷二十三。中華書局版點校本,1992年出版。下引不注者同。
③ 《英州謝上表》,《蘇軾文集》卷二十四。
④ 蘇軾《蘇廷評行狀》載其祖父蘇序葬于眉山縣修文鄉安道里先塋之側,則蘇氏族譜亭或在此。
⑤⑥ 《蘇氏族譜亭記》,《嘉祐集》卷十四。
⑦ 《老翁井銘》,《嘉祐集》卷十五。
⑧ 《眉山蘇氏思敬亭記》,《性善堂稿》卷十一,四庫全書本。
⑨ 《浄德集》卷二十七,四庫全書本。
⑩ 《欒城集·後集》卷二十。

⑪　《欒城集》卷二十六。

⑫　轉引自王文誥《蘇文忠公詩編注集成總案》卷四十五,巴蜀書社,1985 年版。

⑬　《極樂院造六菩薩璉記》,《嘉祐集》卷十五。

⑭　《真相院釋迦舍利塔銘并叙》,《蘇軾文集》卷十九。

⑮　相當于當時一般官員幾個月的俸祿。

⑯　《四菩薩閣記》,《蘇軾文集》卷十二。

⑰　《與大覺禪師璉公》,《蘇軾文集》卷六十一。

⑱　《阿彌陀佛頌并序》,《蘇軾文集》卷二十。

⑲　《與辯才禪師》第三簡,《蘇軾文集》卷六十一。

⑳　《應夢羅漢記》,《蘇軾文集》卷十二。

㉑　《蘇軾詩集》卷二三,中華書局點校本,1992 年版。

㉒　《畫西方阿彌陀佛讚》,《蘇軾文集》卷二十一。

㉓　《蘇軾文集》卷六十六。

㉔　《蘇軾文集》卷二十一。

㉕　轉引自孔凡禮《蘇軾年譜》卷二十七,頁 833。中華書局 1998 年版。

㉖　《續資治通鑑長編》卷一八九,仁宗嘉祐四年六月乙丑。

㉗㉙　《墳院記》,《欒城三集》卷十。

㉘　任氏爲眉山一地土著望族。主要成員有任孜、任汲兄弟(有學問、治才,時稱大小二任)等。

㉚　《北歸祭東塋文》,《欒城集·後集》卷二十。

㉛㉘　《欒城集·後集》卷二十。

㉜　《宋承議郎眉山蘇仲南(適)墓誌銘》、《文物》,1973 年第 7 期。

㉝㉟　《欒城集·後集》卷十八。

㉞　《墳院記》:"又二年,上哀矜舊臣,手詔復還界之。"

㊱　《送廣福僧智昕西歸》,《(嘉慶)眉州屬志》卷十三。

㊲　《宋史翼》卷四。

㊴　《(嘉慶)眉州屬志》卷十六。

㊵　〔明〕胡謐《重修三蘇祠墓記》,《三蘇墳資料匯編》,頁 53—55。郟縣檔案館編,河南大學出版社,1986 年版。

㊶　〔元〕曹師可《三蘇先生祠堂之記》,《三蘇墳資料匯編》,頁 12—14。

㊷　馮爾康等《中國宗族社會》,浙江人民出版社,1994 年版,頁 178。

㊸　參見黃敏枝《宋代的功德墳寺》,《宋代佛教社會經濟史論集》,臺灣學生書局,1989 年版。

㊹　馮爾康《中國古代的宗族與祠堂》,商務印書館國際有限公司,1996 年版,頁 37。

㊺　文天祥《李氏族譜亭記》,《文山集》卷十二,四庫全書本。

㊻　《孝友亭記》,《潏軒集》卷六,四庫全書本。

㊼　《睦亭記》,《西山文集》卷二十四,四庫全書本。

㊽　參考夏露《蘇軾事佛簡論》,《江漢論壇》,1983 年 9 期。

㊾　參引程民生《宋代地域文化》,河南大學出版社,1997 年 8 月版,頁 266。

㊿　《真相院釋迦舍利塔銘并叙》,《蘇軾文集》卷十九。

51　《十八阿羅漢頌》,《蘇軾文集》卷二十。

52　王文誥《蘇文忠公詩編注集成總案》卷一,巴蜀書社,1985 年版。

53　《子由生日,以檀香觀音像及新合印香銀篆盤爲壽》,《蘇軾詩集》卷三十七。

54　《王大年哀詞》,《蘇軾文集》卷六十三。

55　《蘇軾文集》卷十二。

56 57　《亡兄子瞻端明墓誌銘》,《欒城集·後集》卷二二。

58　《跋蘇子由與順老帖》,《石門文字禪》卷二十七,四庫全書本。

59　《朝雲墓誌銘》,《蘇軾文集》卷十五。

60　《水陸法像讚并引》,《蘇軾文集》卷二十二。

61　參考宋三平《試論宋代墓祭》,《江西社會科學》,1989 年 6 期。

62　《史經臣兄弟》,《蘇軾文集》卷七十二。

63　馮爾康等《中國宗族社會》,頁 14—15。

《續資治通鑑長編紀事本末》研究

徐　規

　　南宋孝宗朝學者李燾撰的《續資治通鑑長編》(以下簡稱《長編》)九百八十卷,是研究北宋九朝最重要的史書。其後,楊仲良取材李書,因事爲目,以類分次,改編爲《續資治通鑑長編紀事本末》(以下簡稱《長編紀事本末》)一百五十卷。今輯本《長編》多有脱漏及被清四庫館臣諱改文句之處,而《長編紀事本末》可供補正者爲數不少,足見該書之珍貴價值。

一、編者、書名、版本

　　《長編紀事本末》編者楊仲良,字明叔,南宋眉州眉山縣(今屬四川)人,與眉州丹稜縣人李燾是同鄉。生存年代在李燾(1115—1184)之後,《皇朝編年綱目備要》(或作《宋九朝編年備要》)編者、興化軍莆田縣(今屬福建)人陳均(1174—1244)之前。

　　楊氏書的書名,各家記載不同,有作《宋九朝紀事本末》、《長編紀事本末》、《皇朝通鑑長編紀事本末》、《皇宋通鑑長編紀事本末》等多種。臺灣學者趙鐵寒(1908—1976)在文海出版社印行的《長編紀事本末》之〈題端〉一文中主張該書的全名,應作《續資治通鑑長編紀事本末》。這是很恰當的。

　　楊氏書現存的通行版本有清嘉慶年間阮元輯的《宛委別藏》抄本,書名《皇宋通鑑長編紀事本末》,近時臺灣商務印書館有影印本行世(以下簡稱《宛委》本)。《宛委》本乃據宋理宗寶祐五年(1257)楊氏書第二次刻本而影抄的。另有清光緒十九年(1893)的廣雅書局刻本,公元一九六七年,臺灣文海出版社有影印本行世(以下簡稱"廣雅"本)。"廣雅"本是據楊氏書影宋抄本刊刻的。又光緒八年(1882)黃以周等人輯的《續資治通鑑長編拾補》(以下簡稱《拾補》)是據湖州藏書家陸心源䕡宋樓抄本《長編紀事本末》改紀事體爲編年體而成的。

　　以上版本,經我比勘,《宛委》本與廣雅本殘缺的事目,有卷五〈太祖皇帝·親征河東〉缺下半卷稍多幾頁,卷六〈太祖皇帝·聖德、聖學、親信趙普〉全缺,卷七〈太祖皇帝·罷節度使權、優禮節度使、駕馭將帥、政迹〉全缺,卷八〈太宗皇帝·受位、秦王事迹〉缺上半卷稍少幾頁,卷百十四〈哲宗皇帝·修實録、修國史、修玉牒、定新曆(徽朝附)、渾天儀象、玉璽(改元附)〉全缺,卷百十五〈哲宗皇帝·獲鬼章〉全缺,卷百十六〈哲宗皇帝·取棄湟鄯州〉全缺,卷百十七〈徽宗皇帝·受位(皇太后同聽政附)、御製、御筆、聖德、政迹〉全缺,卷百十八〈徽宗皇帝·復孟后(元符后附)〉全缺,卷百十九〈徽宗皇帝·用元祐舊臣〉全缺。共缺九卷,所缺以哲、徽兩朝爲多,各占三卷。

又清人在今輯本《長編》與《宛委》本《長編紀事本末》以及《拾補》中删改清廷所諱避文句之處頗多,而廣雅本《長編紀事本末》大抵仍影宋抄本之舊,與楊氏原書最接近,這是它可取的地方。

二、廣雅書局本的史料價值

楊氏書的内容,取材於李燾《長編》(那時尚爲全帙),加之以事分類編輯而成。該書祇有簡化,絶無增補。清乾隆間編修的《四庫全書》本《長編》是從《永樂大典》中輯出,因當年《永樂大典》已有殘缺,故佚去治平四年四月至熙寧三年三月及元祐八年七月至紹聖四年三月的記事;又《永樂大典》原本不載徽、欽兩朝史事,故《四庫全書》本《長編》僅止於哲宗元符三年正月。又清末黄以周等人利用楊氏書輯成的《拾補》六十卷,僅限於上述殘缺的大部分,且有不少脱落、失誤之處。實則自宋太祖至宋英宗的五朝史事,今本《長編》(包括中華書局點校本)均有脱漏。而在楊氏書中特別是廣雅本尚多有留存,又該本經清末廖廷相等人覆校,在注文中指出今本《長編》之脱落處和兩書之差異處頗多,然亦有未曾指出者。兹以廣雅本爲例,來説明其史料價值。

卷十三〈太宗皇帝·李順之變〉事目中,今本《長編》共脱去二十六條記事。宋代書册記〈李順之變〉,以《長編》爲最翔實,而今本《長編》佚去王小波、李順起義事迹甚多,中華書局點校本《長編》(以下簡稱點校本《長編》)亦未加輯補。這裏姑録出其中三條原文于下:

頁一上,行 5 至頁二上,行 7:"淳化四年,蜀土富饒,絲帛所産,民織作冰紈綺繡等物,號爲冠天下。孟氏割據,府庫益以充溢。及王師取之,其重貨銅布,即載自三峽而下,儲于江陵,調發舟船,轉運京師;輕貨紋縠,即自京師至兩川,設傳置,發卒負擔,每四十卒所荷爲一綱,號爲日進。不數年,孟氏所儲之諸物,悉歸于内府矣。而言事者競起功利,以惑人主,成都除常賦外,更置博買務,諸郡課民織作,禁商旅不得私市布帛,日進上供,又倍其常數,司計之利,皆析秋毫。然蜀地狹民稠,耕稼不足以給,由是小民貧困,兼并〔者〕羅賤販貴,以奪其利。青城縣民王小波聚徒衆,起而爲亂,謂衆曰:'吾疾貧富不均,今爲汝均之。'貧民多來附者,遂攻劫邛、蜀諸縣。是月(應作二月),寇彭山,縣令齊元振率兵拒之,爲小波所殺。初,祕書丞、猗氏張樞使蜀,奏官吏不法者百餘人,多坐黜免,獨稱元振清白彊幹,朝廷賜璽書獎諭。

元振實貪暴,民甚苦之。既受詔,益恣橫,與民爲仇,受賕得金,多寄民家。小波知民怨怒,因襲殺之,散其金帛,剖元振腹,實以錢刀,蓋惡其誅求之無厭也。賊黨由是愈熾矣。"

"十二月,西川都巡檢使、崇儀使張玘與小波鬭于江(原)〔源〕縣,玘射中小波額,既而玘爲小波所殺,小波亦病創卒,衆遂推小波之妻弟李順爲帥。"(按:"江源縣",據拙作〈宋史地理志補正〉一文第78條改,見《仰素集》頁956。)

"初,小波之黨才百人,州縣失于備禦,所在盜賊争附之。張玘之死也,其麾下兵四百餘人奔歸,西川轉運使樊知古不受,縱使亡去,賊勢由是日盛,衆至萬餘,攻陷蜀州,殺監軍王亮及官吏十餘人。又陷邛州,殺知州桑保仲、通判王從式及諸僚吏。〔都〕巡檢使郭允能率麾下兵與戰於新津江口,兵敗,允能爲賊所殺,同巡檢毛儼徒步,僅以身免,賊衆遂至數萬人。陷永康軍及雙流、新津、温江、郫縣,縱火大掠,留其黨守之,進攻成都。"

(以上已參校《宛委》本及李攸《宋朝事實》卷十七〈削平僭僞〉)

從上述可見今本《長編》所輯録的〈李順之變〉事迹過於殘缺,遠不逮《長編紀事本末》之詳贍,故時賢研究此次農民起義問題多取材於本書。

以下再舉出本書其他卷中的文句被清人删改及刊刻脱誤之處,如廣雅本卷十五〈真宗皇帝·親征契丹〉中的記事:

頁十一下,倒行1至頁十二上,行4:"〔景德元年十一月甲戌,真宗〕謂輔臣曰:'虜雖有善意,國家以安民息戰爲念,固許之矣。然彼尚率腥膻深入吾土,又河冰且合,戎馬可渡,亦宜固爲之防。朕已決成算,親勵全師,況敵人貪婪,不顧德義,若盟約之際,别行邀求,當決一戰,翦滅此虜。'"按:清四庫館臣在《長編》卷五八改第一個"虜"字爲"彼"(此一事目中之"虜"字均被改爲"契丹",或"敵",或"彼")。"腥膻"改作"衆兵",又删去"況敵人貪婪,不顧德義"九個字,改"此虜"爲"此寇"。《宛委》本亦有删改。蓋清廷諱避稱遼、金爲虜也。

頁十九下,行3—7:"〔景德元年十二月辛丑〕將作監丞王曾言:'古者尊中國,賤夷狄,直若首足。二漢始失,乃議和親,然禮亦不至均。今若是,是與之亢〔立〕,首足並處,失孰甚焉。狄固不可啓,臣恐久之非但並處,又病倒植,願如其國號契丹足矣。'"按:清四庫館臣在《長編》卷五八諱删此條爲"將作監丞王曾言:'是與之亢立,失孰甚焉,願如其國號契丹足矣。'"而《宛委》本則全部削去。點校本《長編》祇在卷五八校勘記〔四六〕引録宋本、宋撮要本《長編》的記載予以補正。

又如廣雅本卷九八〈哲宗皇帝·汰監司〉中的記事:

頁十七上,行6—7:"〔元祐四年〕九月己丑,詔責授秀州團練副使、本州安置沈括叙朝散郎、光禄少卿;……"。按:《宛委》本同,而今本《長編》卷四三三却誤"本州"(指秀州)爲"黄州"。參見沈括《長興集》卷十六〈謝進守令圖賜絹表〉。

又如廣雅本卷一三一〈徽宗皇帝·蔡京事迹〉中的記事：

頁十六下,行1：“〔政和二年〕十一月辛巳(二十八日),太師、楚國公蔡京進封魯國公。”(清人廖廷相等案,《拾補》所據本,此條繫三年,此脫“三年”二字。)規按：《宋史》卷二一〈徽宗紀〉繫年同廣雅本,而《拾補》卷三二及《宛委》本繫此事於政和三年十一月辛巳(初四日)均誤,廖氏案語亦沿《拾補》之誤。從這條注文來看,可知廣雅本的覆校人亦曾參考《拾補》一書。

又如廣雅本卷一三四〈徽宗皇帝·禮制局〉中的記事：

頁十四上,倒行1至頁十四下,行3：“〔政和七年〕五月甲寅,禮制局編修夏(季)〔祭〕敕令格式,詳議官兵部尚書蔣猷、宣和殿學士蔡攸、顯謨閣待制蔡僬、蔡脩各轉兩官,餘轉一官,減磨勘年有差。”“六月庚申,禮制局編修夏祭禮成,提舉蔡京轉一官,回授與子脩通直郎、徽猷閣待制。”按：“蔡僬”,《宋史》卷四七二〈蔡京傳〉作“蔡儵”,疑誤。又顯謨閣待制蔡僬,《宛委》本誤作“蔡絛”,蓋蔡絛乃蔡京之季子,其兄爲蔡攸、蔡僬、蔡脩。而《拾補》卷三六却脫落以上兩條記事。

又如廣雅本卷一四八〈欽宗皇帝·誅六賊〉中的記事：

頁八上,行1—4：“〔靖康元年二月甲寅,侍御史孫覿〕又言：‘方王師之北伐也,〔童〕貫、〔蔡〕攸爲宣撫使,提數十萬之師,挫於殘虜,淹留彌歲,卒買空城,乃以恢定故疆,冒非常之寵。蕭后納款,虜使韓昉見貫、攸於軍中,卑辭(折衷)〔祈哀〕,欲(損)〔捐〕歲幣以復舊好”。按：《拾補》卷五三改“殘虜”爲“殘敵”,《宛委》本改爲“敵手”。上引《拾補》又改“虜使”爲“遼使”,而《宛委》本竟妄改作“金國”。

又如廣雅本卷一五〇〈欽宗皇帝·高宗渡江〉中的記事：

頁四上,行5至頁四下,行1：“〔靖康二年四月〕甲戌,太后告天下書曰：‘比以敵國興師,都城失守,……緬惟藝祖之開基,實自高穹之眷命,歷年二百,人不知兵;傳序九君,世無失德。……’”。按：《宛委》本誤“都城”爲“都人”。《拾補》卷六十誤倒“傳序”作“序傳”,蓋“傳序”與上文的“歷年”正相對稱。參見李心傳《建炎以來繫年要錄》(以下簡稱《繫年要錄》)卷四建炎元年四月甲戌條記事。

綜上可證廣雅本《長編紀事本末》乃現存通行版本中之最佳者,富有十分重要的史料價值。

三、廣雅書局本的失誤

楊氏書中記事誤入門類者,已由清人廖廷相在廣雅本卷末題跋中指出外,其他記事失實

之處也有不少,兹以廣雅本爲據,選出四十二例,並加以糾正如下:

(1)卷一〈太祖皇帝·受禪〉頁三下,行 3—4:"〔建隆元年正月甲辰〕奉周帝爲鄭王,太后爲周太后,遷居西京。"(《宛委》本同)

按:"西京"應作"西宫",見《新五代史》卷二十〈後立皇后符氏傳〉、王偁《東都事略》卷一及《宋史》卷一的〈太祖紀〉。又《長編》卷三建隆三年,"是歲,周鄭王出居房州"條注文引王皞《唐餘録》亦作"鄭王……自西宫出。"本書此處乃沿《長編》建隆元年正月甲辰條記事之誤,點校本《長編》亦未加改正。

(2)卷三〈太祖皇帝·收復江南〉,頁八上,倒行 1 至頁八下,行 2:"〔開寶七年十月〕曹彬與諸將入辭,上謂彬曰:'南方之事,一以委卿,切勿暴略生民,務廣威信,使自歸順,不須急擊也。'且以匣劍授彬曰:'副將而下,不用命者,斬之。'潘美等皆失色,不敢仰視。"(《宛委》本同)

按:李心傳《舊聞證誤》卷一載:"此一事諸雜記多言之,互有不同。然以史考之,有可疑者:《太祖實録》,開寶七年九月癸亥(十八日),命潁州團練使曹翰率兵先赴荆南。丙寅(二十一日),以宣徽南院使曹彬、馬軍都虞候李漢瓊、判四方館事田欽祚同率軍赴荆南,領戰棹兵沿江而下。丁卯(二十二日),以山南東道節度使潘美、步軍都虞候劉遇、東上閤門使梁迴並領軍赴荆南。……當出軍時,曹、潘二公蓋先後受命。"又説:"《國史》,曹彬以宣徽使行,潘美以山南東道節度使行,美不過闕也。太祖所言,蓋翰、彬之副田欽祚等爾。"又輯本《楊文公談苑》條 63〈太祖御將恩威並濟〉:"其伐江南也,曹彬、李漢瓊、田欽祚入辭,以匣劍授彬曰:'副將而下,不用命,斬之。'"據上述兩位宋人所考定,則《長編》此段記事有舛訛,本書此處亦屬沿誤之例。

(3)卷二五〈真宗皇帝·劉旴之變〉,頁一上,行 6 至頁一下,行 1 皆作"劉旴"。

按:廣雅本目録作"劉旴",《宛委》本目録作"劉旴"。然江少虞《宋朝事實類苑》卷十四張乖崖條引録《忠定公語録》、上海涵芬樓影印《續古逸叢書》本《乖崖集》附集〈張公神道碑〉、王安石《臨川集》卷八七〈馬知節神道碑〉及《東都事略》卷四三〈馬知節傳〉、《宋史》卷二七八〈馬知節傳〉皆作"劉旴"。又《乖崖集》卷三〈再任蜀川感懷〉詩自注云:"李順、劉旴、王均,十年三亂蜀"。"旴"與"旴"音同。此處"旴"字應改正爲"旴"。廣雅本正文及《宛委》本目録作"劉旴"乃是誤刊或誤抄。點校本《長編》卷四一至道三年八月條亦未加改正。

(4)卷三十〈仁宗皇帝·定集議官制〉,頁十八上,倒行 3—2:"〔明道二年七月己巳〕近詳定章獻明肅皇太后、章懿皇太后升祔事,……"。

按:"章獻"應作"莊獻","章懿"應作"莊懿",見《宛委》本及《長編》卷一一二。蓋改謚章獻、章懿乃在其後之慶曆四年十一月己卯,見《宋史》卷十一〈仁宗紀〉及《長編》卷一五三。宋人書中關於仁宗母后諡號的記載多有舛訛。

(5)卷三二〈仁宗皇帝·修唐書〉,頁二上,行 6—8:"嘉祐四年六月戊戌,翰林學士歐陽修等上所修《唐書》二百五十一卷,……"。(廖廷相等案《長編》六月癸亥朔,是月無戊戌,並脱此條。)

按:此條記事,見《長編》卷一九二嘉祐五年七月戊戌條,《宋史》卷十二〈仁宗紀〉同。本書此條所記年月有失誤。又《唐書》卷數,《長編》作"二百五十卷",而非"二百五十一卷"(《宛委》本同廣雅本)。又今本《新唐書》僅有二百二十五卷,曾公亮〈進唐書表〉及陳振孫《直齋書錄解題》卷四〈正史類〉並同。此條清人注文亦有失誤。

(6)卷三二〈仁宗皇帝·删定編敕〉,頁五下,倒行 2:"〔嘉祐二年八月丁未〕詔宰臣、參知政事曾公亮同提點詳定《編敕》。"(《宛委》本同)

按:"宰臣"之下,脱去"富弼"二字,應據王應麟《玉海》卷六六〈嘉祐編敕〉補。又"提點"爲"提舉"之誤,見上引《玉海》及《宋會要輯稿》(以下簡稱《宋會要》)職官四之四三。本書此條亦沿《長編》之誤。

(7)卷四五〈仁宗皇帝·榷河北鹽〉,頁十八下,行 3—5:"〔慶曆六年十一月戊子〕張方平曰:'周世宗榷河北鹽,犯輒處死,世宗北伐,父老遮道泣訴,願以鹽課均之兩税錢而弛其禁,世宗許之,今兩税鹽錢是也。'"(《宛委》本同)

按:"世宗北伐"、"世宗許之",兩處的"世宗"應作"太祖",見蘇轍《龍川略志》卷三〈論榷河朔鹽利害〉條、沈括《夢溪筆談》卷十一〈官政一〉及《東都事略》卷七四〈張方平傳〉。本書此處記事乃沿《長編》之謬。又馬端臨《通考》卷十六〈征榷考〉及《宋史》卷一八一〈食貨志·鹽上〉、卷三一八〈張方平傳〉均誤同《長編》。其誤蓋出於蘇軾所撰〈張文定公(方平)墓誌銘〉(載《東坡後集》卷十七)。近人戴裔煊《宋代鈔鹽制度研究》(中華書局 1983 年版)附錄〈宋史食貨志鹽法正誤〉一文已有詳盡的考訂。

(8)卷四八〈仁宗皇帝·桂陽蠻猺之叛〉,頁十一下,行 3—4:"〔慶曆五年二月〕癸丑,桂陽監言:黄捉鬼餘黨唐和尚復内寇。"(《宛委》本同)本書此事目内均作"唐和尚"。

按:"唐和尚"應作"唐和等",見《長編》卷一五四、李燾《皇宋十朝綱要》(以下簡稱《十朝綱要》)卷五至卷六〈仁宗〉、陳均《宋九朝編年備要》卷十二〈仁宗〉及《宋史》卷十一〈仁宗紀〉、卷四九三〈蠻夷傳·西南溪峒諸蠻上〉)。浙江書局本《長編》不誤,點校本《長編》多誤爲"唐和尚"。

(9)卷五一〈仁宗皇帝·英宗册立始末〉,頁一下,倒行 5:"〔慶曆〕五年十月戊寅,寧江節度使允讓爲汝南郡王。"(《宛委》本同)

按:"五年十月"乃"四年七月"之誤,見《長編》卷一五一慶曆四年七月戊寅條及《宋史》卷十一〈仁宗紀〉。蓋《長編》爲編年體史書,繫時大抵較之紀事體正確。

(10)卷五三〈英宗皇帝·經筵〉,頁三上,倒行 3—2:“〔治平四年四月〕丙戌,翰林學士吕公著兼侍講。”(《宛委》本同)

按:“丙戌”(五月初九日)之上,應補入“五月”二字。考治平四年四月戊申朔,無丙戌日。《拾補》卷一注文已有駁正。又“侍講”,上引《拾補》作“侍讀”,是。蓋吕公著在治平二年十月庚寅已擢兼“侍讀”也。

(11)卷五九〈神宗皇帝·王安石事迹上〉,頁十二上,倒行 1 至頁十二下,行 1:“〔熙寧四年六月甲子〕楊繪言:‘今舊臣告歸或屏於外者,悉未老,范鎮年六十二,……’”。

按:“年六十二”爲“年六十三”之誤刊,見《宛委》本和《長編》卷二二四及廣雅本卷六三〈王安石毀去正臣〉,頁十下,行 4—5。

(12)卷六十〈王安石事迹下〉,頁十九下,行 3—6:“〔熙寧九年十月戊子條注文〕陳瓘《尊堯録》言上皇帝封事,其三十問曰,臣又望陛下特垂聖問。……此安石初作參政時奏于神考之語也。又云十年,然後去位,後九年而薨。”(《宛委》本同)

按:“三十問”,似應作“二十問”。“又云十年,然後去位,後九年而薨”當補正爲“又六七年,〔安石〕然後去位,去位以後,九年而薨。”均見《長編》卷二七八熙寧九年十月戊子條注文。蓋王安石於熙寧二年(1069)二月任參知政事,次年十二月拜相,熙寧七年四月罷相,出知江寧府,八年二月復相,九年(1076)十月又罷相,先後在中書歷時六、七年;第二次罷相後,至元祐元年(1086)卒,恰好九年。本書此條記事脱誤較多。

(13)卷六一〈神宗皇帝·吕惠卿姦邪〉,頁四上,倒行 1 至頁四下,行 1:“〔熙寧七年〕四月,上初以〔曾〕布言爲是。已而中變,從惠卿請,送魏繼宗於開封府知在。”(廖廷相等注“案《長編》原注云,此處疑有脱誤。”)

按:此條注文,影印文淵閣本《長編》卷二五二無,乃浙江書局本所增入,點校本亦沿録。據近人裴汝誠教授所撰〈曾布三題〉云:“‘知在’係刑法詞語,它包含兩層内容:已監禁者在一定條件下可責保在外;尚在調查中的人,可以指定其在某處知在,以便提審。此處當屬後者。”(載《中日宋史研討會中方論文選編》)故此處注文應删去。

(14)卷六六〈神宗皇帝·議減兵數雜類〉,頁十七下,倒行 4—2:“〔元豐八年三月,上顧謂輔臣曰〕藝祖養兵止二十二萬餘,諸道十餘萬,使京師之兵足以制諸道,而無外亂,合諸道之兵足以當京師,則無内變。”(《宛委》本同)

按:“藝祖養兵止二十二萬餘,諸道十餘萬”應補正爲“藝祖養兵止二十二萬,京師十萬餘,諸道十萬餘”。見《長編》卷三二七元豐五年六月壬申條及朱弁《曲洧舊聞》卷四。本書附見此事於元豐八年三月條下。

（15）卷七五〈神宗皇帝·馬政〉，頁五上，行3："〔熙寧七年〕十二月甲申，王安石議廢牧監。"（《宛委》本同）

按：《長編》卷二五八熙寧七年十二月甲申，無此條記事，衹在注文中載："其後，王安石議廢牧監，吳充欲存之，……王安石與吳充争論，據《日録》八年四月十七日，今附見。"蓋王安石於熙寧七年四月罷相，出知江寧府，明年二月纔再入相，決不可能在罷相後遠離朝廷期間，與執政吳充争議廢牧監，且此條記事在本事目下文的熙寧八年四月戊寅條已有叙述，此處宜删去。

（16）卷七七〈神宗皇帝·州縣廢復〉，頁六上，行1："〔熙寧八年〕十一月，割渝州隆化縣隸南平軍。"（《宛委》本同）

按："渝州"應作"涪州"，見《元豐九域志》卷八南平軍。又《長編》卷二七七熙寧九年八月乙未條亦載："中書言：'近置南平軍，以無屬縣，割涪州隆化縣隸之。'"《宋史》卷八九〈地理志〉夔州路南平軍隆化縣條注文云："熙寧八年，自涪州來隸。"本書此處乃沿《長編》熙寧八年十一月末條記事之誤。

（17）卷七九〈神宗皇帝·詳定郊廟禮文下〉，頁十上，倒行5—4："〔元豐六年二月癸酉〕監察御史王柏言：'祭祀牢醴之具皆掌于光禄，而寺官未嘗臨莅，失事神之敬。'"（《宛委》本同）

按："王柏"應改回作"王桓"，見《長編》卷三三三元豐六年二月癸酉條，此處當爲楊仲良避欽宗諱而追改。又《宋會要》職官二一之六光禄寺條及《宋史》卷一六四〈職官志〉光禄寺條均繫王桓此奏於徽宗政和六年二月，與《長編》繫年相去極遠，未審孰是？

（18）卷九二〈哲宗皇帝·講讀〉，頁五上，行2—3："〔元祐〕二年四月丙戌，先是，中書省上言：'景祐元年（廖廷相等人注：案元年，《長編》作二年），置邇英、延義二閣，以設講筵。延義閣在崇政殿之西，……'"（《宛委》本著録正文同，無注文）

按：《長編》繫置二閣於景祐二年，是，參見本書卷二九〈仁宗皇帝·經筵〉頁四上，行4—5及《宋史》卷十〈仁宗紀〉。又"延義閣"應作"延義閣"，詳見拙作〈宋史地理志補正〉一文第5則，載《仰素集》頁939—940。

（19）卷九二〈講讀〉，頁八下，行3："〔元祐五年八月〕庚戌（廖廷相等人注：案《長編》事在己未），給事中兼侍講范祖禹上《帝學》八篇，言：'恭惟本朝累聖相承，百三十有二年（廖氏等人注：案《長編》作百三十有三年），四方無虞，……'"（《宛委》本著録正文同，無注文）

按："己未"應作"庚申"，見《長編》卷四四七。又自宋太祖建隆元年（960）至哲宗元祐五年（1090），僅爲時百三十一年。本書與《長編》此處記歷時年數皆有失誤。

（20）卷九五〈哲宗皇帝·用舊臣上〉，頁十五下，行5—7："〔元祐元年〕十一月戊午，朝請郎、御史中丞劉摰爲中大夫、尚書左丞。……吏部侍郎兼侍講傅堯俞爲御史中丞，仍兼侍

讀。"(《宛委》本同)

按："尚書左丞"爲"尚書右丞"之誤，見《長編》卷三九一、卷三九四。考劉摯自中大夫、守尚書右丞擢爲尚書左丞乃在元祐二年五月丁卯，見《長編》卷四〇一。又"吏部侍郎兼侍講傅堯俞"應作"吏部侍郎兼侍讀傅堯俞"，見《長編》卷三九一。

(21)卷九六〈用舊臣下〉，頁一下，行4—6："〔元祐二年六月戊申〕朝奉郎、充集賢校理趙挺之，……宣德郎、宗正寺丞趙屼，並爲監察御史。"(《宛委》本同)

按："趙屼"應作"趙𠼦"，見《長編》卷四〇二，並參詳卷三三八元豐六年八月癸未條。考趙𠼦(字景山)乃趙屼(字景仁)之兄，已卒於英宗治平二年，見文同《丹淵集》卷三八〈趙君墓誌銘〉。

(22)卷一〇四〈哲宗皇帝·張舜民罷司職〉，廣雅本及《宛委》本的目錄均同。

按："司職"應據《宛委》本正文標題及本事目內容改正爲"言職"。參見頁一下，行2—3："〔元祐二年四月甲辰〕御史中丞傅堯俞言：'舜民因論邊事，言文彥博照管劉奉世失實，罷言職。'"(《宛委》本同)

(23)卷一一二〈哲宗皇帝·回河下〉，頁十下，行6—8："〔紹聖元年十一月乙卯，左司諫張商英言〕訪聞先朝時水官孫民先、元祐六年水官買種各有《河議》，望取索照會。"(《宛委》本及《拾補》卷十一均同)

按："買種"乃"買種民"之脫誤，見《宋史》卷九三〈河渠志〉(點校本頁2308)及卷九六〈河渠志〉(點校本頁2383)。

(24)卷一一二〈回河下〉，頁十四下，行1—2："〔元符二年八月甲戌〕尋又詔：'東流各著埽分，照管句當。'"(《宛委》本，"管句"作"管勾")

按："東流各著埽分"應補正爲"東流所營都大官員巡河物料場使臣，選擇差那往北流向著埽分"，見《長編》卷五一四。本書此條脫去有黑點的二十一字，誤衍一"各"字。又"管句"，上引《長編》亦作"管勾"，是。

(25)卷一二一〈徽宗皇帝·禁元祐黨人上〉，頁十三下，行1："〔崇寧二年四月戊寅〕詔王珪追贈官并諡，王仲端、王仲嶷並放罷，遺表恩例減半。"(《宛委》本及《拾補》卷二一均同)

按：王明清《玉照新志》卷四載："秦會之(檜)初擢第，王仲㟪(王珪之子)以其子妻之。仲㟪後避靖康(指欽宗趙桓)諱，改名仲山。"本書此處作"仲端"，疑亦爲避宋欽宗嫌名改。"㟪"與"岠"同，音桓。

(26)卷一三二〈徽宗皇帝·講議司〉，頁五下，行4—5："(崇寧三年)四月甲寅，講議司言：'元豐中，神宗令范鎮、劉機、范日新講求巢竽、巢笙之類，……'"

按："劉機"乃"劉几"之誤，見《宋史》卷一二八〈樂志〉及卷二六二本傳。《宛委》本及《拾補》卷二三均誤作“劉幾”。《拾補》卷二九大觀四年八月丁卯朔條不誤。廣雅本均誤爲“劉機”。

(27)卷一三五〈徽宗皇帝·四學〉,頁十下,行2—3:“〔宣和〕六年正月己未,詔提舉措置書藝所以主客員外郎杜從古、新知大宗正丞徐兢、新差編修《汴都志》朱有仁並爲措置管(句)〔勾〕官。”(《宛委》本同)

按:“朱有仁”乃“米友仁”之誤,見《拾補》卷四八宣和六年正月己未條考訂。“管勾”,因南宋人避高宗趙構嫌名改作“管句”,應據《宛委》本改回。

(28)卷一三九〈徽宗皇帝·收復湟州〉,頁十六上,行2:“〔崇寧二年八月丁未朔,詔〕龔夬移送化州,張廷堅送象州,並編管。”

按:“張廷堅”應作“張庭堅”,見《宛委》本和《拾補》卷二二及《宋史》卷三四六〈張庭堅傳〉。

(29)卷一四一〈徽宗皇帝·討方賊〉,頁十四上,倒行3至頁十四下,行1:“〔宣和二年十二月〕丁亥,通侍大夫、保康軍承宣使、直睿思殿、在京神霄玉清萬壽宮提點、同知入內內侍省事譚稹提舉措置捕捉睦州青溪縣賊。三年正月七日,改威武軍承宣使、婺州觀察使、步軍都虞候王稟前去節制。”(《宛委》本同)

按:“保康軍”乃“保寧軍”之誤,“三年正月七日”六字乃誤增,見《拾補》卷四三注文的考訂。

(30)卷一四一〈討方賊〉,頁十四下,行5—6:“〔宣和三年正月〕乙卯,方臘陷崇寧縣,進圍秀州。”(《宛委》本同)

按:“崇寧”乃“崇德”之誤,見《拾補》卷四三注文考訂。參《宋史》卷八八〈地理志〉兩浙路嘉興府(本秀州)條。

(31)卷一四二〈徽宗皇帝·金盟上〉,頁一上,行5:“建中靖國元年(1101),女真楊割死,阿骨打立。”(《拾補》卷十八著録在是年末條,《宛委》本佚去此條)

按:《金史》卷二〈太祖紀〉繫阿骨打即位於金收國元年(即宋政和五年,公元1115年)正月壬申朔。廣雅本及《拾補》此處繫年有誤,提前了十四年。又《繫年要録》卷一亦誤書阿骨打即皇帝位於宋重和元年(1118)八月,比《金史》所記晚了三年。各書繫年不同,當以《金史》爲據。

(32)卷一四二〈金盟上〉,頁四上,行3—5:“〔重和元年二月庚午〕馬政……與平海指揮軍員呼慶等隨高藥師、曹孝才以閏九月乙卯(初六日)下海”。(《宛委》本同)

按:“呼慶”乃“呼延慶”之脱誤,見徐夢莘《三朝北盟會編》(以下簡稱《北盟會編》)卷一政和八年(即重和元年)四月二十七日己卯條、卷二政和八年八月四日甲寅條及《繫年要録》卷一重和元年四月己卯條。本書此卷均誤脫爲"呼慶"。《拾補》卷三七至卷四十多沿誤，惟有卷四一宣和二年二月乙亥條及注文不誤。又"閏九月乙卯(初六日)下海"，據上引《北盟會編》及《繫年要錄》當爲"四月己卯(二十七日)下海"之誤。

(33)卷一四二〈金盟上〉，頁九下，行5—11："〔宣和二年九月壬寅〕……七月辛丑，〔趙良嗣等〕回女真所居阿骨打易國書，約來年同舉。黏罕、兀室曰：'使、副至南朝奏皇帝勿如前時中絶也。'留良嗣飲食數日，及令契丹吳王妃歌舞。妃初配吳王，天祚私納之，復與其下通，遂囚于上京，女真破上京得之。謂良嗣曰：'此契丹兒婦也，今作奴婢，爲使人歡。'""甲辰，命女真錫剌曷魯勃堇爲大使，渤海大迪烏、高隨爲副使，並人從二十餘人，持其國書來。其書云云。"(《宛委》本同)

按：以上事件均發生在宣和二年七月，本書誤繫於九月壬寅條之後，應據《拾補》卷四一叙述在五月之後，九月壬寅之前。

(34)卷一四三〈金盟下〉，頁一上，行5至頁一下，行7："〔宣和四年〕九月乙丑，金國通議使勃堇徒姑且、烏歇、高慶裔等見于崇政殿，……烏歇等既進國書，又跪奏曰：'……中國禮義之地，必不爽約，知聞貴朝遣童貫宣撫統大兵壓燕境，不來報本國，……'"(《宛委》本同)

按："徒姑且"應作"徒姑旦"，見《拾補》卷四五、《宋史》卷二二〈徽宗紀〉及《北盟會編》卷十宣和四年十月一日引錄《茆齋自叙》記事中注文。又點校本《宋史·徽宗紀》誤標"徒姑旦烏歇"爲一人。"知聞"乃"如聞"之誤，應據上引《拾補》改，蓋"如聞"爲當時文書中習用語。

(35)卷一四四〈徽宗皇帝·金寇上〉，頁六下，倒行6至頁七上，行1："〔宣和六年七月丙戌〕校書郎衛膚敏爲金國賀生辰使，……"注文："膚敏，華亭人，汪藻誌墓。此據〈墓誌〉增入。十年五月二十四日再使。"(《宛委》本同)

按："十年"乃"七年"之誤刊，見《拾補》卷四八。考宣和祇有七年。

(36)卷一四五〈欽宗皇帝·金寇下〉，頁七上，倒行4—3："〔靖康元年二月〕辛丑，遣資政殿大學士宇文虛中、知東上閤門事王球使斡離不軍，……"。

按："王球"之"球"，方勺《泊宅編》卷十、汪藻《靖康要錄》卷二、《繫年要錄》卷六、卷三七及《宋史》卷二三〈欽宗紀〉均同廣雅本。而王明清《揮塵後錄》卷十，條272和清陸心源麗宋樓抄本《長編紀事本末》(見《拾補》卷五三注文引錄)及《宛委》本均作"殊"。又《宋史》卷二五〇〈王審琦傳附王師約傳〉作"子殊，主所生"(指王殊乃師約與英宗女徐國公主所生之子)；《宋會要》帝系八之二五、八之二七記王師約有子殖、殊。兄弟之名的偏旁皆作"歹"。蓋"殊"與"球"字形相近，疑以"王殊"爲是。

(37)卷一四五〈金寇下〉，頁八上，行4："〔靖康元年二月癸丑〕以种師道爲河北宣撫使"。(《宛委》本同)

按:"河北宣撫使",應據點校本《宋史》卷二三〈欽宗紀〉校勘記〔四〕、《宋會要》職官四一之二十、《十朝綱要》卷十九〈欽宗〉作"河北、河東宣撫使"。

(38)卷一四五〈金寇下〉,頁十下,倒行1至頁十一上,行1:"〔靖康元年十月〕壬子,詔太常禮官集議金主尊號。命康王使斡離不軍,尚書左丞王寓副之。後寓辭,……"(《宛委》本及《拾補》卷五六均同)

按:"王寓"乃"王寓"("寓"通"宇")之誤,見《宋史》卷三五二〈王寓傳〉、卷二三〈欽宗紀〉。

(39)卷一四五〈金寇下〉,頁十一上,倒行1至頁十一下,行5:"〔靖康元年十月癸丑,初〕朝廷又遣劉琬統衆駐平陽,以扞北邊,……琬領兵遁去,城遂陷,官吏皆縋而出。而威勝、隆德、澤州皆陷。"

按:"劉琬"應作"劉銳"(劉仲武之子,劉錡之弟),見《拾補》卷五六注文考訂。《宛委》本亦誤作"劉琬"。又據《北盟會編》卷五九引《河東逢虜記》,劉銳於靖康元年十月任平陽府統制。又"而威勝……皆陷"句,應據上引《拾補》及《宛委》本補作"已而,威勝……皆陷"。

(40)卷一四五〈金寇下〉,頁十二下,倒行4—3:"〔靖康元年十一月〕甲戌,虜衆盡渡,斡離不屯兵慶原城下,欲爲攻城之計。宣撫使范汭統兵五萬守滑、濬以扞之。"

按:"慶原"應作"慶源",見《宛委》本及《拾補》卷五七。"范汭"乃"范訥"之誤,見上引《拾補》及《宋史》卷二三〈欽宗紀〉靖康元年十月庚戌條、《北盟會編》卷八九。

(41)卷一五〇〈欽宗皇帝·高宗渡江〉,頁四下,倒行2:"〔靖康二年四月甲戌,是日〕以顏政爲參議官,滕康、周望爲記室。"

按:"顏政"乃"顏岐"之誤刊,見《宛委》本及《拾補》卷六十、《繫年要錄》卷四建炎元年四月甲戌條。

(42)卷一五〇〈高宗渡江〉,頁六上,倒行2—1:"〔靖康二年〕五月己丑朔,康王即皇帝位於南京,遥上尊號曰孝慈淵聖皇帝。"(《宛委》本及《拾補》卷六十均同)

按:"己丑朔"乃"庚寅朔"之誤,見《繫年要錄》卷五及《宋史》卷二四〈高宗紀〉。考靖康二年(即建炎元年)五月庚寅朔,無"己丑"日。又遥尊靖康皇帝爲孝慈淵聖皇帝,乃在辛卯日(初二日),而非庚寅朔(初一日),見上引兩書。又"遥上尊號"應補正爲"遥上靖康皇帝尊號"。

總之,廣雅書局本失誤處,據我初步比勘,約在三千條以上,多爲沿襲《長編》之舊文。然可供補正今本《長編》及《拾補》之脫漏、舛訛者殆亦有數千條之多。《續資治通鑑長編紀事本末》的通行版本以廣雅書局本爲最佳,今中華書局將重予影印行世,以便史學界人士參考利用,這是值得稱道的事。

公元二千年春於浙江大學人文學院中國古代史研究所。

宋代鶴山書院考

熊　瑜

　　宋代鶴山書院是由我國南宋學者魏了翁創辦的。魏了翁(1178—1237)字華父,號鶴山,邛州蒲江(今屬四川)人。他一生致力于理學的研治和講傳,不但集宋代蜀學之大成,力促洛蜀會同,而且在理學由強大的社會思潮轉向官方統治哲學方面起了重要的推進作用,是當時著名的理學家、教育家。由他創辦的鶴山書院是一個很有影響、頗具特色的教育機構。首先,它曾得到宋理宗的御書賜額。已知宋代書院有 700 余所,①但得到皇帝賜額的僅有 34 所,②鶴山書院便是其中之一。其次,蒲江鶴山書院藏書豐富,共 10 萬卷,其"規模之宏富,實爲宋代各書院之首"。③再者,除蒲江外,魏了翁活動過的四川邛州(此指州治)、瀘州、眉州、湖南靖州和江蘇揚州,宋元明清時期也先後建立起了鶴山書院,在歷史上產生了較大影響。但是,長期以來,有關鶴山書院的一些記述還存在不少問題,主要有三:一是最早的鶴山書院在哪里? 二是宋代究竟有幾所鶴山書院? 三是宋理宗御賜鶴山書院四字在何時? 弄清這些問題,對於澄清誤說、確切瞭解這一史實有重要作用,本文對此作些考辨。

一、最早的鶴山書院在哪里?

　　最早的鶴山書院是由魏了翁于嘉定三年(1210)在家鄉蒲江縣創辦的,④後來傾廢。事隔 260 年,即明代成化六年(1470)邵有良出任蒲江知縣時,有意復興書院,但已蹤迹難尋,"詢諸父老,曰不知也;詢諸群吏,曰不知也;詢諸鄉大夫,曰不知也"。直到次年三月,"有民姓任者引而指之",說原來的書院在"治北一里許"的山頂上。經過查看,"基址猶在,礫砌僅存,墨池方丈許"。邵有良由此便確定這就是當時書院"古迹",並"命工築室以新之",重新建立起了鶴山書院。⑤從此,這個距離縣城一里的山頂便被一些人認爲是魏了翁在蒲江創辦的鶴山書院的原址。正德《四川志》、嘉靖《四川總志》、乾隆和光緒《蒲江縣志》、光緒《蒲江縣鄉土志》、1982 年修《四川蒲江縣鶴山鎮志》都是如此看法。

　　魏了翁自稱書院位于"古白鶴山下"、"鶴山之麓",⑥加之書院以鶴山爲名,所以人們一般都明確說書院在"白鶴山下",如元初虞集爲蘇州鶴山書院撰寫的《魏氏請建鶴山書院序》

和《鶴山書院記》二文⑦以及《宋史·魏了翁傳》就是這樣。而且，由於邛州有兩處白鶴山，一在州治（今邛崍市）之西，一在蒲江縣北，因而對書院的原址又形成了邛、蒲二説。關於州治之西的白鶴山，見諸記載較早。三國時陳壽《益都耆舊傳》記："胡安，臨邛人，聚徒於白鶴山"，⑧南宋祝穆《方輿勝覽》卷五十六也載："白鶴山，在城西八里……漢胡安嘗於山中乘白鶴仙去，弟子即其處爲白鶴臺"。魏了翁自己在《邛州白鶴山營造記》中亦録"臨邛虞侯叔平"之語："州之西直治城十里所有山曰白鶴……遠有胡安先生授《易》之洞……白鶴有臺"。⑨正由于此，至遲從明代開始，就有不少人認爲魏了翁創辦的鶴山書院在邛州治西的白鶴山下，明朝正德時楊廷儀的《鶴山書院碑記》、嘉靖時安磐的《重修鶴山書院碑記》、萬曆時牛大緯的《重建鶴山書院並增置校士館記》都是這一看法。清代雍正年間吳省欽在《書邛州白鶴山魏文靖公祠堂》中還特別加以肯定，他説："今邛、蒲皆有白鶴山，公書院當在邛。……是史所稱鶴山書院者，固在邛不在蒲。"⑩顧明遠主編《教育大辭典》第八册《中國古代教育史（上）》也認爲鶴山書院"原址"在"邛州城西白鶴山下"（頁66）。

　　蒲江縣北的白鶴山這一地名可能出現較晚，宋以前的文獻無載，明代及以後的方志則普遍加以著録，説："蒲江白鶴山，在治北三里，宋嘉泰有白鶴十餘翔舞於上三日，因名。"⑪這個白鶴山也被一些人視爲魏了翁建的鶴山書院所在地。如嘉慶《大清一統志》卷四百一十一載，"白鶴山，在蒲江縣北三里"，鶴山書院"在蒲江縣白鶴山下"。現在人們往往又把這個"縣北三里"的白鶴山和前述邵有良所認定的書院原址"治北一里許"的山頂聯繫起來，説魏了翁所建書院在城北一里的白鶴山上，如1992年修《蒲江縣志》第十九篇載："鶴山書院，位於城北一里之白鶴山上（今爲蒲江中學果園地址），爲邑人魏了翁於南宋嘉定三年（1210）辭朝歸里時創建。"（頁619）季嘯風主編《中國書院辭典》在述及蒲江鶴山書院時也説："宋開禧後魏了翁建於城北白鶴山上……舊址今爲蒲江中學。"（頁296）其實，在今蒲江中學內的鶴山書院舊址，是明、清兩代所建。

　　魏了翁所建書院的原址，既不在蒲江縣"治北一里許"的山頂，也不在"縣北三里"的白鶴山，或是"城北一里之白鶴山上"，更不在邛州治西的白鶴山，而是在蒲江縣東面的限支山頂上，即今天的玉芝山。這一看法首先是由陳少林、程忠仁兩位先生提出來的。⑫他們的主要依據是魏了翁所寫《贈王彥正》和《書鶴山書院始末》二文。《贈王彥正》記叙了他與高稼、王彥正三人選擇書院地址的經過："嘉定二年，余以心制里居，宅兆未卜，聞資中王直夫雅善青囊之術，即具書幣致之。居三日，余表兄高南叔拉與登限支山，過蟠龜鎮，歷馬鞍山。未至山數里。直夫頓足而言曰：由長秋山而下乾岡數里，其下當有坤申朝甲乙出之水，子之先君子其當葬此乎。下而卜之，果如所云，遂爲今長寧阡。既又爲余言：子未有居室，子之先廬，其上有山，與馬鞍之朝向若相似。然限支爲異已，峰實當其前，倘知之乎？……卜之又如其所

云。由是即其地成室,是爲今白鶴書院。"⑬據魏了翁《靖州鶴山書院記》所謂"築室於先廬之
北,曰鶴山書院",⑭知白鶴書院即是鶴山書院。《書鶴山書院始末》進一步説他的書院"蓋居
一縣之最高峰,故縣人亦罕至其地",是在"限支一峰"的上面,"限支中峰,復屹立其前"。而
且,由於他住在這裏,還自稱"分隋猿鶴老限支"。⑮可見,魏了翁創辦的鶴山書院是在當時蒲
江縣的最高峰限支山頂上。那麽,這個限支山在哪裏呢? 史書無載。按照"一縣之最高峰"
的提示,經過考察,他們找到了玉芝山。此山位於縣的東南方(山頂在今鶴山鎮櫻桃村境),
距縣城約十公里,海拔 1004.3 米,是蒲江縣城附近的最高峰。當地群衆都説該山過去特産
一種限支果,故又稱限支山。考北宋宋祁《益部方物略記》,説限枝"生邛州山谷中"。南宋張
淏《雲穀雜記》卷四又稱之爲"莨芝",説"今青城山花仙觀、邛州蒲江縣崇真觀皆有之"。清人
徐元善《遊玉芝山詩》:"芝貢神京賜嘉名"。限支改稱玉芝。看來,限支、限枝、莨芝、玉芝都
是同名異稱異字而已,今日玉芝山就是宋代的限支山。

　　1996 年 12 月,在上述限支山地區又出土了明代嘉靖三十八年(1559)葬於此地的蒲江人
孫禮的墓誌銘一通,篆蓋上刻有"改葬莨芝山"數字,銘文裏有"葬於芝山之原"、"芝山巍
峨"。⑯足見這一地區在嘉靖年間仍稱爲"莨芝山"。這對上述限支山所在地的考證是有力的
補證。

　　最近,筆者曾專門去該地考察,弄清了魏了翁提到的馬鞍山、長秋山與限支山(今名玉芝
山)的所在,它們今天俱屬蒲江縣東面和南面的長秋山地帶(呈西南東北走向),且相距僅有
數里,而他的先廬"長寧阡"在緊鄰的眉山縣境(宋時屬丹稜縣境,清初才劃出),位於限支山
的南面,距馬鞍山只有數里。這些情況均與《贈王彦正》和《書鶴山書院始末》二文所述相合。

　　但是,魏了翁文中所提到的"白鶴山"的問題又當如何解釋呢? 他在《跋御書鶴山書院四
大字》中所説的"古白鶴山下"的"古"字值得注意。在《書鶴山書院始末》中他也説:"先廬枕
山,與古白鶴岡阜屬連"。在專門記述邛州白鶴山的《邛州白鶴山營造記》中,他也自稱"余則
古鶴山魏某也"。看來,魏了翁已注意區分書院所在地的白鶴山和邛州的白鶴山了,並以前
者爲"古"。而且,《邛州白鶴山營造記》作於"紹定二年(1229)",在他創辦鶴山書院之後的二
十年,如果魏了翁在此建有書院,那麽他或者"臨邛虞侯叔平"都不可能不有所提及,而事實
上該文竟然没有隻言片語及此。這些表明,魏了翁創辦的鶴山書院不在邛州州治之西的白
鶴山下。那麽魏了翁所謂的"古白鶴山"是否就是蒲江縣北的白鶴山呢? 也不是。聯繫到
《贈王彦正》的"子之先廬,其上有山,與馬鞍之朝向若相似。然限支爲巽巳,峰實當其前"和
《書鶴山書院始末》的"先廬枕山,與古白鶴岡阜屬連"來看,限支山應是"古白鶴山"一帶的山
峰。而上述限支山地區在蒲江縣的東南方向,距縣城約十公里,這與"縣北三里"的白鶴山、
或"城北一里之白鶴山",在方位和里程上是完全不同的。而且,魏在《書鶴山書院始末》一文

中説書院所在地"有烽燧故基。相傳爲李唐時西南夷數大入,是爲望敵之所"。在唐代,蒲江縣的北面是漢地,南詔政權是從南面來攻的,因而這個"烽燧故基"即書院所在地也應在蒲江的南面。在筆者最近的考察中,還從當地群衆和文物部門瞭解到,以前這一帶林木繁盛,白鶴較多。這可能與魏了翁稱"古白鶴山"有關。

二、宋代究竟有幾所鶴山書院?

魏了翁除了在家鄉蒲江的"古白鶴山"一帶的隈支山建有鶴山書院以外,他在貶居湖南靖州期間也建有一所鶴山書院,這在他的《靖州鶴山書院記》中有明確的説明。另外,一些記載還認爲宋代在其他地方也建有鶴山書院。

一是認爲在邛州治西的白鶴山下,魏了翁建。除前例舉外,還有嘉慶《邛州志》卷九、嘉慶《四川通志》卷七十九也如是記載,並認爲魏了翁既在蒲江縣境建有鶴山書院,又在邛州治西的白鶴山下建有鶴山書院,即在邛州轄境就建有兩所鶴山書院,近出的《四川通史》第四册(頁271)、吳萬居《宋代書院與宋代學術之關係》(頁330)承襲此説。從前面的考述可知,魏了翁並未在邛州治西的白鶴山下建立書院,因此這些看法是不準確的。

還有一些記載值得注意。《大明一統志》卷七十二云:"魏了翁書院,在邛州蒲江縣治北,宋嘉定間建。又,了翁嘗築室白鶴山下,曰鶴山書院。"王圻《續文獻通考》卷六十一、《古今圖書集成·職方典》卷六百三十一"邛州學校考"的記載與此基本一致。這裏的"魏了翁書院"與上引各書所述蒲江縣治北的鶴山書院的地點、時間相同,應是指的同一所書院。如此,則這些記載也是不準確的。

二是認爲宋代蒲江建有兩所鶴山書院。《大清一統志》卷四百一十一《邛州·學校》云:"鶴山書院。有三。一在治西善政街,明萬曆中建,祀魏了翁;一在蒲江縣治北,宋嘉定中建,本朝雍正四年修;一在蒲江縣白鶴山下,了翁嘗築室於此……理宗書鶴山書院四大字賜之。"近出的《四川古代史稿》(頁317)沿襲此説。從前面的考述可知,這也是不確切的。

三是認爲在瀘州,知州魏了翁建。嘉靖《四川總志》卷十三《大明一統志》卷七十二、王圻《續文獻通考》卷六十一、《古今圖書集成·職方典》卷六百三十五"瀘州學校考"均認爲瀘州有鶴山書院,"宋魏了翁建"。嘉慶和光緒《直隸瀘州志》卷三、雍正《四川通志》卷五中、嘉慶《四川通志》卷七十九、《大清一統志》卷四百一十二則進一步認爲是"宋開禧中知州魏了翁建",近出的《四川古代史稿》(頁317)、《四川通史》第四册(頁271)、《中國書院史》(樊克政著,頁52)、《宋代書院與宋代學術之關係》(頁330)均沿襲此説。這些説法是不準確的。首先是"開禧中"這個時間有誤。魏了翁曾兩次出知瀘州,一是嘉定十一年(1218),任期甚短;再是紹定六年(1233)春到端平元年(1234)十月之間。[⑰]没有"開禧中"任知瀘州的記載。其次,魏了翁在瀘州並未建立鶴山書院。《宋史·魏了翁傳》對其第二次出知瀘州時的政績叙述頗詳,稱贊他"百廢具舉",包括修武備、治城廓、興學校、復社倉、創義塚、建養濟院等,但並未説他建書院一事。現存魏了翁自己寫的有關他在瀘州"興學校"的文章也未談到建書院之舉。他自稱在瀘州"以學校爲第一事",[⑱]"修校官(宫?),增學廪,創縣庠",[⑲]並專門寫有《瀘州重修學記》,其中寫道:"瀘故有孔子廟……慶曆四年詔州縣興學,爰始除舍以赢生徒。元祐五年徙廟學于州南。……某起家守瀘……又念廟、學不可混也,更建東西亭,築師生之館於外。"[⑳]即將原來廟學一體的辦學形式加以改造,把學校獨立於孔廟之外。但這顯然是州學,而不是書院。他的曾孫魏起在元代擬于蘇州新建鶴山書院時,也只提到宋代在邛州和靖州才有鶴山書院,而不説瀘州也有(引文詳下)。以上都説明宋代的瀘州還没有鶴山書院,瀘州鶴山書院是在清代雍正十年(1732)州署牧馬正藻就原來的義學改建的,"乾隆十四年(1749)知州劉辰駿正名鶴山書院"。[㉑]

四是認爲在蘇州。清高宗敕撰《續文獻通考》卷五十在談到宋代書院發展時,認爲書院"至理宗時尤多,其得請於朝或賜額或賜御書,及間有設官者,應天有明道院,蘇州有鶴山書院……",即認爲蘇州在宋代有鶴山書院。《宋代書院與宋代學術之關係》一書中附有"宋代書院創建一覽表",也有蘇州鶴山書院,並注其資料來源於《江南通志》卷九十。返查該書該卷,寫道:"鶴山書院,在(蘇州)府治南宫坊内,宋參知政事魏了翁之賜第也,理宗親書鶴山書院題額,明嘉靖九年知府李顯移建書院於巡撫行臺之左……"。這段話比較模糊,不能據以判斷宋代蘇州是否有鶴山書院。事實上,蘇州鶴山書院建於元而不建於宋。它是由元代初年"隱居吴中"的了翁曾孫魏起提議、朝廷簽書博士柯九思奏請而建立起來的,並由當時著名學者虞集寫序作記。這在虞集的《魏氏請建鶴山書院序》和《鶴山書院記》二文中有清楚的説明。其中魏起是這樣講的:"今天下學校並興,凡儒先之所經歷,往往列於學官,而我先世鶴山書院者,臨邛之灌莽莫之剪治,其僑諸靖州者存亦亡幾,而曾大父實葬於吴,先廬在焉,願規爲講誦之舍,奉祠先君子而推明其學。"即是説宋代在邛州和靖州建立的鶴山書院此時已經荒廢,作爲了翁後代,他希望能在了翁葬地新建書院,達到"奉祠先君子而推明其學"的目的。結果"上嘉念焉,命臣集題鶴山書院著記以賜之",從此蘇州才有了鶴山書院。但此時已是元代至順元年(1330)了。

由上可知,宋代只有魏了翁在四川蒲江和湖南靖州建的兩所鶴山書院。

三、宋理宗御賜鶴山書院四字在何時?

魏了翁創辦的鶴山書院曾得到當時理宗皇帝的御書賜額,這在魏的《跋御書鶴山書院四大字》一文和《宋史·魏了翁傳》中有清楚的説明,有關文獻也都加以記載。但御賜的具體時間爲何? 一般文獻並無明確著録。只有少量文獻有載,並有兩種不同説法。一是光緒《蒲江縣鄉土志》卷一記爲"端平二年(1235)"。二是《古今圖書集成·職方典》卷六百七十四"蘇州府部"、同治《蘇州府志》卷二十六和民國《吳縣志》卷二十七上記爲"端平三年",《中國書院辭典》本諸此説(頁46)。究竟在哪一年呢?

　　《宋史·魏了翁傳》稱:魏了翁以端明殿學士、同簽書樞密院事的身份督視京湖、江淮軍馬,臨出發時,"賜便宜詔書如張浚故事。朝辭,面賜御書唐人嚴武詩及鶴山書院四大字"。魏了翁何時向皇帝"朝辭"?《宋史·理宗紀二》載:端平二年十一月乙丑,"魏了翁同簽書樞密院事、督視京湖軍馬",十二月初,又"以魏了翁兼督視江淮軍馬","壬寅,魏了翁陛辭,詔事幹機速,許便宜行之"。魏的《陛辭奏定國論別人才回天怒圖民怨疏》落款爲"十二月十四日",[22]查端平二年十二月朔日爲己丑,壬寅就是十四日,魏了翁是在"陛辭"時得到"面賜御書……鶴山書院四大字"的,則端平二年十二月十四日,正是宋理宗御賜鶴山書院四字的時間。

①　此據陳谷嘉、鄧洪波主編《中國書院制度研究》一書的統計,見該書第355頁(浙江教育出版社1997年)。
②　此據吳萬居著《宋代書院與宋代學術之關係》一書的統計,見該書第61頁(臺灣文津出版社1991年)。
③　《中國書院制度研究》第130頁。參見王河《兩宋書院藏書考略》,載《江西社會科學》1998年第8期。
④　魏了翁《鶴山先生大全文集》卷四十一《書鶴山書院始末》(四部叢刊本)。
⑤　載光緒《蒲江縣志》卷四《藝文志》。
⑥　《鶴山先生大全文集》卷六十五《跋御書鶴山書院四大字》。
⑦　分見虞集《道園學古録》卷六、卷七(四部叢刊本)。
⑧　引自曹學佺《蜀中名勝記》卷十三(重慶出版社1984年點校本)。
⑨　載《鶴山先生大全文集》卷五十。
⑩　楊、安、牛、吳四文俱載嘉慶《邛州志》卷四十六《藝文志》。
⑪　正德《四川志》卷二十二《邛州·山川》。參見嘉靖《四川總志》卷十三、雍正《四川通志》卷二十五、嘉慶《邛州志》卷四、嘉慶《四川通志》卷十九、光緒《蒲江縣志》卷一。
⑫　《鶴山書院考》,載《成都文物》1986年第2期。按:該文只是對宋代蒲江縣鶴山書院的舊址進行考證,未涉及其他地區、其他時代的鶴山書院,也未論及白鶴山的問題。
⑬⑭　分載《鶴山先生大全文集》卷九十二、卷四十七。
⑮　《鶴山先生大全文集》卷十《萬州守潘叔豹拉登魯池觀荷花荔枝》。
⑯　龍騰《蒲江出土明奉直大夫孫禮墓誌銘》,載《四川文物》1998年第6期。
⑰　《宋史》卷四百三十七《魏了翁傳》。
⑱⑲　分見《鶴山先生大全文集》卷一百《端平元年勞農文》、卷四十五《瀘州社倉養濟院義塚記》。
⑳㉒　分載《鶴山先生大全文集》卷四十五、卷二十七。
㉑　民國《瀘縣志》卷四《教育志》。參見儲掌文《改建明倫堂碑記》,載嘉慶和光緒《直隸瀘州志》卷三《建置志》。

遼、金、元獵鷹"海東青"考

王　頲

作爲遼、金、元三朝皇帝鍾愛的狩獵"俊禽"海東青,尚無學術專文詳細論述。本文以搜集的資料,涵詩歌、文錄、傳奇等爲基礎,全面考察了海東青的歷史、産地,并對其所指的猛禽進行了勘同。得出以下結論:一、"海東青"一名始見於契丹,飼畜該猛禽爲的是獵獲天鵝。而獵獲天鵝,是耶律及後代完顏、孛兒只吉氏皇帝的娛樂活動之一。二、所稱"海東青",乃今僅分佈在北極地區的隼形目鷹科隼屬的"白隼",亦"矛隼"中"冬季時略往南遷"的種類;也是因爲人爲的捕捉、飼養,直接導致了這部份猛禽的數量急劇下降和亞種的不斷滅絕。三、"海東青"曾因牠的矯健迅猛受到時人的讚揚,無論是詩歌、圖畫甚至是樂曲都有牠們的藝術形像。

一

説起耶律氏遼之亡國,未免令人追想當時稱之爲"海東青"、或簡作"海青"的猛禽。爲求索這種名貴的獵鷹,使者們"縱暴"、"貪婪",使其東北面服屬部落女真的居民日益怨憤,最終導致了烽火燃起、國祚中止的結菓。《金史》卷二《太祖紀》:"初,遼每歲遣使市名鷹海東青於海上,道出境内,使者貪縱,徵索無藝,公私厭苦之。康宗(完顏烏雅束)嘗以不遣阿踈爲言,稍拒其使者。太祖(完顏阿骨打)嗣節度,亦遣蒲家奴往索阿踈,故常以此二者爲言,終至於滅遼然後已"。① 葉隆禮《契丹國志》卷九《道宗紀》:"其後(遼道宗時)承平日久,需求無厭,酷喜海東青,遣使徵求,絡繹於道。加以使人縱暴,多方貪婪,女真浸忿之"。② 王偁《東都事略》卷一二四《契丹附錄》:"女真有俊禽,曰海東青,次曰玉爪駿。俊異絕倫,一飛千里。[耶律]延禧喜此二禽善捕天鵝,命女真國人過海,詣深山窮谷搜取以獻。國人厭苦,遂叛"。③ 更爲甚者,還有由求索這種名鷹轉化爲求索"美婦人"以"薦枕"的罪惡。洪皓《松漠紀聞》:"大遼盛時,銀牌天使至女真,每歲必欲薦枕者。其國舊輪中、下户作止宿處,以未出適女待之。後求海東青使者絡繹,恃大國使命惟擇美婦人,不問其有夫及閥閲高者。女真浸忿,遂叛"。④

契丹皇帝酷愛射獵,由來已久,此爲其"春捺鉢"的主要生活内容。《契丹國志》卷二三

《漁獵時候》:"契丹每歲正月上旬出行射獵,凡六十日,然後並塔魯河鑿冰鈎魚,冰泮即縱鷹、
鶻以捕鵝、雁"。⑤宇文懋昭《大金國志》卷一一《熙宗紀》:"契丹主有國以來,承平日久,無以
爲事。每歲春,捕鵝於春水,鈎魚於混同江"。⑥《遼史》卷三二《營衛志·行營》:"春捺鉢:曰鴨
子河濼。皇帝正月上旬起牙帳,約六十日方至。天鵝未至,卓帳冰上,鑿冰取魚。冰泮,乃縱
鷹鶻捕鵝雁。晨出暮歸,從事弋獵。……四面皆沙堝,多榆柳杏林。皇帝每至,侍御皆服墨
綠色衣,各備連鎚一柄,鷹食一器,刺鵝錐一枚,於濼周圍相去各五七步排立。皇帝冠巾,衣
時服,繫玉束帶,於上風望之。有鵝之處舉旗,探騎馳報,遠泊鳴鼓。鵝驚騰起,左右圍騎皆
舉幟麾之。五坊擎進海東青鶻,拜授皇帝放之。鶻擒鵝墜,勢力不加,排立近者,舉錐刺鵝,
取腦以飼鶻。皇帝得頭鵝,薦廟,群臣各獻酒菓,舉樂,更相酬酢,致賀語,皆插鵝毛於首以爲
樂。賜從人酒,遍散其毛。弋獵網鈎,春盡乃還"。⑦"頭鵝",《三才圖會·鳥獸》卷二:"天鵝即
頭鵝,初至,有一鉅者爲之首,重二三十斤。捕得此鵝,則其餘盤旋一處不能去,海東青禽而
盡獲之"。⑧

　　飼養、放飛"海東青",在耶律氏統治期間,祇是皇帝和少數獲得"準許"將臣所有的"權
利"。《遼史》卷七六《耶律漚里思傳》、卷六八《游幸表》、卷二一《道宗紀》、卷九六《蕭家奴
傳》、卷一一〇《張孝傑傳》:"會同間,伐晋,上至河而獵,適海東青鶻搏雉,晋人隔水以鴿引
去。上顧左右曰:誰爲我得此人?〔耶律〕漚里思請内厩馬,濟河擒之,并殺救者數人還"。
"重熙五年六月,放海東青鶻於葦濼"。"清寧七年四月,禁吏民畜海東青鶻"。暨,"太康初,
徙〔蕭家奴〕王吴,賜白海東青鶻"。"太康三年,耶律乙辛薦〔張〕孝傑忠於社稷,帝謂孝傑可
比狄仁傑,賜名仁傑,乃許放海東青鶻"。⑨行獵作樂的場景,李燾《續資治通鑑長編》卷八一:
"大中祥符六年九月,翰林學士晁迥等使還,言始至長泊。泊多野鵝鴨,遼主射獵,領帳下騎,
擊扁鼓,繞泊,驚鵝鴨飛起,乃縱海東青擊之,或親射焉。遼人皆佩金玉錘,號殺鵝殺鴨錐。
每初獲,即拔毛插之,以鼓爲坐,遂縱飲,最以此爲樂"。⑩姜夔《白石道人集》卷上《契丹歌》:
"平沙軟草天鵝肥,契丹千騎曉打圍。皂旗低昂圍漸急,驚作羊角凌空飛。海中健鶻健如許,
韝上風聲看一舉。萬里追奔未可知,劃見紛紛落毛羽"。⑪"凌空"飛擊"天鵝"的"健鶻",自然
就是"海東青"了。

　　完顏氏君臨後,皇帝對於"海東青"的熱衷約略如前;宮廷的内苑也飼有這種獵鷹。《金
史》卷五六《百官志》:"鷹坊:提點,正五品。使,從五品。副使,從六品。掌調養鷹鶻海東青
之類"。⑫當時放飛"海東青"的情形,前後有詩作加以渲染。趙秉文《滏水集》卷三《春水行》:
"光春宮外春水生,鴛鵝飛下寒猶輕。綠衣探使一鞭信,春風寫入鳴鞘聲。龍旗曉日迎天仗,
小隊長圍圓月樣。忽聞叠鼓一聲飛,輕紋觸破桃花浪。内家最愛海東青,錦韝掣臂翻青冥。
晴空一擊雪花墮,聯延十里風毛腥。初得頭鵝誇得雋,一騎星馳薦陵寢。歡聲沸入萬年觴,

瓊毛散上千官鬢。不才無力答陽春,羞作長楊侍從臣。閑與老農歌帝力,歡呼一曲太平人。"⑬《元文類》卷五虞集《金人出塞圖》:"海風吹沙如卷濤,高爲陀磧深爲壕。築壘其上嚴周遭,名王專居氣振豪。肉食湩飲自爲傲,八月草白雲颼飀。馬食草頭輕骨毛,加弦試弓復置櫜。盡日不樂心慪慪,什什伍伍呼其曹。銀黃兔鶻明繡袍,鷗鶻小反隨鳴靴。背孤嚮虚出北皋,海東之鷙王不驕。錦韝金鏃紅絨絛,按習久蓄思一超。是時晶清天翳絶,駕鵝東來雲帖帖。去地萬仞天一瞥,離婁屬望自力竭。微如聞音鷙一掣,束身直上不回折。遂使孤飛一片雲,頃刻平蕪灑毛血。爭誇得俊頓足悦,旌旗先歸嚮城闕。"⑭

二

與前代皇帝一樣,孛兒只吉氏諸汗也沉湎於狩獵、也垂青於獵鷹、特別是"海東青"。《元文類》卷四一《經世大典·序録·政典·鷹房捕獵》:"國制:自御位及諸王,皆有昔寶赤,蓋鷹人也"。"冬、春之交,天子或親幸近郭,縱鷹、隼搏擊以爲游豫之度,曰飛放"。⑮"飛放"的場所,大多在二京亦大都、上都周圍的各處淀濼。"海東青"獵取的主要對象,也是"天鵝",尤其是群體中的"首領"、"重過三十餘斤"的"頭鵝",將此奉獻,可得"鈔五十錠"或"黃金一錠"。《至正析津志輯佚·物產》:"天鵝,又名駕鵝,大者三五十斤,小者廿餘斤;俗稱金冠玉體乾皂靴是也。大興縣管内柳中飛放之所,其湖面甚寬,所種延蔓,天鵝來千萬爲群。俟大駕飛放海東青、鴉鶻,所獲甚厚,乃大張筵會以爲慶也,必數宿而返"。⑯葉子奇《草木子》卷四下《雜俎篇》:"海東青,鶻之至俊者也。出於女真,在遼國已極重之,因是起變而契丹以亡。其物善擒天鵝,飛放時,旋風羊角而上,直入雲際。能得頭鵝者,元朝官裏賞鈔五十錠"。⑰陶宗儀《南村輟耕録》卷一《昔寶赤》:"昔寶赤,鷹房之執役者。每歲以所養海〔東〕青獲頭鵝者,賞黃金一錠。頭鵝,天鵝也,以首得之,又重過三十餘斤,且以進御膳,故曰頭"。⑱

獲物已經如此珍貴,藉以得獵者自不待言。"海東青"在當時,"法定"不準買賣,如果獲得,必須"進獻"合罕。《通制條格》卷二七《雜令》:"至元五年十二月,中書省右三部呈:真定路打捕總管府捉獲貨賣兔鶻、角鷹人等。都省奉聖旨:有海青呵,休教貨賣,送將來者。其餘鷹、鶻不須禁斷。欽此。"⑲而進獻者,甚至可藉此抵消數千里的"流刑"。《至正析津志輯佚·物產》:"有制:犯遠流者至此地(奴而干)而能獲海青者,即動公文傳驛而歸,其罪贖矣。"⑳爲了防止農民傷害,除在禽類身上懸挂牌符外,當局臨到"放飛"時節,常出告示通知周圍區域。儘管這樣,緣無意中對所豢"海東青"傷害定罪的案例仍經常發生。王惲《秋澗集》卷八四《爲春水時預期告諭事狀》:"近得知河間路任丘縣南史村軍户劉阿李爲殘害海青事,將本婦人處斷訖。參詳:在先爲鷹、鶻、海青公事,省部欽奉聖旨遍行隨路,出榜省諭。而農民愚戀,月日深遠不無遺忘;兼海青飛舉,動輒千里,切恐遠方之人不知係是車駕飛放禽羽。以〔王〕惲愚見,今後御前鷹、鶻、海青合無懸帶紀驗,如前朝牙牌之制。每遇春、秋飛放之時,更令所司將一切禁忌違反之事重行嚴切省諭,使農民臨時又得曉然通知"。㉑

有元一代擁有"海東青"的數量應該不少,特別是"昔寶赤"機構,這從其"鷹食"消費可知。《草木子》卷四下《雜俎篇》:"打捕鷹坊萬戶府,歲用餵養肉三十餘萬斤"。㉒《至正析津志輯佚·額辦錢糧》:"〔大都路〕海東青鷹食,鈔一千三百五十五錠三十九兩"。㉓由此,合罕常以獎勵有功的將臣和"屬藩"的汗。㉔虞集《道園錄》卷二三《句容郡王世績碑》、卷二四《曹南王勛德碑》:"至元十五年,賜〔土土哈〕以白金百兩,金壺、盤、盂各一,白金甕一,碗十,金織衣段九,海東白鶻一"。"天曆元年九月,賜〔也速迭兒〕銀印一,金三珠虎符一,黃金五十兩,白金倍之,玉帶一,海東青鶻一。二年三月,賜以只孫宴服,副以納赤思服七襲,海東青鶻二"。㉕姚燧《牧庵集》卷一三《達實密神道碑》:"大德三年,最其(答失蠻)賜賚,珠衣寶帶,海東青鶻、白鷹出中外坊者,月異而歲新之"。㉖袁桷《清容集》卷三二《鄭制宜行狀》:"大德中,復加賜〔鄭制宜〕海東青,俾入禁囿,九號為異數"。㉗《元文類》卷二五張士觀《阿失世德碑》:"仁宗朝賜〔阿失〕文豹及海東青、白鶻,歲以為常"。㉘馬祖常《石田集》卷一四《伯顏佐命元勛碑》:"天曆元年八月,上解所被鎧御服、寶刀及海東白鶻、文鷼為賜〔伯顏〕"。㉙

放飛"海東青"等狩獵場景相關的詩,於有元一代特多。張昱《張光弼集》卷三《輦下曲》:"天朝習俗樂從禽,為按名鷹出柳陰。立馬萬夫齊指望,半空鵝影雪沉沉。""駕鵝風起白毿毿,秋夏跟隨駕往回。聖主已開三面網,登盤玉食自天來。"㉚耶律鑄《雙溪集》卷四《近聞賢王春水因寄》、卷二《放雁辭》:"風揭駕鵝擾綠漪,鳴蜩聲蹙越重圍。海東青帖翠雲起,照夜白侵瑤水飛。玉鷺亂飄梨雪去,彩鴛爭絕浪花歸。非熊未必當時記,依舊烟波繞釣磯。""唧蘆遠避駕鵝聲,人間多魁海東青。冥飛休近雙鳧游,恐因誤引到天明。稻梁足,網羅輕,湖海多洲汀。太虛無閡且何暴,鸚鵡玉籠籠下生。與爾全六翮,好去恣騰騰。苦期寥廓求希有,必欲翱翔從。大鵝宜審遙弓鳴,勿為虛弦驚,古來惟有一更嬴。"㉛《清容集》卷一六《天鵝曲》:"天鵝頸瘦深重肥,夜宿官蕩群成圍。蘆根唼唼水蒲滑,翅足鼈曳難輕飛。參差旋地數百尺,宛轉培風借雙翮。翻身入雲高貼天,下陋蓬蒿去無迹。五坊手擎海東青,側眼光透瓊瑤層。解縧脫帽窮碧落,以掌疾摑東西傾。離披交旋百尋袞,蒼鷹助擊隨勢遠。初如風輪舞長竿,末若銀毬下平坂。蓬頭喘息來獻官,天顏一笑催傳餐。不如家雞柵中生死守,免使羽林春秋水邊走。"㉜

三

"海東青"的產地,前後非一。遼、金之交,在今松花江下游的"五國"。《契丹國志》卷一

○《天祚帝紀》：“女真東北與五國爲鄰，五國之東鄰大海，出名鷹。自海東來，謂之海東青，小而俊健，能捕鵝、鶩，爪白者尤以爲異。遼人酷愛之，歲歲求之女真。女真至五國，戰鬥而後得”。㉝《大金國志》卷一《太祖紀》：“先是，五國之東接大海，出名鷹來自海東者，謂之海東青，小而俊健，能擒鵝鶩。遼人酷愛之，求之女真，女真苦之”。㉞徐夢莘《三朝北盟會編》卷三：“海東青者，出五國。五國之東接大海，自海而來者謂之海東青，小而俊健，爪白者尤以爲異。必求之女真，每歲遣外鷹坊子弟趣女真，發甲馬千餘人入五國界，即海東〔青〕巢穴取之，與五國戰鬥而後得。女真不勝其擾”。㉟入元之後，在今黑龍江下游的“奴兒干”。《元史》卷五九《地理志》“水達達路”：“有俊禽曰海東青，由海外飛來，至奴兒干，土人羅之，以爲土貢”。㊱《至正析津志輯佚·物產》：“海東青，遼東海外隔海而至，嘗以八月十五渡海而來者甚衆。古人云：疾如鶻子過新羅是也。努兒干地面，是其渡海之第一程也。至則人收之，已不能飛動也。蓋其來饑渴困乏，羽翮不勝其任也；自此然後始及東國”。㊲

　　“海東青”的飼養，要領繁複。《至正析津志輯佚·物產》：“海東之外一翅，七日或八日始得至努兒干，且氣力不資或饑而眼亂者多溺死。凡能逮此地者，無不健奮。故其於羽獵之時，獨能破駕鵝之長陣，絕雁鶩之孤塞，奔衆馬之木魚，流九霄之毛血。雲間獻奏，臂上功勛，此則海青之功也。論其貴重，常以玉山立爲之。欲其爪冷，庶幾無病。冬月則以金繡擬香墩與之立，夜則少令其睡。其替毛，觀其糞條，揣其肥瘠，進食而加減之。二替者，則又有其説也，按食之際加藥食次第焉。起首籠帽，多奇巧金繡，以小紅纓、馬尾爲緊束之制。爪脚上有金環束之，繫以軟紅皮，繫之弗以紅條，皆革也。若欲縱放，則解而縱之。橫飛而直上，可薄雲霄。昔寶赤者，國言養鷹之蒙古名，亦一怯薛請受而出身之捷徑也。夫事鷹鸇之謹細，養護過於子之養父母也。于是，松雲子爲之歌曰：饑飽有則，調攝有時，有添心、補心、瀉心之法，有布軸、毛軸、藥軸之施。飛則擊鼓敲竿以助其力，收其俯摹解渴以慰其饑。一出二出而止，二替三替爲奇。海青則立乎玉山，鴉鶻則立乎繡皮，撤條驗其肥瘠，補翅助其奮飛”。㊳熊太古《冀越集記》卷上：“其（海東青）雄者小，雌者大，雛者易視他禽，蒼者量力求食。故養鷹者喜雛與雌也”。㊴

　　在時人的眼裏，“海東青”與鷹、鶻、雕、鷂等同類。《至正析津志輯佚·物產》：“海東青亦有數種：玉嘴、玉爪爲稀。黃鷹仍有幾般，黃眼黑眼爲異。白海青，白上有黑點者；青海青；白黃鷹；黃鷹；皂雕；鴉鶻；赤鶻；兔鶻；角鷹；白鷂；崖鷹；魚鷹；鐵鷂；木骨鷂；崧兒；百雄；茸朵兒。以上，俱爲羽獵之雄者”。㊵《冀越集記》卷上《大都養鷹》：“鷹之類甚衆，惟角雕黃者以鷹名；然角雕有二種，一種兩脚有毛，一種兩脚無毛。鶻有五種：海東青名白鶻，一種玉爪，一種黑爪。有鴉鶻，有金眼鴉鶻，有兔鶻。海東青與金眼鴉鶻皆能以小擊大，食天鵝、鵝老之屬”。㊶牠們的餵食和運送，也幾乎相同。《通制條格》卷一五《厩牧》：“至元十五年正月，今約

量擬定下{項}〔項〕鷹食數目,仍令食用新肉,如無新肉,殺與雞、猪者。鷹食分例:海青、兔
鶻:早晨二兩,後晌三兩;鷹并鴉鶻:早晨一兩,後晌二兩;皂鷹、白海青等斟酌稍多應付"。⑫
《元史》卷一八《成宗紀》、卷二二《武宗紀》:"元貞元年六月,詔遼陽省進海東青鶻二十四驛,
每驛給牛六頭,使者食米五石,鷹食羊五口"。"至大元年正月,中書省臣言:進海東青鶻者當
乘驛,馬五百不敷,敕遣怯烈、應童括民間車馬。兵部請以各驛馬陸續而進,勿括爲便。從
之。"⑬

　　所稱的"海東青",應該就是隼形目鷹科隼屬中體型較大的種類、又被稱爲"jerfalcon"、或
"gerfalcon"、"gyrfalcon"的"白隼"。《動物學大辭典》:"白隼,羽毛似隼,但翼概藍色,腹面有黑
橫斑。翼長約一尺七至一尺八,跗蹠部之生羽毛,側面上部三分之二亦生羽毛。其異於隼
者,外趾比內趾短,尾端不作暗色,雛褐色,產於北極地"。"隼,一名鶻。雌比雄大,羽色相
同。性銳敏,飛極速如矢,善襲他鳥,古來多飼之使助獵以捕鳧、雁、鷺、鳩等"。⑭"白隼",也
被譯作"矛隼"。當今,其絕大部份分佈在靠近北極的地區。王家駿《世界猛禽·國鳥》:"矛隼
是隼形目隼科中體型最大的種類,嚮有鉅隼之稱。牠翼長近四十厘米,體長爲五十二至六十
三厘米,體重爲一千七百克上下。同時,牠也是世界上最美麗的隼類之一。牠的羽色可分爲
黑型和白型二大類型:黑型體色大體爲淺褐色;白型體色大體爲白色而其矛型斑紋。牠的眼
周、嘴基、跗蹠及脚趾爲黃色,嘴尖及爪爲黑褐色,一雙炯炯的眼睛發出兇猛的黑褐色光輝"。
"矛隼廣泛分佈於北極苔原地帶,棲息在歐、亞、北美的北部。除一部份在冬季時略往南遷
外,大多爲北極地區的永久居留種"。⑮"在冬季時略往南遷"的部分,即是"海東青"。

四

　　"海東青"以牠的特殊技能,受到了北方民族的讚揚。契丹人重視"健捷",用作舉薦武士
的比喻。《遼史》卷九五《耶律陳家奴傳》:"時耶律仁先薦陳家奴健捷比海東青鶻,授御盞郎
君。"⑯蒙古人以夢見牠飛來手掌爲吉兆,看着牠搏擊雲層爲樂趣。《蒙古祕史》卷一(第六三
節):"我(德薛禪)昨夜夢見一個白海青,兩手拿着日月,飛來我手上立。我對人說:日月但魯
眼見,如今這白〔東〕海青拿日月來到我手上,必然好。也速該親家,原來你今日將這兒子來
應了我的夢,必是你乞顏人氏的吉兆"。⑰《史集》第一卷第二分冊《成吉思汗紀》:"成吉思汗
對孛羅忽勒說:你也說吧!孛羅忽勒說道:放出鷹鶻,看牠(海東青)從空中用爪子擊落灰鶴
抓走,這是男子漢的〔最大〕快樂"。⑱就是合罕在觀看"海東青取天鵝"的時候,予以的"專注"
與佛法的"本覺"和"治理天下"的精神相一致。《佛祖歷代通載》卷二二:"己丑,帝嘗召群臣
云:朕以本覺無二真心,治天下國家,如觀海東青取天鵝,心無二故。"⑲當然,"海東青"也有

"失算"的時候,并被用來比喻英雄末路。《蒙古黃金史綱》:"阿兒海孫虎兒赤奏:常言道,白海青(salbarsibagun)産卵於娑羅樹上,以爲娑羅樹可靠,却被花豹、惡鷹毀了巢,吃掉卵、雛。"⑤⑩

"海東青"的題詠,李庭《寓庵集》卷二《海東青》:"扶餘玉爪舊曾聞,青鳥猶霑海氣吞。海上風標有如此,眼中神俊更憐君。平燕未撤頭鵝血,春水惟開獵騎門。過眼昏鴉莫回首,霜拳高興在層雲。""朝對天東暮海西,握拳一夕不霑泥。眼涵秋水凌霜鶻,衣染春風壓錦鷄。飛騎有門臨水放,頭鵝無路與雲齊。長楊掌上精神在,未信而今首便低。"⑤⑪魏初《青崖集》卷一《春宮賜教化參政海青》:"瀚海東邊百尺崖,崖頭蒼鶻矗雲開。江香曉動千宦食,綠漲春因萬馬來。俊氣共知爲異物,老拳真見不凡才。當時寵錫非天意,已有光輝極上臺。"⑤⑫劉因《静修集》卷九《白海青》:"皂雕赤鷗世紛紛,羽翮何如白錦文。東海飛來一點雪,西風透入萬重雲。老拳獨擊頭鵝腦,俊目仍看狡兔群。玉食所需誰可得?夜來丹詔賜元勛。"⑤⑬袁易《静春堂集》卷二《白海青》:"尚方有賜江浙省臣白海青者,杭州人士美以歌詩徵余同賦。渺渺東溟刷孫翰,乍隨天馬萬人觀。孤飛雪點青雲破,一擊秋生玉宇寬。賜争豈將近雁鷲,馳驅直欲辨梟鸞。江南明月雖同色,夢想瑶階白露團。"⑤⑭《皇元風雅》卷二陳□《海東青》:"怒挾天風海外來,修翎如劍斫雲開。翻身陟上千尋起,得雋雄攣一點回。萬里老拳無脱爪,滿韝英氣不凡材。山狡野雉休回首,神物無心到草萊。"⑤⑮

"海東青"的繪圖和樂曲,王旭《蘭軒集》卷七《某丞相出示御賜白海青圖》:"劍翮星眸百鳥雄,九天擎出賜元功。神資净刷陰山雪,逸氣寒吹碧海風。掣電驚看千里速,下韝寧許一拳空。江湖不隔長楊夢,如在君王指顧中。"⑤⑯林弼《登州集》卷二《題吳希貴爲徐將軍畫海青圖》:"黑風吹海海水立,銀山萬丈高巇崿。天吳簸浪天爲濕,蛟龍折舞出復入。羲和著鞭六龍急,扶桑曙色光煌熠。金烏飛上百怪蟄,一碧萬頃秋可挹。海東之鷲思翔集,片雪飄蕭雙翅戢。浪花滚滚石濺濺,攅身嚮日思遠及。錦韝金鏃不可繫,憶我挂席東海東。海雲海水浮空蒙,神鷙時來休雪羽。玉立蒼石吹剛風,吳君此畫將無同。奇氣矯矯横秋空,將軍屏帳寧久容。便當飛入天九重,駕鵝奮擊層雲中,四野狐兔無影踪。"⑤⑰程文海《雪樓集》卷一四《上賜特穆爾海青詩序》:"元貞元年,詔以萬户公(帖木兒)參知福建等處行中書省政事,賜海東青二,勸忠也。欽惟世祖皇帝英明神武,混合六一,時則有若先正左右宅師,帝嘉乃績,開省江淮,賜海東青四。翰苑諸公播之,歌頌示越。參政公追配於前人光,以今所賜合而已圖之,佟上思昭世、美曠代之榮也"。⑤⑱暨,楊允孚《灤京雜咏》:"爲愛琵琶調有情,月高未放酒杯停。新腔翻得涼州曲,彈出天鵝避海青。海青擎天鵝,新聲也。"⑤⑲

與"海東青"間接有關的傳奇,也是非常令人刮目的。首先是"天鵝",《三朝北盟會編》卷三:"又有天鵝能食蚌,則珠藏其嗉。又有俊鶻號海東青者能擊天鵝,人既以俊鶻而得天鵝,

則於其嗉得珠焉"。⑤其次是屬於同類的"皂雕",《秋澗集》卷九四《西使記》:"皂雕一產三卵,
内一大者灰色而毛短,隨母影而走,所逐禽無不獲者"。⑤《冀越集記》卷上《胎卵二族》:"余經
上都,過雕窠站。站吏指站後山上一穴云:往來雕窠,其中生三卵,一爲雕,一爲犬,一爲蛇。
心竊疑之。後於脱脱丞相家見一犬,坐客咸指此犬爲雕窠所生"。⑤最有意思的是,時人深信
一些體型弱小的鴿、鶺能制服"猛禽"。這雖然頗合哲理,但當然不是事實。《草木子》卷一下
《觀物篇》:"鷹鶻能捕鴑雁,而反受逐於鶺鴒。非其力不及也,智不及也。崖鶻能搏鶬鷺,而
不能得飛鴿。非其飛不能支也,不能頡頏也。由此觀之,物皆以智相制,不獨以力也。"⑤長
谷真逸《農田餘話》卷上:"白翎鶺,大能制猛禽,猶海東青善擒天鵝。北人琵琶,有白翎鶺
曲"。⑭"白翎雀曲",《南村輟耕錄》卷二〇《白翎雀》:"白翎雀者,教坊大曲也。始甚雍容和
緩,終則急躁繁促,殊無有餘不盡之意。後見陳雲嬌先生云:白翎雀生於烏桓朔漠之地,雌雄
和鳴,自得其樂。世皇因命伶人碩德閭制曲以名之"。⑥

五

"海東青"一名,始見於耶律氏遼而不見於李氏唐。其名稱由來,或漢語"海東青鷹"之謂。
契丹語或與之近似的蒙古語,則別有稱呼。火原潔《華夷譯語》:"海青,昇豁兒"。"海青,聳哈
兒"。⑯契丹族皇帝之所以豢畜"海東青",主要爲的是獵取天鵝。天鵝,在當時無疑屬於至爲高
級的"美食"。到了元朝,更被寫入專門的書籍中。《飲膳正要》卷三《禽品》:"也可失剌渾,大金
頭鵝也。出魯哥渾,小金頭鵝也。速兒乞剌,不能唱鵝。阿剌渾,花鵝也。天鵝味甘性熱,無
毒,主補中益氣。鵝有三四等,金頭鵝爲上,小金頭鵝爲次,有花鵝者,有一等鵝不能鳴者,飛則
翎響,其肉微腥,皆不及金頭鵝"。⑰大概從遼迄金、元,貴族們的這種嗜好越來越劇。無獨有
偶,孛兒只吉氏王朝的末葉與耶律氏王朝一樣,也曾發生過緣採捕"海東青"引起的地方居民的
大規模暴動和反抗。《元史》卷四一《順帝紀》:"至正六年四月,遼陽爲捕海東青煩擾,吾者野人
及水達達皆叛"。⑱"吾者野人及水達達"棲息的地方,在松花江中游和黑龍江下游。黑龍江下
游還是操女真語的"吾者野人"部落之一"乞列迷"的居區,而在"乞列迷"的貢物單中,正有"海
青"亦"海東青"。《弘治遼東志》卷九:"乞列迷貢物:海青、大鷹、皂雕"。⑲

遼、金、元三代帝王、將臣的"酷愛""海東青",導致呈自然狀態下的兹種猛禽數量的急劇
下降。儘管事到如今,已經無從知悉距今數百年的物種個數;但是,仍能從物種分佈區域的
盈縮來推斷這種情況的發生。遼代初年,就是占據漠北中央部位的"阻卜"即後世的克烈亦
惕也曾有過進獻的記録。《遼史》卷三《太宗紀》:"天顯七年十一月,阻卜貢海東青鶻三十
連"。⑳此後,"海東青"的主要蒐捕區域由金初的"五國"東北嚮"外移"到了元末的"奴兒干"。

從"五國"到"奴兒干",縱深距離三千餘里,即使"海東青"的原分佈橫闊以五百里爲限,這一區域也達三十七萬五千平方公里,足够一個或數個亞種的存在。也就是說:"海東青"實指的"矛隼"、"白隼",在那幾個世紀,至少有一個或數個棲息區偏南的亞種絕滅或瀕臨絕滅。從現有資料來看:這種狀況的發生大多在元代,因爲這是一個採捕獵鷹最爲"瘋狂"的時期。"瘋狂"的程度,則又可從運送站赤的繁忙略見一斑。《永樂大典》卷一九四一七引《經世大典》:"至元七年七月,省部照得:舊制段匹、皮貨,例從車運。至如各位下進納海青鷹隼人員,委有印信文字,所起舖馬與見納堪中鷹、隼數目相同,本路不須再給札子。若實起舖馬比元文數少,令各路明具實文,相沿倒換".⑦

柯九思《丹邱生集》卷三《宮詞》:"元戎承命獵郊坰,敕賜新羅白海青。得巂歸來如奏凱,天鵝馳道入宮庭。"⑦所謂"新羅",乃有"海東"雅號之"高麗"。到了有明一代,替祚的"朝鮮"曾有過"免納"該種猛禽的記錄。崔恒《太虛亭集》卷文二《謝免貢海東青表》:"宸心字小,曲加矜憐。爰值賤價之還,乃承免進之命。軫取物勞,民之或怨,諭敬上恤下之所宜。密勿十行,耳恍聞於咫尺。感激三泣,骨期鏤於尋常".⑦南秀文《敬齋稿》卷一《許稠墓誌》:"有近臣傳旨,公(許稠)附啓:昔我太宗嘗畜海〔東〕青,乃謂不可垂憲,即命縱之。今既不獻中國,請勿捕養".⑦"海東青"還曾出現在隔海相望的山東,《三才圖會·禽獸》卷二:"《異名記》:登州海岸有鳥如鵲,自高麗飛渡海岸,名海東青,擊物最健,善擒天鵝,飛時旋風直上雲際".⑦不過,產於朝鮮半島者極其稀少,以致於許多應試的舉子、甚至考官都不知道牠是何許樣物。徐居正《筆苑雜記》卷一:"近日場屋有出賦題曰:海東青。《韻府群玉》書:有古人詩一句曰:麗句妙於天下白,高才駿似海東青。有一舉自誤解曰:麗句妙於天下,則惟白高。一介才士之駿,似海東青矣,舉場和之,以白高爲賦,至有成句曰:係海東之爲青,同白高之駿才。試官亦取之,多有登第者,聞者縮頸".⑦

按照自然的規律:越是"野性"最强的禽、獸,一旦進入違反原狀的人工飼養或馴化,他們的繁殖能力也就隨着消退,有的完全喪失。作爲海東青豢養者的皇帝、貴族,所關心的是如何使牠們更有效地狩獵,而不是牠們的正常生活、乃至交配、育雛。所以,當自由自在翱翔於藍天的"海東青"由于受到"寵愛"而被限制行動的時候,大自然賦予每個物種個體延續類屬的"使命"也就基本中止。正因爲這一狀況的不斷重復,遂使後世的清朝更增添了"物以稀爲貴"的感覺。楊賓《柳邊紀略》卷三:"遼以東皆產鷹,而寧古塔尤多,設鷹把勢十八名。每年十月後即打鷹,總以得海東青爲主。海東青者,鷹品之最貴者也。純白爲上,白而雜他毛者次之,灰色者又次之。既得,盡十一月,再延則不更打。若至十二月二十日不得,不復更打矣!得海東青後,雜他鷹遣官送內務府,或朝廷遣大人自取之送鷹。後得海東青,滿、漢人不敢畜,必進梅勒、章京。若色純白,梅勒、章京亦不敢畜,必送內務府矣".⑦楊同桂《瀋故》:

"品之尤貴者曰海東青。海東青身小而俊,其白者尤貴,故又名白爪俊云。今每歲所獲,不過一二,故一扇之費,需數十金".[30]"天敵""海東青"的減少,反過來保證了天鵝的繁衍;這可能就是今亞洲東部仍然存在着較多牠們的族類的原因。

①　北京,中華書局標點本,一九七五年,頁二三。
②　上海古籍出版社賈敬顔、林榮貴點校本,一九八五年,頁九六。
③　成都,巴蜀書社《中國野史集成》影印光緒淮南書局刊本,頁四七八下。
④　《遼海叢書》本,頁五下、六上。
⑤　頁二二六。
⑥　北京,中華書局崔文印校證本,一九八六年,頁一六六。
⑦　北京,中華書局標點本,一九七四年,頁三七三、三七四。
⑧　上海古籍出版社景印萬曆校正縮本,一九八五年,頁二一八二上。
⑨　頁一二五一、一〇六四、二五八、一三九九、一四八五。
⑩　北京,中華書局標點本,一九八五年,頁一八四八。
⑪　《四部叢刊》初編景印江都陸氏刊本,頁一五上。
⑫　頁一二五六。又,"海東青"也被賜予親臣;同書卷六九《完顔阿瑣傳》,頁一六〇八:"大定二年,授〔完顔阿瑣〕橫海軍節度使,賜以名鷹"。
⑬　《四庫全書》本,頁二一上、下。
⑭　《四部叢刊》初編景印至正刊本,頁七上、八下。又,梁寅《石門集》卷四《金人校獵圖爲韋同知潤題》,臺北,新文豐出版公司《元人文集珍本叢刊》影印光緒刊本,頁七〇六下、七〇七上:"遠青撒幕山露峴,坡陀突起霜草枯。黃如旌旆森葭蘆,馬上短衣虬髯胡。金環貫耳大秦珠,腰插羽箭弦壓弧。三馬回走忘崎嶇,二馬傍出門疾徐。東來驚鵝蒼澗雛,才四五六嗾不呼。海青一點勁氣殊,勇士矯捷堅劬無。駭兔何由避於菟,華峰秋阜胡爲乎!岱北豪鷹真厮奴,軟毛墮絮血灑蕪。"
⑮　頁七五下、七六上。
⑯　北京古籍出版社刊本,一九八三年,頁二三六。
⑰　北京,中華書局《元明史料筆記叢刊》句斷本,一九八三年,頁八五。
⑱　北京,中華書局《元明史料筆記叢刊》句斷本,一九八〇年,頁一九。
⑲　杭州,浙江古籍出版社《元代史料叢刊》黃時鑒點校本,一九八六年,頁二七七。
⑳　頁二三四。
㉑　《四部叢刊》初編景印弘治刊本,頁八下。又,《通制條格》卷一五《廐牧》,頁一八〇:"至元六年正月十七日,欽奉聖旨:如今鵝過來放海青時分,省會中都路地面城裏村裏人每,若是海青拿住鵝呵,恐怕人不識,將海青打傷。若拿住海青的人,送與本處官人每,教好人送將來者。如海青拿不住鵝呵,坐落的田地裏或是拿着鵝兒,休打者。人見呵,拿住送將來者。拿不得呵,教人看着報知本處官司,轉送與鷹房子每者。"《元典章》卷一六《戶部分例》,北京,中國書店《海王邨古籍叢刊》影印光緒刊本,頁二六〇下:"至元八年八月,尚書省準中書省咨:有今以後,海青、鷹鶻等拿着呵,理會的人於就近官司使送納者,不理會的人於暗房子(監獄)裏坐下"。
㉒　頁八五。
㉓　頁四七。
㉔　《元史》卷三二、卷三三《文宗紀》,北京,中華書局標點本,一九七六年,頁七一五、七二八:"天曆元年十月,賜燕鐵木兒太平王黃金印并降制書,及賜玉盤、龍衣、寶珠、金腰帶、海東〔青〕白鶻、青鶻各一"。"天曆二年正月,遣使賜西域諸王燕只吉台海東〔青〕鶻二。遣使獻海東〔青〕鶻於皇兄(明宗)行在所"。
㉕　上海中華書局《四部備要》校刊明刊本,頁一六五下、一七〇上。
㉖　《四部叢刊》初編景印英武殿聚珍本,頁一〇下。
㉗　《四部叢刊》初編景印元刊本,頁二二下。
㉘　頁一二下。
㉙　鄭州,中州古籍出版社《中州名家集》李叔毅點校本,一九九一年,頁二四八。
㉚　《四部叢刊》續編景印明刊本,頁一八下。

㉛ 頁二三上、四三上。
㉜ 頁五下、六上。
㉝ 頁一〇二。
㉞ 頁一二。
㉟ 上海古籍出版社影印光緒刊本,一九八七年,頁二〇下、二一上。
㊱ 頁一四〇〇。又,同書卷一〇《世祖紀》,頁二一七:"至元十六年十二月,八里灰貢海〔東〕青";"八里灰",今俄羅斯尼古拉耶夫斯克市東南布拉瓦。
㊲ 頁二三四。
㊳ 頁二三四。
㊴ 濟南,齊魯書社《四庫全書存目叢書》影印清鈔本,頁二八八下。
㊵ 頁二三四、二三五。
㊶ 頁二八八上、下。
㊷ 頁一八一。
㊸ 頁三九四、四九四。
㊹ 臺北,文光圖書有限公司影印民國商務印書館原縮本,頁一一五一、一一四九。
㊺ 上海科學技術出版社刊本,一九八四年,頁一四四。
㊻ 頁一三九一。
㊼ 呼和浩特,内蒙古人民出版社《蒙古族歷史叢書》額爾登泰、烏雲達賚校勘本,一九八〇年,頁九三一。
㊽ 北京,商務印書館《漢譯世界學術名著叢書》余大鈞、周建奇中譯本,一九八三年,頁三六二。
㊾ 北京,書目文獻出版社《北京圖書館古籍珍本叢刊》影印至正刊本,頁四五五下。
㊿ 呼和浩特,内蒙古人民出版社朱風、賈敬顔中譯本,一九八五年,頁二一。
(51) 臺北,新文豐出版公司《元人文集珍本叢刊》影印《藕香零拾》本,頁一五上、下。
(52) 《四庫全書》本,頁二五下。
(53) 《四庫叢刊》初編景印至順刊本,頁九上。
(54) 《四庫全書》本,頁一一下。
(55) 《四部叢刊》初編景印高麗仿元刊本,頁九下。
(56) 《四庫全書》本,頁二上。
(57) 《四庫全書》本,頁一三上、下。
(58) 《四庫全書》本,頁二下、三上。
(59) 《四庫全書》本,頁一二下。
(60) 頁二〇上。
(61) 頁八下。
(62) 頁二九二上。
(63) 頁一六。
(64) 濟南,齊魯書社《四庫存目叢書》影印萬曆《寶顔堂秘籍》本,頁三二五下。
(65) 頁二四八。
(66) 北京,書目文獻出版社《北京圖書館古籍珍本叢刊》影印明刊本,頁一四下、七三下。
(67) 《四部叢刊》續編景印明刊本,頁二一上、下。
(68) 頁八七四。
(69) 《遼海叢書》本,頁一二上。
(70) 頁三四。
(71) 北京,中華書局縮印原刊本,一九八六年,頁七一九七下。
(72) 《仙居叢書》本,頁二上。
(73) 漢城,民族文化推進會《韓國文集叢刊》標點影印本,頁二〇三下。
(74) 漢城,民族文化推進會《韓國文集叢刊》標點影印本,頁五一下。
(75) 頁二二〇〇上。
(76) 漢城,慶熙出版社《大東野乘》縮小影印本,頁八三下。
(77) 《遼海叢書》本,頁一五上。
(78) 《遼海叢書》本,頁一〇下、一一上。

《宋書》時誤補校(六)

牛繼清　張林祥

28．咸康五年四月辛未，月犯歲星，在胃。占曰：“國飢民流。”乙未，月犯畢距星。占曰：“兵起。”是夜，月又犯歲星，在昴。及冬，有沔南、邾城之敗，百姓流亡萬餘家。(卷二十四頁710)

按四月乙巳朔，無乙未。上有“辛未”(二十七)，已近月末。該年閏四月乙亥朔，乙未二十一日，疑“乙未”上脱“閏月”，《晋書》卷十三《天文志下》同誤。又《晋書》卷七《成帝紀》：“九月，石季龍將夔安、李農陷沔南，張貉陷邾城。”是在秋而不在冬，《天文志下》但云：“又有沔南邾城之敗。”此“及冬”當係“及秋”之誤。

29．〔咸康八年〕十月，月又掩畢赤星。占同。己酉，太白犯熒惑。占曰：“大兵起。”其後庾翼大發兵謀伐胡，專制上流，朝廷憚之。(卷二十四頁711)

按《晋書》卷十二《天文志中》作：“八年十二月己酉，太白犯熒惑于胃。占曰：‘大兵起。’其後庾翼大發兵，謀伐石季龍，專制上流。”十月、十二月均甲申朔，己酉二十六日，不知孰是？

30．〔永和〕四年七月丙申，太白犯左執法。甲寅，月犯房。丁巳，月入南斗犯第二星。乙丑，太白犯左執法。占悉同上。十月甲戌，月犯亢。(卷二十四頁713)

按四年七月辛巳朔，丙申二十六日，已近月末，無甲寅、丁巳、乙丑諸日。下文有“十月甲戌”條，疑“甲寅”上脱“八月”，八月辛亥朔，甲寅初四日，丁巳初七日，乙丑十五日。《晋書》卷十三《天文志下》同誤。

31．〔永和五年〕十一月乙卯，彗星見于亢，芒西向，色白，長一丈。(卷二十四頁713)

按是月甲戌朔，無乙卯。《晋書》卷十三《天文志下》同誤；卷八《穆帝紀》六年閏二月“丁丑，彗星見于亢”。疑此“乙卯”爲己卯之誤，己卯初六日，“乙”“己”形近。

32．永和六年二月辛酉，月犯心大星，占曰：“大人憂。心豫州分也。”丁丑，月犯房。(卷二十四頁714)

按二月壬寅朔，辛酉二十日，無丁丑。該年閏二月壬申朔，丁丑六日，疑“丁丑”上脱“閏月”。《晋書》卷十三《天文志下》同誤。

33．〔永和〕七年二月，太白犯昴。占同上。乙卯，熒惑入輿鬼，犯積屍。(卷二十四頁714)

按二月丙寅朔，無乙卯。《晋書》卷十三《天文志下》作“三月乙卯”，三月丙申朔，乙卯二十日，當是。則此“乙卯”上脱“三月”。

34．〔永和八年〕五月，月犯心星。四月癸酉，月犯房。六月辛巳，日未入，有流星如三斗魁，從辰巳上東南行。(卷二十四頁714)

按“四月癸酉”條係“五月”之後，失序。《晋書》卷十三《天文志下》作“六月癸酉”，六月己未朔，癸酉十五日，辛巳二十三日，合序，當從《晋志》。“辛巳”前之“六月”應置“癸酉”前，“四月”訛衍。

從文人群落到文人集團

——元代婺州文人集團再研究

歐　陽　光

"群落",原本是生物學名詞,它指的是生存在一起并與一定的生存條件相適應的動植物總體。然而,當我們移植這一名詞來觀察社會生活時,不難發現,社會生活領域亦存在着與動植物界十分類似的情况。在特定地理區域獨特的自然人文背景下,往往域地分宗,形成區域性文人群落,其標志就是在一定的時期内,出現了不是零星的而是成批的文人,他們由各種因緣而發生聯繫,其活動在總體上呈現出刻着鮮明地域文化印記的共同風貌。

所謂集團,權威的解釋是:"爲了一定的目的組織起來共同行動的團體。"① 根據這一定義,集團應是那種有着自己的盟主和明確的宗旨,組織較爲嚴密,行動較爲自覺的團體。集團冠以文人則説明了集團的性質,如果再冠以地域,則説明它是一個在特定地域活動的區域性文人團體。

顯然,文人群落與區域性文人集團是兩個既有相同之處又有明顯差異的文化現象。相同之處是它們都是在特定地域由文人組成的群體,而不同之處在於,前者祇是該地域文人的一種原生態的自發組合,後者則是自覺的集團意識的產物。

文人群落與區域性文人集團又是兩個密切關聯的文化現象。前者可以説是後者的原始階段,後者大多是在前者的基礎上發展衍變而成。元代婺州文人集團就是這樣一個由文人群落發展衍變爲區域性文人集團的典型個案。拙文《論元代婺州文人集團的傳承現象》② 對該集團作了初步探討,本文是對這一課題的進一步思考。

一

自宋末元初以迄明初洪武、建文年間,在婺州地區六縣(金華、東陽、義烏、永康、武義、浦江)一州(蘭溪)的範圍内,活躍着一個文人群體。其中較爲著名的人物,金華有葉謹翁(審言)、張樞(子長)、蘇伯衡(平仲)、宋濂(景濂、號潛溪)等,東陽有胡助(履信,一字古愚,號純白道人)等,義烏有劉應龜(元益)、傅野(景文)、黃溍(晉卿)、王禕(子充)等,永康有胡長孺(汲仲)等,浦江有方鳳(韶卿,一字景山)、黃景昌(清遠,一字明遠)、吳行可(直方)、方樗(壽甫,一字子踐,號北村)、方梓(良甫,一字子發)、吳萊(立夫)、柳貫(道傳,號烏蜀山人)、張丁(孟兼)、戴良(叔能,號九靈山人)、鄭濤(仲舒)等,蘭溪有吳師道(正傳)等。另外,吳思齊(子善)是處州麗水人,謝翱(皋羽)是福建長溪人,他們兩人在元初均流寓浦江,與方鳳相友善;陳基(敬初)、方孝孺(希直,一字希古)是臺州臨海人,陳基長期從黃溍問學,方孝孺則是宋濂的學生,曾一度居住浦江,他們也都應該歸入婺州文人群體中。

以上所列的這數十位人物,相望于百載之內,百里之間,彬彬乎,鬱鬱乎,不能不讓人驚嘆婺州地區的人才之盛！然而,更值得我們注意的是,這些人物并不是孤立存在的,他們之間由于各種因緣而聯繫在一起。戴良在《祭方壽父先生文》中說:"某等之與先生,或以姻親而托交,或以鄉玢而叨契,或以弟子而從游,或以友朋而密邇。"③這裏提到了四種關係:親緣、鄉緣、師緣、友緣,婺州地區的文人之所以能構成一個群落,正是由這四種關係來維系的。

下面讓我們來作一個簡略的考察。首先是親緣。在上面所列的文人中,許多人都有親屬關係。如父子關係,方樗、方梓爲方鳳之子,吳萊爲吳行可之子等;姻親關係,方樗爲吳思齊之婿,吳萊又爲方樗之婿,方鳳之妻爲柳貫從表姑,宋濂的侄孫女爲柳貫孫子之妻,王禕的孫女爲宋濂孫宋恂之妻等。其次是鄉緣。上列人物的地望,基本都在元代婺州路所轄區域內,居住地域的接近,風俗人情的相似,自然爲他們的認識和交往提供了便利條件。再是師緣。上列人物中大多數都有師弟子傳承關係,而且這種關係一直延續了四代。如柳貫、黃溍、吳萊是方鳳的學生,宋濂、王禕、胡翰、戴良、鄭濤、陳基等又是柳、黃、吳的學生,方孝孺又是宋濂的學生。最後是友緣。友緣表現在兩個方面,一是同處一地由於志趣相投而成爲朋友,如方鳳與吳思齊、謝翱、劉應龜、黃景昌、胡長孺等,黃溍與葉謹翁、張樞、胡助、吳師道等,宋濂與張丁、蘇伯衡等;一是同門之間自然形成的親密關係。可見,這四種關係猶如一張縱橫交織的巨大網絡,將婺州地區的文人幾乎都囊括於其中,從而形成一個頗具規模的文人群落。

如上所言,文人群落尚是處於原生態的文人的自然組合,它又是如何發展衍變成爲具有自覺意識的區域性文人集團的呢？進一步考察不難發現,它是上述四種關係尤其是鄉緣、師緣以及建立在師緣基礎上的友緣不斷強化的結果。

鄉緣一般指同鄉之間的緣分,它具有天然的親和力。但是對婺州文人群落來說,鄉緣并不僅僅是自然狀態的東西,它還包括對鄉邦文獻的整理,對鄉邦前賢事迹的彰顯,從而強化了人們對鄉邦的歷史和傳統的認同,趣使區域性文人集團的形成。婺州不少文人都曾做過這方面的工作。例如吳師道有《敬鄉錄》、黃溍有《義烏志》、宋濂有《浦陽人物記》、《浦陽文藝録》、王禕有《義烏宋先達小傳》等。吳師道的《敬鄉録》不滿於自漢迄宋"上下千數百年,山川如昨,清英秀美之氣實鍾之,其間豈無名世者,而郡志所載僅六人,且仙佛之徒半之。"④於是旁搜遠溯,匯集整理了婺州七邑七十三位前賢的事迹與詩文。宋濂的《浦陽人物記》"稽采史傳,旁求諸儒之所記録,上下數百年間,一善不遺。先之以忠義孝友,次之以政事文學貞節,合二十九人,區分類聚,勒成一家之言。"⑤其《浦陽文藝録》不僅收録浦陽籍古今作者所作詩文,而且收録"他邑之人其文有爲浦陽而作足爲其鄉土黼黻者。"⑥這種以地域爲範圍收集整理文獻的做法,雖非元代婺州文人首創,但生活在一地的文人不約而同地致力於此事,并形成風氣,此前并不多見。通過他們的發掘和整理,婺州地區的歷史和文化得到極大的發揚光大,并且深入人心,人們每談及此,無不充滿了强烈的認同感和自豪感。王禕之子、宋濂的學生王紳的説法頗具代表性:

> 尚論吾鄉文獻道術之懿,足以繼往聖而開來學;辭章之美,足以載斯道而淑諸人。宋元以來,成公吕子,倡道學之統。而何、王、金、許四賢者,又為朱氏世適而專其門。時之先後,又若汲仲胡公、文肅柳公、文獻黄公、淵穎吳公、古愚胡公、正傳吳公、子長張公,上下數百載之内所以贊化育而暢斯文。國朝之初,先生(案指宋濂)既崛起於布褐,而常山胡公與先君子因鼎峙而齊尊……天下之士所咨嗟而仰望者,咸羡吾鄉之學獨振。⑦

這種建立在對鄉邦歷史、文化、學術、傳統理性認同基礎上的鄉土意識和情感,自然比一般意義上的鄉緣更爲自覺和强烈,它具有强大的凝聚力,在婺州文人群落發展衍變爲區域性文人集團的過程中發揮了重要作用。

如果説鄉緣——對鄉邦歷史、文化、學術、傳統的認同爲婺州文人群落聚合爲文人集團提供了基礎的話,師緣以及由此派生的友緣則在此過程中發揮了決定性的作用。師弟子的關係可以説是婺州文人群落所有關係中最重要的關係。考察這一關係,呈現在我們面前的是一幅往襌來續輝耀後先的生動情景:

> 金華稱小鄒魯,名賢輩出。……至浦陽方韶卿,與閩海謝皋羽、括蒼吳子善為友,開風雅之宗,由是黄晋卿、柳道傳皆出其門,吳淵穎又其孫女夫,宋潛溪、戴九靈交相倚重,此金華詩學極盛之一會也。⑧

> 迨存雅先生(方鳳之號)起而光續世學,文壇自雄一時,巨公如黄文獻、柳文肅、吳貞文諸公咸灑掃其門,迨宋景濂、戴叔能、方遜志輩猶私淑其學。⑨

婺州文人師弟子間的傳承還具有傳承譜系不斷擴大的特點。即以其代表人物來説,第一代的方鳳,傳至第二代就有柳貫、黄溍、吳萊等三人;至第三代則擴大爲宋濂、王禕、戴良、胡翰、鄭濤、陳基等六人。另外,傳承不僅是縱向的,還在橫向之間交叉進行。例如,黄溍曾從王禕之祖王炎澤學,王禕又從黄溍學;宋濂是黄溍的學生,黄溍之曾孫黄叔暘又爲宋濂之弟子;王

禕、宋濂是同門之友，王禕之子王紳、王綬又是宋濂的學生……於是，百年之間傳承譜系呈幾
何級數增長，從初時的數人擴大至數十人。宋濂爲義烏樓景元所作《墓碣》，談到樓講學授徒
時說："受其學者，攝其粗疏，歸於密微，必充然有得而後止。父既師之，其孫又繼之，其孫又
執經從之。先後垂六十年，環境之內外，率皆其弟子矣。"⑩其實，這又何嘗不是婺州文人師
授傳承情形的真實寫照呢！

　　師弟子的關係，可說是除血緣關係外所有人際關係中最爲穩固的關係。它具有一經建
立就終身不變的特點。這一特點和我國古代文化中對師的重視的傳統有關。稍具古代文化
知識的人都會注意到一個有趣的現象，即在古代文獻中"師"與"父"常常是并舉的。像儒家
思想資源裏早就有"天、地、君、親、師"之說，民間也有"一日爲師，終身爲父"的說法。對師的
如此重視，不僅僅是單純的感情因素，乃是由師在傳統文化中的地位所決定的。韓愈對師有
一個著名定義："師者，所以傳道授業解惑也。"⑪而在傳道、授業、解惑三者之中，又以傳道最
爲重要，師的地位的崇高主要即根源於此。因爲家族的延續靠的是父子之間的代代傳承，而
"道"——道統、文統的延續則靠師弟子間的代代傳承，兩者的功能幾乎是一樣的。特別是宋
元以降，隨着理學的重建並被定於一尊，人們更加重視統序傳承的正宗和純粹，王禕爲《元儒
林傳》之金履祥、許謙二傳所作《傳論》的說法頗具代表性：

　　　　堯舜禹湯文武周公相傳之道，至孔子乃集其大成。宋周程氏作，復續斯道之統。而
　　道南之學，由楊時氏一再傳爲羅從彥氏、李侗氏，至朱熹氏又集其大成者也。然孔門群
　　弟子唯曾氏傳得其宗。曾氏以其所傳傳之子思，子思以傳之孟子，一出於正焉。朱氏之
　　徒亦衆矣，得其宗者唯黃幹氏。幹傳何基氏，基傳王柏氏，柏之傳爲履祥，爲謙，其授受
　　淵源如御一車以行大逵，如執一龠以節衆音，推原統緒必以四氏爲朱學之世適，亦何其
　　一出於正粹然如此也。⑫

在這種社會文化思潮氛圍下，必然促使人們對師承關係的更加重視，師弟子的關係也就比以
往任何時候都要緊密。宋元以後人們品評人物所看重的已不是人物的家世門第，而是人物
的淵源授受，即人物的師承，就是這一社會文化思潮的反映。⑬明乎此，師緣在婺州文人群落
發展衍變爲區域性文人集團的過程中所起的決定性作用也就不言而喻了。

　　婺州文人間的友緣也和師緣有着極大的關係，大多是在師緣的基礎上直接或間接派生
而形成的。如吳萊爲方鳳孫女婿，又從方鳳學詩，於是通過方鳳而接識了黃景昌；⑭方鳳之
友吳思齊見到方鳳的學生黃溍，高興地說："吾二十年擇交江南，有友二人焉，曰方君韶父，曰
謝君皋父。今皋父已矣。子乃能從吾游乎？子其遂爲吾忘年交。"⑮兩人其後果然情同莫
逆，"間歲輒一會，會則必歡欣交通，如果忘者。"⑯胡翰在《北山紀游總錄跋》中說："……自
至正庚戌以來，卷中作者由侍講黃公倡之，而司理葉公、吏部吳公、長史張公繼之；又其後而

待制柳公、太常胡公、立夫吳公之詩附焉。數公同出吾郡，多擅名當世……餘嘗承下風，往來周旋其間……"⑰胡翰本是吳萊的學生，但他通過吳萊而幾乎獲識了婺州文人集團第二代的所有代表人物。以上所舉的都是由師緣而間接形成友緣的生動例子。至於同門之間所結成的友緣就更加親密了。宋濂曾滿懷深情地追憶師門求學的情景：

> 始濂游學諸暨時，與烏傷樓君彥珍、浦陽宣君彥昭、鄭君浚常、浚常之弟仲舒，同集白門方氏之義塾，塾師乃吳貞文公立夫……當夜坐月白，俟公熟寢，輒携手出步月下。時皆美少年，不涉事，兢跳踉偃僕為嬉戲，或相訾謷，或角觝其力，至不勝乃止。獨濂樸憨易侮，不敢時相逐為懽。彥昭于其間尤號雄俊……⑱

純潔率真的友情十分動人。而更為重要的是，同門間的友緣是建立在對學問的摩切研討和對繼承師道的相互勉勵的基礎之上的。方孝孺在談到同學的情形時說："……日夕相與周旋，議論倡酬，往復沉潛乎天人之奧，博觀乎興廢之理，追逐乎行業而浸灌乎文章，意氣孚洽，無所覬慕，體不待粱肉而肥，心不待絲竹而暢……"⑲這種師友講習之樂是無以為替的，後來方氏出任漢中教授，獨居山南，"木石與之徒，猿猱與之儔，心欲言而口莫與談，足欲行而物莫與娛。諸生講授經義畢，輒冥目危坐，或取古人書緩讀徐吟，間有所得，無從告語，惟仰視霄漢，默默悟道……"⑳將無友的痛苦渲泄得淋漓盡致。宋濂與王禕曾同學于黃溍之門，宋濂作《思媺人辭》表達自己繼承發揚呂祖謙學說的志向，并將此辭書錄王禕，云："子充蓋有志同予學呂者。書以識之，庸俟异日各考其學之成也。"㉑王禕則回答說："禕與景濂居同郡，學同師，而竊亦有志斯事，故景濂此辭既成，即書以見貽。嗚呼，前修遠矣，墜緒茫茫，懸千鈞於一發，使之既絶而復續，不在我後人乎！"㉒在事業上相互鞭策與勉勵，正是同門之本色。像這種以師緣為契機而形成之友緣，自然不同於一般之友緣，它多了一份同屬某一傳承譜系的歸屬感和使命感，因此也特別穩固和長久。

　　婺州文人群落之所以能夠發展衍變為區域性文人集團正是親緣、鄉緣、師緣、友緣不斷強化並形成合力的結果。一個文人集團的形成，離不開衆多的因素，例如是否能夠產生成就突出又具威望的領袖，是否能夠在一些特定問題上形成共識並群力貫徹實踐等等。但這些都屬於文人集團的共性，不管屬何類集團都不可或缺；而以親緣、鄉緣、師緣、友緣為聯繫紐帶，正是區域性文人集團獨具的個性。以利益的一致或趣味的相同而形成的文人集團，往往易聚也易散；而由親緣、鄉緣、師緣、友緣這四條紐帶緊密聯繫在一起的區域性文人集團則特別穩固和長久，這是我們研究此類集團時不得不特別注意之處。

二

　　上一節我們從內部關係的角度對婺州區域性文人集團作了考察。對我們的研究對象來説,僅僅做到這一步還是很不夠的。原生態的文人群落之所以能衍變爲區域性文人集團,除了建立在地望基礎上的親緣、鄉緣、師緣、友緣所起的粘合向心作用之外,更重要的還在於,它從鄉邦歷史文化的土壤中汲取了豐厚的養料,形成了一系列獨特的傳統,并通過師教鄉習,前後相承,濡染涵育,潛移默化,逐漸成爲群體的共同價值取向,并不斷發揚光大。如果説親緣、鄉緣、師緣、友緣主要是在人際關係方面起凝聚作用的話,群體共同價值取向則在精神方面起着相同的作用。那麼,對婺州文人集團來説,這一群體共同價值取向主要表現在那些方面呢?

一、尚氣節,重忠義。宋濂《景定諫書序》云:"吾婺舊稱禮義之郡,士生其間,皆存氣節,仗忠義。"㉓的確,婺州地區歷來就有尚氣節,重忠義的傳統,特別是南宋以來,在民族矛盾尖鋭,國家危機深重的局勢下,氣節不群之士更是代不乏人。像浦江梅執禮,在靖康之難中爲國捐軀;金華鄭剛中,爲官清廉正直,不阿附秦檜,爲其所忌,貶官而死;義烏黃中輔,"紹興中,秦檜柄國,和議既成,日使士大夫歌誦太平中興之美。聞其奸者,輒捕殺之。衆咸縮頭,獨奮不顧,作樂府題太平樓,有'快磨三尺,欲斬佞人頭'之語,幾蹈不測之禍";㉔至于永康的著名抗金愛國志士陳亮,就更爲人們所熟知了。婺州文人集團很好地承繼了這一鄉邦的優秀傳統,其第一代的代表人物方鳳、謝翱、吳思齊,都是宋遺民中的佼佼者。方鳳宋季曾授官容州文學,未上任而宋已亡,自是無仕志,隱居仙華山下,"但語及勝國事,則仰視霄漢,凄然泣下。"臨歿,"猶屬其子樗,題其旌曰容州,示不忘(宋)也。"㉕謝翱嘗入文天祥幕,署咨議參軍。後亡走浙東,于蘇州夫差臺、會稽越臺、桐廬嚴子陵釣臺之西臺三次哭祭文天祥,所撰《登西臺慟哭記》,血淚交进,感人至深。吳思齊宋末嘗官嘉興宰,宋亡,麻衣繩履,退隱深山,"家益艱虞,至無儋石之儲。有勸之仕者,輒謝曰:'譬如處子,業已嫁矣,雖凍餓不能更二夫也。'"㉖他們不僅自己創作了大量忠懷激憤的詩文,而且組織汐社、月泉吟社等遺民詩社,團結廣大遺民,以堅持民族氣節相砥勵。㉗事實上,方、謝、吳三人正是首先以其高行峻節的愛國志士形象而載入史册的。

隨着元政權的鞏固,婺州文人集團的第二代沒有出現這方面的突出人物,但是,尚氣節,重忠義的傳統并沒有中斷,仍然通過師友講習的形式延續着。到了元末明初,在該集團的第三代、第四代中又連續出現了好幾位氣節不群之士。一是王褘,明初受朱元璋知遇,任翰林待制。洪武初,奉使雲南,招諭元朝殘餘勢力。元方逼使他投降,他大義凜然地説:"天訖汝元命,我朝實代之。汝如燼火餘燼,尚欲與日月争光耶!我將命遠來,豈爲汝屈,今惟有死而已,寧以脅迫爲懼耶!"㉘遂不屈而死。一是方孝孺,建文中任文學博士。燕王朱棣靖難師入南京,命他草登基詔書。孝孺投筆於地,罵云:"死即死耳,詔不可草!"朱棣以夷九族相威脅,孝孺堅定地回答:"雖滅十族,亦不附亂!"大書"燕賊篡位"四字。最後被朱棣撕口割舌,磔殺棄市。㉙還有一個是戴良。至正二十一年(1361)薦授淮南江北等處行中書省儒學提舉,一度依附降元的張士誠。張士誠將敗,挈家泛海抵登萊,欲投元軍擴廓帖木兒部,未遂,寓居昌樂。明洪武六年(1373)南還,變姓名隱四明山。洪武十五年(1382)被徵至京師,強使任官,固辭忤旨,自裁於寓舍。戴良以元遺民自居,選擇了一條與他的同門宋濂、王褘等人不同的人生道路。漢族文士而忠於元室,這在當時并非個別現象。產生這一現象的原因相當複雜,本文不擬展開討論,這裏想要指出的是,從戴良身上,我們同樣可以看到尚氣節,重忠義傳統的一脉相承。

以上所介紹的這些氣節不群之士,如果孤立來看,或許祇是個人行爲,無足深論;但如果我們考慮到他們生活在同一地域,他們之間存在着師友傳承關係,他們屬於同一集團中人,就不能不看到,尚氣節,重忠義,實可視爲該集團的一種群體精神。進一步考察不難發現,該集團中人在對氣節、忠義行爲的褒揚方面,的確是不遺餘力的。像黃溍作有《陸君實傳後叙》㉚,吳萊作有《桑海遺録序》㉛,兩文都詳細記載了宋末抗元的史實,對文天祥、陸秀夫等民族志士表達了深深的敬仰與哀悼之情;張孟兼詳注謝翺的《登西臺慟哭記》,宋濂的《浦陽人物記》專列“忠義”一篇等……凡此種種,均可説明,婺州文人集團中能够出現如此之多的氣節不群之士決非偶然,它和尚氣節,重忠義的群體精神的涵育是分不開的。

二、兼取衆長,轉益多師。婺州在南宋時期乃人文薈萃之地,被譽爲“小鄒魯”、“東南文獻之邦”,學術活動十分活躍。王褘在談到婺州學派紛呈的情形時説:

> 宋南渡後,東萊呂氏,紹濂洛之統,以斯道自任,其學粹然,一出於正;説齋唐氏,則務為經世之術,以明帝王為治之要;龍川陳氏,又修皇帝王霸之學,而以事功為可為。其學術不同,其見於文章,亦各自以成家。……然當呂氏、唐氏、陳氏之並起也,新安朱子方集聖賢之大成,為道學之宗師,於三氏之學,極有同異。其門人曰勉齋黃氏,實以其道傳之北山何氏,而魯齋王氏、仁山金氏、白雲許氏,以次相傳。自何氏而下,皆吾婺人,論者以為朱氏之世適。㉜

以上所述各家學派,除了呂祖謙與朱熹的學説互有異同之外,朱熹與唐仲友、陳亮兩家的學説實在是大異其趣,相互抵牾的。各家著書立説,往復辯論,形成濃鬱的學術氛圍。但是,入元之後,“國家混一南北,表章聖賢之學,教人取士非朱子不著爲令,於是天下靡然向風,顧凡昔之所謂豪傑則已磨滅漸盡,雖其説之存者,蓋亦無幾矣。”㉝往日衆家爭鳴的局面已被朱學獨尊所取代,婺州地區更是朱學世適何(基)、王(柏)、金(履祥)、許(謙)的一統天下。

在這種形勢下,婺州文人集團除了生活在宋元之交的第一代的方鳳、吳思齊等人外,㉞入元後的幾代成員均較多地受到朱學的影響。如柳貫曾學經於金履祥,黃溍嘗從石一鰲學,而石氏之學傳自王世杰、徐僑而直達朱熹;吳萊、張樞、吳師道、胡翰等均師從過許謙;宋濂除師從柳貫、黄溍、吴萊外，早歲還師從過閩人夢吉，而夢吉爲王柏門人閩人詵之子。㉟因此，從總體上説，該集團在思想淵源上應屬於朱學的範疇。

然而，該集團并没有固守門户之見的陋儒習氣，在尊崇朱學的同時，并不排軋詆斥其他學説，而是泛觀廣接，博採衆長，具有開放的心態。宋濂爲陳亮弟子喻偘作傳，云："當乾道、淳熙間，朱熹、吕祖謙、陸九淵、張栻四君子，皆談性命而辟功利，學者各守其師説，截然不可犯。陳亮倔起其傍，獨以爲不然……於是推尋孔孟之志，六經之旨，諸子百家分析聚散之故，然後知聖賢經理世故與三才并立而不廢者，皆皇帝王霸之大略，明白簡大，坦然易行。人多疑其説而未信，偘獨出爲諸生倡，布挈綱紀，發爲詞章，扶持而左右之，使亮之門惡聲不入於耳，高名出諸老上，皆偘之功已已。"㊱不僅表彰了喻偘維護師説的養行，而且對陳亮的王霸事功學説表達了相當通達的態度。王禕論宋代學術時説："……惟春陵周子者出，始有以上續千載不傳之統。河南兩程子承之，而後二帝三王以來傳心之妙，經世之規，焕然復明於世。關西張子因之……迨考亭朱子又集其大成而折衷之，廣漢張子、東萊吕子皆同心戮力以閑先聖之道。而當其時，江西有易簡之學，永嘉有經濟之學，永康有事功之學，雖其爲學不能盡同，而要爲不詭於道者，豈不皆可謂聖賢之學矣乎。"㊲對各家學説持論公允，并無時人揚己凌人，相互排軋之弊。這種不固守門户的開放心態，使得他們能够轉益多師，集取衆長。柳貫的學術經歷就是一個典型的例子："甫及冠，遣受經於蘭溪仁山金公履祥。仁山遠宗朱文公之學，先生刻意問辨，即能究其旨趣，而於微辭奥義，多所發揮。既又從鄉先生方公鳳、與粤謝公翺、括吴公思齊游，歷考先秦兩漢以來諸文章家，大肆於文，開闔變化，無不如意。先生曾不自以爲足，復裹糧出見紫陽方公回、淮陰龔公開、南陽仇公遠、句章戴公表元、永康胡公之純、長孺兄弟，益咨叩其所未至。……隆山牟公應龍，得太史李心傳史學端緒，且譜勝國文獻淵源之懿、儀章官簿族系，如指諸掌。先生又往，悉受其説。自是先生之學絶出，而名聞四海矣。"㊳柳貫之終能成爲大家，是和他的不主一家，博采衆長分不開的。這實際上也是婺州文人集團通過師教鄉習而形成的優良傳統之一。從他的學生宋濂身上，我們可以清晰地看到這一傳統的延續："……宋南渡後，東萊吕成公紹濂洛之統，始倡道於婺，而何、王、金、許，是爲朱子之世適。景濂因文以求道，既從柳公閩仁山金氏之説，又與白雲許氏之門人吴正傳、張子長輩，議論出入，究極朱學之精微。他鄉邦耆宿，博雅典實，如方存雅、胡汲仲兄弟之流，亦各旁搜遠溯，左右采獲。蓋其涵蓄封殖，中閟外肆，不名一家，譬則集衆腋以縫裘，合庶羞而胹鼎，豈一人一世之力哉！"㊴

三、關注現實，究心世務。作爲婺州文人集團的群體精神之一，它主要表現在兩個方面，一是關心國是民瘼，積極參與現實政治的主體意識。該集團的歷代成員除少數人做過高官外，㊵大多數祗做過山長、學正、教諭、判官一類的小官，甚或是布衣之士，但是他們并没有因此而放棄自己知識分子的責任,對國是民瘼、現實政治始終持着密切關注的態度和積極參與的熱情。第一代的方鳳在宋末祇是太學生員,面對元軍步步進逼的危急局勢,奮然上書丞相陳宜中,獻禦江、分閫、守戰三策[41];謝翱乃一介布衣,當文天祥在福建興勤王之師時,他"傾家貨率鄉兵數百人赴難,杖策詣軍門,遂屬咨議參軍"。[42]第二代的吳萊,年僅十八歲,即擬作《諭日本書》,"人謂其有終軍、王褒之風。"[43]第三代的王褘,青年時期北上元都,"嘗草書數千言將上於朝,以救闕失。"[44]宋濂在元末曾被薦舉爲翰林國史院編修官,他固辭不就,隱居龍門山著書。但宋濂并非真的要做隱士,而是看見元政糜爛,已無回天之力。後來朱元璋攻下婺州,召見他,他即爲朱所用,成爲明代開國之初參預制禮作樂的重要文臣之一。事實上,婺州文人集團除了宋元之交、元明之交這些特定時期出現了方鳳、吳思齊、謝翱、戴良等遺民外,沒有出現過隱士。後來不僅宋濂,王褘、胡翰、張孟兼、蘇伯衡、鄭濤……婺州文人集團的第三代幾乎悉數成爲明初統治集團的文臣,以至該集團中人充斥朝中成爲一道惹人矚目的風景綫。蘇伯衡曾以自豪的口吻描述説:"前年秋,伯衡以非材忝教成均,會許先生爲大司成,相與甚親且樂也。未數月而張君孟兼亦來爲學録。吾三人者亦婺人也,人已愛慕婺多士友矣。及詔書招延儒臣纂修《元史》,而宋先生以前起居注來,胡先生以前郡博士繼來,王先生以漳州通守又繼來,相見益親且樂。三人者亦婺人也,人皆謂婺信多士友,而伯衡與諸先生亦自慶夫會合之盛焉。"[45]明初政權中文臣多婺州文人集團中人的原因當然是多方面的,而該集團關心國是民瘼,積極參與現實政治的傳統,通過師友相承議論沾濡對其成員產生的影響,應該是一個不容忽視的重要原因。

另一方面是不尚空談,究心世務,重視實際才幹。該集團中人雖然大多受朱學的影響,是正統的儒者,但他們并不像一些道學家那樣不務實際,空談性命,而是十分注重理論與實際的結合。針對當時出現的兩種傾向:"世儒務爲高論而不屑意於事爲之末,或者遂指經義爲無用之空言以相詬病",[46]他們做了大量辨證工作。首先,他們反對那種空談性命的"無用"之儒。王褘云:"世之所謂無用者我知之矣:縫掖其衣,高視而闊步。其爲業也,呫畢訓詁而已耳,綴緝辭章而已耳。問之天下國家之務,則曰:'我儒者,非所習也。'使之涉事而遇變,則曰:'我儒者,非所能也。'嗟呼,儒之道,其果盡于訓詁辭章而已乎!此其爲儒也,其爲世所詆訾而蒙迂闊之譏也固宜,謂之無用誠無用矣,而又何可怪焉。"[47]對其作了辛辣的諷刺。其次,他們強調孔孟之學并非空言,而是致用之道。宋濂云:"三代以下人物之傑然者,諸葛孔明數人而已。孔明事功著後世……古人所以爲聖賢者其道德著乎其言,其才智行乎功業而存乎册書,非徒以其名稱之美而已也。……近代之所學者,浮於言而劣於行。孔孟之言,非特言而已也,雖措之行事亦然也。學者不之察,率視之爲空言,於是孔孟之道不如霸術之盛者久矣。"[48]在他們看來,聖賢之道,即經世致用之道。如果所言不能落實在所行上,那麼再好的道也是没有意義的。正是從這一認識出發,他們對永嘉經制之學、永康事功之學給予了肯定:"至于宋而有永嘉經制之學焉。蓋自鄭景望氏、薛士龍氏以及陳君舉氏、葉正則氏,先後迭起,其於井牧卒乘郊丘廟社章服職官刑法之類,靡不博考而精討,本末源流,粲然明白,條分縷析,可舉而行。當其時,吾金華唐與正氏帝王經世之術,永康陳同父氏古今事功之説,與之並出,新安朱子皆所推嘆,然於永嘉諸君子之學獨深許之,豈不以經制之講固聖賢之所以爲道者歟?"[49]

對當世之務,婺州文人集團的成員們的確表現出了極大的關注和熱情。方鳳"喜究心經世之務,凡所抒猷,鑿鑿可見諸施行"。[50]他上書陳宜中獻禦敵之策,上至戰略方針,下至戰術布置,具體而詳盡。祝眉蓀評曰:"言人所難,使能聽用,何至有青澳、暹海之役?"[51]黄溍"明習律令,世以法家自專者,有弗如也"。[52]吴萊"凡天文、地理、井田、兵術、禮樂、刑政、陰陽、律曆,下之氏族、方技、釋老、異端之書,靡不窮考",[53]"其論守令鹽筴楮幣事,逮令十有餘年,執政者釐而正之,往往多如其説。"[54]胡翰雖從許謙受經,但他"持論多切世用,與謙之坐談誠敬小殊。"[55]宋濂未仕時曾作《治河議》,[56]爲執政者詳細謀劃治理黄河的辦法……總之,該集團的歷代成員中很少有朱熹所説的那種"醇儒",他們既是學者,又能坐言起行,具有實際才幹。他們之所以能在明初政治舞臺上叱詫風雲,建勛立業,也是和這一群體精神的長期涵育分不開的。

四、對文學的偏重。該集團所活動的婺州地區,自南宋以來一直是理學重鎮,産生了吕祖謙、唐仲友、陳亮以及傳朱學世適的"金華四先生"何、王、金、許等各家學説。該集團雖然在思想淵源上與各家學説均有着直接或間接的聯繫,但總的來説,自其開山方鳳始,已偏重於向文學的路向發展。方鳳本身在思想上并無師承,衹是由於他和吴思齊的關係,《宋元學案》將其歸入龍川一派中。方鳳爲時人所重,除了氣節高峻之外,主要由於他在詩文創作上取得的成就。入元之後,他將悲憤之懷,忠忱之氣一托於詩文,血泪交織,真情滂沛,有力地改變了宋季詩文氣局褊狹,纖碎淺弱的弊病,使人一新耳目,"浦陽之詩爲之一變。"[57]第二代的柳貫、黄溍、吴萊等人,雖然在思想上各有師承,但他們入方鳳之門,主要是從其指授爲文辭,受其師影響,他們也較多地在詩文創作上用力,第三代也受到同樣的影響,因此形成了詩文創作的濃鬱氛圍。正如前引朱琰在《金華詩録·序例》中所説:"金華稱小鄒魯,名賢輩出……至浦陽方韶卿與閩海謝皋羽、括蒼吴子善爲友,開風雅之宗,由是而黄晋卿、柳道傳皆出其門,吴淵穎又其孫女夫,宋潛溪、戴九靈交相倚重,此金華詩學極盛之一會也。"王禕在談到婺州學術時説:"有元以來,仁山金文安公以其傳於北山何文定公、魯齋王文憲公者,傳之白雲許文懿公,實以道學名其家。而司丞永康胡公待制、浦陽柳公侍講、烏傷黄公以及禮部蘭溪吴公、翰林東陽張公,則以文章家知名。雖若門户異趣,而本其立言之要,道皆著於文,文皆載乎道,固未始有不同焉者,淵乎粹哉!"[38]王禕在這裏所列舉的文章家,幾乎全部是婺州文人集團的成員。雖然他一再強調道學家與文章家在文道合一上的一致,但畢竟他已看出了兩者"門户異趣"之處。事實上,婺州文人集團的發展路向表明,他們已不再是南宋某個理學派别的流亞或餘波,他們以其對文學的偏重,已然成爲自具特色的文人群體。黄百家云:"金華之學,自白雲一輩而下,多流而爲文人。夫文與道不相離,文顯而道薄耳。"[59]全祖望云:"予嘗謂婺中之學至白雲而所求於道者,疑若稍淺,漸流於章句訓詁。未有深造自得之語,視仁山遠遜之,婺中學統之一變也。義烏諸公師之,遂成文章之士,則再變也。"[60]均指出了這一群體偏重文學的特色。關於這一點,四庫館臣説得更爲清晰:"(吴)萊與黄溍、柳貫并受業於宋方鳳,再傳而爲宋濂,遂開明代文章之派。"[61]至於婺州文人集團在文學思想和創作上的成就和特色,擬撰專文論述,這裏就不贅言了。

①　《現代漢語詞典》952 頁,商務印書館,1994 年。
②　刊《文史》第 49 輯,中華書局,1999 年 12 月。
③　《九靈山房集》卷四。
④　《敬鄉前録序》,《吴禮部集》卷十五。
⑤　鄭濤《浦陽人物記後序》,宋濂《浦陽人物記》卷末。
⑥　王禕《浦陽文藝録叙》,《王忠文集》卷五。
⑦　王紳《祭潛溪先生文》,《繼志齋集》。
⑧　朱琰《金華詩録·序例》。
⑨㊿　方士奇《存雅先生遺集輯評跋》,轉引自方勇輯校《方鳳集》192 頁,浙江古籍出版社,1993 年 12 月。
⑩　《故樓景元甫墓碣》,《宋學士全集》卷二十三。
⑪　韓愈《師説》,《昌黎先生集》卷十二。
⑫　《王忠文集》卷十四。
⑬　拙文《論元代婺州文學集團的傳承現象》對此問題有較詳細的論述,讀者可參看。
⑭　吴萊《淵穎集》卷八《田居子黄隱君哀頌辭并序》:"岩南公嘗一再携予詣隱君質《春秋》。"
⑮⑯　黄溍《書吴善父哀辭後》,《黄文獻公集》卷四。
⑰　《胡仲子集》卷八。
⑱　《故温州路總管府判官宣君墓銘》,《宋學士全集》卷十九。
⑲⑳　《答胡懷秀才》,《遜志齋集》卷十一。
㉑　《宋學士全集》卷二十九。
㉒　《思嫄人辭後記》,《王忠文集》卷八。
㉓　《宋學士全集》卷五。
㉔　黄溍《桂隱先生小傳》,《黄文獻公集》卷十一。
㉕㊆　宋濂《浦陽人物記》卷下《文學篇》。
㉖　宋濂《吴思齊傳》,《宋學士全集》卷十。
㉗　有關汐社與月泉吟社的情況,可參閲拙著《宋元詩社研究叢稿》,廣東高教出版社,1996 年 9 月。
㉘　鄭濟《故翰林待制制華川先生王公行狀》,《皇明文衡》卷六十二。
㉙　以上有關方孝孺的引文,見《明史》卷一四一《方孝孺傳》。
㉚　見《金華黄先生文集》卷三。
㉛　見《淵穎吴先生集》卷十二。
㉜　《宋景濂文集序》,《王忠文集》卷五。
㉝　胡翰《送祝生歸廣信序》,《胡仲子集》卷五。

㉞　吳思齊之祖吳深爲陳亮女婿，黃宗羲《宋元學案》將方鳳、吳思齊并歸之《龍川學案》。

㉟　參見黃宗羲《宋元學案》卷六十七《勉齋學案》、卷六十九、七十《滄州諸儒學案》、卷八十二《北山四先生學案》。

㊱　宋濂《喻侃傳》，《宋學士全集》卷十。

㊲　王褘《知學齋記》，《王忠文集》卷八。

㊳　宋濂《故翰林待制承務郎兼國史院編修官柳先生行狀》，《宋學士全集》卷二十五。

㊴　《補未刻遺集序》，《宋學士全集》附錄卷一。

㊵　黃溍官至翰林侍講學士。柳貫官至翰林待制，但祇做了七個月；宋濂、王褘、蘇伯衡等做高官是在入明之後。

㊶　《上陳丞相書》，方勇輯校《方鳳集》61—63 頁，浙江古籍出版社，1993 年 12 月。

㊷　徐沁《謝皋羽年譜》，《昭代叢書》甲集卷二十一。

㊸㊿　劉基《淵穎吳先生文集序》，《淵穎吳先生集》卷首。

㊹　方孝孺《王待制私謚議》，《遜志齋集》卷七。

㊺　《送胡先生還金華序》，《蘇平仲文集》卷五。

㊻　黃溍《跋餘姚海堤記》，《金華黃先生文集》卷二十二。

㊼　《儒解》，《王忠文集》卷十八。

㊽　《靜學齋記》，《宋學士全集》卷三。

㊾　王褘《王氏迁論序》，《王忠文集》卷七。

(51)　轉引自方勇輯校《方鳳集》62—63 頁，《上陳丞相書》附評。浙江古籍出版社，1993 年 12 月。

(52)　宋濂《金華黃先生行狀》，《宋學士全集》卷二十五。

(53)　胡助《淵穎吳先生文集序》，《淵穎吳先生集》卷首。

(55)　《四庫全書總目提要·胡仲子集》。

(56)　見《宋學士全集》卷二十八。

(58)　《送胡先生序》，《王忠文集》卷七。

(59)　黃宗羲《宋元學案》，卷八十二《北山四先生學案》黃百家案語。

(60)　《宋文憲公畫像記》，轉引自黃宗羲《宋元學案》卷八十二《北山四先生學案》。

(61)　《四庫全書總目提要·淵穎集》。

元代肅政廉訪司研究（下）

李 治 安

八、廉訪司與御史臺、行省、宣慰司及蒙古諸王的關係

這裏談談廉訪司在履行糾劾、照刷、按問、兼掌刑獄等職司過程中，與御史臺、行省、宣慰司及蒙古諸王的關係。

有元一代，二十二道廉訪司分屬御史臺和行御史臺。御史臺、行御史臺就是廉訪司的主管衙門和上司。蘇天爵《元故江西湖東道廉訪使趙忠敏公神道碑》云："成宗皇帝新即位……詔拜閩省平章徹里爲南臺大夫……公（趙秉政）爲治書侍御史。……公爲大夫言：'各道廉訪司糾郡國官吏，宜選御史察各道臧否而黜陟之，則職業舉。'大夫從其言，而憲紀益振"。① 通常，御史臺和行御史臺是通過監察御史體察"聲迹"等方式，實施對廉訪司的督責和控馭的。

世祖朝中期，朝廷就制訂了按察司等官"稱職"、"不稱職"的標準，即"得使一道官政肅清，民無憲滯爲稱職；以苛細生事，闇于大體，官吏貪暴，民多冤抑，所按不實爲不稱職"；"照刷盡心，按治有法，使官吏畏謹，一道鎮靜爲稱職；若於合察大事不爲盡心，專務苛細，闇于大體者，爲不稱職"。② 按察司和廉訪司"聲迹"的"檢覈"、"體察"、"體究"，始終由御史臺、行御史臺負責，并由監察御史具體執行。③ 至元二十一年（1284）八月還頒佈了十二項"禁治察司等例"，作爲監察御史等"體察"、"檢覈"憲司"聲迹"的依據。內容包括：禁止"因事取受"，禁止與路府州縣官"私同宴飲"，禁止生辰、迎送"受諸人禮物"，禁止"輒居本處吏民之家"，禁止"多餘取要"祇應，禁止巡按去處"求取妻妾"，禁止私役公吏人等，禁止巡按去處"拜識親眷"，禁止置買貨物和委有司帶造物件，禁止"將帶妻子親眷閑人"使用驛站，禁止將私人"分付"路府州縣委用，禁止書吏、奏差等"宿娼飲會"。④ 對廉訪司官犯贓罪，朝廷也有一些特殊的處罰條例。至元二十四年（1287）規定，按察司官吏一旦犯贓，"比之有司官吏加罪一等，經赦不赦，經減降不減降"。⑤ 後來還在"永不叙用"，"加等斷罪"的基礎上，另加杖刑至一百七下。直到仁宗延祐元年（1314）御史等官以"與世祖皇帝聖旨體例不厮似"爲由，奏準恢復了世祖朝的處罰舊例⑥。值得注意的是，朝廷對廉訪司官的犯罪或失職的懲罰條例，并沒有停留在文字上，而是多半付諸實施了。如世祖末廣東廉訪副使麻剌忽思收受交鈔貳拾伍錠，玉繫腰

一條,僉事乞台帖木兒收受交鈔壹拾叁錠,金砂肆兩捌錢,被杖責一百七下,斷没家財一半,罷職永不敘用[7];成宗初江東廉訪司僉事昔班、季讓"受金",庇護饒州路達魯花赤阿剌紅等不法,受到杖責、除名、没其家財一半等處罰;[8]文宗時燕南廉訪使卜咱兒"受贓計鈔二萬二千餘錠,金五百餘兩,銀三千餘兩","雖遇赦原",仍被"追奪制命,籍没流竄",文宗皇帝還降詔"仍暴其罪示天下"。[9]糾劾廉訪司官貪贓,不僅限于正官,也包括書吏等。諸如"不務守慎,恣尚貪饕"的福建憲司書吏周舜臣等,就被監察御史揭發"黜退"。[10]以上事例還告訴人們:儘管朝廷采取嚴厲手段加重處罰廉訪司貪贓者,但其貪贓枉法屢禁不止,受贓額越來越大。這種執法犯法的怪現象,的確令人深思。

　　在實施體察廉訪司官"聲迹"過程中,較其品秩低的監察御史,表現得相當積極。如世祖朝監察御史王惲彈劾西夏中興按察使高智耀"資性罷軟","事佛敬僧","既乏風憲之材,難處搏擊之任";[11]英宗朝江南行臺監察御史許有壬"行部廣東,以貪墨劾罷廉訪副使哈只、蔡衍";[12]順帝至正九年(1349)監察御史蒙速思"體覆取問"山北廉訪司僉事燕帖木兒生病擅離職守。[13]包括"從御史分巡"的察院書吏,也能在"劾憲長之徇私敗政者"時發揮某些作用。[14]監察御史體察"聲迹",雖然能發揮以低馭高,以内制外的監控作用,但也容易出現"輕信浮言,不加詢訪,以致毀譽失真,淑慝難辨"的情形。[15]如元末廣東道廉訪使欽察糾劾軍民達魯花赤脱歡察兒"在廣州多不法事,江南行御史臺遣監察御史鎦振往按之",鎦振受賄,反誣欽察所言"非實",以致欽察忿鬱而亡[16];湖廣僉事三寶住"性廉介,所至搏貪猾無所貸",曾因拒絕行臺監察御史的請托,被"誣以事劾之",幸虧行臺大夫星吉主持公道,才免受害[17]。這些均表明:由于監察御史與廉訪司同樣受到元代官場吏治敗壞大環境的制約,監察御史體察廉訪司官"聲迹"的效用,也不是完全積極或正面的,也會發生少量貪官監治清廉的特殊情況。由于監察御史體察廉訪司聲迹,使品秩頗低的監察御史權勢反居憲司之上。如"福建廉訪司,凡御史至,堂幄地衣,盛設金銹",以討其歡心。對御史的體察,憲司官"莫不震懾",更不敢違抗。[18]類似情形,在歷代監察官與其它官員之間經常發生,但在監察官内部却較爲少見。

　　需要指出的是,監察御史體察廉訪司官"聲迹",祇是中臺、行臺察院考核、控馭憲司的職事之一,并不排除監察御史與廉訪司官在受到中書省、行中書省大臣壓制、打擊的情況下彼此的支持與保護。這方面最有説服力的事例是,順帝至正五年(1345)四川廉訪使曾文博、僉事兀馬兒、王武等被行省及奉使宣撫"摭拾"治罪,陝西行臺治事侍御史李好文"率御史力辨武等之枉,並言奉使不法者十餘事",疾呼:"奉使代天子行事……今行省以下,至於郡縣,未聞舉劾一人,獨風憲之司,無一免者,此豈正大之體乎?"[19]中臺或行臺御史庇護廉訪司官的情形,帶有一定普遍性,同屬臺察官的監察御史、廉訪司官在對付來自中書省系統的非難、壓制時,仍存在許多共同利益。

　　廉訪司取得了對行省官吏的糾劾及部分按問權之後,它與行省之間逐漸形成了某種程度的抗衡。許有壬《靜庵記》云:"(廉訪司)道之置,直行省者六……宣慰下皆按部,省則抗矣"。[⑳]所謂"抗"就是對抗、抗衡。廉訪司與行省經常處于相互牽制、爭鬥、攻擊之中。如武宗朝雲南行省左丞相鐵木迭兒"貪暴擅誅殺,羅織安撫使法花魯丁,將置于極刑",廉訪使朵兒赤"謂之曰:'生殺之柄,繫于天子,汝以方面大臣而專殺,意將何爲? 小民罹法,且必審覆,況朝廷之臣耶!'法花魯丁竟獲免,尋復其官"。[㉑]這是在處罰官吏方面廉訪司對行省較爲有效的牽制、監督。大德七年(1347)"江浙行省與浙西憲司交章相攻擊,事聞,命省臣遣官往治之";[㉒]泰定三年(1326)八月,"雲南行省丞相亦兒吉犛、廉訪副使散(兀只)〔只兀〕台,以使酒相詆,狀聞,詔兩釋之"。[㉓]按照成吉思汗札撒,以下犯上是絕對不能允許的。廉訪司官與行省"交章相攻擊"和"以使酒相詆",却未因品秩較低受處罰,其本身就説明廉訪司已在行使監司權力的同時獲得了與行省分庭抗禮的地位。在雙方的抗衡或攻擊中,究竟孰勝孰負,則要受當時具體環境、條件的制約和影響。如四川廉訪使曾文博"與行省平章某不相能,誣宣使蘇伯延行賄于平章某,瘐死獄中"。蘇伯延家屬鳴冤,茶鹽轉運司官亦揭發曾文博"累受金"。奉使宣撫王守誠、答爾麻失里支持行省而治廉訪司官罪,"廉訪使倉皇去官,至揚州死,副使而下,皆以事罷"。[㉔]廉訪司與行省的抵牾對抗,有時還會引起個別廉訪司的廢立變動。如至元十五年(1278)以後,曾設江南湖北道按察司於武昌,湖廣行省平章要束木"惡其害己",藉姻黨權相桑哥"奏罷之",直到至元二十九年(1292)桑哥、要束木被誅,才恢復了該道憲司的建置。[㉕]行省及中書省對廉訪司的壓制、阻撓,有時還帶來憲司功能萎縮或扭曲的不良後果。胡祇遹説:"御史臺、按察司彈糾貪污,申明冤滯,實省部儲司之藥石也。省不知與己爲助,反視之如仇讎,百端沮抑。是以近年以來,當是任者,全身遠禍,閉口不言。爲書吏書史者,委靡貪污,與州縣吏無異。甚者,反與之文過飾非,隱比其罪惡,滋長其貪冒"。[㉖]當然,也有個別行省官對廉訪司並不反感。如世祖朝末,忽必烈詢問前來朝覲的湖廣行省平章哈剌哈孫:"人言廉訪官反撓吏治,朕已令視之。卿謂若何?"哈剌哈孫回答:"憲司職糾奸弊,貪吏所疾,妄爲謗耳"。[㉗]後一種特殊情況,或許是哈剌哈孫"雅重儒術"及擔任大宗正府札魯忽赤多年使然。

　　廉訪司與宣慰司之間監察與被監察的關係,是從至元十五年(1278)正式確立的。監察内容包括糾劾非違和案牘照刷。具體情況前面已有論及。

　　值得注意的是,在宣慰司官身份特殊,或爲皇帝寵信的情況下,廉訪司官對其的監察往往是曲折艱難的。成宗朝,山東宣慰使"挾婿宗室,以浮論懲叛,謂治淄青政宜猛,故藉是久居方閫,外掠譽而内貪虐。憲糾小有違言,吶即至"。廉訪使尚文"度難力爭,使者往來","以溫言順附而嚴礪之,彼乃感服。其下稔惡,會有告者,選官按詰,得二十餘人,決杖追贓,以慰屠弱。遂大漸，謝逐所親昵用事者十餘輩，歸民田二百餘頃”。㉘上述山東宣慰使恃宗室姻親，久居帥閫，專橫跋扈，傲視憲司，但其本人無大過，主要是“親昵用事”者作惡多端。廉訪使尚文自知無力强行抗爭，於是采取軟硬兼施的策略，“溫言附順”而“感服之”，又嚴屬“按詰”懲辦其屬下不法。在宣慰司官與廉訪司的一系列抵牾、衝突中，世祖末淮西宣慰使昂吉兒與廉訪使姚天福，最爲激烈。《元文類》卷六八《大都路都總管姚公神道碑》載：“帥臣昂吉兒闐淮殆二十年，位中書左丞，以宣慰使操制兵民，黨結中奧。其子亦握兵煽虐，奴官屬，斁風紀，莫敢誰何。宿盜數十，出没淮海陸梁，自來未有制者。帥葆庇其徒，通納賄賂，縱其所爲。公（姚天福）遣健士襲捕，得所匿兵仗貨財，定案市殉者七人，自是帥漁驚狀百出。公疏其足迹，取驛上聞，帥鉗驛勿給。公潛前走，得驛馳去，帥遣兵校丁文虎追刺公至六河館，不及。公至揚州，文虎亦至，誣公于行臺。俄而，六河館人以刺公狀聞，文虎被執。公赴覲，制遣近侍阿尤、治書侍御史萬僧馳訊。帥以罪廢，已而赴闕，以擅殺淮賊譖公，不中，憤而斃，淮境大寧”。昂吉兒和姚天福爲世祖朝名臣，《元史》均有傳。昂吉兒久握兵淮西，官至行省左丞兼宣慰使都元帥。姚天福歷任監察御史、治書侍御史、按察使等，因其不畏彊悍，每廷折權臣，世祖忽必烈賜名“巴兒思”（蒙語虎之義）。關於昂吉兒專閫一方及其與憲司的爭鬥，《元史·昂吉兒傳》亦有“臺臣慮昂吉兒難制，以牙以迷失不畏彊御，奏爲本道按察使以察之。牙以迷失時捃摭昂吉兒細故以聞，及廷辯，帝察其無他，輒遷其官。後竟以微過罪之。元貞元年卒”。《元史·世祖紀十三》至元三十年正月壬午條載：“淮西道宣慰使昂吉兒斂軍鈔六百錠、銀四百五十兩、馬二匹，敕省、臺及札魯忽赤鞫問”。據此，憲司奏劾宣慰使昂吉兒約有牙以迷失和姚天福兩次。前一次雖有“廷辯”核對罪過，但並未責罰昂吉兒，反而陞其官秩。第二次則是以朝廷遣官“馳訊”、“鞫問”，罷免昂吉兒職務及昂吉兒反誣姚天福失敗而告終。其間還雜有昂吉兒控制驛站，阻止廉訪使姚天福馳驛奏聞，甚至遣人追踪刺殺姚天福的插曲。這在有元一代似屬罕見，反映了宣慰司位高權重及其對憲司監察的彊烈反抗。

　　廉訪司與宣慰司在監察和被監察的關係之外，間或也有一定形式的協同配合。如江南浙西道提刑按察副使張礎奉命與浙西道宣慰司同知劉宣領兵捕捉遂安縣反叛之民㉙；廣西兩江道宣慰副使烏古孫澤治理有方，不僅本司長官都元帥朱鎮國“保奏甚力”，嶺南廣西道廉訪司也出面保舉其“才任風憲”；其便宜開倉賑濟饑民，又受到憲司的支持與祖護。㉚然而，也有個別憲司官利用職權向宣慰使等敲詐勒索的。“江東道按察使阿八赤求江東宣慰使吕文煥金銀器及宅舍子女不獲，誣其私匿兵仗”。㉛這一事例又披露：廉訪司（及按察司）品秩雖低于宣慰司，但因監察特權在握，實際權勢仍可以反居本道宣慰司之上。

　　關於廉訪司與蒙古諸王的關係，許有壬《静庵記》說：“道之置，直行省者六……而鎮有宗藩者四……加事大藩，則任若地益重矣”。㉜單依許氏之言，廉訪司與蒙古諸王的關係似乎僅爲"事"。實際情況並不那麼簡單。因元世祖以降，蒙古諸王內部含有負有出鎮總兵使命宗王和一般宗王兩大類，廉訪司與蒙古諸王的關係至少可以分爲兩類：一是與出鎮總兵宗王，二是與一般宗王。

先看廉訪司與出鎮總兵宗王的關係。元世祖朝始，相繼委派北平王那木罕、安西王忙哥剌、雲南王忽哥赤、西平王奧魯赤、鎮南王脫歡等"將兵鎮邊徼襟喉之地"，[33]這就是所謂負有出鎮使命的宗王。許有壬所云二十二道廉訪司中"鎮有宗藩者四"，估計是指雲南行省中慶路的梁王、湖廣行省武昌路的威順王、河南行省廬州路的宣讓王、揚州路的鎮南王。此外，還有陝西行省京兆路的安西王（武宗初，嗣安西王阿難答被誅，安西王藩撤銷）。廉訪司與此類出鎮宗王的關係，以"事"爲主。"事"，是侍奉、服事的意思，具體指對出鎮宗王保持某種程度的隸屬關係。這方面的事例很多。如世祖末河南按察副使王忱"白之鎮南王府"，處理鎮戍軍人強占息州民戶汪清爲奴等案件；[34]雲南廉訪副使朵兒赤離職前須"白于梁王，得檄而後出"；[35]當廉訪司繩治"雲南職兵民者""明肆貪墨"等事之際，梁王有權赦免其罪罰；[36]順帝朝，僉淮西廉訪司事馬世德修復合淝城池，事先稟白宣讓王；[37]鎮南王"出巡"，廉訪司亦須遣分司官"迎勞"。[38]由于出鎮宗王是鎮戍區的最高軍政首腦，相當于皇帝的代表，廉訪司官對其稍有不敬，就會招來一定的災禍。安西王忙哥剌出鎮京兆，位下"用事臣"欲將"順聖皇后賜金帳"置于"憲府奎鈎慶錫之閣"，陝西四川道按察副使張庭瑞拒不接受，且言："汝總管府自有府，其即彼以置"。"用事臣""讒其不恭，銳欲深治"，幸而按察使游顯"力陳辯"，張庭瑞才"受輕罰"，免官而去。[39]比較特殊的是，元後期某些場合下，廉訪司"事"出鎮宗王的關係，又有所改變。宋濂《陝西行省平章康里公神道碑》云：不忽木之子回回仁宗朝遷爲淮西廉訪使，"藩王有以米三百石爲饋者，公謝弗受，王以爲有父風"。[40]此藩王很可能是鎮南王帖木兒不花。宋濂碑文言"饋"而不言"賜"，頗耐人尋味。是否爲廉訪司官對出鎮宗王隸屬關係有所鬆動的反映，有待進一步研究。另，順帝至正二年（1342）"湖北廉訪司糾言，寬徹普化恃以宗室，恣行不法"。此項糾劾雖被順帝留中"不報"[41]，但至少表明元末廉訪司已開始糾劾以往所"事"的出鎮宗王了。

再看廉訪司與一般宗王的關係。一般宗王，主要指未擔負出鎮總兵使命的蒙古宗王，因其不是鎮戍區的最高軍政首腦，廉訪司與這些宗王無所謂"事"的關係。較爲常見的是，部分廉訪司與這些宗王投下部衆、投下官吏發生這樣那樣的聯繫。在這類聯繫中，廉訪司多是以朝廷風紀所繫的監司出現，對諸王投下集團進行一定的限制、監督乃至糾劾。如成宗初"宗王分地並門，廩餼歲取民間，或不能供，輒立契約，毋息倍稱。或不能償，隸其子女，民患苦之"。河東廉訪使王忱"請出錢縣官，贖還其親者百二十四人，於是，諸王膳貲歲頒于官，民瘰始蘇"；[42]"太原歲飼諸王駝馬一萬四千餘匹"，河東山西道廉訪使程思廉"爲請，止飼千匹"。㊸以上是對諸王"廩餼歲取民間"和駝馬民養的限制。世祖朝山北遼東道按察副使孫公亮"分司遼陽,親王近侍五人劫居民資用且毆擊之,有司不敢究。民來訴,即械五人,徇通衢。王諭釋其罪,竟杖決之"。㊹"東藩諸王鷹人縱暴,民大厭苦"。遼東道按察副使王忱"繩以法,遂斂避不敢犯"。"諸王分地恩州,其下以錢貸民,加倍徵息",遷任燕南廉訪副使的王忱,又"令子母相當則止,餘有罪"。這又是廉訪司官對諸王近侍及私屬等不法行爲的繩治與懲辦。需要說明的是,廉訪司對投下不法部衆的懲治,常常受到諸王的干預乃至報復。如諸王"嬖臣哈塔不花怙威肆虐",河東廉訪使王忱"按正款伏,王爲之請,弗聽。王馳使譖公,上未信……詔省、憲雜訊之,無驗,愬者抵罪。由是,王禁戢藩僚,民境晏寧"。㊺此事發生在阿只吉大王等部衆留駐河東五戶絲食邑的場合,並非其河西兀魯思領地。故宗王對廉訪司官的報復或干預,祇能採用爲部衆説情,"馳使譖"於朝廷等方式。對宗王的求情和誣告,廉訪司官可以不聽,朝廷在"省、憲雜訊",弄清原委後也可以爲廉訪司官主持公道。總而言之,廉訪司對一般宗王及部衆所發揮的監察功用似乎比較顯著。

九、結　語

最後,我們側重于元代廉訪司的性質、特徵,對全文作一簡要的總結。

第一,廉訪司開創了地方分道專職監察的新體制。

縱觀秦以後的地方監察,計有秦郡監御史、漢十三部州刺史、唐十道巡按觀察、宋路監司、金九路按察司等五、六種。其中,有些是較固定的(如漢十三部州刺史),有些是臨時的(如唐十道巡按觀察),有些是專職的(如秦郡監御史),有些是兼職的(如宋路監司)。包括對元廉訪司影響頗大的金按察司,也處于廢置不常、與轉運司時分時合的不穩定狀態。㊻元代肅政廉訪司既固定、專職,又細分爲二十二道,乃是古代地方監察的第一例。人們大都承認元代監察制度的一系列新建樹。實際上,這些新建樹不僅在於全國範圍的地方監察分爲御史臺、江南行御史臺、陝西行御史臺三大監察區,而且表現爲二十二道廉訪司分別隸屬於三臺,進而形成了以三臺爲主幹,以二十二道廉訪司爲網結的嚴密的監察網絡。用王惲"本朝之舉,高出前代"㊼的説法,來評價元廉訪司的意義功用,似乎毫不過分。某種意義上可以説,二十二道廉訪司開創了古代地方分道專職監察的新體制,對明清各省按察司監察也發生了較直接的影響。元廉訪司實爲明清各省按察司的楷模和前身,後者祇是數目略有減少,又恰與十三布政使司相對應配置而已。

第二,監察按治,全面而廣泛。

兩漢刺史的監察範圍主要是"六條問事",除第一條是豪强田宅踰制、凌弱暴寡外,其餘五條都針對二千石郡守違法貪贓、害民亂政，而且有"非條所問，即不省"的嚴格規定。[48]無論是監察對象和監察內容，都比較單純。相形之下，元肅政廉訪司監察按治，全面而廣泛。首先表現在監察按治內容上，舉凡糾劾官吏非違不法、照刷案牘、按問處罰犯罪官吏、錄囚、讞疑平冤、勸農桑、舉賢能、賑災荒、體覆庶政等等，均屬廉訪司的監察按治內容，即所謂"體覆體察一切公事。"[49]其次是監察按治對象的全面廣泛。上自行省、宣慰司、轉運司、萬戶，下至路府州縣及其他錢谷官、匠官、投下官等，均是本道廉訪司的監察按治對象。這與漢州刺史重點監察二千石郡守的情況，大不相同。誠然，廉訪司在監察按治上述諸色官府時的具體方式及權限，差異很大，并非千篇一律。廉訪司監察按治的全面性和廣泛性，受宋路監司及金按察司制的影響頗大，因而，應該看作是唐宋以來地方監察成熟、發展的趨勢使然。同時，元代地方官府門類、層級繁冗，行省、宣慰司、路府州縣多達五、六級，軍官、站官、匠官、錢谷官、教官、僧道官、投下官等，五花八門，紛然雜陳，給朝廷居上控制帶來諸多不便。廉訪司監察按治的全面而廣泛，很大程度上又是直接服務於朝廷控制地方諸多官府這一政治需要的。換句話說，元代廉訪司監察按治全面而廣泛，似乎與地方官府繁冗之間也存在一定的因果聯繫。

第三，總司分司，監臨坐地。

無論是漢唐刺史、巡按，抑或宋路監司，都是采用獨員出巡的方式，履行其監察職能的。元廉訪司在金按察司多員制的基礎上進一步發展爲總司、分司"監臨坐地"的監察方式。該方式既有總司廉訪使二人"坐鎮"和綜領一道，又有分司官副使、僉事等分掌若干路分，定期出巡按治錄囚。總司官有權號令督促分司的監察活動并負責檢核其案牘，分司官多用"會議公事"的辦法向總司請示報告。這似乎又是群官圓議連署制在廉訪司監治一道揚合下的變通和運用，也比較適合廉訪司監察活動的實際情況。總司、分司，"監臨坐地"，作爲廉訪司監察的基本運作方式，無疑使其在本道範圍內的監察職司更爲正規、固定和深入，較之以往的獨員出巡制，更能發揮凌駕于有司之上的實際效力。這乃是唐宋以來地方監察方式不斷發展的重要成果。然而，"監臨坐地"，在客觀上又將廉訪司引入地方官化的軌道，明以後各省三司之一的按察司，就是廉訪司地方官化的演變結果。

第四，"按"、"抗"結合，位顯權重。

許有壬《靜庵記》云："中臺總憲，分二臺西南，而錯置廿二道於天下。其任若地，莫不重也。道之置，直行省者六，直宣慰者七，直路府者九，而鎮有宗藩者四。宣慰下皆按部，省則抗矣。"[50]許有壬歷任臺察省部要職數十年，他對廉訪司"按"、"抗"職司的描述，大體是信而有徵的。"抗"即分庭抗禮，"按部"即行使較完整的糾劾、按問、照刷、體覆等。元代地方監察所面臨的兩項主要任務是：既注意對宣慰司以下官府的普遍監察，又特別把行省作爲監察重點。廉訪司的"按部"與"抗",可以體現元地方監察的兩個側重,適應上述兩項任務的客觀要求。"按"與"抗",也反映了廉訪司在元地方統治結構中舉足輕重的地位。元中葉以後,人們習慣將行省與廉訪司一並稱爲"省、憲",大抵是廉訪司可以與行省并駕齊驅的寫實。

　　另外,漢代刺史僅爲六百石,品秩相當於低級縣令。元廉訪司品秩并不算高,一直保持在正三品,與上路總管府相同。這與漢唐以來有意壓低監察官品秩,以收激勸之效的傳統政策,既有繼承,又有變通。元廉訪司的較高品秩,乃是沿用宋路監司和金按察司制的結果,或許也與元代高級衙門泛濫及廉訪司機構的固定化不無關係。元廉訪司權勢之顯耀,與漢刺史、宋路監司相比,有過之而無不及。元人張之翰說:憲司"有地數千里,有城數百區,持肅清之權,按治於其間,喜之而爲春,怒之而爲秋,使百辟群吏趨走聽命之不暇"。[51]王惲也有"控臨百城,靡不約束","治弘務簡,望隆威赫,有臺閣清嚴,無州郡急迫"之說[52]。時人甚至視廉訪司官重於路州守令百十倍,[53]想必是有道理的。由於朝廷的重視程度及政局的影響,按察司和廉訪司在不同時期的功用也不盡相同。正如至元十年胡祗遹所云:"按察司今已三四歲,不過翻閱故紙,鞭撲一二小吏細過而已,不聞舉動邪正,勸激勤惰"。[54]世祖朝末王惲也說:"比者廉司之設,初氣甚張,中外之官,悚然有改過自新之念。大奸巨猾,致畏懼而不自安。庸人懦夫,將卓爾而有所立。行無幾何,法禁稍寬,使監視者勁挺之氣不息而自斂,聽從者奸弊之陰,潛滋而復持",[55]廉訪司權威盛而稍衰,與元代政局和監察機制的總趨勢,基本是同步的。附帶說一下,時至元末,不少廉訪司官也走上腐化道路。葉子奇說:"自秦王伯顏專政,臺憲官皆諧價而得,往往至數千緡。及其分巡,竟以事勢相漁獵而償其直……肅政廉訪司官所至州縣,各帶庫子,檢鈔秤銀,殆同市道矣"。[56]葉氏的描述雖不能概言廉訪司官全體,但也不是無根之說。這種場合下的廉訪司官,完全失去了位顯權重的監察官本色,反倒墮落爲官場中利用"事勢""監守自盜"的蛀蟲。

① 《滋溪文稿》卷一〇。
② 《元典章》卷五臺綱一《行臺·行臺體察等例》;卷六臺綱二《體察體覆·察司合察事理》。
③ 《元史》卷二四《仁宗紀一》皇慶二年六月丙子;《南臺備要·體察聲迹》,《永樂大典》卷二六一〇。
④ 《元典章》卷六臺綱二《體察體覆·禁治察司等例》。
⑤ 《憲臺通記·臺察咨稟等事》,《永樂大典》卷二六〇八。
⑥⑦ 《憲臺通記·臺察官吏犯贓加重》,《永樂大典》卷二六〇八。
⑧ 《元史》卷一八《成宗紀一》元貞元年正月壬申。
⑨ 《元史》卷三五《文宗紀四》至順二年三月辛巳。
⑩ 《南臺備要·書吏奏差犯贓》,《永樂大典》卷二六一〇。
⑪ 《秋澗集》卷八六《烏臺筆補·彈西夏中興路按察使高智耀不當狀》。
⑫ 《元史》卷一八二《許有壬傳》。
⑬ 《南臺備要·分司擅選》,《永樂大典》卷二六一〇。
⑭ 《金華集》卷三八《朝列大夫杭州路總管府治中致仕范君墓誌銘》。
⑮ 《南臺備要·整治臺綱》,《永樂大典》卷二六一〇。

⑯ 《危太樸集》卷一《望番禺賦》。
⑰ 《元史》卷一四四《星吉傳》。
⑱ 《梧溪集》卷三《故内御史捏古氏篤公挽詞》。
⑲ 《元史》卷一八三《李好文傳》。另,《元文類》卷六四《山南廉訪副使馮公神道碑》載:世祖朝"唐之監州諱發其伏,逃訟於朝","顧列"河北河南道僉憲馮岵"實田湖陽三十頃,禁殺日殺,紆塗乘傳多燒驛薪不法十餘事。詔御史問之,無絲發得,抵其誣辜"。
⑳㉜㊿ 《至正集》卷三九。
㉑㉟ 《元史》卷一三四《朵兒赤傳》。
㉒ 《元史》卷一七五《敬儼傳》。
㉓ 《元史》卷三〇《泰定紀二》。
㉔ 《元史》卷一八三《王守誠傳》,《李好文傳》。
㉕ 《元史》卷一七三《崔彧傳》。
㉖ 《紫山集》卷二三《民間疾苦狀》。
㉗ 《元文類》卷二五《丞相順德忠獻王碑》。
㉘ 《元文類》卷六八《平章政事致仕尚公神道碑》。
㉙ 《元史》卷一六七《張礎傳》。
㉚ 《墻東類稿》卷一二《中大夫江東道肅政廉訪使孫公墓誌銘》。
㉛ 《元史》卷一〇《世祖紀七》至元十五年五月。
㉝ 《經世大典·序録·屯戍》,《元文類》卷四一。
㉞ 《滋溪文稿》卷二三《參知政事王公行狀》;《元文類》卷六八《參知政事王公神道碑》。
㊱ 《光緒續修永濟縣志》卷一七《裴參政神道碑》。
㊲ 《青陽集》卷三《合淝修城紀》。
㊳ 《山右石刻叢編》卷三九《元故朝散大夫僉太常禮儀院事宋公墓碑》。
㊴ 《牧庵集》卷二二《榮禄大夫江淮等處行中書省平章政事游公神道碑》,卷二〇《少中大夫叙州等處宣撫使張公神道碑》。
㊵ 《宋文憲公集》卷四一。
㊶ 《元史》卷一一七《寬徹普化傳》。
㊷㊺ 《元文類》卷六八《參知政事王公神道碑》。
㊸ 《元史》卷一六三《程思廉傳》。
㊹ 《秋澗集》卷五八《大元故正議大夫浙西道宣慰使行工部尚書孫公神道碑》。
㊻ 周繼中:《中國行政監察》,江西人民出版社 1989 年。
㊼(55) 《秋澗集》卷三五《上世祖皇帝論政事書》。
㊽ 《漢書》卷一九上《百官公卿表》。
㊾ 《至正集》卷七四《遠道闕官》。
(51) 《西巖集》卷一四《送王侍御河北按察使序》。
(52) 《秋澗集》卷六六《憲司箴》。
(53) 《東維子集》卷二九《送康司業詩》。
(54) 《紫山集》卷二二《時政》。
(56) 《草木子》卷四下《雜俎篇》。

《宋書》時誤補校(七)

牛繼清　張林祥

35.晋穆帝升平元年四月壬子,太白入輿鬼。丁亥,月奄東井南轅西頭第二星。(卷二十四頁716)

按四月庚寅朔,壬子二十三日,無丁亥。下文有"六月戊戌"條,疑"丁亥"上脱"五月",五月庚申朔,丁亥二十八日。《晋書》卷十三《天文志下》同誤。

36.〔升平〕二年二月辛卯,填星犯軒轅大星。甲午,月犯東井。閏月乙亥,月犯歲星,在房。(卷二十四頁716)

按承上文則閏二月,閏二月則乙卯朔,乙亥二十一日。陳《表》、《晋書》卷八《穆帝紀》均作"閏三月",閏三月乙酉朔,無乙亥。

37.〔升平四年〕十二月甲寅,熒惑犯房。丙寅,太白晝見。庚寅,月犯樓閉。占曰:"人君惡之。"(卷二十四頁717)

按十二月己亥朔,甲寅十六日,丙寅二十八日,已是月末,無庚寅。下文接"五年正月乙巳"條,四年閏十二月己巳朔,庚寅二十二日,此"庚寅"上當脱"閏月"。《晋書》卷十三《天文志下》同誤。

38.〔海西公〕太和四年二月,客星見紫宫西垣,至七月乃滅。……閏月乙亥,月暈軫,復有白暈貫月,北暈斗柄三星。(卷二十四頁719)

按承上文則閏二月,當辛亥朔,乙亥二十五日。《晋書》卷十二《天文志中》亦但作"閏月乙亥"。陳《表》推該年閏正月壬午朔,無乙亥,疑陳氏排閏有誤。

39.〔晋孝武帝〕寧康二年正月丁巳,有星孛于女虚,經氐、亢、角、軫、翼、張。(卷二十五頁722)

"校勘記"云:"《晋書·孝武帝紀》作'三月丁巳'。按是年正月癸未朔,三月壬午朔,正月、三月均無丁巳日。疑。"按《晋書》卷九《孝武帝紀》本作"二月丁巳",二月癸丑朔,丁巳初五日,"校勘記"引誤。此"正月"當爲"二月"之訛。《晋書》卷十三《天文志下》原誤,從《孝武紀》改,有"校勘記"。

40.〔晋安帝隆安四年〕六月乙未,月又犯填星,在牽牛。辛酉,又犯哭星。(卷二十五頁728)

按六月庚辰朔,乙未十六日,無辛酉。《晋書》卷十三《天文志下》同誤。《魏書》卷一百五之二《天象志二》天興三年(當隆安四年)"七月己未,月犯填星,在牽牛。辛酉,月犯哭星。"七月己酉朔,己未十一日,辛酉十三日,當是。此"六月乙未"當係"七月己未"之訛。

明人文集題記（三）

趙萬里遺著

珂雪齋近集十卷　明刻本

　　明袁中道撰。中道字小脩，公安人，宏道之弟。萬曆丙辰（四十四）年進士，授徽州教授，遷國子博士，改南禮部主事，歷郎中。事蹟具詳《明史》本傳。此編前後無序跋，計古今體詩二卷，雜文八卷，封面題石城唐振吾督刊。卷一前題下亦有書林振吾唐國達刊一行，蓋萬、啓間金陵唐氏坊刻本也。中道作詩，獨抒性靈，不拘格套，情與景會，千言立就，翻王、李之窠臼，破台閣之陳格，易板重爲輕巧，變粉裝爲本色。宗道倡言於前，中道從而煽之，天下靡然景從，無人不知有公安三袁，而明詩亦自此弊矣。中道有才多之患，以視宏道似遠過之。如漢陽感舊詩云“芳草遍憐衡處士，桃花不夢息夫人。”懷中郎詩云“青山到處悲王粲，明月曾經照謝莊。”造語幽豔，不脫輕佻惡習，宜其爲錢東澗輩詬病也。雜文以遊記爲多，最著者如遊青溪記、遊岳陽樓記、澧遊記、遊玉泉記、金粟園記、遊鳴鳳山記、遊鹿苑山記、遊君山記，皆爲名雋之作。中道別有《珂雪齋集》二十四卷。此帙所收詩文大都爲他處所未及，末附其子袁祈年集三種，其刊行自當在他本後矣。

謝含之集十四卷　明天啓刻本

　　明謝士章撰。士章字含之，安順普安衛人，萬曆四十四年進士，事蹟無攷，檢貴州《安順府志》亦未及士章行事。此編有詩無文，爲集凡十一種：一曰《笑玉軒集》，序之者單守敬，校之者丘禾嘉也。二曰《計偕集》，門人石龍陳鑑爲之讎校。三曰《懶雲集》，凡二卷，首有巴人倪斯蕙，年弟魏浣初、吳興吳繼祖序文，知士章初官粵之增城，後又有事於金陵，得與魏浣初同遊，此集即浣初所校也。四曰《遊羅浮集》，序之者羅萬爵，校之者南海黎崇宣，殆官增江時作。五曰《七星巖集》，七星巖位於粵之端州，距州郭凡三里，是此集之刊，當與遊羅浮集略同時。六曰《粵闈漫集》。七曰《秋似亭集》，凡三卷，黃良臣序之，其亭在增城，當亦官粵時作。八曰燕台集。九曰《退食軒集》，東官王猷序之。十曰《郢中集》，王應熊序之。十一曰《巴東集》。知士章晚歲縱跡，又西至巴蜀，北走燕冀。綜觀其詩，律絕言節瀏亮，對仗鮮明，古體亦復翩翩振響，得開天之遺音。如所作"麥翠千郊熟，琴聲一署間"、"松風官舍夢，蘿月故園情"，俱精警可誦，然終傷婉弱，未能入作者之林也。此帙首册首葉有墨書字句"違礙抽燬訖"字樣，檢卷中《懶雲集》、《燕台集》缺葉纍纍，蓋經乾隆間廷臣抽燬，想傳世者無第二帙也。

寒螿詩稿一卷　民國五年活字印本

明辛丑年撰。丑年字左峰，無錫人。天啓甲子以布衣終，得年九十有三。事蹟具詳康熙甲午同里黃天球撰傳。此編僅收古今體詩二十四首。首有陶世鳳、顧寶琛序文，後有十世從孫孝達後跋。丑年於明季無赫赫名，閉戶清修，博涉經史，爲句讀師。有祖孫三代從之受業者，因得識顧端文憲成昆季於髫年，驚爲偉器，薦名師張原洛以代。端文卒成一代大儒，其卓識宏量，有足多者。顧文章著述，絕少流傳，時逢喪亂，半付劫灰。此戔戔之帙，乃十世孫孝達從宗譜中搜得之，吉光片羽，篇什無多。其詩湛深理學，陶寫性靈，與顧端文、黃斗南往返之作爲多，然大半乃亢厲之音。《錫山詩選》不登一字，殆病其粗疏歟。

滄海集不分卷　民國十八年石印本

明朱當世撰。當世字右文，號滄海，一號白衣小士，通州人，諸生。卒後鄉人謚之曰介毅先生。事蹟具詳乾隆《通州志·文苑傳》。此編皆古今體詩，諸體雜厠，首有孫雄、顧似基、范罕、范況、徐要世等序文，次爲鄉後學袁紹昂、王光同題詞，又次爲異羽范鳳翼撰傳，末有民國十七年十九世裔孫憲章跋語。當世詩集，世鮮傳本，見於《崇川百家詩鈔》及朱氏家乘者，僅寥寥數章。數年前裔孫憲章無意中於邑中圖書館邂逅舊本，因用新法石印以傳之，即此本也。當世於詩無意求工，音節諧暢，而境界不深，以平正沉著爲宗，而傷於樸僿。如湖上歌、酼珠樓歌、叢桂篇、送呂微文、求鶴歌、頌府守王公、東隣詩、壯遊篇諸什，摹古而僅襲其貌，沙中金屑，正復不能多覯爲憾也。當世生性純孝，撰述外無他嗜，酒酣耳熱輒罵座，以是人多敬畏。萬曆丁丑郡守林雲程修州志，當世與顧養謙、陳大科、宋堯化同預於纂修之役。州志稱其著有《古今合轍集》、《滄海集》、《敝帚集》，今《敝帚集》及《古今合轍集》俱佚，存世者僅此戔戔小帙耳。

小雅堂集八卷　明崇禎刻本

明莫雲卿撰。雲卿字廷韓，華亭人，諸生。事蹟俱詳《華亭縣志·人物傳》。此編首有秀水馮夢禎、同邑董其昌、陳繼儒、馮元成、陳子龍及仲姪莫遠序文。卷一爲賦五首，樂府十二首。卷二爲五言古詩二十首，七言古詩二十三首。卷三爲五言律詩一百十九首，五言排律五首。卷四爲七言律詩九十八首。卷五爲五言絕句三十一首，六言絕句五首，七言絕句五十七首。卷六爲詞八首，記二首，傳一首，叙七首。卷七爲書三十二首。卷八爲題跋十一首，筆塵三十九則，贊三首，銘五首。俱以體類次。雲卿爲莫如忠次子，少修汲古之綆，長馳超乘之駕，弱歲標譽，小雅繼作。時值嘉隆諸子，飛藻揚葩，海内名流，迴流景赴。獨雲卿富有才華，自開堂奧。張肖甫、汪伯至讀其詩交相推重，何元朗、張元起亦與訂忘年交。贈箋題扇，書壁摩崖，莫不以得雲卿翰墨爲榮。雲卿又精六法，得蘇米真髓，拈毫落紙，有神來之筆。雲卿之姪君全，嘗摹雲卿父子翰墨刊石行世，所謂崇蘭館帖是也。此集載所作跋柳公權蘭亭詩帖真蹟、跋太清樓帖、跋右軍三帖、書虞永興帖後、書褚河南帖後及論書法諸文，知雲卿深於法帖之學，宜其書法之獨絕人寰矣。雲卿藏弄之富，甲於三吳，間藏宋槧名抄，縹緗佳帙，亦足與都玄敬、吳方山抗衡。惜傳於世者，僅黃復翁豔稱之《買長江集》一書耳。雲卿詩輕俊流麗，富有神韻，雖雕琢新句，襞積古辭，微傷刻露。然其最高者，亦可遠紹陸笠澤，近揖董香光。惟文則過於淺顯，時有累句爲可憾耳。

李裕州蕭然亭集四卷　明萬曆刻本

明李尚實撰。尚實字子虛，上黨人，諸生。官輝令、淇令，晋知裕州，故人稱李裕州云。此編有詩無文，詩以古今體類次，首有萬曆戊戌樵李范應賓、隆慶戊辰西京左熙序文。又有自序，有“鴻造不緣孤鳳而噤哀蜇，大明不爲燭龍而輟螢照”之句，其抱負可知也。尚實事蹟莫由詳攷。觀集中有誦瀋藩五世同堂賦，又五言古詩有壽瀋國王，七言古詩有弼亮天工歌，爲大司馬鑑川公賦應瀋國，大隱樓歌奉和瀋國，五言律有簡誠軒奉國，奉和瀋國春游西園韵，瀋國祭掃回經黃厓應教之作，瀋宣王挽詩，夜起奉和瀋國。七言律有千秋辭獻瀋國時册使頌封節，歲暮瀋國有教奉和，五言排律有千秋詩奉瀋國十七韵，和瀋國宴勝園用文徵明韵，七言絕句有靈兩奉韵瀋國諸作。知尚實嘗爲瀋藩侍從之臣。范序有梁孝王闢兔園，日與鄒陽、枚乘弋游等語，以梁孝王擬瀋藩，以尚實比於鄒枚，蓋以此耳。攷瀋國自安王詮鈺，懷王允栘以降，世崇儒教。尚實得侍宣王恬烄，又歷靖王珵堯之世，宜其文質彬彬、有梁園賓客之號矣。

《潞安府志》藝文著述門稱《蕭然亭集》八卷，與此本四卷不合，疑併其文集計之，又稱有《蕭然亭樂府》一卷，非詩餘即套數、小令。惜今已佚矣。

竹素園集九卷　明萬曆刻本

明馮大受撰。大受字咸甫，華亭人，時可子，萬曆七年領鄉荐，困公車者三十年。謁選得陽山縣，改教餘姚，擢知慶元縣，致仕歸。事蹟具詳嘉慶《松江府志·古今人傳》卷六。此編又名《馮咸甫詩草》，詩以編年爲次：作於萬曆庚辰者，名《燕台遊草》，同邑莫雲卿序之。作於壬午、癸未間者，名《北游續草》，弇州山人王世貞序之。作於乙酉、丙戌間者，名《公車別録》，紫虛道人王逢年序之。作於辛巳者，名《金陵遊草》，鞠陵山人屠隆序之。蓋皆上公車日所作詩。此外作於癸未、甲申間者，名《端居集》、《郊居集》。作於甲申、乙酉間者，名《園居集》。作於丙戌、丁亥間者，名《閒居集》，則皆歸田後所作。又別有《據梧集》一卷，不詳所作歲月，疑亦與閒居、園居諸集略同時，故以據梧名篇也。大受詩卷絶不止此，觀卷中公車別録下署卷之十七，知全書佚卷尚多。《松江府志·藝文》載《竹素園集》十卷，知嘉慶中已無全本，亦憾事也。大受之詩有李翰林之豪放，杜拾遺之沉快，王、孟之冲澹，高、岑之清越，趣深獨造，兼擅衆長。然不脱七子繩墨，以視其尊人時可所作南征、北征諸集，雄厚超邁俱臻上境者，殊有上下牀之別也。大受少承庭訓，長負時望，工書法，爲太倉王弇州同邑莫如忠所激賞。歸田後著竹素園，吟嘯其中。晚歲詩名益高，可與雲間二韓媲美。此爲崇禎間户部尚書畢自嚴故物，數年前自臨淄畢氏散出，世殆無第二本也。

玄對樓集七卷　明萬曆刻本

明穆光胤撰。光胤字仲裕，東明人。父文熙，官至吏部考功司員外，廣東按察司副使，以直諫名於海内。光胤少承家學，官中書舍人。此編題關西許光祚靈長校。首列董香光所作江南遊圖及仲裕五十四歲小像。前三卷爲江南遊記，排日爲次。計自東明出發至無錫爲記一，自蘇杭至諸暨返紹興爲記二，客紹興日爲記三，自紹興返杭州爲記四，客杭州日爲記五，自杭州至蘇州爲記六，自蘇州至松江爲記七，自松江返蘇州爲記八，自蘇州至南京爲記九，自南京返東明至家爲記十，都凡一萬九千六百言。後四卷爲江南遊詩，古今體雜厠，編年爲次，共得詩二百九十七首。初萬曆丁巳歲，光胤以退官之暇，離家作汗漫遊。渡河，遵豐沛故道，渡淮越江，至金陵蘇杭，觀濤於錢江，探禹穴，復漫遊天竺、六橋、具區、洞庭之勝。所至登山涉水，選勝訪友，一時吳會名士，如陳眉公、董香光、文啓美、范長白、趙凡夫及李本寧、焦弱侯，莫不倒屣相迎，與光胤評書論畫，會文盟詩無虛日，至是年六月，仍遵原道返里，此一遊也，計時一百七十日，歷一萬五千餘里。山水窮吳越之奇，人物盡東南之美，因浣筆爲之記。行文高潔，飾辭淵雅，俱見學有本原。詩則古體堅實無懦響，出入蕭梁漢魏間，近體未脫七子窠臼，然亦清曠高妙，有如江空月冷，孤鶴夜警，不在乃父《逍遙園集》下也。此集各卷俱題"玄對樓巳集"，以地支爲次，則全書必有十二集可知。《千頃堂書目》著錄本不題卷數，《大名府志》、《東明縣志》既不爲之立傳，於此集存佚，亦不著一字。此雖殘帙，又烏可不以球璧視之。

市隱堂詩稿六卷　　明崇禎刻本

明魯藩朱頤姙撰。頤姙字江亭，荒王八世孫，事蹟無攷。《明史·諸王世表》於魯王名下亦無頤姙其人，未知究爲何人子也。此編首有崇禎庚辰吏兵兩科給事中、行人司行人范淑泰序文，次有琅邪顏則禮序文。題男壽鼕孫以瀋輯，又題同社楊士聰遲成、王應昌諒之、范淑泰木漸、周普玄度閱定。詩以古今體編次。攷崇禎初，魯王子姓朱以派、朱壽銅、朱壽鼕、朱壽鋒、朱壽鉚、朱壽鑺等，嘗爲舞雩社於濟南，吟咏唱酬無虛日。一時山左文士風起雲湧，此實頤姙導其先河，故此集亦出同社諸子所審閱，非無因也。明之詩運，自國初四大家濬其源，中興七子衍其流，台閣元音，彬彬稱盛。然後生末學嗜袁中郎之痂，拾徐文長之唾者，實繁有徒，頤姙慨然傷之，屈起東藩，颷舉海甸，繪章琢句、悉本匠心，慕古酌今，多合規律，弇山、歷下以降，宗子之能詩者要以頤姙爲巨擘矣。所作古體如古思邊、戰城南、東遊曲、東隣曲、長安明月篇、苦寒行、北地行，無不辭旨婉約，有溫、許之遺風。至近體如述懷云："竹色凌殘雪，梅香度晚風。歲時雙醉眼，天地一衰翁。"春日臥病云："那堪曲水興，尚念野人儔。燕子知春社，衝泥去玉樓。"除夕雪中有感云："藥餌扶衰病，琴樽送去年。"冬日感懷云："天地身將老，風塵鬢欲皤。"大抵淡遠高古，步武王、孟，其下者亦不失錢、劉也。此書《千頃堂書目》、《明史·藝文志》俱失收，僅陳田《明詩紀事》著錄及之。此本白口雙邊，尚是最初印本，亦希見之秘笈矣。

香奩詩草一卷　　夷門廣牘本

明閨秀桑貞白撰。貞白字月姝，嘉興人，隆萬間同邑布衣周履靖繼室也。纂組之外，留心翰墨，紙閣蘆簾，與履靖唱和甚得。事蹟具詳《檇李詩繫·閨秀詩選》附傳。此編首有萬曆乙未鹿門茅坤序文，共得古今體詩六十六首，與《檇李詩繫》稱有詩數百餘首，刪繁擷精，得十之一二者相合。而《詩繫》又稱其集名曰《月窗詩稿》。則與此本稱名互异,疑一書有二名,非別有一本也。貞白詩骨寒思窘,氣清意冷。如詠育靈云:"一筐芳草路,兩袖落花香。不卧黄昏月;孤眠白玉郎。"睡燕云:"忽成莊子夢,不向漢宫飛。"寄情云:"日暮登樓何處歌,陌頭楊柳望中多。思君書劍天涯客,三月春光有幾何。"暮春感懷云:"夜闌風雨惡,花落砌階紅。啼鳥枝頭怨,遊蜂葉底空。"比字櫛句,不同凡響。清康熙中會稽女史王端淑輯《詩緯》評其詩曰:"人謂襄陽詩,如清溪白石,疏柳幽蕉。清矣,未免于薄,嗟乎,襄陽之厚,人未知也,讀月姝詩,當自得之。"嗚呼,貞白有知,聞斯言可以無遺恨矣。貞白適周履靖,履靖著有《梅顛集選》二十卷,有閒雲稿、泛柳吟、咏物詩等集,《四庫全書》别集類存目七已著於録,兹不復贅。

素蘭集一卷　舊抄本

　　明翁孺安撰。孺安字静和,常熟人,翁太常女,少以詩名,意不自得。後以兵難被磔死,事蹟略見同邑馮舒撰傳。此編首有中山計隆序文,計詩一百五十七首,古今體詩雜厠。其詩清麗悱惻,極疏秀纏綿之致。古體如神絃曲、北風行、秋闈吟、石城曉、湘江曲,皆爲上乘之作。近體以落花詩三十首最負盛譽,一則曰:"國色尚存衣帶引,清香不改月明知。"再則曰:"遥望陌頭悲柳絮,點殘紅葉亂雲牋。"三則曰:"時隨遊屐迷香徑,每逐春波出御溝。"四則曰:"狂態不禁山鳥亂,香魂何處彩雲飄。"無不托意遥深,言外有難言之恫。計氏弁言所謂人搜匀約之篇,家印芙蓉之彩者,殆爲此數章寫照也。馮己蒼稱孺安閑居好潔,几格蒔芳卉,時或明月在天,人定街寂,令女侍爲胡奴裝,跨駿騎遊行,蹀躞不休。春秋佳日,扁舟自放,緑波紫蓼,欣然樂之。吴越山川,踪跡殆遍,是其人有古林下風,方之趙夫人陸卿子、范夫人徐媛亦無遜色。明末三吴人物之盛,甲於東南。而閨襜亦多以文字鳴,孺安其代表也。此帙卷後有自署慧伽生者,據馮己蒼抄本細校一過,異文訛字,頗多乙正。卷首又有"泉唐黄氏小松珍藏"一印,名賢遺澤,彌足爲此帙生色矣。

蔣氏敬日草十二卷外集十二卷　清初刻本

　　明蔣德璟撰。德璟字中葆,號八公,又號若椰,晋江人,萬曆己酉(三十七年)舉人,天啓壬戌(二年)進士,選庶吉士,除編修,以忤魏黨與文震孟俱罷。崇禎十一年起原官,歷少詹府,擢禮部尚書兼東閣大學士。福王立召入閣,自陳三罪固辭。唐王立於福州,與何吾騶、黄景昉並召,又明年以足疾辭歸。聞唐王敗,涕泣不食,卒於家。事蹟具詳《明史》本傳。此編首有曾化龍序文,版心墨釘纍纍,第六册以下不著卷次。今知爲正集十二卷外集十二卷者,則出後人所定,似當時隨刊隨印,以遭國變,懼罹禁網,故抽燬其版之少半,此本各卷多見缺葉,職此故耳。德璟以熟知歷代掌故,及明代典章、九邊阨塞、河漕、屯牧、鹽筴、水利、刑法等學聞於時。嘗進御覽備邊冊,凡九邊十六鎮新舊兵食之數,及屯鹽、民運、漕糧、馬價悉詳焉。又進諸邊撫賞冊及御覽簡明冊,帝深嘉之,又嘗疏上救荒事宜,又疏言勘陵不宜多帶官兵,黃冠不宜陪祀太學,撤內操、核要典諸大政,皆關係國計,侃侃名言,宋之李伯紀、唐之陸宣公,亦無是作也。德璟作詩,直追盛唐,無浮豔塗飾之弊。文以和平典雅爲宗,闡發時政,語多精警。蓋有本之學,究與空談者異矣。

鹿鳩詠二卷　抄本

明黃景昉撰。景昉字太穉,晋江人,天啓乙丑(五年)進士。改庶吉士,授編修,歷中允諭德庶子少詹,進詹事,擢禮部尚書,兼東閣大學士,參預機務,加太子少保,改户部尚書,進文淵閣大學士,引歸。唐王時,起原官,復告歸,國變後,家居十餘年卒。事蹟具詳《明史》本傳。此編古今體詩雜厠,首有戊寅冬日自序(戊寅爲崇禎十一年)略云:初入都,有以生鹿餉者,庭有二槐,有雙白鳩日來栖止,音鳴淒異,毛羽縞如。爰風始鳩、雅始鹿之義、以鹿鳩顏所作詩。是此集所載乃入都後作。攷《龍性堂詩話》稱景昉作有感限韵詩八十二首,有"有淚銅人甘戀漢,無情玉馬苦朝周"、"罍尊醉益看花感,弦管淒增落葉哀"、"元亮詩成題甲子,伯仁宴罷泣山河"、"枯魚此日將書至,旅鴈何年繫帛回"之句,與此帙相較,無一合者。蓋此乃單行別出之本,他作當於《甌安館集》求之,惜已不可見矣。景昉作詩,務去陳言,專尚新警,如曹能始觀察招社集不赴云"閣筆桐花羽,皈心貝葉乘",題訪賢亭云"牛青關尹氣,鷗白海人機",林益謙給諫自鳳陽省陵還云"淮流桐柏遠,禹穴會稽長",皆其極詣。此外古體大抵失之艱澀,近體尤工雕繪,與江南諸子格調異趣,亦可謂毅然自立無所依附者矣。

鵠灣遺稿不分卷　明末刻本

明譚元春撰。元春字友夏,竟陵人,天啓丁卯(七年)舉人。事蹟附見《明史·袁宏道傳》。此編首有鶴湖錢繼章序文,乃繼章所輯《人琴集》之一。初元春既輯其詩爲《嶽歸堂集》十卷,吳人張澤又合其詩文爲一帙,題曰《譚友夏合集》,共得二十三卷。一卷至五卷爲嶽歸堂新詩;六卷至十四卷爲鵠灣文草;十五卷至二十三卷爲嶽歸堂已刻詩,每首各具評語。一時洛陽紙貴,風靡宇内者,即合集本也。同時有郊菴其人者,又輯譚詩得十卷,號曰《譚子詩歸》,並載諸稿自題之名,如西陵草、秋尋草、客心草之類,凡十餘種。知譚詩當時別行本甚多,合集與詩歸當即取資於是。此則元春卒後其友人錢繼章所輯,共得古今體詩二百六十五首,爲前此諸集所未及,蓋佚稿也。元春詩可稱刻畫無鹽,與鍾伯敬同趣,然才調絶不如鍾。錢東潤評其詩,謂"以俚率爲清真,以僻澀爲幽峭,作似了不了之語,以爲意表之言,不知求深而彌淺。寫可解不可解之景,以爲物外之象,不知求新而轉陳。無字不啞,無句不謎",此數語殆可視爲竟陵一派定論。驗之卷中所載夢李朱實同坐劉士雲汎閣作、古詩送弟服膺、答陳義升令君、江北桃源行、答徐元歟諸作,類皆篇章破碎,詞旨蒙晦,然後知東潤之言非誣。乃繼章刊此集時,謂譚詩"獵異窮竅,樸才靈多,開千古之勝胸,資萬人之目福",其言殽亂是非,顛倒黑白,誠可謂阿其所好,非尚論者所敢許矣。

萬柳老人詩集殘稿一卷　民國十七年鉛印本

明宋繼澄撰。繼澄字澄嵐,號淥溪,晚號萬柳老人,萊陽人,天啓丁卯(七年)舉人。崇禎甲申後,隱居海濱,三徵不仕,主山左大社,又舉復社。卒後,里人私諡曰文貞先生。事蹟具詳《萊陽宋氏族譜》本傳,此編出邑人于世琦所輯。于氏從同邑張氏風索齋藏鈔本錄出,凡得古今體詩一百二十六首,題曰殘稿,以示書非全帙,尚待他日補苴,發潛顯幽,其功有足多者。繼澄作詩,不事鍛鍊;標舉興會,時多創獲。如寄張并叔云:"片月何當滿,秋雲漫可招。"王惠疇來顧云:"若爲滄海闊,不盡白雲深。"擬王維詩云:"落日滄滄盡,連山淡淡浮。"對海感書云:"寂寥雲自去,浩蕩月能來。"客過云:"半落霜前葉,應無菊後花。"無不沖澹閒逸,得王、孟之真趣。此外山人詩五言律三十首,匠意鑄辭,色具體備,一時山左作者,未能或之先也。宋氏族譜稱繼澄著有《四書正義》、《詩經正義》、《古今偶筆》、《家訓》諸書,惜至今存者寥寥,不獲與此帙並傳矣。

文生小草一卷　明崇禎刻本

明文震亨撰。震亨字啓美,長洲人,大學士震孟之弟,貢生,官至武英殿中書舍人。國變後,投水死。清乾隆中賜諡節愍,事蹟具詳《蘇州府志·人物傳》。此編皆震亨居南都日所作古今體詩,題"雁門文震亨啓美著,隴西李國楨兆瑞定"。考震亨籍隸吳郡,而稱雁門者,蓋從郡望也。首有孟津王鐸序文,序有"湛持公以憂讒畏譏,而啓美以吟詠徜徉,固無嫉者。而詩之、字之、畫之。是猶蘭蕙之壯也,勝風露而不受令於天"云云。蓋是時震亨之兄震孟,方以黨禍受謗。而震亨天付優閒,浮沈金馬,游心於金題玉瓚間,獨以翰墨繪事名高吳下,與覺斯旨趣相近,故不覺言之親切也。篇中古風近體雜厠,而七言清勁拔俗,不沿時調,尤非震孟所能及。所作如：早冬、顧與治社兄招集小閣、贈方孩未先生、贈范太蒙先生、題周江左社兄鼎足齋、與臨淮各賦長歌、看眉生畫蘭、秦淮女郎范雙至善書畫索詩、秦淮午夜諸什，無不饒有香韻，兼工藻澤。陳臥子評楊龍友詩，有"壯烈而不失和平，夷曠而中存莊雅"二語移贈文生，可稱雙絕矣。崇禎中，懷寧阮集之亦以黨事幽居白門，與震亨交善，詩篇酬唱歲無虛日，如篇中所載：阮集之光祿見示諸刻二律、阮集之先生招集對菊一律、阮集之先生初度入山寄社二律、阮集之先生出示三山遊日記一律、和集之先生新歲見懷之韻一律、次集之先生上乘逸民詩二律，此外尚有壽阮翁之作，皆可與詠懷堂詩互證。集之才華，震亨風儀，俱足千古。又有楊龍友、茅止生輩周旋其間，宜二人之交誼日臻莫逆之境。蓋是時震亨固不料集之外飾風雅之貌，而內懷姦邪之心也。逮乎福王建國，集之弄政，震亨野處行吟，不聞朝事，與集之較，不可同日語矣。末葉有"南都詩一帙，詩五十四葉，戊寅冬長安借樹軒雕本"，三行。案戊寅爲崇禎十一年，則此集付刊時，震孟尚健在也。

一葉稿一卷　明崇禎刻本

明文震亨撰。此編首其自序，略有："甲申國變後，及其仲秋，不自意復奉除目。至冬十月謁帝出山，而吾君吾相及子公故人，知其病，復知其貧，遂得奉俞旨，脫塵網，返初服。既還山，念畢生出處之局在是，因取所上章，及一月中賦咏，梓存家乘，而即以一葉名，又竊附去國身輕之旨"云云。蓋福藩登極之年，即震亨辭位之日，故其上疏草，有"上林給札，不能勉奏雕蟲，大官授餐，亦且虛慚割肉"之語。其人之亮節特行，不愧爲待詔後焉。詩共五、七言近體三十六首，歲在甲申臘月，梓于香草垞采山堂。集中諸詩爲時傳誦者有二：一爲謝孟津相公詩，有句云："許我成家詩律細，如公憂國論思真。不知臣朔言何事，恐有侏儒飽看人。"一爲謝貴陽相公詩，有句云："時輩誤疑盟白水，主恩仍許臥青山。"案孟津相公即王覺斯鐸，貴陽相公謂馬瑤草士英。震亨居南都日，諸人會文盟詩無虛日，至是則震亨獨敝屣朱紫，力辭組綬，與王、馬諸氏異趣。後之尚論者，讀震亨之詩，可以知所先務矣。《千頃堂書目》稱震亨著有《文生小草》，又《岱宗遊草》一卷，《岱宗拾遺》一卷，又新集十卷，而不及此集。蓋刊此集時，時事方亟，其後版燬於兵火之災，震亨旋亦殉國，故黃俞邰竟不知有此集，可勝歎哉。

借園雜集不分卷　抄本

明祝守範撰。守範字更生，號士瞻，自號懶居士，海寧人。由廩貢入太學。事蹟具詳守範表兄淮安守許會典撰傳。此編首有天啓癸亥許會典序文，及雲間唐汝詢跋語，次有武林黃汝亨借園記。借園者在海寧縣東南境之花山，其地有林泉邱壑之勝，守範晚歲吟嘯於其中。守範爲祝虛齋萃之玄孫，少承家學，工於吟事，棄舉子業後益肆力於詩，冲雅流麗，出入錢起、劉長卿間。明季自濟南瑯琊七子後，學者排擊過正，以柔曼誕率爲自然，守範獨自出機杼，有矯枉澄清之志，雖雋悟英上有古賢者風，而達生任性，未獲展其天才，齎志以終，良可哀矣。全集計分十帙：一曰非非集，得詩二十六首。二曰戔戔草，得詩三十四首。三曰枕中草，得詩六首。四曰拊缶集，得詩九首。五曰堊室草，得詩十四首。六曰壬戌小草，得詩二十五首。七曰停雲集，得詩八首。八曰金陵雜詠，得詩八首。九曰白岳遊，得詩十三首。《花溪志》及《海昌備志·藝文》稱《借園集》凡十卷，蓋併附錄借園記及懶居士傳計之。《明詩綜》稱守範有堊室稿、倚雲稿、枕中稿、拊缶稿，亦與此帙相合，惟名稱略異耳。

溉園詩集五卷　清刻本

　　明萬時華撰。時華字茂先，南昌人。生而穎異，冢宰李長庚任江西布政使，合十三郡能文之士試之，首時華，乃四十年艱於一第。崇禎中，保舉守令詔下，布政使朱之臣列其品行聞於朝，時華應詔北上，抵揚州病卒。事蹟具詳道光《南昌縣志·儒行傳》。此編前後無序跋，不知何人何地所刊。以刊工體勢審之，當是嘉道間刊本也。全書以古今體類次，計卷一爲五言古詩八十三首，七言古詩十七首。卷二爲五言律詩二百四十五首。卷三、四爲七言律詩三百八十三首。卷五爲五言絕句十一首，七言絕句二百零五首。另一長短句十一闋殿於卷末。時華作詩，音高秋竹，色豔春蘭，雖乏深湛沉厚之思，而雅澹勁古，絕無叫囂怒拔之態，不囿於瑯琊，歷下二派習氣，與矯激取名者迥乎異矣。古體如歲暮田居、金銅仙人辭漢歌、月夜泛湖作、驅車西門行，近體如紀行、落葉、秋日登滕王新閣、湖上亭落成、舟行諸作，皆非尋常模山範水嘲風弄月之作可比，高曠簡鍊，不失爲雅音也。時華別有《詩經偶箋》十三卷，《四庫全書》已存其目於詩類，茲不復贅。

黃葉庵遺稿一卷　清初刻本

　　明釋智舷撰。智舷字葦如，號秋潭，嘉興梅溪人，居秀水金明寺，晚構黃葉庵於西郊，自稱黃葉老人，群稱爲僧中黃叔度。行腳三十餘年，道價隆重，諸方禮爲耆宿。事蹟具詳光緒《嘉興府志·方外傳》。此編乃鶴湖錢繼章所輯《人琴集》之一，凡古今體詩一百零七首。開卷有繼章序文，稱其所居黃葉庵，四面薜蘿，一籬寒雨，吟聲往往在鳥蛋間。《檇李詩繫》卷三十二方外詩選亦稱"吳越士大夫慕謁者接踵，與沈純甫、吳少君、陳眉公、殷方叔交善，日煨品字柴，支折脚鐺，呷唔黄葉堆中，發爲詞章，實足邁今軼古。"其於智舷之詩，推許可云備至。小長蘆輯《詩綜》甄録緇流之作，最爲嚴格，然於智舷亦鄭重爲之作傳。陳眉公集中有贈詩云"人與寒雲淡，身如秋葉輕。非關住禪寂，兼欲遣詩名。"其詩名藉甚可知矣。流風餘韵，求之同郡中人，實不在西齋老人梵琦、碧山道人宗衍下也。《檇李詩繫》選録智舷所作詩凡二十五首，中如徐春門畫採菱曲、尋梅、登黄山蓮花峰、漁舟圖、寒山訪雪谷諸作，遣辭寫意，俱臻上乘。與此集所收邵山人所居、雪谷禪師見訪等篇堪稱伯仲。《詩繫》所載俱出此集外，疑《詩繫》從同郡譚梁生、休寧葉熙時所梓《黄葉庵集》內録出，此則集外之佚詩，沈南疑輩輯《詩繫》時所未見者。今原稿六卷已佚，而此集賴繼章之力獲存於世，窺豹一斑，殊令人有遺憾矣。

埽庵集一卷　嘉禾譚氏遺書本

明譚貞默撰。貞默字梁生，號埽庵，嘉興人，參政贈太僕寺卿昌言子也。崇禎戊辰（元年）進士，任營繕主事，調虞衡督盔甲廠，四年乞假歸，被論，起大理寺副，尋復原職。順治初洪承疇薦之，將授國子監職，尋放還，杜門著書。事蹟具詳盛楓《嘉禾徵獻録》本録。此編凡古今體詩一百三十二首。近人譚志賢懼先德著述日就湮滅，因從江安傅氏藏明崇禎刻《石倉十二代詩選》內録出，重付梓人，以光譜牒，蓋非足本也。金星軺《文瑞樓書目》載《埽庵集》六卷，當是明刊原本，惜今已不可見矣。貞默丁繼續之交，抱忠貞之志，嘗創立駕社，集里中諸名士歲時徵咏，共相切磋。與同邑李日華交最善，日華嘗爲此集作序，具載明刻《恬致堂集》卷十四，略謂"梁生詩得天者多，不可遽敵"云云。今讀其所作如夢楚雜詩，聞都城虜、薄古南池作、西湖懷古、山桂行、春燕行、畫媛篇諸什，無不爽朗清麗，其源大抵出於元白，運意遣詞，具見匠心，李氏之言，當非過譽也。此外貞默佚詩見於鄧漢儀《詩觀》二集曾燦《過日集》、蔣鑨《清詩初集》者尚夥，當一併輯録於編末，俾無遺珠之憾，是所望於後昆矣。至貞默所著《三經見聖編》及《譚子雕虫》，《四庫全書》存目均著於録，兹不復贅。

吳莊介公集六卷　清咸豐刻本

明吳甘來撰。甘來字節之，號和受，又號葦菴，瑞州新昌人，崇禎戊辰（元年）進士，授中書舍人，擢刑部給事中，改吏部、兵部，進户部都給事中。甲申之變，自經死。福王登極，追贈太常卿謚忠節，順治中賜謚莊介。事蹟具詳《明史》本傳。此編首有咸豐元年同邑邢福山、五年同邑熊炳及二年族孫人鳳序文。卷一爲疏草二十一首。卷二爲策問二首、叙九首、傳二首、墓誌銘一首、墓表二首。卷三爲書牘十一首、記二首、雜文二首、詩三十五首。卷四爲絶命遺書、殉節詩,諸家輓詩及其姪家儀所作殉難記略。卷五爲陳國斌、吳俊等數十人所作輓詩。卷六則同邑漆嘉祉所著年譜與誌銘。初甘來既殉國,其子家伋、家傳與甘來及門金陵陳丹衷、濟南沈潤等合編其遺著,得疏、策、叙、記、傳、銘、書、詩共八十餘首,刊板於順治壬辰。至乾隆己丑間,板已蠹朽,曾孫可櫂復彙集殉難詩、哀輓詩歌、年譜爲一帙,付六世孫永紹再刻之。自是迄於咸豐之初,板又敗壞,其族姪人鳳、士龍等復重刊於家塾之柏友山房,即此本也,蓋至此已三付剞劂矣。甘來以章奏鳴於思陵之季,政情朝綱侃侃直陳,有宜公伯紀遺風。詩宗大歷諸子,多識而嫻於辭,巋然爲江右一大家。甲申京城陷,先一日賦絕命詩,有“君臣義命乾坤晚,狐鼠干戈風雨秋”之句,忠貞之概,可風百代,又豈當時孫退谷輩所能望其項背耶。

萬里吟二卷　　明崇禎刻本

　　明冒起宗撰。起宗字宗起,號嵩少,如皋人,萬曆戊午(四十六年)舉人,崇禎戊辰(元年)進士。授行人,五年攷選授南攷功司主事,陞郎中,七年出爲兗西僉事,監軍河上,旋調湖南衡永參議。會張獻忠破襄陽,再調襄陽監軍,獨與左良玉收合餘燼,歷一載以城守招撫功被上賞。十七年起副使,尋乞休卒。事蹟具詳嘉慶《如皋縣志·人物傳》。此編前後俱有缺葉,首有華亭陳繼儒序文,及鄭以偉宗伯贈詩。上卷乃崇禎初授行人奉命入閩途中所作詩,下卷則還自閩中作也。詩以五七言近體居多,真氣坌湧,不染鉤棘裝點之習。如溫陵郭外別林調復王長甫諸長兄云:“寒葭凝晚露,落葉伴離人。”次莆陽驛何舅悌再寄別詩云:“情當至處翻多淚,別未經旬幾費思。”鼇峰訪徐興公云:“琴書高閣擁,花鳥午窗閒。”山暮書懷云:“秋杵敲疏雨,山鐘送遠風。”蘭谿令王二如夜集云:“百年肝膽燈前照,千頃雲烟醉後看。”語語本色,不以研鍊爲工,又無生拗龐獷之失,雖時時作淺語,然不出大歷諸子蹊徑。陳眉公謂其詩如“天馬驤空,神雕擘漢”,殆爲能得其真矣。起宗著有《拙存堂經質》二卷、《史括》三卷,《四庫全書》存目已著於錄。又著有《拙存堂逸稿》六卷,傳世有順治壬辰刻本。《千頃堂書目》稱起宗有《拙存堂續稿》、《嵩少山人近稿》及《得全堂集》,而不及此集,則此集之罕見可知矣。起宗有子曰襄字辟疆,爲明末四公子之一。世人多知辟疆罕知有起宗者,故並及之。

陳忠貞公遺集五卷　　四明叢書本

　　明陳良謨撰。良謨原名天工,字士亮,一字賓日,鄞縣人,崇禎四年進士。授大理府推官,擢御史。出按四川,十六年還臺,十七年三月都城陷,自縊死,時年五十六。福王贈太僕寺卿謚恭愍，魯王贈右副都御史謚忠貞。清世祖予謚恭潔。事蹟具詳光緒《鄞縣志》列傳及同邑全祖望撰神道碑。此編前三卷計古今體詩八十九首，雜文二十首。後二卷則雜錄諭、祭文、畫像題贊及傳記、遺事、贈詩、序、跋之屬。初鄞人有名徐霜皐者，從北郭劉氏靈筐中得良謨殘集一卷，爲滇中詩稿，僅八十首。繼又訪得癸未諸詩合爲一編，輯入《甬上正氣錄》。此後康熙《鄞縣志》刻良謨遺詩六十首，全謝山《續甬上耆舊詩》所輯《娑蘿園集選》，皆從霜皐輯本轉錄。近人四明張壽鏞懼先哲遺文日就湮沒，因從《續耆舊詩》、陳隆藻《旌忠錄》及陳氏族裔曾望所錄，輯得詩文三卷，存什一於千百而已，即此本也。《續表忠記》稱良謨於危城中賦詩云："中天懸日月，四海所畢照。倏爾陰霧昏，日月失常道。仰觀我明明，薄蝕一時變。電風自南來，光復天心見。大夫百執事，其敢忘明君。愧予沈疴久，牀笫淹經旬。背城猇盡瘁，巷戰杳無聲。"又云："蒼蒼不可問，國亡我何存。誓守不二心，一死報君恩。"末又題云："爲國爲子，不能兩全。慷慨從容，同歸一死。"蓋其時老母在堂，又無子嗣，良謨獨能舍身就義，真無愧國之藎臣也。自遭國變，遺著零落，康熙《鄞縣志》稱有《守藩事宜》、《按蜀疏草》，《分省人物攷》稱有陳氏族譜，《兩浙名賢錄》稱有《弦韋纂要》，《續甬上耆舊傳》稱有《娑蘿園集》，均久佚不傳。至乾隆《鄞縣志》稱有《見聞紀訓》，則係安吉人官貴州布政司參議者所撰，與良謨同姓名，董沛光緒志承其誤，未免失之不考矣。

林涵齋集二卷　清道光刻本

明林之蕃撰。之蕃字孔碩，號涵齋，又號積翠山陀，閩縣人。崇禎癸酉（六年）舉人，癸未（十六年）進士，授浙之嘉興令，明亡不仕，居嵩山，年六十二卒。事蹟具詳林涵春、姜紹書撰傳。此編一名藏山堂遺篇，乃道光間侯官郭柏蒼所輯，刻之者黃樋，校之者則閩縣戴成芬也。凡得古今體詩四十四首，雜文七首。之蕃性行高潔，不與俗伍，官縣宰日，因忤當路權貴，不數月解組歸山，篇中所謂"乞食孤踪追五柳"者是也。會有甲申鼎革懷宗升遐之變，因有"招魂雙淚弔三閭"之句。稍後隆武以帝室之冑，稱制八閩，奄有浙東。擢之蕃爲監察御史，巡按浙江，兼銓部功曹。篇中所謂"層岩縱險非無地"蓋謂閩橄，"落日雖低不離天"殆指隆武矣。逮乎鄭芝龍航海，蔡方山、齊遜等舉義旗，而卒無成，故詩又云"蔓草詎能成遠志，殘雲無力起奇峰"，聊以寄意。此外所云："冥鴻自欲歸高漢，結網家家逐急流。"及"別港魚肥招不去，錯認漁燈作客星。""分付李將軍，勿復多言說。"蓋皆有爲而作，其牢愁不平之氣，留連故主之忱，胥於言外得之。松筠之操，久而彌烈，之蕃不愧爲明之貞臣也。晚歲以勝朝遺臣，放情山水間，結廬於鼓山之積翠岩，蒲團竹杖，以資俯仰。所作愁秋詩，有"衰楊近遠孤臣骨，千載何人表墓門"之句，則之蕃是時已垂垂老矣。之蕃不僅工於吟事，且善繪畫。林垐《居易堂集》

有題孔碩畫詩,又徐鍾震《雪樵集》有林涵齋畫扇贈別詩,略云"貽我雲樹圖,筆筆成絕枝。藹然丘壑姿,出入懷袖裡。"皆可證,惜傳於世者無多,觀於集中僅收其題越山種竹詩,可以知其畫之罕見矣。

錢忠介集二十卷附錄六卷　　四明叢書本

　　明錢肅樂撰。肅樂字希聲,號虞孫,鄞人,崇禎十年丁丑進士。授太倉州知州,秩滿,遷刑部員外郎。甲申北都變,慟哭不欲生,乙酉留都之變,清兵入省會,僞守朱之葵投以帖,手裂之,遂舉義師,藉兵得萬人,與熊、孫、鄭諸氏扼守錢江,迎立監國。陞都察院僉都御史,再陞都察院副都御史。錢江不守,浮海扈監國於石浦,陞兵部尚書,晋東閣大學士兼吏部尚書。時藩鎮橫恣,殺戮大臣,知事不可爲,以憂憤成疾卒,年四十二。贈太保東閣大學士,謚忠介,事蹟具詳《明史》本傳、全祖望撰神道碑銘及近人馮貞群撰年譜。此編原分三集:首爲《正氣堂集》,乃乙酉六月前之作;次爲《越中集》,則倡義以後晝江一年中作;最後爲《南征集》,則乘桴以後三年中作。《正氣堂集》嘗刻詩百十首而未就,《越中集》嘗刻奏疏數十首,《南征集》則終其生未鏤版也。肅樂卒後,其仲弟退山氏藏其副本,展轉柳車複壁之間。後正本爲季弟航海失去,退山氏所餘僅二十卷,其子潚恭以示同邑全謝山,謝山爲編次成帙。計《正氣堂集》爲八卷,《越中集》爲二卷,《南征集》爲十卷,附以碑誌、傳記及葬錄共四卷,通爲二十四卷,即此本也。近人四明張氏壽鏞得傳本於同邑張氏許,復益以年譜、附錄等約二卷,刊入《四明叢書》中。自肅樂之卒,以迄於今,歷世二百餘載,天彰忠藎,其集失而復得者再。然非謝山表彰於前,則張氏又烏從見其全耶? 肅樂詩文有真意,有静氣,甲申後,獨發悲憤,仰天長號,感動行路。奏疏直追李伯紀,詩篇不啻文文山。古人所謂真文章,乃能動天地、泣鬼神,觀於肅樂,要不盡誣也。謝山評其集謂文、陸之遺音,則猶淺之乎視之矣。

博依集十卷　　清初刻本

　　明方以智撰。以智字密之,桐城人,巡撫孔炤之子,崇禎庚辰(十三年)進士,授檢討,國變後爲僧,名弘智,字愚者,一字無可,別字藥地。事蹟具詳《桐城縣志·人物傳》。此編前後無序跋,僅存卷二之卷五,卷八之卷十,共七卷。而卷二首葉眉端有墨筆抽燬不全字樣,各卷首葉第二行著書人姓名剜去不留隻字,知爲以智者,賴末卷尚有"皖桐方以智著"六字痕跡故耳。詩以古今體類次,樂府、五七言古詩、七言律絕俱全,獨缺五言律及樂府之半,原書既遭禁燬,無他本可供配補,殊令人有窺豹一斑之憾矣。以智作詩,深厚雄傑,出奇不窮,古風淵雅妥順,近體蒼涼沉鬱,爲桐城方氏冠冕。樂府如燕歌行、豫章行、相逢行、塘上行、四時子夜歌、美女篇、白馬篇、白頭吟、艷歌、何嘗行,古體如詠史二十二首,仿古詩十九首、詠懷、春日有感諸作,其情怨而不怒,其辭壯而有實,高者得二陸、謝、沈之神髓,下焉者置之大曆諸子集中,亦無媿色也。以智居金陵時,有詩數百篇名曰《流寓艸》,其後又有《浮山全集》之刊。此集及《流寓艸》十九皆採入全集,然被删落者亦無慮數十首。今《浮山集》世亦罕傳,通常易見者僅《通雅》、《物理小識》二書。以智之文章大節莫由攷知,乾隆朝禁網之密,於此可見,亦以智之不幸矣。

曉園子詩集殘稿一卷　民國十七年鉛印本

明宋璉撰。璉字殷玉,號曉園,一號林寺,萊陽人,繼澄次子,崇禎己卯(十二年)舉人。甲申後與父隱居不仕,事蹟具詳《萊陽宋氏族譜》。此編乃邑人于世琦所輯。其中地僻詩七言律三十首,從同邑張氏風素齋藏抄本録出。河間道中、左梅溪故舍有感、閨情、白榕行呈張并叔,贈別姜如須等五首從《國朝山左詩鈔》内録出,至藝菊有賦,詠齊宮曲、歷下元夜等三首,則摘自《萊陽縣志》,傳世曉園子遺詩殆盡於此矣。攷璉與其父繼澄名在復社,復社始於天啓丙寅丁卯間,嘉魚熊魚山令吳江日,實主斯盟,海内翕然景從,當是時雲間有幾社,浙西有聞社,江北有南社,江西有則社,吳中的羽朋社、匡社,中州有海金社,而山左亦有大社,繼澄父子主之,統合於復社。山左人士預於盟者,得九十一人,而萊陽一地居三之二,繼澄父子領導之力,實不可没。繼澄父子以注籍復社而名益著,傳道海濱,至老不屈其節。可謂無負其所學矣。重覽斯編,令人肅然起敬,固不必論其詩之工不工也。

珠塵遺稿一卷　明末刻本

明潘炳孚撰。炳孚字大文,嘉善人。崇禎三年黄道周典試得其卷,嘆賞擬擢第一,以後場格於功令見遺。爲人矜奇傲岸,名行自砥,廢於酒而卒,卒時年未三十,事蹟具詳光緒《嘉善縣志·文苑傳》。此編首有同邑友人錢繼章序文,謂炳孚情深而氣烈,於法應夭。又云:"鴟夷五湖,不與湘纍同沉,薑桂之壽,永於朝槿,百齡修短,亦何足道",蓋深悼之也。卷中詩僅十一首,餘皆長短句,得五十一章。詩境纖逸幽雋,側艷之辭居半。如本事詩云:"丹芬潤雙頰,玉液流芳涎。臨去時徘徊,行行纖步還。"宮詞云:"春嬌愁不寐,和淚約金環。"皆子夜四時之遺音。詞則秦、柳傳人,遠勝於詩。如木蘭花慢云:"腸斷而今薄倖,任芙蓉寂寞老江城。辜負春深銅雀,猶餘明月簫聲。"望遠行云:"眸欲語,黛還愁,畏人未肯抬頭。"菩薩蠻云:"何事濕行雲，斷腸羅帳春。"俊語絡繹，置之蘭畹、金荃，亦無愧色。別有虞美人影四闋，通體押也字韻，曹組俚詞，無當大雅，此其小疵耳。炳孚髫年善病，弱歲工愁，項憶雲所謂"不爲無益之事，何以遣有涯之生"，殆爲此時炳孚詠矣。悲夫！

馮侍郎遺書八卷附錄三卷　四明叢書本

　　明馮京第撰。京第字躋仲，號簞溪，慈谿人，師事山陰劉宗周、漳浦黃道周。唐王稱制閩中，上《中興恢復十二論》，授職方主事，改監察御史。往日本乞師，事未成而返，乃之湖州起兵，翁洲兵敗，被執不屈死。事蹟具詳光緒《慈谿縣志·人物傳》。此編乃近人京第裔孫貞群所輯。首爲叙錄，全祖望、劉城、柴夢楫、王家振諸氏序言，次爲闓易二卷。以十二辟卦爲經，附之以十二月令，又有十二翼爲之傳，託言受之鹿亭田父。次爲蘭史一卷，先之以九品之表，有本紀、世家、列傳、外紀、外傳諸名。以上二帙俱從海寧蔣氏別下齋藏抄本錄出。又次爲簞溪自課一卷，則國難前所定讀書之程，從王晫《檀几叢書》錄出，又次爲《讀書燈》一卷，述古人讀書無燈之苦。皆五七言絕句詩，從全氏《甬上耆舊詩》錄出。又次爲《簞溪集》二卷，則詩文並列，從《續甬上耆舊詩》、《谿上詩輯》、《經義攷》、《雪交亭集》等書輯出。視全謝山當時所見，尚缺《真至會約》一卷，蓋兵火之餘，遺文散佚，不可糾詰。馮氏撮拾之功，有足多者。京第詩文囿於風氣，未能別出心裁，乃其忠義大節，炳著史册，其可傳者，固在彼，而不在此雕虫末技也。

剩草一卷　明崇禎刻本

　　明楊宣撰。宣字不宣，九華人，事蹟無攷。此編首有崇禎癸酉初冬東莞王應華序文，次有自序，略謂"不佞遊天下，眼日富而囊日貧，倦羽西還，笥中止剩殘詩半帙，因刻此語諸好遊者，是謂《剩草》"云云。末署九華楊宣書於珠江醉艇，是宣乃皖人，而留滯於羊城者。又據王應華序，有"君應年家宋將軍之招，賫然以幕府捐客來"二語，是宣乃遊幕者流，其人未必有聲譽於當世，史佚其名，固自不足怪也。計五言古詩五首，七言古詩二首，五言律詩四十九首，七言律詩五十首，五言絕句十一首，七言絕句四十七首。各詩頗有風致，如新秋云："花魂怯雨胭脂落，蟲韻悲風枕簟涼。"辛未花朝客新昌與弟小酌云："但得春常留客醉，不愁金盡典衣時。"送羅浮玉調蘭陵云："一肩行李惟詞賦，兩袖煙雲即俸錢。"送阿郎入郳云："江邊燈借三更月，花裡人過兩袖香。"皆清麗可誦，惜傷平易，旁門曲徑，終非正宗，尚不足自名一家也。

"㾜"、"㾮"辨正

董 恩 林

　　在現存的字典辭書中，"㾜"字最早見之于宋人司馬光編撰的《類編》和丁度編撰的《集韵》中。《類編》卷七中："㾜，勇主切，嬾也。《史記》：啙㾜偷生。"《集韵·上聲嘆部》："㾜，嬾也。《史記》：啙㾜偷生。"金韓道昭所編《五音類聚四聲篇海》："《餘文》：㾜，以主切，嬾也。《史記》：啙㾜偷生。承慶云：'嬾人不能自起，如瓜瓝在地不能自立也。'"《康熙字典》承《類篇》、《集韵》之説，進一步明斷："㾜"與"㾮""音義各別，應分爲二"。如今國内收字最全的《漢語大字典》(1987年版)即將"㾜"、"㾮"二字分立條目，並明確肯定："今本《説文》脱'㾜'字"。另一方面，明張自烈所編《正字通》則云："㾜，㾮字之訛。"後來的《中華大字典》亦采此説，其餘古今字典辭書雖未明斷"㾜"字爲訛，却都不收此字，實際等于不承認"㾜"字的存在。1982年大陸影印臺灣版《中文大辭典》兼采上述兩説，在"㾜"字條下標立二義：一曰嬾也；二曰㾮之訛字。筆者早年參加《漢語大字典》的編纂工作，接觸到一些文字資料，加之近年讀書所得，深感"㾜"字有嬾義而不訛之説，大爲可疑，現公諸筆端，以就正于行家。

　　質言之，所謂"㾜"字有嬾義而不訛之説，主要語言文字根據有三：一爲《史記·貨殖列傳》所載"啙㾜偷生"一語，這是包括楊承慶《字統》在内的所有收入"㾜"字的字典辭書唯一的最早的語言用例；二爲魏人楊承慶所撰《字統》收有"㾜"字；三是根據《十三經注疏·詩經》孔穎達疏、陸德明釋文所引《説文》，認定今本《説文》脱"㾜"字條。下面我們分別加以考證，看看這三條依據的可靠性如何。

一

　　案《史記》現存各種版本(包括現存最早的南宋黄善夫刻本，百衲本即本于此)，其《貨殖列傳》均作："楚越之地……無饑饉之患，以故啙㾮偷生。"《集解》："徐廣曰：'啙㾮，苟且墮嬾之謂也。'駰案：應劭曰'啙，弱也'。晉灼曰'㾮，病也'。"《漢書·地理志下》引此文亦作"故啙㾮偷生，而亡積聚。"顔師古注："㾮，弱也。言短力弱材不能勤作，故朝夕取給而無儲偫也。"如此，恐是《集韵》、《類篇》原引有誤，不然，何以《史記》和《漢書》各本均不見"㾜"字？此外，所有收入"瘐"字的字典辭書,無論是解釋"瘐"還是"瘐"字所含"嬾"義,均用"齒瘐偷生"一語作爲最原始的唯一的語言用例,這是明顯違反訓詁原則的,這種現象衹能説明,"瘐"、"瘐"兩字必有一誤。

至于後魏楊承慶所撰《字統》,早已散佚,據封演《封氏聞見記》所載,此書以《説文》爲本,間有異同。清人任大椿輯《小學鈎沉》、馬國翰輯《玉函山房輯佚書》中所收《字統》殘卷均作:"瘐,懶人不能自起,瓜瓠在地,不能自立,故字從瓜;又懶人恒在室中,故從穴。"這是從唐人釋玄應《一切經音義》中輯出來的。考現存《一切經音義》各本卷九、卷十、卷十一、卷十四、卷十五、卷十七、卷十九,凡七處引《字統》,均作"瘐"。可見,楊承慶《字統》所收爲"瘐",而非"瘐"字。韓道昭所引楊承慶語實屬疑案,不可爲據。

二

清代學者臧庸曾特撰《説文"瘐"字》一文①。大意爲:"瘐"字含嬾義,今本《説文》脱此字,當據《毛詩》陸德明《釋文》、孔穎達《疏》以及《爾雅注疏·釋詁》所用例補正之。今《漢語大字典》即以臧氏所論爲據。其主要論據有二:一、元刊雪窗書院本《爾雅·釋詁》載:"愉,勞也。"郭璞注:"勞苦者多墮愉,今字或作瘐。"二、《毛詩·大雅·召旻》陸德明《釋文》、孔穎達《疏》皆引《説文》云:"瘐,嬾也。"三、《一切經音義》前後七處引《爾雅·釋詁》載:"愉,勞也。"郭璞注:"勞苦者多墮愉,今字或作瘐。"及楊承慶《字統》"瘐,懶人不能自起,瓜瓠在地,不能自立,故字從瓜;又懶人恒在室中,故從穴。"以及《史記》、《漢書》等古籍多處使用過"瘐"的嬾義。

實際上,臧氏所論,大有可疑之處。其一,臧氏當年所見《爾雅郭注》版本衹有元刊雪窗書院本、明嘉靖十七年吳元恭刊本、天啓六年郎奎金《五雅全書》本、陳深《十三經解詁》本等。這幾種本子自然以元本爲善,亦唯有元本作"瘐",其餘三種本子均作"瘐"。但是,臧氏并未看到後來陸續從日本傳回的兩種宋本《爾雅郭注》:一爲日本室町時期(十四世紀中葉)翻刻南宋大字本,由黎庶昌從日本帶回,收入其所刻《古逸叢書》中;一爲日本松崎氏羽澤石經山房校刊景宋小字本。另外,臧氏可能也未看到瞿鏞鐵琴銅劍樓所藏宋刻本,此本與羽澤石經山房景宋小字本同出一源。這三種版本是現存《爾雅郭注》最早的本子②,其《釋詁》"愉"字條均作:"愉,勞也。"郭璞注:"勞苦者多墮愉,今字或作瘐。"可見,臧氏的第一條論據是不足爲憑的。

其二,考現存《毛詩注疏》各種版本,均作:"訛訛。《傳》:訛訛,瘐不供事也。《音義》:瘐,音庾,裴駰云:病也。《説文》云:嬾也。一本作衆。"孔穎達《疏》:"《説文》云:瘐,嬾也。草木皆自竪立,唯瓜瓠之屬臥而不起,似若嬾人常臥室,故字從穴,音眠。"唯《經典釋文》本作:"詑詑,瓻不供事也。《爾雅》云:莫供職也。瓻,音庚,裴駰云:病也。《説文》云:嬾也。"然而,段玉裁認爲:"此亦用《字統》説,而與玄應所據有異,且陸氏《釋文》、孔氏《正義》(即上文所指孔穎達《疏》——引者注)皆引《説文》云'瓻,嬾也',而《説文》無此語。聞疑載疑,不敢于宀部妄補'瓻'篆。"③可見,段氏對陸氏《釋文》、孔氏《正義》所云持懷疑態度,依據是今本《説文》無"瓻"字條,而今本《一切經音義》所引《字統》均作"窊"。阮元《毛詩校勘記》④則云:"'瓻不供事也'。小字本、相臺本同。案《釋文》云:瓻音庚,裴駰云:病也。《説文》云:嬾也。一本作衆。《正義》云:《説文》云:瓻(原作窊,據阮元此條校勘記上下文意可推知此處當爲瓻,今改正。——引者註),嬾也。草木皆自竪立,唯瓜瓠之屬臥而不起,似若嬾人常臥室,故字從宀。依此是《釋文》、《正義》二本皆作瓻,唐人此字從宀也。所引《説文》今無此文。《正義》所據往往非今十五篇《説文》,如第字之類是也。瓻字出楊承慶《字統》:草木皆自竪立。以下即取彼文以爲説耳。毛傳當本用瓻(原作窊,據阮元此條校勘記上下文意可推知此處當爲瓻,今改正。——引者註)字。"應當説明的是,阮元此條校勘記中所涉"瓻"字,別本皆誤爲"窊",唯《皇清經解》本祇錯上述《説文》引文一處,却又將末句"瓻"字誤爲"窊"字。又阮元《毛詩釋文校勘記》⑤云:"'詑詑,瓻不供事也'。通志堂本、盧本'瓻'誤'窊'。案下不誤。考此字《釋文》、《正義》皆從宀,唐人如此作。其實即'窊'轉'瓻'耳。盧文弨云今本《説文·宀部》脱'瓻'字,諸書誤以穴部之'窊'當之。其説非是。"這就是説,阮元雖指出毛詩《釋文》及《正義》各本"瓻"誤爲"窊",但他認爲,《毛傳》本來是作"瓻"的,祇是到了唐代,陸德明、孔穎達爲《毛傳》作"音釋"和"正義"時才將"窊"誤爲"瓻",而盧文弨所謂《説文》脱"瓻"字條的看法是錯誤的。臧庸是阮元校勘經籍的主要助手,阮元的論證應當更具有權威性。另一方面,與盧文弨、臧庸之説不同的是多數學者認爲,《説文》"窊"字條脱"一曰嬾也"一句,而不是脱"瓻"字條。姚文田、嚴可均著《説文校議》云:"窊,污衺也。疑此'污衺也'下脱'一曰嬾也'。楊承慶《字統》以爲嬾人如瓜眠不能起。其説稍曲。"王筠《説文句讀》徑補曰:"窊,污衺也。……一曰,窊,嬾也。"其《説文釋例》更進一步説:"'窊'字下,鍇橋以爲挩'一曰嬾也'。然所挩不止此。當云'一曰嬾也。草木皆自竪立,惟瓜瓠之屬,臥而不起,似若嬾人常臥室,故字從穴,音眠'。"

　　其三,臧庸在《説文"瓻"字》一文中所援《一切經音義》、《爾雅·釋詁》、《説文解字·齒部》、《玉篇·此部》、《史記·貨殖列傳》、《廣韻·紙部》、《史記·五帝本紀》、《漢書·五行志下之上》、《商子·墾令篇》、《鹽鐵論·通有篇》、《文選·枚叔七發》等古籍所用"瓻"字例,原本無一例外均作"窊",是臧氏爲了説明現行《説文》脱"瓻"字條,而僅憑"諸書皆誤以窊字當之"的臆斷,用"舊作窊,今改正,下同"一語便將上述諸書所用"窊"字全部改爲"瓻"字。這樣的論證豈能令人信服?難怪阮元反其道而行之,斷定"其説非是"。

此外,《類篇》、《集韵》釋義,凡有《説文》爲據,則必將《説文》所言置于義項之首。而在其“窳”字條中,釋義却祇字不提《説文》,以司馬光、丁度之學問揣之,當不會没有看到《毛詩》陸德明《釋文》、孔穎達《疏》。這祇能説明,他們對《説文》是否真有“窳”字條,是持懷疑態度的。

而且,從事理上推論,一部從未失傳過的字典《説文解字》整整脱一“窳”字條,似乎是不大可能的,而在“窳”字條目下脱“一曰嬾也”一句則是有可能的。故筆者以爲,《説文》脱“窳”字條的看法既無可靠的文字材料佐證,也不太合乎事物發展的一般邏輯。

三

我們還可以從漢字的造字法則來區別“窳”、“窳”二字的真偽。按楊承慶《字統》説,“窳”爲會意字,所謂“懶人不能自起,如瓜瓠在地,不能自立也,故字從瓜;又懶人恒在室中,故從宀。”考《説文·宀部》:“宀,交覆深屋也。”按照漢字會意原則,“窳”字表示的意義便是瓜瓠被人摘蒂棄蔓而置于深屋中,是處死地而非嬾弱之態。而《説文·穴部》云:“穴,土室也。”又《説文·瓜部》:“㼌,本不勝末,微弱也。”段注:“蔓一而瓜多則本微弱矣。”可見,祇有從穴爲“窳”字,意即一蔓二瓜在地,不能自立,唯以土穴自處。如此則嬾弱之態可掬。這表明,從會意字角度來看,“窳”字不可能含有嬾義,祇有“窳”字才有可能含嬾義。另一方面,按《説文·穴部》:“窳,污窬也。從穴,㼌聲。”則“窳”爲形聲字。先師張舜徽《説文解字約注》總諸家之説云:“窳之本義,謂地之低下,引申爲凡低下之稱。故人之偷惰不振者,器之劣惡不中用者,皆謂之窳也。”顯然,無論是作爲會意字,還是作爲形聲字,“窳”字含嬾義均可言之成理,論之有據,若從宀爲“窳”字,則嬾義就很難自圓其説。

最後,從古今文字訛誤的趨勢,即從人們使用文字的習慣來看,由“窳”訛誤爲“窳”是極有可能的。因爲,人們使用文字,一般地説,總是喜歡以簡代繁的,在雕刻撰抄過程中,爲了便捷,人們往往有意或無意地減少筆畫,時至今日還有不少中小學生將“穴”部首寫成“宀”部首,而自找麻煩,將筆畫簡單的字加增筆畫的情況是很少見的。祇有少數書法愛好者才會出于書法美學要求,在書寫中往往增加筆畫以使所書漢字顯得豐滿方正,這當然祇是例外情況。

綜上所述,無論是從文獻記載的語言文字資料來看,還是從漢字造字法則來看,抑或就人們使用文字的訛誤趨勢而論,都有充分的理由認爲,“窳”字是“窳”字之訛,在漢字發展史上不存在一個音義俱全的獨立的“窳”字。

①　載臧庸《拜經日記》,《皇清經解》學海堂本卷一千一百七十。
②　説見拙文《爾雅郭注版本考》,載《文獻》2000 年第 1 期。
③　段玉裁《説文解字注》,上海古籍出版社 1981 年版。
④　《皇清經解》學海堂本卷八百四十六。
⑤　《皇清經解》學海堂本卷八百四十九。

“帳”和“賬”的形義考源

徐　時　儀

　　“帳”和“賬”都可用來表示“錢物出入的記載和記賬的簿册”義,商務印書館 1995 年出版的《古漢語常用字字典》收録解釋了“帳”的“帳幕”和“登記户籍、帳目的簿子”義,指出“帳”的“登記户籍、帳目的簿子”義爲後起意義,這個意義後來又寫作“賬”。本文擬就“帳”何時産生“錢物出入的記載和記賬的簿册”義及“賬”字的最早使用年代作一些尋根溯源的探索,希冀從有關史實入手,揭示其形與義的歷史演變綫索,爲“帳”與“賬”分爲兩字各表其義提供歷史和現實的理據,以便有關部門參酌制定一個符合這兩個字實際情況的可行而又明確的規範標準。

一、“賬”字産生的年代

　　《辭源》(修訂本)釋“賬”説:“登記出入款數的簿册。古作‘帳’。《漢書·武帝紀》元封五年‘因朝諸侯王列侯,受郡國計’唐顔師古注:‘計,若今之諸州記帳也。’後人因避免與幃帳之義相混,另造賬字以代之,如賬單、賬簿等。《舊五代史·周世宗紀》二顯德二年詔:‘每年造僧賬二本,其一本奏聞,一本申祠部。逐年四月十五日後,勒諸縣取索管界寺院僧尼數目申州,州司攢賬,至五月終以前文賬到京。’參見‘賬’。”①據《辭源》所説,漢語中表示“登記出入款數的簿册”義的詞在唐代寫作“帳”,後人因避免與幃帳之義相混,另造賬字以代之,“賬”字出現的最早年代當不晚於薛居正編著《舊五代史》的宋代。

　　《漢語大詞典》第 10 卷釋“賬”的第 1 個義項説:“銀錢貨物出入的記載。亦指記賬的書册。《舊五代史·周書·世宗紀二》‘每年造僧賬二本,其一本奏聞,一本申祠部。’《醒世恒言·張孝基陳留認舅》‘將昔日岳父所授財産,并歷年收積米谷布帛銀錢,分毫不敢妄用,一一開載賬上。’魯迅《呐喊·孔乙己》:‘這些字應該記着。將來做掌櫃的時候,寫賬要用。’”《漢語大字典》第六卷釋“賬”的第 1 個義項説:“銀錢貨物出入的記載。也作‘帳’。”引用書證中亦以

《舊五代史·周書·世宗紀二》爲最早用例。[②]據《漢語大詞典》和《漢語大字典》所説，表示“銀錢貨物出入的記載和記賬的書冊”詞義的“賬”字出現的最早年代亦當不晚于薛居正編著《舊五代史》的宋代，明代和現代沿用。

　　考中華書局 1976 年出版的標點本《舊五代史·周書·世宗紀二》載顯德二年五月甲戌詔曰：“每年造僧賬二本，其一本奏聞，一本申祠部。逐年四月十五日後，勒諸縣取索管界寺院僧尼數目申州，州司攢賬，至五月終以前文帳到京。”[③]上引文中既用了“賬”字，也用了“帳”字。似乎薛居正編著《舊五代史》的宋代，“賬”和“帳”兩字並并用。

　　據中華書局 1976 年出版的標點本《舊五代史》出版説明稱薛居正等撰《舊五代史》原書已佚，現行本是清乾隆四十年時的輯本，乾隆中開四庫館時，未能找到原本。館臣邵晋涵等就《永樂大典》中輯録排纂，再用《册府元龜》、《資治通鑑考異》等書引用的《舊五代史》材料作補充，大致恢復了原來面貌的十分之七八。今輯本《舊五代史》作爲《四庫全書》之一，于乾隆四十年（1775）編成繕寫進呈。1921 年南昌熊氏曾影印出版，中華本以此爲底本，以乾隆四十九年（1784）繕寫的武英殿刊本、1925 年嘉業堂刊本及其他抄本等參校，還參校了殘宋本《册府元龜》影印底樣、舊抄本《五代會要》、《永樂大典》殘卷等，成爲一個比較完備的本子。然考《四庫全書》所收《舊五代史》，上引文中皆作“帳”，并未用“賬”字。[④]光緒戊子季春上海圖書集成印書局校印的乾隆四年校刊本、光緒壬辰年武林竹簡齋石印本和吳興劉氏嘉業堂依四明盧抱經樓舊抄本校刊本《舊五代史》亦同。因此，《辭源》和《漢語大詞典》所引《舊五代史》實際上來自中華本，而中華本所用底本中并無“賬”字，上引《舊五代史》中的“賬”字很可能是後人抄寫時的改字，沒有版本上的依據，故難以據此將“賬”字出現的最早年代定在薛居正編著《舊五代史》的宋代。[⑤]

　　這種後人抄寫時的改字的現象也見于《舊五代史》的其他版本中，如中華本《舊五代史·唐書·明宗紀四》：“三司積欠約二百萬貫，虛繫帳額，請並蠲放。”[⑥]例中“帳”字，吳興劉氏嘉業堂依四明盧抱經樓舊鈔本校刊本《舊五代史》中寫作“賬”，《四庫全書》所收《舊五代史》[⑦]、光緒戊子季春上海圖書集成印書局校印的乾隆四年校刊本、光緒壬辰年武林竹簡齋石印本則皆作“帳”。

　　《漢語大詞典》所引書證中除了《舊五代史》外，還引用了馮夢龍的《醒世恒言》。《醒世恒言》的最早刻本爲明葉敬池刊本，現藏日本内閣文庫，書前有天啓丁卯（1627）隴西可一居士序。臺灣世界書局 1958 年出版了李田意所攝日本内閣文庫藏葉敬池原本，上海古籍出版社 1987 年據以影印。考上文《漢語大詞典》釋“賬”所引《醒世恒言·張孝基陳留認舅》中的“賬”，葉敬池原本中作“帳”。《漢語大詞典》收録的“賬目”、“賬簿”等詞中也舉有明代《醒世恒言》的用例作爲書證。如“賬簿”下所引《醒世恒言·張孝基陳留認舅》爲：“房中桌上更無别物,單單一個算盤,幾本賬簿。""賬目"下爲"孝基將鑰匙開了那只箱兒,箱内取出十來本文簿,遞與過遷道:'請收了這幾本賬目。'"例中所引"賬"字,葉敬池原本中亦皆作"帳"。⑧由此可證,《漢語大詞典》所引《醒世恒言》中的"賬"已是後人傳抄所改,難以作爲"賬"字在明代亦有使用之據。⑨

　　研究語言,尤其是考探一個字或詞最早產生的年代,資料的選擇相當重要。日本學者太田辰夫在《中國語歷史文法·跋》中把語言資料分爲兩類。一爲同時資料,"指的是某種資料的内容和它的外形(即文字)是同一時期產生的。甲骨、金石、木簡等,還有作者的手稿是這一類。法帖只要不是僞造的,也可看作這一類。但是即使不是嚴格地考慮,粗略地説,例如宋人著作的宋刊本,也可看作這一類。"一爲後時資料,"基本上是指資料的外形的產生比内容的產生晚的那些東西,即經過轉寫轉刊的資料,但根據對同時資料的不嚴格的規定,後時資料的内容和外形間有没有朝代的不同就變得很重要。比如唐人集子的宋刊本就是後時資料。"後時資料很有可能經過後人的改動。如上文所提到的《辭源》和《漢語大詞典》引以爲證的《舊五代史》和《醒世恒言》。又如《祖堂集》是五代時的作品,但卷三慧忠國師的傳中有"廣南漕溪山有一善知識,唤作六祖"這樣的句子。句中"廣南"是宋代淳化年間設置的路,顯然是後人羼入。又如傳本《金瓶梅》較原本有較大增補,據沈德符《萬曆野獲編》説:"原本實少五十三回至五十七回,遍覓不得,有陋儒補以入刻。"傳世的文獻典籍在傳抄刊刻過程中也會產生訛誤。如敦煌變文中有許多別字,同一篇作品的不同抄本有一些異文。後代刊刻的同一作品的不同刻本,文字也會有不一致處。有鑒于此,太田辰夫《中國語歷史文法·跋》説:"中國的資料幾乎大部分是後時資料,它們特別成爲語言研究的障礙。"

　　文獻語料的選擇和鑒別與版本密切相關。太田辰夫《中國語歷史文法·跋》説版本"一般是越古越好","應該根據善本的影印"。有的作品,如《三言》中的一些話本,至今無法很確切地斷定其年代,只能以最早刊行的刻本爲其年代依據。如上文所説到的明葉敬池刊本即可作爲《醒世恒言》中"帳"尚未寫作"賬"的確切依據。有些作品成書年代雖然較早,但往往在流傳中經過後人的改動,如元雜劇《老乞大》、《樸通事》等,又如上文所説到的《舊五代史》是失傳後的重輯本,亦難免會有後人改動的成分在内。

　　研究語言現象時要特別注意考察所引用的後時資料中有無後人竄改的部分或傳抄刻印中的訛誤之處。在語言史的研究中,最要注意的是避免"時代的錯誤",即錯誤地把後一時期的語言現象當作前一時期的語言現象,從而得出錯誤的結論。產生這種錯誤的原因,往往是由于没有選擇好的版本,而使用了時代較晚的已經過後人改動的本子。如《壇經》有中唐的敦煌本、宋初的惠昕本、北宋的契嵩本、元代的宗寶本和明藏本等不同版本,其間差異頗大,後出的本子對前面的本子有改,有删,有增。岑仲勉先生的《隋唐史》據明藏本《六祖壇經·機緣第七》說唐代有"恁麼"、"甚麼"、"什麼"等,然而《壇經》的敦煌本、覆宋本却没有這些詞,因而岑仲勉先生的這個結論是不可靠的。《辭源》和《漢語大詞典》據重輯本《舊五代史》將"賬"字最早出現的年代上溯至宋代,其失誤亦正在于使用了後時的資料而未加以鑒別。

　　據我們查考慧琳《一切經音義》、希麟《續一切經音義》、行均《龍龕手鏡》和《字匯》等明或明代以前的有關字書,這些字書中皆未收錄"賬"字。明代張自烈編著的《正字通·巾部》尚稱:"帳,今俗會計事物之數曰帳。"劉復和、李家瑞編的《宋元以來俗字譜》,收集了宋元明清12種民間刻本中所用的6240個俗字,其中也未見收錄有"賬"字。⑩直到清代,翟灝在其所撰《通俗編·貨財》中才說到"帳"字"今市井或造賬字用之,諸字書中皆未見"。王鳴盛《蛾術編·說字十》亦稱:"今俗有賬字,謂一切計數之簿也。"由于"賬"是當時所造的俗字,故欽定的《康熙字典》亦未予收錄。因此,我們可以推斷,"賬"字出現的最早年代不會早于明代。

二、"賬"義産生的年代

　　王力先生在《古語的死亡殘留和轉生》一文中指出常用詞在漢語詞匯系統中的演變情况,一種是今詞代替了古詞,如"怕"替代了"懼","褲"替代了"褌";一種是同義的兩個詞競争,結果甲詞戰勝了乙詞,如"狗"戰勝了"犬","猪"戰勝了"豕";一種是由綜合變爲分析,即由單音節詞變爲復音節詞,如"漁"變爲"打魚","汲"變爲"打水","駒"變爲"小馬","犢"變爲"小牛"。他在《新訓詁學》中認爲"無論怎樣'俗'的一個字,只要它在社會上占了勢力,也值得我們追求它的歷史。例如'松緊'的'松'字和'大腿'的'腿'字《說文》裏没有,因此,一般以《說文》爲根據的訓詁學著作也就不肯收它(《說文通訓定聲》)。我們現在要追究,像這一類在現代漢語裏占重要地位的字,它是什麼時候産生的。至于'脖子'的'脖','膀子'的'膀',比'松'字的時代恐怕更晚,但是我們也應該追究它的來源。總之,我們對于每一個詞義,都應該研究它在何時産生,何時死亡。"⑪一般來說,探求一個詞的的本始義,就掌握"始見書,初見義"這一原則。據《漢書·武帝紀》載,元封五年"因朝諸侯王列侯,受郡國計"。唐代顏師古注:"計,若今之諸州記帳也。"由此可推知漢語中表示"登記人户、賦税等的記錄和記賬的書册"詞義的"賬",唐代以前用"計"來表示,唐代則用"帳"來表示。追究"賬"義的來源,其演變情况屬于王力所說的第一種,即至遲在唐代,今詞"帳"代替了古詞"計"。然而爲什麼是"帳"而不是其他的詞代替了"計"呢? 這就與"帳"本身詞義的演變有關。

　　據《說文》載:"帳,張也。"又"張,施弓弦也。""張"引申有"打開、展開"義,在先秦多作動詞用。如《左傳·成公十六年》:"王曰:'騁而左右,何也?'曰:'召軍吏也。''皆聚于中軍矣。'曰:'合謀也。''張幕矣。'曰:'虔卜於先君也。'"張掛起來的帷幕也作"張",用作名詞。如《史記·高祖本紀》:"高祖復留止,張飲三日。"南朝宋裴駰集解引張晏曰:"張,幃帳。""張"也可作數量詞。如《左傳·昭公十三年》:"子產、子大叔相鄭伯以會,子產以幄幕九張行,子大叔以四十。"凡可張之事物皆以"張"計。漢語中名詞、動詞、形容詞、數量詞等之間,憑藉着事物的功能、屬性之間的密切聯繫而發生相互間的詞的派生,這是漢語常用詞詞義演變中一條常起作用的詞義方面的構詞法則,在漢語詞匯發展中屢見不鮮。⑫

　　"帳"的產生由"張"的"張施帷幕"義而來。"帳"和"張"叠韵爲訓。考《釋名》曰:"帳,張也,張施於床上也。小帳曰斗帳,形如覆斗也。""帳"產生于秦漢時期,有狹義和廣義兩種含義。狹義的帳指床帳,如《釋名》所釋。廣義的帳則"不僅限于床上,凡有頂的帷幕都可稱爲帳"。可指帷幕、軍營、帳棚等。⑬如《史記·秦始皇本紀》:"乃令咸陽之旁二百里内宮觀二百七十復道甬道相連,幃帳鐘鼓美人充之,各案署不移徙。"

　　至于"帳"何以會有"計"義,清人翟灝在其所撰《通俗編·貨財》中說"帷幄曰帳,而計簿亦曰帳者,運籌必在帷幄中也"。此說頗有點想當然,未能揭示出指"帷幄"的"帳"與表示"登記人户、賦税等的記録和記賬的書册"的"帳"之間詞義上的聯繫。天鎖先生《從"弓""矢"談起——關于漢語基本詞匯發展的歷史繼承性》一文則說"至于'賬',是由'帳'來的"。并說"看來最初'計帳'是一個名詞,是掌管民事文案的一個方法,又用來記載居民賦役。至于和帳幕有什麼關係,是否是把這些文案等按類挂在帳幕上呢,未有詳載。不過,看來當時不是記在一種簿子裏的。"天鎖先生認爲"帳"用來記載"居民賦役"義的產生和官府掌管民事文案采用的記帳方法有關,頗有獨到見解,惜難以證實,亦未能揭示出指"帷幄"的"帳"與表示"居民賦役"的"帳"之間詞義上的聯繫。

　　實際上我國古代北方游牧民族逐水草射獵,帳棚是這些民族的主要居室,每户住一頂帳棚,帳也就成爲古代北方游牧民族計算人户的單位。如《後漢書》卷七十八《西域傳·車師》:"於是收奪所賜卑君印綬,更立阿羅多爲王,仍將卑君還敦煌,以後部人三百帳別屬役之,食其税。帳者,猶中國之户數也。"⑭《後漢書》爲南朝宋范曄所撰,例中"帳者,猶中國之户數也"是解釋"三百帳"中的"帳",似爲作者自注。蓋五胡十六國時的北方政權也要統計其所管轄的帳數來征派賦役,"帳"的詞義與中原及南方一帶所用的"户"相當。其時"帳"在北方游牧民族中已由"帳棚"義引申有"户數"義,然而"帳"的"户數"義在中原及南方一帶尚很少使用,以至范曄撰寫《西域傳》說到"帳"的"户數"義時需要加以注釋。"帳"的"户數"義在南朝宋以後的文獻中亦有用例。如《張義潮變文》:"有背叛迴鶻五百餘帳,首領翟都督等將迴鶻百姓已到伊州側。"又《新唐書·崔之温傳》:"境有渾、斛薩萬帳,數擾齊民。"《新五代史·安重榮傳》:"臣昨據熟吐渾白承福、赫連功德等領本族三萬餘賬自應州來奔。"⑮

　　"帳"字此義在漢語中的使用與當時我國北方漢族與西域少數民族的交往群處有關。人類的語言具有流動性,除了"老死不相往來"的人,人們在相互交往中都不免會產生語言的相互影響。漢代與西域交往頻繁,一些西域詞匯進入了漢語詞匯。南北朝時期,經過五胡十六國的戰亂,中國的主要部分一度處在北方少數民族的統治下,這些地方的口語把漢語與北方少數民族語交融在一起,形成了一種當時在各民族間用來交際的"漢兒言語"。⑯唐代與吐蕃、回紇等交往頗多,語言上也互有影響。"帳"在北方游牧部族中有"戶數"義,這就使"帳"在詞義上與先秦兩漢時表示統計戶口多少等情況的"計"有了聯繫。計,本爲計量、計算或統計之意。《説文》:"計,會也,筭也。"段玉裁注:"會,合也。筭,當作算,數也。舊書多假筭爲算。"計量、計算或統計需要記録,于是又産生了記帳、結帳及計算帳目等涵義。如《雲夢秦簡·食律》:"稻後禾熟,計稻後年。"例中"計"指將有關稻的數據計算在下一年的帳目上。記帳是記録在簿籍上的,因而又引申有計簿、計帳等涵義。如《雲夢秦簡·效律》:"計校相謬也,自二百廿錢以下,誶官嗇夫。"意謂帳目與檢校結果不相符合,兩者相差二百二十錢以下者,斥責其官嗇夫。

　　先秦至兩漢,各諸侯國和郡縣對其經濟的收入、戶口的多少、土地面積的數量、耕地的增减以及社會治安情況等,都有記録,定時"上計"。⑰"上計"是將各地方上的這些統計數據上報中央政府,以便中央政府掌握全國的情況,作爲征收賦税、征發徭役、制定開支計劃等的依據。如《韓非子·外儲説》:"西門豹爲鄴令,清尅潔愨,秋毫之端無私利也,而甚簡左右。左右因相與比周而惡之。居期年,上計,君收其璽,豹自曰:'臣昔者不知所以治鄴,今臣得矣,願請璽復以治鄴,不當,請伏斧鑕之罪。'文侯不忍而復與之。豹因重斂百姓,急事左右。期年上計,文侯迎而拜之。豹對曰:'往年臣爲君治鄴而君奪臣璽。今臣爲左右治鄴,而君拜臣,臣不能治矣。'遂納璽而去。"⑱據《史記·蕭相國世家》載劉邦入咸陽時,蕭何"收秦丞相御史律令圖書藏之"。秦朝丞相御史掌管的這些律令圖書就是當時各地歷年上計的有關戶口、土地、田賦等的資料,根據這些資料可"具知天下阨塞、戶口多少、强弱之處、民所疾苦者。"揚雄撰《方言》,所調查的對象中就有各地到京城來上計的官吏。其《答劉歆書》説:"故天下上計、孝廉及内郡衛卒會者,雄常把三寸弱翰,齎油素四册,以問其異語。"

　　西晉以後,十六國爭雄,南北對峙,戶口混亂,其時難以沿用上計來統計有關戶口等數據。沿至隋唐則設立戶部,由戶部掌管與先秦兩漢上計類似的事項。如《通典》卷四十《職官》載唐大曆末年戶籍稱:"數年前,天下籍帳到省百三十餘萬户。"⑲又如《舊唐書》卷十六《穆宗紀》十五年載:"是歲計户帳,户總二百三十七萬五千四百,口總一千五百七十六萬。"其時上計漸成爲一種禮儀上的形式,"計"的"記帳、計簿"等義亦漸爲"帳"所替代。考《周禮·地官·遺人》載,"鄉里之委積以恤民之艱阨;門關之委積以養老孤;郊里之委積以待賓客;野鄙之委積以待羈旅;縣都之委積以待凶荒"。唐代賈公彦疏云:"鄉里之委積以恤民之艱阨者,此下數者皆謂當年所税多少總送帳於上。在上商量計一年足國用外,則隨便留之以爲恤民之艱阨之等也。"⑳賈公彥疏中所説的"送帳"亦即"上計"。

考先秦兩漢上計的文件稱爲計簿,計簿即國家有關户口、賦税、土地等記載的重要圖籍。《後漢書·光武紀》:"遣使奉計。"唐章懷太子李賢等注:"計,謂庶人名籍,若今計帳。"亦簡稱"計"。如《漢書·魏相傳》:"案今年計,子弟殺父兄、妻殺夫者,凡二百二十二人。"又稱"集簿"。如《續漢書·百官志》"縣、邑、道、侯國"條下本注稱:"秋冬集課,上計于所屬郡國。"劉昭注引胡廣曰:"秋冬歲盡,各計縣户口、墾田,錢穀入出,盗賊多少,上其集簿。"1993 年在江蘇連云港市東海縣温泉鎮尹灣村發掘了六座漢墓,六號墓主爲西漢東海郡功曹史師饒。墓中出土的郡府文書檔案中的簡牘 1 號,上有隸書"集簿"二字,所記内容與胡廣所説相似。集簿中記載了東海郡縣邑侯國、都官、鄉、亭、郵等行政機構的設置和吏員配備狀況;東海郡地區的東西南北界限及里數;東海郡的土地總數,種植宿麥畝數,春種樹畝數;東海郡一年來錢穀出入方面的情況;一年來户口增加的具體數目和男女的數目;七十至九十歲以上老年人的人數及受王杖的人數等。這份尹灣簡牘很可能就是當時東海郡向中央王朝呈送的計簿底稿或副本,爲我們提供了上計文書的實例。㉑由此亦可證明這些文案與帳幕的關係并非如天鎮先生所想象的那樣"把這些文案等按類挂在帳幕上"。

古代按人户征收賦税,"帳"由計量人户的單位名詞引申可指按人户繳納的賦税或人户賦税的記録,即《漢書·武帝紀》所載"受郡國計"的"計"。隋唐統一了南北後,隨着上計的流于形式,"帳"取代了"計"而有了記帳、計簿等涵義。如唐魏徵等撰《隋書·高祖紀下》:"凡是軍人,可悉屬州縣,墾田籍帳,一與民同。"例中"籍帳"即"按人户繳納的賦税"。"籍帳"一詞引申又可指"帳册、帳簿"。如顔元孫《干禄字書》序:"所謂俗者,例皆淺近,唯籍帳、文案、卷契、藥方,非涉雅言,用亦無爽;倘能改革,善不可加。"考《隋書·百官志》載,"倉部,掌諸倉帳出入等事;左户,掌天下計帳、户籍等事;右户,掌天下公私田宅租調等事;金部,掌權衡量度、外内諸庫藏文帳等事。"又《食貨志》載,"高熲又以人(民)間課輸,雖有定分,年常征納,除注恒多,長吏肆情,文帳出没,復無定簿,難以推校,乃爲輸籍定樣,請徧下諸州。"由其時長吏所管的"帳",可推知當時帳册、帳簿的使用情況。

唐宋文獻中尚有一些"帳"用作"人户賦税的記録"的用例,可供探析其詞義演變從量變到質變的軌迹。如《唐會要》卷八十四《户口數》載:"開元十四年,户部進計帳,言今年管户七百六萬九千五百六十五。"例中"計帳"同義并用,即"人户賦税的記録"。又卷八十五《籍帳》載:"武德六年三月,令每歲一造帳,三年一造籍。""開元十八年十一月敕,諸户籍三年一造。起正月上旬。縣司責手實計帳,赴州依式勘造。"㉒例中"帳"、"籍"義同,亦爲"人户賦税的記録"。㉓又《續資治通鑑·宋徽宗崇寧三年》:"蓋以土色肥磽别田之美惡,定賦之多寡,方爲之帳,而步畝高下丈尺不可隱;户給之帖,而賦調升合尺寸無所遺。"例中"帳"爲"土地賦税的記

錄"。㉔

　　按照常理,口語中一個新詞新義的出現到文人寫入書面語中大多要經過相當長的一段時間。考北齊魏收《魏書·釋老志》載:"元象元年秋,詔曰:'前朝城内,先有禁斷,自聿來遷鄴,率由舊章。而百辟士民,届都之始,城外新城,並皆給宅。舊城中暫時普借,更擬後須,非爲永久。如聞諸人,多以二處得地,或舍舊城所借之宅,擅立爲寺。知非己有,假此一名。終恐因習滋甚,有虧恒式。宜付有司,精加隱括。且城中舊寺及宅,并有定帳,其新立之徒,悉從毀廢。'"例中的"帳"指寺宅的記録。其時"帳"由"登記人户、賦税等的記録"引申,已可泛指錢物等的記録。因此,"帳"的"人户、賦税的記録"義的誕生實際上要早于《隋書》問世的唐初。

　　唐宋時往往"計"、"帳"連用組成同義聯合詞組。如唐李延壽《北史》卷六十三《蘇綽傳》載:"綽始制文案程式,朱出墨入,及計帳户籍之法。"計帳户籍,即帳籍,亦即"人户賦税的記録"。又載周文帝對蘇綽有關賦税之法的建議"甚重之,常置諸座右,又令百司習誦之。其牧守令長,非通六條及計帳者,不得居官"。例中"計帳"是并列詞組,而不是動賓詞組。又《新唐書·食貨上》:"武德七年,始定律令。……男女始生者爲黄,四歲爲小,十六爲中,二十一爲丁,六十爲老。每歲一造計帳,三年一造户籍。"例中"計帳"亦是並列詞組,"計帳"與"户籍"同義,即"人户賦税的記録"。

　　考《新唐書·百官志三》談及太府寺時説:"以一人主左、右藏署帳,凡在署爲簿,在寺爲帳,三月一報金部。"例中簿、帳同義,故記録錢物等的簿册也可稱爲"帳"。如《舊唐書》卷四十八《食貨志上》載開元元年十一月五日"在外不細委知,如聞稱有侵刻,宜令本州刺史上佐一人檢校,依令式收税。如有落帳欺没,仍委安察使糾覺奏聞。"

　　據《資治通鑑》八十九卷《晋愍帝建興四年》載:"(張)寔遣將軍王該帥步騎五千入援長安,且送諸郡貢計。"胡三省注:"計,計帳也。"由此可知,蘇綽所説"計帳户籍之法"和《新唐書·食貨志上》載唐代郡縣"每歲一造計帳"中的"計帳",即爲先秦兩漢的"計",故《唐會要》、《舊唐書》等書所録唐代歷年户口數往往標記其爲"户部計帳"之數。㉕

　　考《資治通鑑》二百八十二卷《後晋高祖天福五年》載:"辛未,李崧奏:'諸州倉糧,於計帳之外所餘頗多。'"胡三省注:"計帳,謂歲計其數造帳以申三司者。"㉖胡注表明元代"計帳"已用作動賓詞組,"計帳"即"歲計其數造帳","造帳"謂計算錢物等,將有關數據記録在簿册上,亦即現代漢語的"做帳"。

　　"計帳"一詞後又泛指"計算帳目",如明代唐順之《萬古齋公傳》:"居家手不識握算計帳之具,口不問錢米盈縮。"㉗"帳"又可和"目"連用組成復音詞"帳目"表示"錢物等的記録"。如唐李延壽撰《北史》卷五十《高道穆傳》載:"秘書圖籍及典書緗素,多致零落,可令道穆總集帳目,并牒儒學之士,編比次第。"例中"帳目"指記録書籍目録的簿册。《新唐書·百官志四下》:"户曹司户參軍事,掌户籍、計帳、道路、過所、蠲符、雜徭、逋負、良賤、芻藁、逆旅、婚姻、田訟、旌别孝悌。有府八人,史十六人,帳史二人,知籍,按帳目捉錢。"例中"帳目"指"帳簿上記載的人口户税項目"。又如《京本通俗小説·志誠張主管》:"當日晚算了帳目,把文簿呈張員外:'今日賣幾文,買幾文,人上欠幾文,都簽押了。'"[28]例中"賬目"指商業貨幣往來的記録。

元代,買賣文書或契約亦可稱爲"帳"。如秦簡夫《東堂老》第一折:"[揚州奴云]是阿他不肯脅肢裏扎上一指頭便了。如今便賣這房子,也要個起功局立帳子的人。[柳隆卿云]我便起功局。[胡子傳云]我便立帳子。[揚州奴云]哦,你起功局,你立帳子,賣了房子,我可在那裏住。"[29]明清時商品經濟漸趨發達,"帳"的"錢物等的記録"義使用也更加普遍,又由具體義引申爲抽象義,如《西游記》第二十六回:"你却要好生伏侍我師父,逐日家三茶六飯,不可欠缺。若少了些兒,老孫回來和你算帳,先搗塌你的鍋底。"[30]例中的"帳"已引申爲抽象的恩怨了。

三、"帳"和"賬"的規範

在表示"錢物出入的記載和記賬的簿册"義用"帳"還是用"賬"? 1965 年出版的《現代漢語詞典》試用本中收釋了"帳","賬"則作爲"帳"的異體字,未單獨收釋。1964 年公布的《簡化字總表》第三表中收有"帳"和"賬",將其看作是兩個獨立的字。1978 年《現代漢語詞典》正式出版,仍采用試用本對"帳"和"賬"的處理,未作改動。孔昭琪先生《"帳"和"賬"》一文説,《新華字典》和《現代漢語詞典》中有"帳"而無"賬","賬"字作爲異體字列在廢除不用的括弧中。可是,《簡化字總表》和《通用字表》中兩字都有。這是漢字規範化的一個漏洞。[31]周有光先生《語文閑談》就孔先生所説,指出"老一輩會計師們説:70 年前銀行和商店就以'帳'代'賬'了。《新華字典》和《現代漢語詞典》不收'賬'字,不是没有根據的"。[32]誠如周先生所説,銀行和商店都以"帳"代"賬",這是《新華字典》和《現代漢語詞典》處理"帳"和"賬"的依據,但是孔先生所説的現象也是不可忽視的事實,"社會上的人特别是中老年人寫'帳'字的則大有人在;報刊雜志上也還經常見到'賬'字"。因此,"帳"和"賬"這兩個字的取捨分合只有結合歷史和現狀來作出規範。

漢字是表意文字,它的形體結構和意義有密切的關係。漢語的單音詞往往是由其形體結構決定其本義,然後由本義引申爲多義詞。大多數單音詞的本義和引申義之間的關係容易辨認,但也有一些詞的引申義距離本義已經很遠,一般人已經不再意識到它源自同一個意義的引申,爲了區别起見,就另造一個字來代表它。如懈怠的"懈",本由"解"的"解散"義引申而來,後造了"懈"字來表達。又如竪立的"竪",本由"樹"的"樹藝"義引申而來,後造了"豎"字來表達。[③]

上文所述表示"幄幬"的"帳",本由"張"的"張開"義引申而來,後造了"帳"字來表達。"帳"的本義是"幄幬",故從巾,可泛指凡有頂的幬幕、帳棚,又由古代北方游牧民族居住的帳棚而引申用作計算古代北方游牧民族人户的單位,又由計量人户的單位名詞引申指登記人户、賦税的記錄,進而引申有"錢物出入的記載和記賬的簿册"義。考慮到"帳"由"幄幬"義到"錢物出入的記載和記帳的簿册"義,一般人確已很難意識到它是由同一個意義引申而來,爲了區别起見,人們就另造了一個形義相關的更符合漢語表意特點的"賬"字來代表它。"賬"從"帳"中分化出來,這與"懈"和"竪"分别從"解"和"樹"中分化出來的情況相仿。

"賬"專用來表示"錢物出入的記載和記賬的簿册",故從貝,有其理據性。明清時期商品經濟發達,"賬"字的問世與表示"錢物出入的記載和記賬的簿册"義的詞經常需要用到的狀況相適應。從"帳"與"賬"的歷史演變分析,"帳"表示"錢物出入的記載和記賬的簿册"的引申義距離其表示"幄幬"的本義已經很遠,以致後人只能憑借想當然來進行猜測。[④] 從漢語字的分化規律分析,"帳"與"賬"已趨于約定俗成爲表示不同詞義的兩個字。因而,根據漢字規範理論,"帳"與"賬"的規範自應分爲兩字表示兩義爲宜。[⑤]

① 商務印書館 1983 年 2969 頁。
② 漢語大詞典出版社 1992 年 222 頁;四川辭書出版社和湖北辭書出版社 1989 年 3645 頁。
③ 中華書局 1976 年出版的標點本 1530—1531 頁。
④ 文淵閣《四庫全書》第 278 册 328 頁。
⑤ 當然也可能殘宋本《册府元龜》影印底樣、舊抄本《五代會要》、《永樂大典》殘卷等中有"賬"字,中華本參校而得,但中華本未出校記,難以爲斷,因而可以看作是後人抄寫時的改字。
⑥ 中華書局 1976 年版 528 頁。
⑦ 文淵閣《四庫全書》第 278 册 341 頁。
⑧ 上海古籍出版社 1987 年影印本 17 卷 3、29、31 頁。
⑨ 《漢語大詞典》收錄的"賬歷"條下引李開先《聽選官高君命葬墓志銘》"即能查考賬歷,點檢貨財。"如李開先所撰此墓誌銘原物尚存,則可作爲"賬"在明代已出現的確證,而《漢語大詞典》引李開先文所據已是後時資料,并非原物,故亦難以此爲證。
⑩ 1930 年中央研究院歷史研究所出版,1957 年文字改革出版社重印。
⑪ 《龍蟲并雕齋文集》第 1 册,中華書局 1980 年版 414 頁和 321 頁,拙作《漢語兩個書面語系統與漢語詞典的編纂》(《辭書研究》1997 年第 5 期)對王力先生提到的這些詞作有考探。
⑫ 參見天鎖先生《從"弓""矢"談起——關于漢語基本詞匯發展的歷史繼承性》,載《語言學論叢》第一輯,新知識出版社 1957 年版 42 頁。
⑬ 參勞榦《漢晉時期的帷帳》,臺灣大學《文史哲學報》1951 年第 2 期;盧兆蔭《略論兩漢魏晋的幃帳》,《考古》1984 年第 5 期。
⑭ 中華書局 1965 年版 2931 頁,下文凡引中華書局版《二十四史》一般不再標出所在頁碼。
⑮ 范文瀾、蔡美彪等《中國通史》第四編第四章第一節:"党項部落住帳幕,一家稱一帳,小部數百帳,大部千餘帳。"

⑯ 參見太田辰夫《漢語史通考》,重慶出版社 1991 年版 201 頁。

⑰ 關于先秦兩漢的上計制度,高敏《關于"計"及"上計"制度》(《雲夢秦簡初探》,河南人民出版社 1979 年)和《秦漢上計制度述略》(《平準學刊》第三輯上册,中國商業出版社 1986 年)、韓連琪《漢代的户籍與上計制度》(《文史哲》1978 年第 3 期)、葛劍雄《秦漢的上計和上計吏》(《中華文史論叢》1982 年第二輯)皆有論述,可參看,本文從略。

⑱ 《二十二子》,上海古籍出版社 1986 年版 1160 頁下。

⑲ 文淵閣《四庫全書》本 492 頁。

⑳ 《十三經注疏》,中華書局 1980 年版 728 頁上。

㉑ 參見連云港市博物館《江蘇東海縣尹灣漢墓群發掘簡報》和《尹灣漢墓簡牘釋文選》,載《文物》1996 年第 8 期。

㉒ 中華書局 1957 年版 1551 頁、1559 頁。

㉓ 據宋人高承《事物紀原》卷一"户帳"條考證云:"此户口有帳之初也。"(中華書局 1989 年版 44 頁)高承似有失考之處,據有關史料記載,先秦時户口已有帳,秦獻公五年"初爲户籍,相伍。"漢代稱爲户版或名籍。《周禮·宮伯》鄭衆注:"版,名籍也。以版爲之。今時鄉户籍謂之户版。又稱爲名數。如《漢書·高帝紀》五年夏五月"民前或聚保山澤,不書名數。"師古曰:"名數,謂户籍也。"凡是列于户籍的人稱爲編户或編户民。如《漢書·高帝紀》:"諸將故與帝爲編户民。"師古注:"編户者,列次名籍也。"

㉔ 中華書局 1957 年版 5 册 2274 頁。

㉕ 梁方仲《中國歷代户口、田地、田賦統計原論》,《學術研究》1962 年第 2 期。

㉖ 中華書局 1956 年版 9217 頁。

㉗ 文淵閣《四庫全書》第 1276 册《荆川集》11 卷 462 頁下。

㉘ 上海古籍出版社 1988 年版《京本通俗小説》13 卷 46 頁。

㉙ 文學古籍刊行社 1955 年據世界書局版版重印本《元曲選》210 頁。顧學頡、王學奇《元曲釋詞》釋"起功局"引此例説:"起功局,是在出賣房産時,會同衆人檢查屋宇雜物,計物定價之意。元·陶宗儀《輟耕録》卷十九'四司六局'條引《古杭夢游録》云:'官府貴家,置四司六局……四司者:帳設司、廚司、茶酒司、臺盤司也。六局者:果子局、蜜煎局、菜蔬局、油燭局、香藥局、排辦局也。''功局',當即'排辦局';'帳子',當即'帳設司',凡此皆可覘宋、元時習俗。"(中國社會科學出版社 1988 年第 3 册 104 頁)其所説"'帳子',當即'帳設司'",誤。帳設司是專門備辦宴席的"四司六局"之一,掌管幃帳屏風等宴席的環境布置。據《夢粱録》卷十九《四司六局筵會假賃》説:"且謂四司六局所掌何職役,開列于後,如帳設司,專管仰塵、録壓、卓幃、搭席、簾幕、繳額、罘罳、屏風、書畫、簇子、畫帳等。"

㉚ 作家出版社 1954 年版 294 頁。

㉛ 《語文建設》1990 年第 1 期。

㉜ 三聯書店 1995 年 38 頁。

㉝ 參見郭錫良等編《古代漢語》上册,北京出版社 1981 年版 99 頁。

㉞ 如上文提到翟灝《通俗編·貨財》和天鎮《從"弓""矢"談起——關于漢語基本詞匯發展的歷史繼承性》對"帳"的解説。

㉟ 從"帳"與"賬"的使用現狀和語言規範化的角度分析,一個詞在書寫上只能有一種寫法,不宜兩字混用代表同一個詞義,《漢語大詞典》和《漢語大字典》皆在"帳"的第 5 個義項下注明同"賬",1996 年出版的《現代漢語詞典》修訂本亦在"帳"的第 2 個義項下注明同"賬"。蘇培成《"帳"與"賬"》(《中國語文》1997 年第 3 期)一文對此已有討論,此不贅述。

圖書在版編目(CIP)數據

文史.第54輯,2001年.第1輯/中華書局編輯部編.
北京:中華書局,2001
ISBN 7 – 101 – 02708 – 3

Ⅰ.文… Ⅱ.中… Ⅲ.文史—研究—中國—叢刊 Ⅳ.K207 – 55

中國版本圖書館 CIP 數據核字(2001)第 13533 號

文　史

2001 年第 1 輯

總第五十四輯

中華書局編輯部編

＊

中 華 書 局 出 版 發 行

(北京豐臺區太平橋西里 38 號・100073)

北 京 冠 中 印 刷 廠 印刷

＊

787 × 1092 毫米 1/16・17³/4 印張・332 千字

2001 年 6 月第 1 版　2001 年 6 月北京第 1 次印刷

印數:1 – 3000 冊　定價:32.00 元

ISBN　7 – 101 – 02708 – 3/K・1166